O PODER DE INFORMAÇÃO DOS SÓCIOS
NAS SOCIEDADES COMERCIAIS

DIOGO DRAGO
Advogado

O PODER DE INFORMAÇÃO DOS SÓCIOS NAS SOCIEDADES COMERCIAIS

O PODER DE INFORMAÇÃO DOS SÓCIOS
NAS SOCIEDADES COMERCIAIS

AUTOR
DIOGO DRAGO

EDITOR
EDIÇÕES ALMEDINA. SA
Av. Fernão Magalhães, n.º 584, 5.º Andar
3000-174 Coimbra
Tel.: 239 851 904
Fax: 239 851 901
www.almedina.net
editora@almedina.net

PRÉ-IMPRESSÃO | IMPRESSÃO | ACABAMENTO
G.C. – GRÁFICA DE COIMBRA, LDA.
Palheira – Assafarge
3001-453 Coimbra
producao@graficadecoimbra.pt

Setembro, 2009

DEPÓSITO LEGAL
299749/09

Os dados e as opiniões inseridos na presente publicação
são da exclusiva responsabilidade do(s) seu(s) autor(es).

Toda a reprodução desta obra, por fotocópia ou outro qualquer
processo, sem prévia autorização escrita do Editor, é ilícita
e passível de procedimento judicial contra o infractor.

Biblioteca Nacional de Portugal – Catalogação na Publicação

DRAGO, Diogo

O poder de informação dos sócios nas
sociedades comerciais . – (Teses de mestrado)
ISBN 978-972-40-3833-9

CDU 347

Nam et ipsa scientia potestas est

(*Saber é poder*, Francis Bacon,
"Meditationes Sacrae. De Haeresibus")

NOTA PRÉVIA

O presente trabalho espelha a investigação realizada na sequência da elaboração, apresentação e defesa da Dissertação Final de Mestrado, na área de Ciências Jurídicas, na Faculdade de Direito da Universidade de Lisboa. Uma Dissertação apresentada, na sua versão final, em Março de 2007 e defendida a 23 de Janeiro de 2008, perante o Ilustríssimo Júri composto pelos Exmos Professores Doutores Pedro Pais de Vasconcelos (Presidente e Orientador), Filipe Cassiano dos Santos (arguente), Pedro de Albuquerque (arguente), Jorge Duarte Pinheiro e Ana Paula Dourado. Para os Ilustríssimos Membros deste Júri, pela honra que me concederam na análise critica a este humilde trabalho e no debate que entretanto se seguiu, uma palavra de profundo e reconhecido apreço e gratidão.

Este trabalho encontrou como sua cimeira motivação uma preocupante insuficiência de estudos sobre o direito à informação dos sócios consagrado no nosso Código das Sociedades Comerciais. Encontramos, com efeito, nas bibliotecas dos mais distintos magistrados, advogados e juristas em geral um espaço ainda por preencher, no que concerne a esta prorrogativa tão determinante no contexto societário, sintomático de que nos encontramos ainda em "território desconhecido", perante um instituto pouco tratado. Como em tudo na vida que se revela desconhecido, frequentemente encontramos dúvidas, hesitações e questões que carecem de uma devida clarificação. O nosso caso não constituiu, por excelência, qualquer excepção.

Este trabalho pretende assim preencher esse espaço, ao procurar a resposta para questões pragmáticas que não encontramos a partir do elemento literal da lei, em que esta – em toda a sua projecção geral e abstracta – não se encontra preparada, por si só, a responder. Impõe-se ainda o trabalho do intérprete, na procura por uma correcta percepção em torno da "natureza das coisas", do substrato e propósito de um instituto como o presente.

O carácter desfragmentado e – algumas vezes – mesmo ausente da regulamentação patente no nosso Código das Sociedades Comerciais, a respeito deste instituto, não tem contribuído, por seu turno, para uma correcta interpretação deste nosso direito à informação. As enigmáticas omissões e remissões que o nosso legislador efectua, naquele Código, ao longo dos diversos tipos de sociedades ali previstos convidam-nos enganadoramente a recorrer à analogia entre regimes e dessa forma defender uma mesma solução para diferentes filosofias e contextos societários. Desvalorizamos assim a intenção legislativa de reconhecer, para cada tipo de sociedade, um projecto e uma forma de vivência societárias distintas, onde o sócio assume um lugar e posicionamento muito próprios em virtude de uma maior ou menor dinâmica que se pretende incutir em determinada sociedade.

Este trabalho procura, em virtude do exposto, convidar o ilustre leitor a percorrer tipologicamente as diversas sociedades previstas no Código das Sociedades Comerciais, num esforço comparativo entre diferentes experiências e organizações societárias que naturalmente culminam em diferentes regulamentações, para o que mais nos importam, no que concerne ao poder informativo do sócio. Um convite com o distinto propósito de o levar a compreender os diferentes tipos ali previstos, com caracteres relacionados com a organização e dinâmica sociais distintos, onde – como referido – o sócio assume uma posição distinta e muito própria no contexto da sociedade a que pertence. Aqui sim cremos que possam residir os parâmetros basilares para uma correcta interpretação da lei e consequentemente de resolução do caso concreto.

Foi declarada intenção preservar este trabalho na sua essência idêntico à Dissertação Final de Mestrado tal como foi apresentada, salvaguardando naturalmente os apontamentos críticos pertinentemente suscitados e colhidos por parte dos Ilustres Arguentes inicialmente indicados. A eles os meus agradecimentos pela sapiência e contributo prestados para tornar este trabalho certamente mais rico em termos de conteúdo e utilidade. Se uma Dissertação Final deve preservar todo o seu contributo valorizado ao tempo da sua apresentação e defesa, também é igualmente certo que um trabalho de investigação nunca está terminado, devendo merecer, da parte do seu autor, a honestidade e humildade de reconhecer as modificações e alterações necessárias para o tornar um pouco mais rigoroso e pertinente.

Por esta ordem de razões e sem prejuízo do acima referido, as alterações posteriormente realizadas foram pontuais, ao nível de indicações que – já ao tempo da referida apresentação – este trabalho indubitavelmente carecia e que não poderiam, da minha parte, merecer uma intransigência formalista que não teria qualquer razão para existir.

Nenhum "caminho" deve ser percorrido sem conhecermos previamente qual o destino que ele nos reserva, os seus obstáculos, etapas e acima de tudo sem alguém que nos conduza ao respectivo objectivo. Foi na pessoa do Exm. Sr. Professor Doutor Pedro Pais de Vasconcelos que encontrei mais do que um guia, um amigo. Digo isto, não unicamente pela honra e privilégio que me concedeu ao aceitar ser orientador deste trabalho, mas acima de tudo porque "apontou o caminho", "desenhou o seu percurso", "alertou para as dificuldades" e "teve a serenidade, sapiência e experiência em tempos de atribulações". A sabedoria popular costuma defender que, na vida, a verdadeira felicidade não se esconde nas metas que almejamos, mas no caminho que temos entretanto que percorrer para as alcançar. Atesto aqui esta mesma premissa no que diz respeito ao crescimento que tive como jurista e como ser humano ao lado de quem considero meu Mestre. Aqui deixo estas breves, embora insuficientes, linhas reveladoras da profunda gratidão que sinto, na esperança de que esse caminho ainda não tenha encontrado o seu termo, mas unicamente só mais uma etapa.

Uma última, mas certamente a mais importante, palavra de agradecimento para a minha família, nas pessoas dos meus pais, irmãos e para a Ana que tem herculeamente aceite o sacrifício de partilhar comigo estes últimos anos de vida tão bem vividos. A eles devo todo o apoio nas difíceis horas de dúvida e hesitação. A eles devo a inestimável capacidade de acreditar numa pessoa, mesmo antes dela acreditar em si mesma. Se o fruto de anos de trabalho culmina Hoje na presente publicação, a eles devo pois sem eles nada disto teria sido possível.

Lisboa, 5 de Julho de 2009

DIOGO NOGUEIRA CELORICO DRAGO

PROCEDIMENTOS RELATIVAMENTE A CITAÇÕES E OUTRAS INDICAÇÕES

Os dados completos relativos a indicações bibliográficas – designadamente livros, estudos e artigos – são referidos, em regra, uma única vez. Em posteriores citações, é somente mencionado o nome do autor, seguido da referência *obra citada*, ou *ob. cit.* A referência a essa obra citada será, no entanto, substituída a partir do momento em que sejam indicadas duas ou mais obras do mesmo autor, caso em que se passará, desde então, a fazer referência à parte inicial do título da obra que se pretende aludir, de forma a permitir uma clara distinção sobre a indicação em apreço. Em qualquer um dos casos, a citação será completada com a indicação das páginas, pontos ou capítulos das obras para os quais em concreto se pretende remeter.

Relativamente a citações a respeito de aspectos previamente abordados no presente trabalho, será utilizada a expressão *supra*, acompanhada da menção das respectivas páginas, pontos, secções, capítulos ou partes, conforme se revelar, em cada caso, mais ajustado. Citações relativas a aspectos abordados *a posteriori* serão designadas, por sua vez, pela expressão *infra*, observando-se de resto o mesmo procedimento.

Já no que respeita à citação de decisões jurisprudenciais, ela poderá tanto remeter para uma determinada colectânea, boletim ou mesmo sitio na Internet onde se encontrem, conforme o que se revelar mais ajustado para cada caso, sendo que todos estes se encontrarão devidamente identificados. A citação de uma determinada decisão patente num sitio na Internet será contudo acompanhada da identificação do endereço electrónico do respectivo sitio, sendo que será completada com a indicação do relator do acórdão – se estiver em causa uma citação para este tipo de decisão – e sempre com a informação a respeito da data em que foi realizada a última consulta e ainda assim o respectivo termo de descrição, de forma a assegurar uma consulta mais simples e eficaz.

De resto, este trabalho contém ainda outras indicações a respeito de elementos ou aspectos previstos em sítios na Internet, casos em que se identificará o respectivo endereço electrónico uma única vez, remetendo-se de resto para esta informação sempre que tal se revelar posteriormente necessário.

PRINCIPAIS ABREVIATURAS

A.A.F.D.L.	– Associação Académica da Faculdade de Direito de Lisboa
Ac.	– Acórdão
AcP	– Archiv für die civilistische Praxis
AktG	– Aktiengesetz/Lei Alemã das Sociedades por Acções
ASTJ	– Acórdãos do Supremo Tribunal de Justiça
Aufl.	– Auflage
BFDC	– Boletim da Faculdade de Direito de Coimbra
BMJ	– Boletim do Ministério da Justiça
C.C.	– Código Civil
C.Com	– Código Comercial
CEDAM	– Casa Editrice Dott. Antonio Milani
C.E.J.	– Centro de Estudos Judiciários
C.I.R.E.	– Código da Insolvência e da Recuperação de Empresas
CJ	– Colectânea de Jurisprudência
CMVM	– Comissão do Mercado de Valores Mobiliários
C.P.	– Código Penal
C.P.C.	– Código de Processo Civil
C.P.E.R.E.F	– Código dos Processos Especiais de Recuperação da Empresa e de Falência
C.R.C.	– Código do Registo Comercial
C.S.C.	– Código das Sociedades Comerciais
C.T.F.	– Cadernos de Ciência e Técnica Fiscal
C.V.M.	– Código dos Valores Mobiliários
DGSI	– Direcção Geral dos Serviços Informáticos
Fasc.	– Fascículo
FDL	– Faculdade de Direito da Universidade de Lisboa
IDET	– Instituto do Direito das Empresas e do Trabalho
I.V.M.	– Instituto dos Valores Mobiliários
L.G.D.J.	– Librarie Génerale de Droit et de Jurisprudence
OPA	– Oferta Pública de Aquisição

RC	– Tribunal da Relação de Coimbra
RE	– Tribunal da Relação de Évora
RL	– Tribunal da Relação de Lisboa
RLJ	– Revista de Legislação e Jurisprudência
R.O.A.	– Revista da Ordem dos Advogados
R.O.C.	– Revisor Oficial de Contas
RP	– Tribunal da Relação do Porto
RS	– Rivista di Società
STJ	– Supremo Tribunal de Justiça
UCP	– Universidade Católica Portuguesa
UTEHA	– Union Tipográfica Editorial Hispano Americana
UTET	– Unione Tipografico-Editrice Torinense

CAPÍTULO INTRODUTÓRIO

A problematização relativa à prestação de informações por uma sociedade aos seus sócios

1. A necessidade de percepção sobre a "natureza das coisas"

2. Uma análise em torno da prestação privilegiada de informações de uma sociedade comercial aos seus sócios

3. Definição de uma metodologia a ser adoptada na abordagem aos problemas relativos à prestação de informações aos sócios

1. A necessidade de percepção sobre a "natureza das coisas"

É sabido que ao sócio de uma sociedade é vulgarmente associada a possibilidade deste se manter informado sobre o que se passa precisamente em torno do projecto societário em que decidiu, a dada altura, participar. Trata-se de uma faculdade – a par de outras igualmente significativas, como a comunhão nos proveitos obtidos pela sociedade ou a participação nas decisões sociais mais determinantes – reconhecida não unicamente ao nível das sociedades comerciais que pretendemos aqui tratar, mas acima de tudo das sociedades em geral. Este "direito" a permanecer informado a respeito dos "assuntos sociais" constitui aliás uma garantia de participação do sócio na própria vida societária, impedindo-o de se tornar um elemento afastado da realidade social, unicamente convocado para o cumprimento de determinadas obrigações ou então para receber os dividendos a que tem direito.

Não obstante o facto acima descrito, este poder de informação dos sócios apresenta-se como um território desconhecido, mesmo para o estudioso mais empenhado do ramo jurídico-societário. Embora consagrado ou reconhecido incontornavelmente pela nossa lei, ele permanece praticamente por explorar, isento de um número de investigações suficientes e de certa forma devidamente aprofundadas. Entendemos como devido esse aprofundamento, pois é certo que tudo o que é desconhecido é consequentemente temido, receado. É o que sentimos relativamente aos nossos tribunais, ao analisar inúmeras e infindáveis decisões respeitantes a este nosso tema, grande parte delas – com o devido respeito que nos merecem – reveladoras de um fenómeno preocupante: aplica-se o que está na lei, reproduzindo-se inclusivamente o que de muito bom já se escreveu a respeito da informação aos sócios sobre assuntos sociais, mas com uma ingénua embora desculpável inconsciência a respeito da razão de ser do instituto em apreço, de uma percepção sobre "a natureza das coisas".

Ora, se esta limitação pode não se fazer sentir em determinadas decisões que, pela simplicidade que revestem, se resumem a aplicar o que o espectro normativo previamente determinou, tarde ou cedo os problemas começam a surgir perante casos que suscitam um claro e transparente conhecimento sobre o que é isto do direito ou poder de informação dos sócios, a sua razão de ser ou o respectivo propósito. Com efeito, o desconhecimento ou a dúvida sobre se um sócio gerente de uma sociedade por quotas – ou um administrador que também seja accionista da sociedade anónima onde exerce funções – tem ou não direito à informação sobre os assuntos sociais revela nada mais do que aquilo que precisamente referimos. Sem prejuízo de entendermos que questões deste género nunca deveriam suscitar qualquer problema, os nossos tribunais têm protagonizado uma acesa discussão a este respeito, dividindo-se pelas mais diversas posições e entendimentos. Como tal, são aspectos que não podemos obviamente ignorar, muito pelo contrário problemas que têm que ser objecto da nossa devida atenção.

É sabido, por outro lado, que a nossa ordem jurídica prevê casos ou circunstâncias em que a sociedade pode recusar a prestação de determinada informação solicitada pelo sócio. Todavia, esse regime não prevê – e diga-se, em abono da verdade, que nem é sua obrigação prever – situações de arbitrariedade ou mesmo de falta de seriedade repudiadas pelo nosso mais basilar sentido de justiça[1]. Recordamo-nos aqui do caso do sócio que solicita persistentemente informação complexa ou minuciosa a respeito dos mais diversos aspectos sociais, de forma a paralisar absolutamente a gerência de uma sociedade por quotas ou uma determinada assembleia com o único propósito de, tornando nociva a sua presença nessa sociedade, negociar termos mais vantajosos para uma eventual alienação da sua participação e consequente afastamento da vida social.

---

[1] Aliás, como teremos naturalmente oportunidade de verificar em sede própria, mesmo este regime de recusa de prestação de informações tem sido objecto de diversas dificuldades na sua tradução prática, portanto na sua correcta interpretação e aplicação ao caso concreto.

Num outro pólo desta faculdade de informação, a lei prevê ao sócio a possibilidade de consultar determinados documentos da sociedade que têm que se encontrar disponibilizados para esse efeito na sede social, podendo esse sócio fazer-se correntemente acompanhar de um revisor oficial de contas (ROC) ou de um qualquer outro perito e ainda de obter cópias desses documentos. Todavia, fica por esclarecer se a sociedade tem incondicionalmente que tolerar a ingerência de um terceiro nos seus assuntos, ainda que com o propósito agora referido. Por clarificar persistem, por outro lado, os termos e fundamentos que podem conduzir a sociedade a legitimamente recusar a obtenção de cópias de documentos sociais.

Problemas como estes que mesmo agora denunciámos prendem-se necessariamente com a privacidade e até o sigilo que a sociedade pretende em muitos casos garantir relativamente aos seus assuntos, de forma a assegurar uma eficaz prossecução dos propósitos sociais. Sigilo ou privacidade que podem ser colocados em causa a partir do momento em que *determinada* informação é prestada de uma *certa* forma, é conhecida por um *determinado* sócio ou então simplesmente porque se torna de conhecimento público.

Poderíamos indicar infindavelmente mais casos que suscitam actualmente dificuldades e desafios sérios para os nossos tribunais, todos eles todavia enraizados naquilo que consideramos ser o mesmo problema: necessidade de percepção ou clarificação em torno da *ratio*, por assim dizer, do instituto que pretendemos neste trabalho analisar. Casos sentidos nos mais diversos níveis, tanto em torno da possibilidade de exercício deste "direito", da forma como ele é exercido, como a informação pode ser obtida ou disponibilizada ou mesmo daquilo que pode ser divulgado[2]. As dificuldades surgem assim a partir do caso concreto, da experiência humana, embora se desconhecermos a "doença", não se torna possível "diagnosticar um curativo". Com efeito, por um lado, se as questões surgem e residem acima de tudo no âmbito casuístico, então não se pode pedir ao

---

[2] Aspectos que, por seu turno, não podem ignorar as mais recentes evoluções tecnológicas, nomeadamente no domínio telemático, que suscitam uma pronta e imediata resposta face a uma adaptação a novos meios de comunicação.

legislador para actuar, legislando para este ou aquele caso. Mais não lhe podemos pedir, pois não é este o seu dever. Nem tão pouco da nossa jurisprudência, a braços com problemas suficientes a respeito deste tema. Mas podemos exigir da nossa doutrina, que nunca recusou abordar os problemas que o Direito, ou melhor a adaptação da Sociedade ao Direito, sempre ofereceu ao longo dos tempos. Da mesma forma que podemos, muitas das vezes, legitimamente exigir um dever de legislar ou de interpretar e aplicar correctamente a lei, também podemos reconhecer um dever de doutrinar. Uma obrigação de investigar *de rerum natura* e dessa forma oferecer respostas para aquilo que ainda se encontra por resolver. Por outro lado, se estes problemas emergem daquilo que cremos ser uma preocupante insegurança sobre o significado, finalidade ou propósito deste poder de informação, então urge estudá-lo, clarificá-lo, de modo a detectar critérios eficazes de avaliação e resolução do caso concreto. É neste contexto que se pretende modestamente situar o trabalho que desejamos empreender. É esta a utilidade que esperamos que o nosso ilustre leitor sinta e reconheça ao apreciar as páginas que se seguem.

2. Uma análise em torno da prestação privilegiada de informações de uma sociedade comercial aos seus sócios

I. Os problemas e questões que suscitámos, a título exemplificativo, no ponto anterior adquirem um particular interesse no que respeita a informações prestadas a sócios de sociedades comerciais. De acordo com o que se encontra previsto no Código Civil, não podem restar dúvidas ou hesitações sobre a existência de um amplo poder de informação – de fiscalização – sobre os negócios sociais, que nem sequer pode ser limitado por cláusula do respectivo contrato de sociedade (art.º 988.º do C.C.). Já relativamente às sociedades comerciais o mesmo não pode ser pacificamente afirmado. É seguramente no que respeita a informações prestadas por sociedades comerciais aos seus respectivos sócios que os tribunais têm frequentemente deparado com as mais diversas questões e dilemas em concreto.

Sobre as sociedades previstas no nosso Código das Sociedades Comerciais verificamos o reconhecimento, como regra, da personalidade jurídica colectiva (art.º 5.º do C.S.C.). Este aspecto faz, em nosso modesto entendimento, toda a diferença, pois torna desde então necessária uma clara definição e delimitação de poderes e deveres para com uma pessoa juridicamente distinta do respectivo titular[3].

É de facto perante uma pessoa juridicamente distinta que surge a necessidade de clarificar o âmbito de poderes e deveres que os respectivos titulares têm para com aquela. É perante esta separação que surgem posteriormente problemas relacionados com reivindicações sentidas de parte a parte: do sócio que pretende a informação e da sociedade que entende não se encontrar obrigada a prestá-la. É esta a dicotomia com que o julgador se depara em seu espírito sempre que se confronta com questões deste género, um autêntico conflito de interesses já instalado e que lhe compete resolver. Não é de espantar, portanto, que seja relativamente a informações pres-

---

[3] Este aspecto será também naturalmente equacionável a partir do momento em que se admita a possibilidade de reconhecimento de personalidade jurídica sobre as sociedades civis, previstas nos termos do Código Civil, como assim defende um considerável conjunto de autores nacionais (a título exemplificativo: Carvalho Fernandes, *"Teoria Geral do Direito Civil – Vol. I: Introdução, pressupostos da relação jurídica"*, 3.ª edição, Universidade Católica Editora, Lisboa, 2001, ponto 257, pág. 504-506; Castro Mendes, *"Teoria Geral do Direito Civil – Vol. I"*, A.A.F.D.L., 1995, pág. 286; Brito Correia, *"Direito Comercial – 1.º Vol."*, 2.ª tiragem, A.A.F.D.L., 1987/88, pág. 409, nota 1; Marcello Caetano, *"As pessoas colectivas no novo Código Civil Português"* – in *"O Direito"*, ano 99, pág. 85-110; Oliveira Ascensão, *"Direito Civil – Teoria Geral – Vol. I: Introdução, as pessoas, os bens"*, 2.ª edição, Coimbra Editora, 2000, pág. 269 e seg. e Pedro Pais de Vasconcelos, *"Teoria Geral do Direito Civil"*, 3.ª edição, Livraria Almedina, 2005, pág. 202-206. Em sentido contrário, no entanto: Ferrer Correia, *"Estudos preparatórios inéditos"*, citado em Pires de Lima/Antunes Varela, *"Código Civil Anotado – Vol. II (Artigos 762.º a 1250.º)"*, 4.ª edição, Coimbra Editora, 1997, pág. 287-288 e Mota Pinto, *"Teoria Geral do Direito Civil"*, 4.ª edição por António Pinto Monteiro e Paulo Mota Pinto, Coimbra Editora, 2005, pág. 294 e seg.) Embora também defendamos esta possibilidade, o incontestável reconhecimento, como regra, da personalidade jurídica colectiva às sociedades comerciais tem naturalmente o seu reflexo nas inúmeras questões e problemas suscitados a partir do caso concreto e que no fundo se encontram enraizados no facto de nos encontrarmos então perante uma pessoa juridicamente distinta dos respectivos sócios. Consequentemente, é nas sociedades comerciais que encontramos mais frequentemente esse tipo de dificuldades.

tadas por sociedades comerciais aos seus sócios que surgem os grandes problemas práticos por solucionar. É neste contexto que nos propomos humildemente auxiliar este nosso julgador.

Estes aspectos constituem incentivos suficientes para que abordemos, neste trabalho, o instituto relativo ao poder de informação dos sócios única e exclusivamente no que respeita aos tipos de sociedades previstos no nosso Código das Sociedades Comerciais. Cremos que, se formos bem sucedidos, algumas das ideias expostas nas linhas que se seguem poderão até servir de inspiração para a colocação de questões semelhantes relativamente a outras sociedades. Todavia, pretendemos abordar este tema com a razoável segurança que o faremos de uma forma eficaz e pertinente, dentro das limitações existentes e que se fazem esperar a partir de um trabalho desta natureza. Tal só será possível mediante o condicionamento do nosso objecto de estudo nos termos acima descritos. É esta a proposta que fazemos.

II. Referimos que pretendemos tratar da matéria relativa à informação prestada por uma sociedade comercial aos seus respectivos *sócios*. Há que ter, no entanto, em conta que estes destinatários podem ter conhecimento de aspectos relativos à sociedade em que participam através de meios que não nos importam necessariamente aqui tratar. Pensamos acima de tudo no conhecimento público de factos relativos a uma sociedade comercial, onde contamos com a generalidade de elementos relativos à constituição, existência, funcionamento, modificação ou mesmo extinção da pessoa colectiva em apreço, atendendo à obrigatoriedade de registo e publicação a que eles se encontram sujeitos (art.º 166.º do C.S.C.)[4].

Não nos importa, todavia, tratar neste trabalho desta forma de conhecimento, designadamente porque ela não se fundamenta tipicamente na qualidade, na posição privilegiada que os sócios assumem, face ao mundo exterior, na sociedade comercial em que participam. Trata-se de uma forma de conhecimento justificada em imperativos de relevância pública, enraizados na necessidade de

---

[4] Preceito este que nos conduz ao disposto nomeadamente no art.º 3.º e art.º 70.º ambos do C.R.C. (respectivamente actos sujeitos a registo e actos sujeitos a publicação).

conhecimento, por parte desse mundo exterior, de todo um conjunto de aspectos mais significativos relativamente a uma estrutura muito própria que se ergueu a dada altura no mundo do comércio, distinta juridicamente daqueles que a fundaram e nela participam. Desta forma, embora a divulgação ou disponibilização pública de elementos relativos a uma sociedade comercial também permita aos respectivos sócios uma informação precisamente sobre essa sociedade, ela não é obtida a partir de uma prorrogativa, de um autêntico *poder* fundamentado na posição assumida no seio societário. Por ser alheia a essa peculiar posição, ela não será, neste trabalho, objecto da nossa preocupação[5].

É, portanto, numa relação de *privilégio* que o sócio dispõe para com a sociedade em que participa, quando comparado com o mundo

---

[5] João Labareda costuma pertinentemente efectuar a distinção referida no texto: entre o conhecimento por parte dos sócios de aspectos da sociedade através do recurso a meios ou mecanismos de divulgação pública e aquele que é obtido a partir da posição que eles propriamente assumem na sociedade. O distinto autor, relativamente a este último caso, distingue ainda a informação obrigatoriamente prestada pela sociedade da informação solicitada pelo sócio (*"Direito à informação"*, in *"Problemas do Direito das Sociedades"*, IDET, Livraria Almedina, 2003, reimpressão, pág. 120-121). Esta última distinção conduz--nos – num plano por enquanto meramente teórico – à necessidade de saber se podemos e devemos entender como fundamentada num *direito* do sócio toda aquela informação que é prestada pela sociedade em cumprimento de um dever particularmente imposto pela lei, sem depender portanto de qualquer iniciativa do sócio, no sentido de a requerer ou solicitar. Trata-se de uma questão, como referimos, que colocamos por enquanto num plano meramente teórico e que é muito bem tratada, a nível dos nossos autores, por Raúl Ventura (*"Sociedades por quotas, Vol. I – Comentário ao Código das Sociedades Comerciais"*, 2.ª edição, Livraria Almedina, Coimbra, 2004, pág. 280 e seg.). Este último, tal como aquele primeiro autor, acaba por aceitar que aquilo que pode ser designado por *informação organizada* – enquanto informação prestada pela sociedade, no cumprimento de um dever imposto directamente pela lei, sem carecer de uma solicitação do sócio para esse efeito – alimenta-se dos propósitos que justificam a existência do *direito de informação* dos sócios previsto na alínea *c)* do n.º 1 do art.º 21.º do C.S.C. Dessa forma, falar desse direito implica também falar nesse universo em que se estende aquela informação organizada imposta pela lei, longe todavia do direito em sentido restrito tratado em preceitos como o art.º 181.º ou o art.º 214.º do nosso C.S.C. Face a esta exposição meramente preliminar de algo que suspeitamos ser objecto de desenvolvimento ao longo deste trabalho, afirmamos unicamente que a nossa preferência pela terminologia *poder* de informação facilita-nos o enquadramento daquela informação organizada, tendo em conta que problemas se poderiam desnecessariamente sentir em torno das diferentes amplitudes que a utilização do termo *direito* pode efectivamente assumir.

que a exterioriza, que pretendemos colocar o nosso acento tónico. É única e exclusivamente no poder de informação que a lei reconhece ao sócio, nesta sua qualidade, que nos pretendemos concentrar. Se o nosso legislador entende, como referimos ao iniciar esta pequena parte introdutória, como uma prorrogativa do sócio a possibilidade de tomar conhecimento sobre os assuntos da sociedade em que participa, é sem nos surpreendermos que vamos encontrar certamente uma relação causal entre este poder e essa sua qualidade de projecção societária[6].

A diferença entre a informação obtida pelo sócio – na sequência desta qualidade que ele assume relativamente à sociedade – e a informação que ele toma conhecimento através de um processo de divulgação pública pode tornar-se menos clara quando pensamos no conjunto de deveres de informação que, ao abrigo do Código dos Valores Mobiliários e de regulamentos da CMVM, são imputáveis a sociedades que têm o seu capital afecto ao investimento público[7]. Deveres decorrentes precisamente de uma qualidade que conduz forçosamente a que todo um conjunto de factos a respeito da sociedade, dos valores por ela emitidos ou de actos por ela praticados sobre valores mobiliários – como as ofertas públicas – tenham necessariamente que ser do conhecimento dos investidores em geral, por se reportarem a aspectos que são susceptíveis de influenciar as decisões desses investidores[8].

---

[6] Motivo pelo qual, essa qualidade é objecto primariamente da nossa preocupação, ao iniciar substancialmente esta pequena dissertação, de modo a procurar precisamente compreender a razão de ser e propósito do instituto em análise.

[7] Sociedades "abertas" por assim dizer, explicadas e definidas nos termos do art.º 13.º do C.V.M.

[8] Entre alguns dos regulamentos referidos, indicamos, a título meramente exemplificativo, o regulamento da CMVM n.º 1/2007, a respeito do governo das sociedades cotadas, o regulamento da CMVM n.º 5/2008, sobre os deveres de informação em geral e o regulamento n.º 3/2006, sobre ofertas e emitentes. Por seu turno, são inúmeras as disposições ao longo do Código dos Valores Mobiliários que se preocupam com a necessidade de informação sobre os aspectos referidos no texto, entre as quais destacamos naturalmente o regime geral informativo previsto nos artigos 7.º e seg. Indicamos ainda os seguintes trabalhos, os quais, embora alguns deles se situem ao abrigo de um regime anterior ao previsto no Código dos Valores Mobiliários, permanecem intemporais para uma percepção em torno do sentido com que são prestadas informações em sede do mercado de valores mobiliários: Carlos Osório de Castro, *"A informação no direito do*

Ora, do exposto podemos seguramente afirmar que as informações que, na sequência do cumprimento daqueles deveres, são dadas

---

mercado de valores mobiliários", in *"Direito dos Valores Mobiliários"*, Lex, Lisboa, 1997, pág. 333-347; Carlos Costa Pina, *"Dever de Informação e Responsabilidade pelo Prospecto no Mercado Primário de Valores Mobiliários"*, Coimbra Editora, 1999, pág. 17 e seg. e *"Publicidade, promoção e prospecção nos serviços financeiros"*, in *"Direito dos Valores Mobiliários – Vol. IV"*, IVM, Coimbra Editora, 2003, pág. 249-307; Eduardo Paz Ferreira, *"A informação no mercado de valores mobiliários"*, in *"Direito dos Valores Mobiliários – Vol. III"*, IVM, Coimbra Editora, 2001, pág. 137-159; Fernando Araújo, *"Uma nota sobre carros usados"*, in *"Estudos jurídicos e económicos em homenagem do Professor João Humbrales"*, FDL, Coimbra Editora, 2000, pág. 181 e seg.; Frederico Costa Pinto, *"O direito de informar e os crimes de mercado"*, in *"Cadernos do Mercado de Valores Mobiliários"*, n.º 2, CMVM, Lisboa, 1998 e *"O novo regime dos crimes e contra-ordenações no Código dos Valores Mobiliários"*, in *"Estudos sobre o Mercado de Valores Mobiliários"*, CMVM, Livraria Almedina, 2000; Gonçalo Castilho dos Santos, *"O dever de informação sobre factos relevantes pela sociedade cotada"*, A.A.F.D.L., Lisboa, 1998 e *"O dever dos emitentes de valores mobiliários admitidos à negociação em bolsa de informar sobre factos relevantes"*, in *"Direito dos Valores Mobiliários – Vol. V"*, IVM, Coimbra Editora, 2004, pág. 273-307; J. J. Vieira Pires, *"O delito de "Insider Trading" e a obrigação de informação"*, in *"Problemas societários e fiscais do mercado de valores mobiliários"*, Xavier de Basto e outros, Fisco, Lisboa, 1992, pág. 82 e seg; Mafalda Gouveia Marques/Mário Freire, *"A informação no mercado de capitais"*, in *"Cadernos do Mercado de Valores Mobiliários"*, n.º 3, CMVM, Lisboa, 1998, pág. 111-123; Maria João Vilar/Lino Matos/ Vasco Soares, *"A importância da informação no mercado de valores mobiliários"*, Associação Portuguesa para o Desenvolvimento do Mercado de Capitais, 1996; Marta Cruz de Almeida, *"O dever de defesa do mercado"*, in *"Direito dos Valores Mobiliários – Vol. IV"*, IVM, Coimbra Editora, 2003, pág. 385-393; Paulo Câmara, *"Os deveres de informação e a formação de preços no mercado de valores mobiliários"*, in *"Cadernos do Mercado de Valores Mobiliários"*, n.º 2, CMVM, Lisboa, 1998, pág. 88; Sofia Nascimento Rodrigues, *"A protecção dos investidores em valores mobiliários"*, in *"Estudos sobre o Mercado de Valores Mobiliários"*, CMVM, Livraria Almedina, 2001, pág. 37 e seg. Ao nível da doutrina estrangeira: Alberto Predieri, *"Lo Stato come riduttore di asimetrie informative nella regulazione dei mercati finanziari"*, in *"Mercato finanziario e disciplina penale"*, Giuffrè, Milano, 1993, pág. 63 e seg.; Diego Corapi, *"L'Obbligo di Comunicazione alla Consob e di Pubblicazione del Prospetto nelle Operazioni Finanziarie di Sollecitazioni del Pubblico Risparmio"*, in *"Rivista del Diritto Comerciale e del Diritto Generale delle Obligazioni"*, 1985; Klaus Hopt, *"Die Verantwortlichkeit der Banken bei Emissionen. Recht und Praxis in der EG, in Deutschland und in der Shweiz"*, München, Beck, 1991; A. Postelwaite, *"Asymetric information"*, in *"The new palgrave – allocation, information and markets"*, John Eatwell e outros, MacMillan Reference Books, London, 1990, pág. 35 e seg; George Ackerloff, *"The market of lemons: Quality, uncertainly and the market mechanism"*, in *"Quarterly Journal of Economics"*, Vol. 84, 1970, pág. 488 e seg. e Louis Loss/Joel Seligman, *"Fundamentals of Securities Regulations"*, Aspen Publishers, 2004.

a conhecer ao accionista a respeito da sociedade em que participa, são em bom rigor destinadas ao conhecimento dos investidores e do mercado em geral. Por outras palavras, o conhecimento, por esta via obtido, do accionista sobre aspectos relativos a essa sociedade não é de modo algum privilegiado, nem se encontra enraizado na posição ou participação que ele regista na sociedade. As informações em causa são divulgadas por se revelarem susceptíveis – e dessa forma pertinentes – para os interesses e tomada de decisões dos investidores[9].

É verdade, por seu turno, que naquele universo de investidores encontraremos certamente o nosso accionista. Este facto tende a adquirir um maior realce se pensarmos que no tipo de sociedades em apreço constitui um traço frequente o distanciamento da generalidade dos accionistas – nomeadamente dos designados *pequenos accionistas*, através dos quais o capital da sociedade se encontra em grande parte representado – do centro decisório e da vida social. A fraca expressão que cada um desses accionistas, isoladamente vistos, tem no capital social reflecte correntemente um desinteresse na evolução do projecto societário, excepto naquilo que importa para uma avaliação em torno da mais ou menos valia que esses accionistas podem obter do *investimento* realizado[10]. Poderíamos concluir então que, em termos práticos, este accionista estaria acima de tudo preocupado com a informação relevante para o investimento por si realizado.

Os factos recentemente denunciados não podem permitir, no entanto, enganadoras interpretações em torno do tipo de informação que pretendemos investigar através desta dissertação. Convirá reter

---

[9] A respeito do investidor e o seu devido enquadramento normativo interno: Isabel Alexandre, *"Investidor institucional, não institucional equiparado e investidor comum"*, in *"Direito dos Valores Mobiliários – Vol. V"*, IVM, Coimbra Editora, 2004, pág. 9-27; Oliveira Ascensão, *"A protecção do investidor"*, in *"Direito dos Valores Mobiliários – Vol. IV"*, IVM, Coimbra Editora, 2003, pág. 13-40 e Sofia Nascimento Rodrigues, obra citada, pág. 16 e seg. A respeito também da noção de investidor: Jonathan Fisher/Jane Bewsey, *"The Law of Investor Protection"*, Sweet & Maxwell, London, 2.ª edição, 2003, pág. 5; Hubert de Vauplane/Jean Pierre Bornet, *"Droit des Marchés Financiers"*, 3.ª edição, Litec, Paris, 2001, pág. 304 e Carla Rabitti Bedogni, *"Il diritto del Mercato Mobiliare. Soggetti, Attività, Strumenti, Controlli"*, Giuffrè, Milano, 1997, pág. 400, nota 51.

que a informação regulada pela CMVM pretende servir o bom e regular funcionamento do mercado, dando-lhe transparência ao assegurar aos investidores o conhecimento sobre os factos susceptíveis de influenciar decisões a respeito da realização ou não de um determinado investimento ou sobre um investimento realizado sobre valores mobiliários[11]. Aqueles deveres informativos prendem-se com imperativos de relevância pública, mormente com o já referido regular funcionamento do mercado[12]. Não almejam uma satisfação propriamente dita dos interesses dos investidores – incluindo daqueles accionistas – mas sim, através de informação adequada, a transparência no funcionamento do mercado, desse modo contribuindo para o seu bom desempenho. Este aspecto é, por assim dizer, determinante, pois dele depende todo o correspondente enquadramento jurídico. Estando em causa o resguardo por princípios de relevância pública, impõe-se a publicitação dos aspectos a divulgar. Esses aspectos não são transmitidos a este ou aquele investidor, em prol ou em nome de uma certa ou determinada qualidade que este poderia eventualmente se arrogar, mas antes são divulgados publicamente, de modo a chegar a um universo indeterminado e exterior à sociedade, atendendo ao bem jurídico que se pretende proteger. Por muito relevante que essa informação possa ser para a satisfação dos interesses do accionista que ainda há pouco caracterizámos, certo é que ela não é obtida em razão da qualidade ou participação que ele tem na sociedade. Não é uma informação que ele obtenha da forma privilegiada que pretendemos aqui analisar[13].

---

[10] Por esse preciso motivo é que essa fraca representatividade no capital da sociedade acaba muitas das vezes por se traduzir numa grande limitação na participação do accionista na vida da sociedade.

[11] Sofia Nascimento Rodrigues distingue pertinentemente a *formação* do investidor, que se destina a prepará-lo para um investimento que pondera realizar, a *informação*, que almeja facultar a esse investidor uma avaliação sobre o investimento que realizou e a *publicidade*, que procura dirigir o investidor para um determinado investimento ou serviço (obra citada, pág. 54). Todavia, como a própria autora admite, nem sempre estes três campos podem fixar-se na prática com a precisão que a teoria nos oferece.

[12] Remetemos, para este efeito, para a generalidade das obras indicadas anteriormente na nossa nota n.º 8.

[13] A preocupação com o investimento que "assombra" a mente deste tipo de accionista não é contudo desprezada pelos nossos autores. Mais adiante, teremos

Delimitado então que se encontra o nosso objecto de estudo, nomeadamente após um afastamento de formas de conhecimento de aspectos relativos a uma sociedade que poderíamos considerar afins, cumpre observar brevemente a metodologia que pretendemos adoptar para abordar adequadamente o tema por nós eleito.

3. Definição de uma metodologia a ser adoptada na abordagem aos problemas relativos à prestação de informações aos sócios

I. Ao pensarmos numa forma de abordagem aos problemas que surgem em torno da prestação de informações aos sócios de uma sociedade comercial, somos tentados a procurar definir, num primeiro momento e antes de tudo, o que se pode entender por *informação* propriamente dita. Cedo despertamos, no entanto, para o incontornável risco que constitui procurar definir algo a respeito de um instituto que ainda se encontra por estudar, por descobrir. Se não podemos afirmar conhecer uma determinada realidade antes de uma análise adequada a seu respeito, então no decurso do trabalho que pretendemos desenvolver acabaríamos certamente por constatar pela relatividade que esses nossos ensaios revelariam face a aspectos que não haviam inicialmente sido equacionados. Logo teríamos que empreender novas tentativas que conduzissem a outras formulações que muito provavelmente também se frustrariam pelos mesmos motivos.

Ao observar os esforços levados a cabo por alguns dos nossos mais ilustres autores, somos precisamente forçados a concluir que qualquer tentativa em procurar definir o que se entende por informação revelaria aquela relatividade que acabaria por condenar o sucesso das nossas intenções.

---

oportunidade de verificar que este aspecto tem servido de argumento para uma relativa contestação face à possibilidade desse pequeno accionista obter determinadas informações a partir de prorrogativas previstas no nosso Código das Sociedades Comerciais que mesmo assim ainda lhe assistam. Trata-se de um aspecto que não deixaremos de abordar, tendo acima de tudo em conta que ele nos permite divagar em torno da existência ou não de limitações relativas ao exercício do poder de informação que um sócio, nessa qualidade, dispõe para com a sociedade em que participa (*infra*, capítulo II, 2.1., alínea *a*), I, pág. 121, 2.º parágrafo, a 123).

De acordo, por exemplo, com SINDE MONTEIRO[14], a informação em sentido restrito corresponde à exposição de uma dada situação de facto, independentemente dela recair sobre pessoas, coisas ou ainda qualquer outra relação. Indo mais longe, ficariam excluídos desta realidade tanto os conselhos, como as recomendações, dado que em ambos se registaria a proposta de uma conduta, elemento este que não deveria ser enquadrado dentro daquela noção[15].

Esta perspectiva leva-nos a ter em conta algumas considerações dignas de registo: o entendimento acima vazado revela-se, todavia, incompatível com situações em que a nossa lei chega a tutelar a prestação de informações mesmo quando ela assuma a forma de conselhos ou recomendações[16]. A isto acresce saber se podemos verdadeiramente assegurar que, por exemplo, num relatório de gestão apresentado por uma gerência ou administração de uma socie-

---

[14] Relativamente ao qual é meritoriamente reconhecido o facto de ter desenvolvido a investigação mais importante a respeito deste tema: *"Responsabilidade por Conselhos, Recomendações ou Informações"* – Livraria Almedina, Coimbra, 1989.

[15] Obra citada, pág. 14 e seg.

[16] Como são os casos das informações tuteladas pelo Código dos Valores Mobiliários (art.º 7.º), se bem que, para determinados autores, este facto não implica necessariamente uma excepção ou expansão do conceito em apreço, mas sim uma tutela extraordinária sobre estes casos, necessária – no âmbito do mercado dos valores mobiliários – para assegurar valores que certamente seriam colocados em causa se tais casos não ficassem sujeitos à mesma disciplina da prestação de informação tradicionalmente entendida. A este respeito, ver Eduardo Paz Ferreira, obra citada, pág. 140-141. O que dizer também das *mensagens publicitárias* que, neste domínio, se encontram ao abrigo do regime informativo aqui referido e das características que a informação em geral tem que observar, não podendo portanto perder um pendor objectivo e rigoroso sobre os dados que são publicitados. Sobre a publicidade, para o que nos importa: Carlos Costa Pina, *"Dever de Informação..."*, pág. 39-48 e *"Publicidade..."*, pág. 259 e seg; Ferreira de Almeida, *"Conceito de publicidade"*, in BMJ, n.º 349, 1985, pág. 116 e seg; Oliveira Ascensão, *"Publicidade enganosa e Comparativa e Produtos Financeiros"*, in *"Revista da Banca"*, n.º 45 (Jan/Jun), 1998, pág. 23-44; Sofia Nascimento Rodrigues, obra citada, pág. 38-39 e *"Publicidade relativa a Valores Mobiliários"*, in *"Cadernos do Mercado de Valores Mobiliários"*, n.º 11, Agosto 2001, CMVM, pág. 95 e seg; Nicoletta Giusto, *"L'Autodisciplina Pubblicitaria dei Prodotti Finanziari"*, in *"La Nuova Giurisprudenza Civile Commentata"*, libro 5 (Set/Out), III, 1987, CEDAM, Padova, pág. 439 e seg.; Cuesta Rute, *"Publicidad de Tipos y Tarifas"*, in *"Revista de Derecho Bancario y Bursatil"*, n.º 2 (Abr-Jun), 1981, pág. 403-408 e Garrido Pastor, *"La Publicidad Financiera y Bancaria como Publicidad Informativa"*, in *"Revista de Derecho Bancario y Bursatil"*, n.º 56 (Oct-Dic), 1994, pág. 925-966.

dade não extraímos qualquer proposta de uma conduta, nem que seja através da proposta de aplicação de resultados que tem que compor obrigatoriamente aquele documento (alínea *f)* do n.º 5 do art.º 66.º do C.S.C.). Não encontramos aqui também uma proposta para a adopção de uma conduta? Obviamente que este exemplo não se revela idêntico aos anteriormente referidos, tanto que neste último caso a conduta proposta destina-se a ser adoptada pela sociedade, todavia através de uma necessária aprovação dos sócios, destinatários dessa informação. Queremos tão-somente destacar que em todos estes exemplos não existe unicamente uma divulgação absolutamente imparcial de determinados factos, mas existem também propostas para a adopção de condutas, de forma a influenciar o comportamento decisório dos destinatários da informação. A questão revela-se certamente mais complexa, mas as suspeitas agora lançadas são suficientes para afirmar que não podemos seguramente excluir do entendimento de informação a verificação de uma proposta para a adopção de uma determinada conduta, tendo em conta as dificuldades com que nos deparamos quando analisamos o caso concreto, nomeadamente ao procurar definir até onde vai a mera divulgação objectiva de factos e começa a proposta de adopção de uma dada conduta. Basta-nos a dúvida para colocar em causa a perfeição daquela definição acima referida[17].

Perante este cenário, sentir-nos-íamos então tentados, de modo a aproximar-nos mais do nosso tema, a encontrar em JOÃO LABAREDA a noção ideal de informação. Com efeito, este autor, ao definir *direito* à informação como *possibilidade* de acesso ao conhecimento de um facto, situação ou circunstância, permite extrair que essa informação corresponda então ao efectivo conhecimento sobre qualquer um desses elementos. O ilustre autor em questão acrescenta

---

[17] O ilustre autor em referência no texto admite aliás que não obstante aquela sua distinção teórica – assente na existência ou não de uma proposta de conduta ou juízo valorativo susceptível de influenciar o comportamento do destinatário da informação – ela revela-se muito difícil de ser efectuada na prática, chegando mesmo a existirem casos onde não se pode verdadeiramente concluir com segurança se foi simplesmente prestada uma "informação" ou se existiu também uma proposta de conduta ou comportamento, como acontece com os exemplos dos pareceres ou dos relatórios periciais. Obra citada, pág. 16-17.

pertinentemente à sua definição o facto de, relativamente a esta, não se dever ter qualquer especial consideração sobre os instrumentos através dos quais se materializa o acesso, nem sobre as causas ou iniciativas que conduzem ao resultado[18].

O facto, no entanto, de não se atribuir a esses elementos *qualquer especial consideração* já poderá ser objecto de alguma hesitação quando observamos o entendimento que RAÚL VENTURA tem acerca de informação. Para este autor, esta realidade abrange tanto o conhecimento de um facto em si mesmo, como também o meio por que um sujeito chega ao conhecimento desse facto. Nesta sequência, distingue a existência de três meios genéricos de conhecimento: a autoria de um facto; a percepção directa de facto alheio e o meio de conhecimento histórico de um facto. Perante esta distinção, o ilustre doutrinário aceita, no entanto, que somente o último caso se enquadre pacificamente dentro da noção de informação[19].

Parece-nos então plausível, à luz desta última leitura, englobar dentro da noção de informação os próprios meios de divulgação de factos, situações ou circunstâncias[20], tanto que a lei não hesita em regulá-los frequentemente[21]. Não podemos, no entanto, ingenuamente aceitar que seja informação toda e qualquer forma de divulgação ou conhecimento de um dado facto. Basta ponderarmos sobre o conhecimento por parte do autor desse facto ou então o conhecimento directo de facto alheio, este último que se revela, no entanto, mais questionável e problemático.

---

[18] Obra citada, pág. 120.
[19] Obra citada, pág. 280-281.
[20] Tal a importância que esses mesmos meios revelam particularmente em determinados campos, como é o caso da publicidade de factos relevantes em sede do mercado de valores mobiliários (ver nossa nota n.º 16). Estamos identicamente convictos que, ao longo deste trabalho, se destacarão naturalmente inúmeros casos de divulgação de dados a sócios onde se constata uma cimeira preocupação com a *forma* como ela se processa.
[21] Neste sentido, informação *"significa originariamente dar forma a alguma coisa que por essa forma se torna cognoscível e, como tal, transmissível. Assim informação designa simultaneamente o processo de formulação e transmissão de objectos de conhecimento e estes últimos como conteúdos (informações)."* (Itálico nosso. Aníbal Alves, *"Informação"*, in *"Enciclopédia Pólis"*, Verbo, 3.º Vol., pág. 543.)

Autores existem que defendem ainda, na sequência desta nossa problemática, uma distinção entre comunicação – que se refere à forma de transmissão – e informação propriamente dita, já se referindo unicamente ao conteúdo transmitido[22].

II. A crescente complexidade com que nos vamos deparando conforme procuramos decompor o que se entende por informação e que, de resto, se encontra intimamente relacionada com a relatividade que a prática posteriormente nos revela sobre essas diversas tentativas, recorda-nos que não podemos de facto pronunciar sobre o que se entende por tal conceito quando nem sequer analisámos ainda qual o teor da informação que é prestada aos sócios de uma sociedade comercial[23]. Pretendemos, com efeito, refutar – ao menos como ponto de partida para uma análise ao nosso tema – qualquer tentativa conceptualista, optando preferencialmente por observar o tratamento que a nossa ordem jurídica entendeu consagrar relativamente à prestação de informações aos sócios de uma sociedade comercial.

O facto acima descrito, quanto muito, torna realmente pertinente apurar quando, ou porque razões, é que uma pessoa se encontra obrigada a prestar informações a outrem, questão esta que nos conduz ao Direito Civil, tendo em conta ser este o espaço onde primeiramente se dedicou alguma atenção normativa sobre este aspecto.

Embora não seja esta a sede própria para uma adequada análise a respeito da obrigação de informação tratada no Código Civil (artigos 573.º a 576.º), certo é que a existência deste regime permite-nos, desde já, aferir determinados aspectos dignos de referência: Primeiramente, a preocupação com o surgimento de uma obrigação de informar remonta já ao nosso Direito Civil, como seria de esperar ao Direito das Obrigações. Ramos ou áreas jurídicas, como é sabido,

---

[22] Caso, entre nós, de Mário Mesquita, *"Comunicação e Informação no Jornalismo Escrito"*, in *"Os universos da comunicação"*, n.º 2 da *"Revista de Humanidades e Tecnologia"*, Universidade Lusófona, 1999, pág. 59 e seg.

[23] Aliás, diga-se de passagem que nem é nossa intenção chegar a alguma conclusão a respeito de uma noção de informação, mas sim procurar entender o regime relativo à prestação de informações aos sócios de uma sociedade comercial para, desse modo, termos pontos de referência para uma resolução concreta de problemas que a experiência humana por diversas vezes revelou existirem.

que não são estranhos ao Direito Comercial, incluindo o Societário. A preocupação pelos pressupostos a partir dos quais uma pessoa fica obrigada a informar alguém de algo pertence assim a um campo obrigacional que não pode passar despercebido pelo nosso Direito Comercial Societário.

Por outro lado, o regime previsto no Código Civil é acima de tudo geral e abstracto, propositadamente adequável às diversas circunstâncias da vida em que possa surgir – ou que possam justificar – uma obrigação de informar. Consequentemente, não é nesse regime que vamos encontrar respostas concretas para problemas concretos. Não é essa a sua função, mas sim fornecer pressupostos genéricos através dos quais se entende que deve surgir e funcionar uma obrigação de informação. Como tal, esse regime deve ser observado como um ponto de referência, um "espelho" que procura reflectir as razões que genericamente conduzem ao surgimento da obrigação em questão, como ainda à sua respectiva amplitude e devidas limitações. Esse regime revela-se então, logo à partida, útil na descoberta das referências básicas em torno do surgimento, âmbito e limitação de uma qualquer obrigação de informação.

Ao observar superficialmente tal regime, constatamos imediatamente que essa obrigação de informação poderá identificar-se numa informação *strito sensu* ou de prestação de esclarecimentos (art.º 573.º do C.C.); numa obrigação de apresentação de coisas para exame (artigos 574.º e 576.º) ou ainda de documentos escritos para o mesmo efeito (artigos 575.º e 576.º). Formas ou modalidades de uma obrigação de informar *lato sensu*, tendo em conta que todas elas procuram, a seu modo e dentro de parâmetros próprios, o esclarecimento daquele que exige o cumprimento da obrigação em apreço: No primeiro caso, sobre uma dúvida fundada acerca da existência ou conteúdo de um direito que eventualmente seja titular; no segundo, o esclarecimento acerca da existência ou conteúdo de um direito – pessoal ou real, ainda que condicional ou a prazo – relativo à coisa sujeita a exame; no terceiro, a satisfação de um interesse juridicamente atendível no aludido exame.

A existência de parâmetros próprios relativamente a essas diversas formas de informar ou esclarecer outrem serve-nos, por outro lado, para concluir que não existe uma obrigação de informar sem propósito ou motivo algum. Ela não nasce irracionalmente, desprovida de sentido próprio. Observamos, em cada uma dessas modalidades, a existência de pressupostos típicos que, como consequência, impedem que essa obrigação transcenda aquilo que simultaneamente pode ser considerado como seu limite. Da nossa lei resulta que não é possível exigir a alguém determinada informação se essa exigência não se encontrar enraizada numa dúvida fundada acerca da existência ou conteúdo de um direito, sendo unicamente possível efectuar essa exigência a quem – em razão, no fundo, de uma determinada posição, situação ou qualidade e dispondo das necessárias condições materiais – tenha a capacidade de fornecer as informações necessárias para esse efeito (art.º 573.º). Por seu turno, só é possível exigir a apresentação de determinada coisa a exame se este se revelar necessário para o esclarecimento sobre a existência ou conteúdo de um direito invocado relativo a essa coisa (art.º 574.º). A apresentação de documento para efeitos também de exame encontra-se adstrita, por sua vez, à necessária existência de um interesse juridicamente atendível na realização desse exame (art.º 575.º). Pressupostos para a existência de cada uma destas modalidades da obrigação de informar, como tal também limites para além dos quais não mais se entende como legitimo exigir um determinado esclarecimento ou a apresentação de certa coisa ou documento a exame.

Mas se aceitamos a existência de pressupostos para a verificação de uma obrigação de informação, ainda que genericamente traçados, temos que necessariamente admitir a possibilidade deles, uma vez verificados no caso concreto, poderem ser suplantados mediante circunstâncias que determinam o afastamento da obrigação de informar. A razão é simples: se esses pressupostos reflectem necessariamente, como verificámos, a protecção de interesses de quem beneficiará da informação propriamente dita[24], certamente que a lei não poderia ser insensível aos interesses da parte contrária, do sujeito passivo dessa obrigação. É o que verificamos relativamente à apresentação a exame de coisas e documentos, onde o demandado pode opor-se fundamentadamente à diligência (artigos 574.º e 575.º) ou mesmo a uma reprodução da coisa ou do documento, mediante motivo

---

[24] Mediante o esclarecimento de uma dúvida fundada sobre a existência ou conteúdo de um determinado direito ou a satisfação de um interesse juridicamente atendível.

grave por ele invocado (art.º 576.º). Situações que reflectem uma dualidade de interesses que a lei procura efectivamente harmonizar[25]. Situações em que, não obstante a verificação dos pressupostos necessários para a formação de uma obrigação em informar, o sujeito passivo não se encontra todavia adstrito a observar esse vínculo e obedecer ao que lhe é solicitado pela parte contrária[26].

Constatamos assim a existência de um regime – ancestral ao que possamos encontrar na legislação comercial societária – relativo à obrigação de informação, previsto pelo nosso basilar Direito Obrigacional[27]. Um regime, como referimos e seria de esperar, geral,

---

[25] Interesses esses juridicamente atendíveis, tendo em conta que reflectem a defesa de ideais de projecção jurídica: Do lado do beneficiário da informação, a defesa dos direitos dependentes da apresentação da coisa ou documento; do lado do detentor da coisa ou documento, a sua liberdade individual que suscita uma especial consideração para com as situações que acabem por restringir essa liberdade, obrigando-o a essa efectiva apresentação (Mário Júlio de Almeida Costa, *"Direito das Obrigações"*, Livraria Almedina, Coimbra, 2006, 10.ª edição reelaborada, pág. 748-749). Relativamente à primeira ordem de interesses, nada na lei determina que os direitos a serem defendidos mediante a apresentação a exame da coisa ou documento tenham necessária e exclusivamente que dizer respeito a quem exige efectivamente o cumprimento da obrigação, podendo se encontrar relacionados com um terceiro desta relação obrigacional. Vaz Serra expõe brilhantemente, recorrendo aliás ao modelo adoptado pelo Código Alemão, as dificuldades que se suscitam a partir de uma solução diversamente consagrada (*"Exibição de coisas ou documentos"*, in BMJ, n.º 77, pág. 232-233). Já no que concerne à liberdade individual na apresentação ou não da coisa ou documento, serão de levar em conta, por exemplo, situações em que a coisa possa representar um segredo de negócio ou de fabrico (Pires de Lima/Antunes Varela, *"Código Civil Anotado – Vol. I (Artigos 1.º a 761.º)"*, 4.ª edição, Coimbra Editora, 1987, pág. 591, nota 2) ou em que o documento contenha matéria confidencial e que devem poder constituir argumentos bastantes para uma fundada oposição a essa apresentação. Veja-se, a respeito do regime da apresentação de documentos a exame, a título exemplificativo, o Ac. da RC., de 17/11/87, in CJ, 1987, Tomo V, pág. 80-82. A respeito de limitações mesmo ao nível da obrigação prevista no art.º 573.º, do C.C.: Ac. do STJ, de 09/01/03, in www.dgsi.pt, relator Ferreira de Almeida, última consulta feita em 19/10/05, sob o termo "Obrigação de informação".

[26] Não é somente dos interesses que até aqui descrevemos que a lei se preocupa quando falamos neste tipo de obrigações de apresentação para exame. Convirá ainda o resguardo pela posição do proprietário da coisa, nomeadamente quando ele não coincida com a pessoa do actual possuidor (n.º 2 do art.º 574.º).

[27] Relativamente ao qual, podemos ainda assinalar o seguinte trabalho preparatório de Vaz Serra: *"Obrigação de prestação de contas e outras obrigações de informação"*, in BMJ, n.º 79, pág. 149 e seg. Ver ainda Sinde Monteiro, obra citada, pág. 409 e seg. Salientamos ainda Menezes Cordeiro, *"Direito Bancário: Relatório"*, Livraria Almedina, Coimbra, 1997, pág. 130 e seg.

enquadrável nos mais diversos casos em que se suscite um vínculo dessa natureza, fundamentado naturalmente em razões de boa-fé, senão não seria de constatar a existência de pressupostos e limites para a exigibilidade e cumprimento desse tipo de obrigação. Um regime que, cumulativamente, orbita para esse efeito em torno da existência de interesses. Interessante pois se revela esta ideia de *interesse*, que não passa minimamente despercebida por aquele regime. Nada, até ao momento, nos indica um sentido contrário daquele que temos vindo a seguir. Nada nos indica que não seja em interesses que se centre o regime que pretendemos substancialmente tratar em seguida. Nada nos indica então que este último não seja nada mais do que uma concretização daquilo que antes havia sido projectado pelo regime civilista. Um desafio que teremos em mente, ao preencher as linhas que se seguem.

III. A forma como pretendemos observar o tema desta dissertação – e que, de certa forma, já deixámos indiciada recentemente – não pode deixar de merecer a sua devida esquematização. Por outras palavras, a análise da razão de ser, dos pressupostos, âmbito e consequentemente limites em que se centra a prestação de informações aos sócios de uma sociedade comercial merece um eficaz e objectivo esquema de abordagem. Importa pois uma brevíssima referência àquela que modestamente consideramos ser a melhor maneira de garantir essa forma de abordagem.

Tendo, acima de tudo, em conta o que atrás referimos acerca de procurarmos um propósito ou razão de ser para a necessidade de uma sociedade comercial ter que prestar informações aos seus sócios, o presente trabalho não poderia substancialmente iniciar sem uma análise em torno do significado e sentido da posição que um sócio assume nessa sociedade. Com efeito, correspondendo a uma prorrogativa inerente a essa qualidade ou posição – aspecto este que, aliás, o legislador não hesita desde cedo em deixar bastante claro (alínea c) do n.º 1 do art.º 21.º do C.S.C.) – é nesse facto que teremos primeiramente que concentrar as nossas atenções, de modo a começar a compreender o que de único caracteriza a situação de um sócio face à sociedade em que participa, quando comparada com o mundo exterior, e que justifica essa faculdade ou prorrogativa. Se, dentro de um determinado ponto de vista, esta questão parece não revestir especial complexidade, de forma a não merecer mais que a simples constatação que *um sócio tem o direito a ser informado sobre os assuntos sociais porque é sócio*, noutra perspectiva poderíamos pacificamente entender que, para além de ser uma afirmação redundante, desprovida de conteúdo e de significado útil para os nossos intentos, ela não explica, nem demonstra, o contexto em concreto em que se situa essa faculdade de informação. Este facto priva-nos imediatamente de entender logicamente as razões para a existência de determinados pressupostos e limites que se encontram, a este respeito, previstos na lei. A falta de percepção e compreensão, ainda que primeiramente num plano teórico, a respeito do instituto em apreço implicam logo à "nascença" uma impossibilidade de o conjugar com as vicissitudes que a prática já demonstrou existirem.

A análise propriamente dita à prestação de informações aos sócios de uma sociedade comercial tem, em seguida, o seu natural desenvolvimento numa reflexão sobre o objecto desta faculdade de informação. Logicamente que não se aceitaria analisar um poder dos sócios sem minimamente observar o objecto em que ele consiste, ou seja as informações a que esses sócios têm, nestes termos, acesso. Atentos, contudo, ao facto de se revelar impossível uma indicação, ainda que breve, de "todos e mais alguns" casos em que um sócio tem o *direito* a ser informado, ou então dos aspectos sociais que ele pode ou tem mesmo que ter conhecimento, não poderíamos sinceramente pretender abordar algo que, desta forma, certamente se revelaria exaustivo e provavelmente pouco produtivo. Perante essa dificuldade, optámos por utilizar esse segundo capítulo para reflectir e explanar os aspectos que entendemos que o nosso leitor deve reter em sua mente a respeito das informações que, em concreto, um sócio tem acesso. Não pretendemos pois um trabalho que abranja ou faça um elenco exaustivo sobre as mais diversas circunstâncias que se enquadram dentro daquele objecto. Pretendemos sim a compreensão acerca da razão porque essas circunstâncias existem. Esse é o objectivo que almejamos alcançar com esse segundo capítulo.

Sensíveis ainda ao facto de que os problemas e dúvidas que, na prática, surgem em torno deste nosso instituto também se erradicam relativamente a determinadas circunstâncias em que se questiona se um determinado sócio tem ou não direito a exigir informações à sua sociedade, sentimos em seguida a necessidade de dedicar parte deste trabalho em procurar definir quem pode assumir-se, a dada altura, como beneficiário da informação. A este respeito não pode também passar despercebido o facto de que o acesso à informação sobre assuntos sociais é diferentemente tratado consoante o tipo societário em causa. Haverá então necessidade ainda de compreender o porquê para este comportamento. A questão relativa a uma determinação do beneficiário da informação liga-nos ainda indissociavelmente a situações em que terceiros podem arrogar-se de determinadas faculdades inerentes à qualidade de sócio, mormente em circunstâncias em que a participação na sociedade se encontre, de uma ou outra forma, onerada. Situações como as que agora denunciámos dão claramente a entender que o aspecto que pretendemos tratar no terceiro capítulo não se revela tão nítido quanto, à partida, se poderia contrariamente pensar.

    A nossa declarada crença que a faculdade dos sócios em aceder aos assuntos sociais não se encontra desprovida de um propósito ou razão de ser leva-nos a suspeitar que esse propósito seria, por diversas vezes, posto em causa se a preocupação informativa se centrasse unicamente no *quê* e não também no *como*. Por outras palavras, exclusivamente naquilo que pode ou deve ser divulgado ou disponibilizado ao sócio, sem qualquer consciência acerca da forma como a informação deve ser fornecida. Basta pensarmos nas diversas e diferentes situações em que esse sócio pode se encontrar de forma a sustentar uma atendível solicitação de informações à sociedade e que, se pudessem ser legalmente prestadas de uma forma arbitrária ou sempre de uma mesma forma, acabariam certamente por frustrar a satisfação dos motivos que, em determinado caso, justificaram a necessidade informativa. Cremos então que a faculdade de informação dos sócios passa, a certa altura e perante determinadas circunstâncias, tanto por uma preocupação com uma certa antecedência, como também, noutros casos, com esta ou aquela formalidade. Este nosso argumento foi suficiente para dedicarmos imprescindivelmente um capítulo em torno da forma como os sócios poderão ter conhecimento dos assuntos sociais, capítulo esse precioso na averiguação – ou quiçá, confirmação – dos propósitos que, em determinado caso, pretendem ser alcançados com uma certa informação.

A exposição descritiva do nosso objecto de estudo não poderia concluir sem uma averiguação em torno das situações em que se constata um desrespeito pela faculdade informativa que assiste legalmente os sócios. Uma matéria que nos permite uma análise sobre duas perspectivas distintas: por um lado, relativamente aos mecanismos de apoio ao sócio de reposição da legalidade e ainda no que concerne às consequências e responsabilidades que poderão ser aferidas e imputadas a quem injustificadamente não observou algo que a nossa lei designa de um *direito* do sócio. Só após este capítulo é que poderemos considerar concluída uma análise "exaustiva" sobre o instituto que pretendemos abordar neste trabalho e dessa forma perceber, ao finalizar esta investigação, se conseguimos aferir conclusões pertinentes que permitam extrair posteriormente critérios eficazes para uma resolução de muitos dos problemas que este tema suscita para os nossos tribunais.

Capítulo I

O poder informativo
e a posição do sócio na sociedade

....

1. Sócio e participação social

1.1. A natureza inerente à participação numa sociedade
   a) *Doutrina*
   b) *A participação enquanto direito subjectivo: o direito social*
   c) *Um status e um direito*

1.2. Caracteres típicos do direito social
   a) *Um conjunto de meios à disposição do sócio*
   b) *A submissão da participação do sócio a princípios da vida societária*
   c) *A satisfação dos interesses do sócio*

2. A informação sobre a vida da sociedade enquanto poder do sócio

....

1. Sócio e participação social

I. Na sequência do compromisso por nós anteriormente firmado no sentido de procurar entender a razão de ser e enquadramento do poder de informação do sócio, cremos que um dado primordialmente a reter prende-se necessariamente com a ideia que as informações que neste contexto são prestadas ou divulgadas a este destinatário decorrem incontornavelmente da qualidade e posição que ele assume para com a sociedade em causa. Não podemos, com efeito, ignorar o facto que essas informações são reveladas ao *sócio*, sendo portanto fornecidas, prestadas a este, nessa precisa qualidade. É o que efectivamente resulta do disposto na alínea *c)* do n.º 1 do art.º 21.º do C.S.C. O facto de se ser sócio não pode assim passar despercebido a qualquer análise em torno dos motivos pelos quais uma sociedade se encontra adstrita à obrigação sobre a qual pretendemos efectuar uma reflexão. Neste contexto, estamos então perante factos de uma sociedade que são dados a conhecer a destinatários, em virtude de uma posição especial que têm para com ela, posição essa a qual o Direito não é alheio em reconhecer-lhe a devida dignidade e relevância jurídicas. Informações que têm que ser divulgadas a estes destinatários precisamente pelo facto de serem sócios da sociedade em apreço.

Não basta, no entanto, aceitar que o conhecimento, por esta via obtido, de aspectos sociais se encontra enraizado numa determinada posição particular que o destinatário tem para com quem se encontra adstrito a prestar a informação. Com efeito, se é certo que um sócio tem direito a ser informado sobre todo um conjunto de aspectos relativos à "vida social" por precisamente ser sócio dessa sociedade, também é certo que ficamos por compreender os verdadeiros motivos para um tratamento privilegiado relativamente a esse sócio, face a outros potenciais destinatários de informações societárias. Não nos podemos contentar, portanto, com a mera conclusão – já aferida legalmente – que um sócio tem direito a ser informado sobre assuntos sociais, pelo simples facto de ser sócio da sociedade em causa. Ficam por decifrar aspectos – como a amplitude, determinadas limitações ou mesmo o real propósito desta prorrogativa – que transparecem uma necessidade de compreender, ainda que genericamente, em que consiste a posição de um sócio na sociedade.

II. Não é contudo possível compreender essa posição de projecção societária, sem percebermos previamente que ela resulta precisamente de uma ligação que uma certa pessoa tem com uma determinada sociedade, concretizada através de uma participação social. Desta forma, compreender a ideia de sócio de uma sociedade significa, antes de mais e acima de tudo, tentar perceber essa mesma ligação. Por outras palavras: a natureza dessa participação social. Encontramo-nos, portanto, perante realidades indissociáveis, a partir do momento em que constatamos que a *qualidade* de sócio nasce a partir de uma *participação* que este tem na sociedade. Não existe sócio se não existir aquela relação especial com uma sociedade, concebida através de uma participação social. Realidades que não podem ser concebidas uma sem a outra. Naturalmente que só podemos então entender verdadeiramente a ideia de sócio quando percebermos o substrato e bem assim o conteúdo em que assenta a participação social[28].

---

[28] Aliás, Menezes Cordeiro efectua, a este respeito, uma abordagem mais completa e perfeita, ao entender que a situação de um sócio passa necessariamente por três perspectivas distintas e abstractas: Primeiramente, uma qualidade assumida; por outro lado, a titularidade de uma posição; por último, a própria posição ou participação social. Conforme o tipo de sociedade considerado, teríamos a exaltação da perspectiva mais adequada: nas sociedades de pessoas, a qualidade de sócio; nas sociedades mistas – sociedades por quotas – a titularidade de uma posição; nas sociedades de capitais, a própria posição, independentemente do seu titular. Contudo, em sede de uma teoria geral da posição do sócio, teríamos necessariamente que ter em conta todos estes diferentes prismas. *"Manual de Direito das Sociedades – Volume I: Das sociedades em geral"* – Livraria Almedina, 2004, pág. 498.

III. Numa primeira fase, podemos legitimamente aferir que a participação social se traduz numa *participação* de uma pessoa numa dada *sociedade*. Daí a própria razão de ser de tal designação. É então a partir de uma ideia de intervenção, de interacção de um determinado sujeito numa sociedade que resulta a participação social. As diversas formas dessa interacção ocorrer, que seguidamente veremos, espelham aquilo que podemos considerar, por seu turno, constituir o núcleo ou conteúdo dessa participação.

Fazendo uma passagem deveras superficial pela nossa lei societária, constatamos serenamente que a participação social serve de base para todo um conjunto de obrigações e direitos – assim designados pela lei – imputáveis e reconhecidos ao sócio relativamente à sociedade em que participa. Obrigações e direitos através dos quais, no fundo, se concretiza a nossa participação social[29]. A universalidade de obrigações e direitos em apreço tem sustentado, por parte da nossa doutrina, umas primeiras noções acerca de participação social, todas elas centradas na ideia desta corresponder a um conjunto ou feixe unitário de direitos e obrigações – ainda que potenciais – do sócio, enquanto tal[30].

O carácter *unitário* do conjunto ou feixe de direitos e deveres acima sugerido poderia, à primeira vista e por si só, encontrar alguns problemas de compatibilização com algumas circunstâncias previs-

---

[29] É o que observamos a partir de preceitos como os artigos 20.º e 21.º do C.S.C., de onde resultam respectivamente obrigações e direitos fundamentados na *qualidade de sócio*, portanto imputáveis e reconhecidos a *todo o sócio* de uma sociedade comercial. O legislador entendeu, ao longo da lei societária comercial, designar indistintamente de obrigações e direitos o conjunto de deveres e de poderes que legalmente são reconhecidos ao sócio, nesta sua qualidade, o que não nos traduz necessariamente o real e verdadeiro substrato não somente dessas "obrigações" e "direitos", mas também da participação propriamente dita, como ao longo do presente capítulo teremos oportunidade de verificar.

[30] Brito Correia, *"Direito Comercial – 2.º Volume: Sociedades Comerciais"* – 4.ª tiragem da edição de 1989, A.A.F.D.L., 2000, pág. 289; Pupo Correia, *"Direito Comercial – Direito da Empresa"*, 9.ª edição, Ediforum, 2005, pág. 213; Coutinho de Abreu, *"Curso de Direito Comercial – Vol. II: Das sociedades"*, Livraria Almedina, 2002, pág. 205; Pinto Furtado, *"Curso de Direito das Sociedades"*, 5.ª edição, Livraria Almedina, Coimbra, 2004, pág. 221; Alexandre Soveral Martins/Maria Elisabete Ramos, *"As participações sociais"*, in *"Estudos de Direito das Sociedades"*, sob a coordenação de Coutinho de Abreu, 7.ª edição, Livraria Almedina, 2005, pág. 93.

tas na lei que parecem susceptibilizar alguns desses direitos a negócios ou situações jurídicas próprias e distintas. São os casos previstos no art.º 999.º do C.C. e art.º 183.º do C.S.C., que permitem ao credor do sócio a possibilidade de executar tanto o direito aos lucros, como à quota de liquidação que este último tem direito. Por seu turno, o disposto no art.º 239.º do C.S.C. determina que a penhora de uma quota abrange os direitos patrimoniais a ela inerentes, com ressalva do direito aos lucros já atribuídos por deliberação dos sócios à data da penhora – e da possibilidade deste ser, por sua vez, objecto de penhora própria – sendo certo que o direito de voto continua a ser exercido pelo titular da quota penhorada. Indo mais longe, prevê o art.º 267.º do mesmo código a possibilidade do sócio alienar o seu direito de participação preferencial num aumento de capital da sociedade. Situação semelhante assistimos também nas sociedades anónimas, onde o accionista tem a possibilidade de alienar o seu direito de subscrever preferencialmente acções novas, em sede de aumento de capital, nos termos do n.º 3 do art.º 458.º. Casos como os agora citados têm servido de base para alguns dos nossos ilustres autores colocarem em causa precisamente essa ideia de unidade entre todos aqueles direitos e deveres que anteriormente referimos. Por outras palavras, o carácter unitário da própria participação social[31]. Estes exemplos constituem motivo suficiente, contudo, para entender que as respostas que até agora alcançámos não se revelam suficientes para verdadeiramente compreendermos o que é uma participação social. Eles próprios revelam que existe algo mais que uma mera listagem normativa de direitos e deveres para explicar essa realidade em que se situa um sócio de uma sociedade. Com efeito, se por um lado parece-nos fazer sentido reconhecer uma relação entre todos eles – dado se fundamentarem numa única qualidade – por outro, não podemos negar que estes preceitos agora citados parecem, ao menos aparentemente, negar uma ideia de uni-

---

[31] Raúl Ventura, *"Reflexões sobre direitos de sócios"*, in CJ, 1984, Tomo II, pág. 9 e seg.; Mário Leite Santos, *"Contratos parassociais e acordos de voto nas sociedades anónimas"*, Edições Cosmos, Lisboa, 1996, pág. 198 e seg. Contra esta perspectiva, no entanto, João Labareda, *"Das acções das Sociedades Anónimas"*, A.A.F.D.L., 1988, pág. 133 e seg.

dade. Torna-se necessário pois prosseguir com as nossas investigações, desta feita no sentido de procurar apurar o verdadeiro substrato em que assenta a participação social e consequentemente a posição de um sócio na sociedade. Só desta forma conseguiremos compreender e consequentemente conjugar os dois aspectos agora suscitados e aparentemente contraditórios entre si.

1.1. *A natureza inerente à participação numa sociedade*

a) Doutrina

I. A questão relativa à definição da natureza jurídica da participação de um sócio numa sociedade não tem sido, com efeito, objecto de grande consenso. Este tema motivou, aliás, grandes divergências historicamente sentidas pela doutrina, relativamente às quais pretendemos efectuar uma breve passagem por algumas das posições mais emblemáticas.

Podemos, efectivamente, começar por destacar aqueles distintos autores que apelavam a que fosse reconhecida uma natureza real à posição jurídica assumida pelo sócio[32]. De acordo com esta perspectiva, a participação assumiria natureza semelhante a um direito de compropriedade, de condomínio ou de comunhão sobre os bens indivisos que sustentam o acervo patrimonial da sociedade. Esta forma de observar a participação social encontra-se todavia actualmente afastada[33]. A procedência daquele entendimento é inviabilizada pela própria existência da sociedade dotada de personalidade jurídica distinta da dos seus sócios. Em tais circunstâncias, os bens com que os sócios contribuem transferem-se para a sociedade, consequentemente passando esta a ser a única e exclusiva titular daque-

---

[32] Karl Wieland, *"Handelsrecht"*, I, pág. 610, e II, pág. 35; Manara, *"Delle società e delle associazioni commerciali"*, I, pág. 512; Rocco, *"Le società commerciale in rapporto al guidizio civile"*, Giuffrè, Milano, 1962, pág. 51.

[33] António Pereira de Almeida, *"Sociedades Comerciais"*, 4.ª edição, Coimbra Editora, 2006, pág. 46; Brito Correia, *"Direito Comercial – 2.º Vol..."*, pág. 290; Ferrer Correia, *"Lições de Direito Comercial"*, reimpressão, Lex, 1994, pág. 253 e 398.

les bens. Os sócios perdem dessa forma qualquer controlo directo sobre os bens em questão.

II. Em contraposição àquela teoria, outros ilustres pensadores sentiram a tentação em observar uma natureza obrigacional na participação do sócio, um autêntico direito de crédito sobre e para com a sociedade[34]. Esta visão veio, todavia, a revelar-se identicamente imperfeita pois, embora conseguindo explicar determinados poderes do sócio – nomeadamente de carácter patrimonial, como a comunhão nos lucros sociais – outros ficariam por explicar[35], para além do conjunto de deveres e responsabilidades que, nessa sua qualidade, lhe são imputáveis e que esta perspectiva não conseguia também sustentar. Estas "lacunas" deixavam adivinhar que a posição do sócio situava-se mais além do que se pretendia defender, não bastando reduzi-la meramente a uma situação creditícia para a conseguir explicar em todas as suas mais diversas formas de manifestação[36].

---

[34] Veja-se, por exemplo, em Ripert et Roblot, *"Traité de Droit Commercial"*, Librairie Générale de Droit et de Jurisprudence, I, 2001, n.ºs 763 e seg.

[35] Nomeadamente todos aqueles de alguma forma circunscritos e fundamentados num poder de participação na vida societária, como o voto, a participação nas decisões sociais ou mesmo até o nosso poder de informação sobre os assuntos da sociedade. A este respeito, ver Brito Correia, *"Direito Comercial – 2.º Vol..."*, pág. 290.

[36] Naturalmente que, em teoria, sempre se poderia argumentar que aqueles poderes do sócio, pertencentes a um foro mais corporativo, situar-se-iam numa relação de funcionalidade para com um fim ou propósito comum: a satisfação de uma pretensão que nunca deixaria de ser creditícia, concretizada através da participação nos lucros sociais. Ficariam ainda por explicar, no entanto, aquelas obrigações e responsabilidades imputáveis ao sócio e que, no fundo, não permitem reduzi-lo unicamente a um credor, como se de um terceiro estranho à sociedade se tratasse. Mais do que isso, o sócio é, por excelência, *parte integrante* do acervo pessoal da sociedade, elemento integrado e envolvido no projecto societário, não podendo, por isso, ser visto como uma pessoa cujo propósito ou interesse, ao participar nesse projecto, se resume a uma satisfação ou, ao menos, compensação relativamente a algo que prestou em benefício da sociedade (a este respeito, Michoud, *"La théorie de la personnalité morale et son application au Droit Francais – Vol. II"*, 3.ª edição, Paris, 1932, L.G.D.J., pág. 33, n.º 181). A legítima procura do sócio em obter uma participação nos lucros que são gerados a partir de uma determinada estrutura não pode, de todo, diminuir ou desvalorizar a forma como se pretende obter esses lucros: mais concretamente, a partir do exercício em comum de uma determinada actividade (art.º 980.º do C.C.).

III. A relatividade e o insucesso das anteriores visões em tentar explicar o significado da participação social conduziram naturalmente ao aparecimento de outros entendimentos concentrados em procurar sustentar aquilo que até então não havia sido explicado. Surgiram assim outras perspectivas em torno da natureza assumida pela posição do sócio. Entre elas encontramos o reconhecimento de um direito assente numa dupla natureza, tanto real, como obrigacional[37]. Esta perspectiva procurou desta forma, face às dificuldades sentidas pelas posições anteriormente relatadas, colmatar as imperfeições de uma e de outra, sem contudo obter algum sucesso a esse respeito. Com efeito, a mera cumulação de distintos substratos não se revelou suficiente para afastar as criticas anteriormente apontadas a cada um dos entendimentos em questão. O problema permanecia. Ao tentar definir e condicionar a natureza deste *direito*, ficaria sempre algo por explicar, designadamente a realidade complexa que se encontra subjacente à posição de um sócio numa sociedade, pelo que persistiram as criticas que revelaram a insustentabilidade de qualquer um destes entendimentos.

IV. Esforços desenvolveram-se para, por outro lado, visionar o conjunto de poderes e deveres fundamentados na participação social enquanto emergentes de uma situação de expectativa jurídica do sócio relativamente ao lucro social. A posição do sócio se reconduziria, no fundo, a uma situação contextualizada num processo formativo de um direito.

Embora esta perspectiva servisse, de acordo com determinados autores, para explicar determinadas prorrogativas ou poderes do sócio, como a sua possibilidade de participação nos lucros sociais, ela não serviria para compreender todos os restantes poderes e obrigações que caracterizam ou são susceptíveis de caracterizar uma participação social[38]. Indo mais além, não é possível observar o regime que a nossa lei societária comercial prevê ao nível dos mais

---

[37] Carnelutti, *"Teoria guiridica della circolazione"*, CEDAM, Padova, 1933, pág. 39 e seg.
[38] Brito Correia, *"Direito Comercial – 2.º Vol..."*, pág. 290.

diversos poderes e deveres e aceitar que a participação social se reconduza a um mero processo formativo de um direito[39].

V. As experiências anteriormente referidas contribuíram preciosamente para o entendimento de que a posição do sócio sustentada na sua participação na sociedade comporta uma realidade complexa que não poderia ser suficientemente explicada ao procurar condicioná-la unicamente a uma situação jurídica simples. Importava acima de tudo acautelar essa complexidade inerente à participação do sócio, nomeadamente ao facto dela comportar tanto uma vertente patrimonial como uma outra de carácter mais corporativo, de modo a que finalmente pudessem ser contornadas as criticas anteriormente apontadas.

---

[39] Como assim era interpretada a ideia de expectativa jurídica, ao abrigo desta visão. Já Pedro Pais de Vasconcelos define mais realisticamente as expectativas jurídicas como *"(...)posições jurídicas pessoais de vantagem, inerentes à afectação futura de bens, à realização futura de fins do seu titular, através da atribuição actual de poderes ao seu titular e da vinculação actual de terceiros, com o fim de evitar ou impedir a respectiva frustração ou detrimento."* (Itálico nosso. *"Teoria Geral do Direito Civil"*, 3.ª edição, Livraria Almedina, 2005, pág. 681.). Para o distinto autor – sublinhando a posição defendida também por Oliveira Ascensão (*"Direito Civil – Teoria Geral – Vol. III: Relações e situações jurídicas"* – Coimbra Editora, Coimbra, 2002, pág. 86-87) – a expectativa jurídica *"embora não represente a realização antecipada de um trecho do conteúdo do direito subjectivo a que se refere, cai inteiramente no âmbito do direito subjectivo, como afectação individual, concreta e destinada a criar um espaço de autonomia"* (Itálico nosso, obra citada, pág. 682). Desta forma, de acordo com estes autores, a expectativa corresponde a um direito subjectivo, com estrutura e substância diferentes das constatadas no direito expectado, embora se lhe encontre finalisticamente ligado. Pretende-se, no nosso texto, afastar simplesmente a ideia de participação social como um processo formativo de um futuro direito subjectivo. Mas mesmo aceitando se tratar de um direito subjectivo, não nos parece que o regime patente na nossa lei relativamente à participação social transpareça unicamente uma preocupação pela preservação de uma determinada situação que permita, dessa forma, uma afectação futura de bens e consequentemente de fins do respectivo titular, como parece ser apanágio de uma expectativa jurídica. Tal regime, inclusivamente no que respeita à comunhão dos lucros sociais, parece muito mais conceder uma posição de vantagem traduzida numa actual afectação de meios para uma actual realização de fins (veja-se, a título exemplificativo, o que se encontra plasmado nas regras referentes à participação nesses lucros – n.º 1 do art.º 22.º do C.S.C.; à necessidade de determinação de um valor para a industria para efeitos de cálculo dessa participação – alínea b) do n.º 1 do art.º 176.º; ou relativamente à forma como devem ser distribuídos os lucros finais – art.º 146.º e seg.).

Surgiram assim os primeiros esforços no intuito de procurar explicar a posição do sócio como uma situação jurídica complexa, composta por todo um conjunto de poderes, faculdades, direitos, obrigações, ónus e sujeições[40]. Esta forma de observar a posição e a participação do sócio adquiriu a sua devida maturidade entre nós através da teoria do *status* ou da situação jurídica. De acordo com ela, a participação social encontra-se sustentada por todo um conjunto de situações jurídicas activas, como passivas, situações essas tanto de um carácter patrimonial – como a comunhão nos lucros sociais ou a obrigação de realização de entradas ou de prestações legal ou contratualmente exigidas – como corporativo – caso das situações respeitantes à participação na vida e decisões sociais ou relativamente a deveres de lealdade para com a sociedade[41].

Igualmente sustentando a realidade complexa inerente à participação do sócio na sociedade, encontramos a visão defendida, entre nós, por autores como RAÚL VENTURA, que realçam uma base contratual subjacente a essa posição. Na perspectiva deste nosso autor, a participação social corresponde autenticamente a uma posição contratual, preenchida por um conjunto de situações activas e passivas, originadas e fundamentadas a partir do contrato de sociedade[42]. Esta perspectiva acaba por admitir que tais situações possam ser objecto de negócios jurídicos próprios, consequentemente podendo ser encaradas tanto globalmente, como separadamente. Seguindo esta linha de raciocínio, BRITO CORREIA, indo mais longe, entende estarmos perante uma verdadeira universalidade de direito, enquanto realidade que a ordem jurídica trata como unidade, sem deixar de reconhecer dignidade a cada um dos elementos que a compõem[43].

---

[40] Uma vez mais, Brito Correia, *"Direito Comercial – 2.º Vol..."*, pág. 291
[41] Brunetti, *"Tratado Del Derecho de Las Sociedades – Vol I: Parte General – Las Sociedades Personales, La Sociedad de Armamento entre Coproprietarios de Naves"*, Trad. Felipe Solá Cañizares, UTEHA, Buenos Aires, Argentina, 1960, pág. 271 e seg.; Ferri, *"Le società"*, 3.ª edição, 1989, in *"Tratatto di Diritto Civile Italiano"*, Vol. X, tomo 3, fondato da Filippo Vassalli, UTET, pág. 344 e seg.; António Pereira de Almeida, obra citada, pág. 45-50 e Menezes Cordeiro, *"Manual de Direito das Sociedades – Vol. I..."*, pág. 497 e seg.
[42] *"Sociedades por quotas...Vol. I"*, pág. 578 e seg.
[43] *"Direito Comercial – 2.º Vol...."*, pág. 291.

O que dizer das posições agora transcritas? Podemos, para já, adiantar que a teoria da posição contratual não se revela isenta de criticas, grande parte delas pertinentemente apontadas por ANTÓNIO PEREIRA DE ALMEIDA[44]. Através das doutas palavras deste autor, compreendemos que a ideia da situação do sócio se reconduzir meramente a uma posição contratual revela-se francamente estática e de certa forma – com o devido respeito – limitada, alheia a toda uma dinâmica que a estrutura empresarial inerente à sociedade procura impor[45]. Com efeito, a rigidez contratual não se demonstra compatível e constata-se até ser nociva à realidade económica e financeira que se encontra permanentemente em movimento e bem assim para com os fins da sociedade e dos seus respectivos sócios. Além do mais, acresce ainda que o pacto social não estrutura uma relação *inter partes* – como se revela típico dos contratos em geral – antes estipula todo um quadro normativo que pretende regular a constituição, existência e extinção da sociedade e bem assim o exercício da actividade social[46].

Em nosso modesto entendimento, não nos passa efectivamente despercebido o carácter restritivo da visão em apreço, praticamente concentrada na perspectiva contratualista do legislador do Código das Sociedades Comerciais, acabando assim por descurar realidades

---

[44] Obra citada, pág. 48.

[45] Esta ideia concretiza-se através da análise a preceitos que determinam que somente por mútuo consentimento é possível alterar o conteúdo – ou até a composição subjectiva – de um contrato (n.º 1 do art.º 406.º e n.º 1 do art.º 424.º, ambos do C.C.). Por seu turno, com salvaguarda para o caso de sociedades como as em nome colectivo – onde se impõe o princípio da pessoalidade – o pacto social, designadamente nas sociedades de responsabilidade limitada, pode ser alterado por maioria (n.º 1 do art.º 265.º e n.ºs 3 e 4 do art.º 386.º do C.S.C.), sendo que os sócios podem ceder as suas posições sem necessidade de autorização dos restantes sócios ou da própria sociedade (n.º 2 do art.º 228.º e n.º 1 do art.º 328.º do C.S.C.), a não ser que a sociedade garanta o preço da cessão pretendida (alínea *d)* do n.º 2 do art.º 231.º e alínea *c)* do n.º 3 do art.º 329.º).

[46] A esta questão responde Pinto Furtado, igualmente adepto da teoria da posição contratual, argumentando que o contrato de sociedade não corresponde a um mero acto constitutivo, mas uma realidade normativa – permanente e constante – adaptável a modificações, acompanhando e regendo a actividade social, dado se tratar da lei fundamental da sociedade (obra citada, pág. 223).

societárias unipessoais originárias que, em bom rigor, não encontram uma explicação suficientemente satisfatória nesta sede[47].

Acresce saber se podemos verdadeiramente aceitar que a participação social se resume meramente a uma posição contratual. Se quando um sócio pretende participar numa sociedade de cariz comercial, por exemplo, pretende tão-somente celebrar ou adquirir uma posição num contrato, ainda que de carácter associativo[48]. A nossa sensibilidade apela a que aceitar que a posição do sócio – e por uma questão de coerência, também o substrato da própria sociedade em que ele participa – se reconduzam meramente a uma natureza contratual, implica descurar a sociedade-instituição e todos os corolários que resultam desta realidade e que, no fundo, acabam por justificar a generalidade dos poderes e deveres que caracterizam a participação do sócio.

Não obstante as críticas acima apontadas relativamente à teoria da posição contratual, é certo também que a visão que defende a posição do sócio enquanto um autêntico *status* não tem sido imune a argumentos que procuram precisamente demonstrar eventuais fraquezas em tal construção. Têm sido, neste contexto, apontados essencialmente dois aspectos dignos de destaque: Em primeiro lugar, a ideia de *status* resulta da existência de um acervo de poderes, deveres ou relações que nascem praticamente com a pessoa – por-

---

[47] Casos como o da sociedade constituída por uma relação de domínio total inicial, das sociedades *trust off shore* constituídas com um único sócio ou da sociedade unipessoal por quotas. Com efeito, o alargamento conceptual do substrato social para uma base *negocial* e já não unicamente *contratual* – como parece ser esse o esforço desta corrente para explicar os casos em apreço – não resolve, por seu turno, os problemas fulcrais que esta visão suscita, já referidos no texto, perante a sociedade que emerge, por outro lado, de um contrato. Desviamos assim a atenção da rigidez contratual presentemente denunciada. É certo que seria ainda tentador catalogarmos aqueles casos como excepções à construção doutrinária em apreço. Não deixamos, no entanto, de observar com um determinado cepticismo este tipo de reacção, que nada mais transparece do que a insuficiência aqui denunciada.

[48] Carácter esse que, a nosso ver, até serve de base para contrariar algumas das pertinentes objecções suscitadas relativamente a esta teoria, especialmente no que concerne à argumentação sustentada no facto dos contratos em geral pretenderem regular relações entre as partes e não uma realidade construída a partir daquele instrumento (a este respeito, ver nossa nota n.º 46).

tanto originariamente – e que para ela resultam das situações em que se encontre enquadrada na comunidade social, como expressão da organização do Estado, como são caso disso o *status civitatis*, o *status libertatis* ou o *status familiae*. Nesta perspectiva, não se revelaria minimamente concebível a formulação de um autêntico *status socii*[49]. Por outro lado, a ideia de *status* parece pressupor a existência de um estatuto idêntico – relativamente aos poderes, deveres e relações que o preenchem – dessa forma, à partida, incompatível com o facto dos poderes e deveres dos sócios poderem ser estatutariamente diferentes, de caso para caso.

O que dizer dos aspectos mesmo agora referidos? Relativamente ao primeiro, podemos desde já destacar que ele se encontra ao abrigo de um entendimento histórico e ideológico de *status* que podemos considerar ultrapassado. A neutralização ideológica que actualmente se defende em torno daquele conceito, leva-nos a crer e aceitar que corresponda a um *status* a situação da vivência humana – e portanto consequentemente social – relativamente à qual o Direito reconhece a devida dignidade jurídica[50]. Ao aceitarmos corresponder a um *status* o conjunto de poderes e vinculações reconhecidos e imputadas a determinada pessoa, em virtude de uma determinada posição ou vivência na comunidade, certamente que

---

[49] Pinto Furtado, obra citada, pág. 222.

[50] Menezes Cordeiro, *"Tratado de Direito Civil Português – I: Parte Geral – Tomo I"*, 3.ª edição, Livraria Almedina, 2005, pág. 303 e seg. A concepção em torno da noção de *status* foi historicamente objecto de vários entendimentos, desde o defendido pelo Direito Romano – que o sustentava enquanto uma qualidade, condição, posição pessoais de relevância jurídica e que conduziu ao discernimento entre as formas de *status* apontadas no texto – até ao observado pelo Direito Pré-Moderno, antes do Renascimento e do Humanismo, enquanto posição individual subjectiva de cada pessoa na comunidade e na ordem jurídica que a regia. Após uma desvalorização sentida, com as legislações pós-revolucionárias no Séc. XIX, em torno da autonomização deste conceito, a ideia de *status* adquire uma nova vitalidade com Jellineck, ao entendê-lo como uma estrutura jurídica da posição do indivíduo para com o Estado e que o conduziu a distinguir o *status libertatis*, do *status civitatis* e do *status activae libertatis* (*"Sistema dei diritti publici subbjettivi"*, Società Editrice Libraria, Milano, 1912, pág. 92 e seg.). Para um desenvolvimento completo em torno da evolução do significado e da neutralização ideológica que actualmente se assiste em torno do conceito de *status*: Pedro Pais de Vasconcelos, *"A Participação Social nas Sociedades Comerciais"*, 2.ª edição, Livraria Almedina, 2006, pág. 483 e seg.

poderemos enquadrar, entre muitas outras, a situação jurídica do sócio e dessa forma conceber um *status socii*[51].

Não procede, por outro lado, o segundo argumento apontado para procurar fragilizar a teoria que temos vindo a analisar, relativamente à susceptibilidade dos poderes e deveres do sócio poderem se revelar estatutariamente distintos, de caso para caso. Primeiramente, porque o que tipicamente caracteriza – em teoria – um determinado *status* ou situação jurídica, na acepção aqui defendida, é a existência de um estatuto idêntico *em abstracto*, inerente a essa situação e não a susceptibilidade do complexo de poderes e deveres poder variar no caso concreto. O que importa, por outras palavras, é podermos afirmar que do *status* do sócio resulta um determinado estatuto, que o tipifica e nos permite objectivamente exaltar e autonomizar essa situação jurídica. Ora, é o que resulta precisamente deste nosso *status socii*, relativamente ao qual podemos genericamente constatar obrigações como a necessidade de realização de entradas ou deveres de lealdade para com a estrutura societária em apreço, como também poderes como a possibilidade de comunhão nos lucros sociais ou de participação na vida e decisões sociais. A este facto encontra-se intrinsecamente relacionado um segundo aspecto que pretendíamos aqui exaltar: é que desse estatuto do sócio em abstracto resulta, como sua característica típica, a susceptibilidade de poderem ainda ser estatutariamente reconhecidos ou imputados – para além de modificados ou ampliados – poderes e deveres dos sócios. Recordamos aqui os designados direitos especiais previstos nos termos do art.º 24.º do C.S.C., a obrigação de realização de prestações acessórias (art.º 209.º e art.º 287.º) ou suplementares (artigos 210.º e seg.), ou mesmo a possibilidade de se fixarem regras próprias e distintas relativamente à participação nos lucros sociais (n.º 1 do art.º 22.º), à distribuição do número de votos (art.º 384.º), ou mesmo no que

---

[51] Como é possível actualmente conceber o *status* do investidor, do consumidor ou ainda do proprietário. Como salienta pertinentemente Ascarelli, a questão é eminentemente conceptual, sendo que a formulação de um *status socii* depende essencialmente do entendimento que se tenha em torno da ideia de *status* (*"Studi in tema di società"*, Giuffrè, Milano, 1952, pág. 37). Parece-nos assim, ao abrigo da concepção defendida no texto, possível a estruturação da posição do sócio como um *status*.

concerne à possibilidade de participação nas assembleias-gerais (n.º 2 do art.º 379.º). O facto de um determinado sócio dispor, nesta sua qualidade, de um determinado poder ou lhe ser imputado um certo dever distinto de qualquer outro, quando comparativamente observado relativamente a outros sócios da mesma sociedade ou então para com sócios de outras sociedades do mesmo tipo, justifica-se na flexibilidade que naturalmente tem que ser reconhecida ao pacto social que pretende programar e regulamentar a própria vida e existência societárias, que pretende ser sensível ao caso concreto. Este aspecto não pode colocar em causa todo aquele estatuto idêntico que permanece incólume e inalterável perante o caso concreto, pois ele resulta de uma razão de ser muito própria e que justifica então o complexo de situações activas e passivas que caracterizam a posição de um sócio na sociedade em que participa[52]. Muito pelo contrário, o que afirmámos relativamente ao poder interventivo do pacto social leva-nos a crer também pertencer, enquanto característica desse estatuto, esta sensibilidade pelo caso concreto.

b) A participação enquanto direito subjectivo: o direito social

I. O aspecto que salientámos em último lugar, relativo à existência de um estatuto em abstracto que caracteriza a situação do sócio, conduz-nos àquela que podemos considerar se tratar da questão mais importante que podemos destacar no presente capítulo: A existência desse estatuto típico, nomeadamente no que respeita ao seu conteúdo e contornos muito próprios, sugere a existência de um propósito, uma finalidade – ou razão de ser, como assim considerarmos melhor designar – inerente àquela situação em que o sócio se encontra. Ora, este aspecto – não obstante o mérito reconhecido na alínea anterior – a teoria do *status* ou da situação jurídica não consegue explicar. Colocando o problema sob outro prisma, se não é possível negar que a posição do sócio, em virtude da sua participação na sociedade, assenta numa determinada situação jurídica

---

[52] No mesmo sentido, Brunetti, obra citada, pág. 272, nota 4 e António Pereira de Almeida, obra citada, pág. 49.

complexa, um autêntico *status* composto pelas mais diversas situações activas e passivas, também não é menos verdade que os contornos em que são concebidas ou reconhecidas essas situações – designadamente, através do reconhecimento de poderes ou a imputação de deveres directamente na esfera jurídica desse sócio, sempre tendo como "cenário de fundo" a participação na sociedade – apelam-nos à existência de uma finalidade, de uma razão comum para a existência desse feixe complexo de poderes e deveres relativamente ao qual a teoria do *status* reserva uma visão meramente apreciativa, de constatação e não de indagação. Importa pois procurar, ao longo da nossa Teoria Geral do Direito, um outro instrumento que – sem implicar necessariamente uma incompatibilização com aquilo que referimos até agora acerca da posição social – nos permita compreender o carácter finalístico que essa posição particularmente suscita.

Na sequência do agora exposto, somos inevitavelmente conduzidos ao entendimento perfilhado por autores como PEDRO PAIS DE VASCONCELOS que reconhecem na posição do sócio um autêntico direito subjectivo: o direito social[53]. Na perspectiva deste distinto autor, o direito subjectivo revela-se, no seu substrato, simultaneamente uno e plural, tendo em conta que ele se enraíza na afectação jurídica de um bem à realização de um ou mais fins de pessoas

---

[53] *"Direitos destacáveis – O problema da unidade e pluralidade do direito social como direito subjectivo"*, in *"Direito dos Valores Mobiliários – Vol. I"*, I.V.M., Coimbra Editora, 1999, pág. 167-176 e ainda *"A Participação Social..."*, pág. 431-434. No mesmo sentido, Fernando Olavo, *"Manual de Direito Comercial – Vol. I"*, 2.ª edição, 2.ª reimpressão, Coimbra Editora, 1978; José Gabriel Pinto Coelho, *"Lições de Direito Comercial: Obrigações mercantis em geral, obrigações mercantis em especial (Sociedades Comerciais) – Fascículo I"*, Vol. III, 2.ª edição do Autor, Lisboa, 1966, pág. 222-223; Oliveira Ascensão, *"Direito Comercial IV – Sociedades Comerciais, Parte Geral"*, Lisboa, 2000, pág. 253-256 e Pedro de Albuquerque, *"Direito de preferência dos sócios em aumentos de capital nas sociedades anónimas e por quotas"*, Almedina, Coimbra, 1993, pág. 413. Ao nível da doutrina estrangeira, salienta-se Karsten Schmidt, *"Gesellschaftsrecht"*, 4. Aufl., Carl Heymanns, Köln, 2002, § 19, I, 3, pág. 550; Marcus Lutter, *"Theorie der Mitgliedschaft"*, in AcP, vol. 180, 1980, n.º 1-2, pág. 101-102; Mathias Habersack, *"Die Mitgliedschaft – subjektives und "sonstiges" Recht"*, Mohr Siebeck, Tübingen, 1996, pág. 98 e Wiedemann, *"Die Übertragung und Vererbung von Mitgliedschaftsrechten bei Handelsgesellschaften"*, Beck, 1965, § 2, III, 1, pág. 39.

individuais⁵⁴, sendo que, por esse preciso motivo, ele é susceptível de gerar a pluralidade de instrumentos, poderes ou faculdades necessários para esse efeito. Enquanto direito subjectivo, ele é, por excelência, instável, dado compreender os poderes e deveres de acordo com as circunstâncias, com o caso concreto, que se revelem necessários para aquela desejada afectação do bem. Consequentemente, ele assenta numa realidade complexa, num feixe de posições jurídicas activas e passivas criadas e orientadas para um dado fim, posições essas que poderão ir desde faculdades de aproveitamento, pretensões creditícias, poderes potestativos ou ainda expectativas jurídicas do lado activo, como também deveres, sujeições ou ónus, desta feita, do lado passivo[55].

A construção sugerida depende então essencialmente de uma clarificação em torno do significado e da concepção que deve ser retida de direito subjectivo, de modo a percebemos se este instrumento nos fornece aquilo que pretendemos: um carácter finalístico que, no fundo, permita justificar a investidura do sócio na situação jurídica em que ele se encontra a partir do momento em que participa na sociedade. Por outras palavras, importará naturalmente verificar qual o entendimento mais correcto ou realista que podemos aferir de direito subjectivo e consequentemente se é possível relacionarmos esta figura com a situação do sócio, nos termos agora propostos.

II. Ora, não seria possível qualquer abordagem, ainda que sumária, à temática relativa à noção de direito subjectivo sem referirmos o incontornável contributo prestado, a este respeito, por determinados pensadores e a forma como as suas formulações auxiliaram preciosamente as concepções que actualmente giram em torno deste instituto. Entre essas primeiras formulações encontram-se aquelas que foram sustentadas por ilustres autores como SAVIGNY e WINDSCHIED, a quem são reconhecidos os primeiros e bem sucedidos esforços no sentido de afastar de uma noção de direito subjectivo

---

[54] Construção esta formulada por Gomes da Silva, *"O dever de prestar e o dever de indemnizar"*, Lisboa, 1944, pág. 52.
[55] *"Direitos destacáveis..."*, pág. 170-171.

toda uma conotação ideológico-politica que até então se lhe encontrava associada[56]. Para os autores em referência, o direito subjectivo surgia eminentemente da vontade. Era concebido e defendido como um autêntico *poder da vontade*, relevado e protegido pela ordem jurídica[57].

Esta visão não foi, contudo, imune a criticas que posteriormente lhe foram apontadas. JHERING acusou que a dependência do direito subjectivo na vontade não explicaria os casos em que ele existiria mesmo relativamente a quem não dispusesse de uma vontade livre e esclarecida[58]. DUGUIT salientava que a teoria do poder da vontade

---

[56] Conotação essa que sugeria um direito subjectivo muito mais relacionado com os direitos e liberdades do cidadão, enquanto instrumento a ser exercido contra o Estado, confundindo-se facilmente com os direitos, liberdades e garantias consagrados constitucionalmente – direitos subjectivos políticos, portanto. É no desenvolvimento de esforços que culminam na separação entre direito subjectivo e objectivo que surgem as primeiras realísticas concepções em torno da figura em análise. Para um desenvolvimento aprofundado a este respeito, Pedro Pais de Vasconcelos, *"Teoria Geral..."*, pág. 642 e seg.

[57] Como podemos verificar nas obras de Savigny, *"Traité de Droit Romain"*, Trad. Charles Guenoux, I, Firmin Didot, Paris, 1840, pág. 7 e seg. e de Windscheid, *"Diritto delle Pandette – Vol. I"* – Trad. Italiana de Carlo Fadda e Paolo Emílio Bensa, Turim, reimpressão, 1930, pág. 107 e seg.

[58] Como as crianças, os loucos ou os incapazes (*"O espírito do Direito Romano: nas suas diversas fases de desenvolvimento"*, Trad. Rafael Benaion, III, Alba, Rio de Janeiro, 1943, pág. 213-236). Esta critica partia, no entanto, de um pressuposto errado que não encontrávamos pelo menos na construção de Savigny: tinha em conta a vontade enquanto emergente do foro psicológico do indivíduo e não a vontade associada à ideia de liberdade do sujeito, ao livre arbítrio que este dispõe. Em abono da verdade, a construção elaborada por Savigny assentava essencialmente na ideia do direito subjectivo como um poder de actuação, um reconhecimento ao indivíduo de uma esfera de liberdade, imune a qualquer vontade estranha. Uma ideia de liberdade, de cidadania – na qual se incluem obviamente os casos que sustentavam a critica em apreço – com profundas implicações em toda a construção deste autor acerca do Direito Civil, designadamente em institutos como a posse ou a personalidade colectiva. A este respeito, Menezes Cordeiro, *"Tratado..."*, pág. 313-314 e Pedro Pais de Vasconcelos, *"Teoria Geral..."*, pág. 647 e ainda 670-673 (com especial atenção para a nota 617). Este entendimento foi seguido ainda por Puchta, ao defender o direito como o reconhecimento da liberdade jurídica das pessoas, exteriorizando-se na vontade e consequente actuação sobre os objectos (*"Cursus der Institutionen"*, Vol. 1, 10.ª edição, Paul Krüger, Leipzig, Breitkopf und Hartel, 1893, pág. 8 e 32). Todavia, esta ideologia muito própria haveria por sofrer o seu devido enfraquecimento, concretizado num direito subjectivo, através de Windscheid, entendido

subentenderia obrigatoriamente uma graduação de vontades humanas, onde uma – designadamente aquela que se encontrasse sustentada por um direito subjectivo – haveria de se sobrepor às restantes, algo, por natureza, inaceitável, tendo em conta que todas as vontades seriam iguais[59]. As reacções a esta visão serviram então para uma reflexão em torno de novas formas de explicação do direito subjectivo.

III. A insatisfação gerada em torno daquela perspectiva motivou a que, através de JHERING, fosse elaborado um outro ensaio digno de destaque, relativamente à natureza e significado de direito subjectivo. Uma visão verdadeiramente mais objectivista, focada na ideia de *interesse* e já não de *vontade*, longe do voluntarismo e subjectivismo que caracterizavam as formulações inicialmente referidas. Uma perspectiva que procurava observar o direito subjectivo como um produto da ordem jurídica e não tanto um fruto resultante da própria pessoa, da qualidade humana. Uma posição que fazia uma correspondência do direito subjectivo com interesses juridicamente protegidos[60].

---

como um poder da vontade concedido pela ordem jurídica, mais próximo de uma vontade resultante do foro psicológico. Ver nossa nota n.º 60 para uma informação mais completa a respeito da critica em destaque.

[59] Se bem que esta critica encontrasse alguma consistência no âmbito psicológico, já não se encontraria tão correcta no plano normativo, tendo em conta nomeadamente a possibilidade da ordem jurídica reconhecer, casuisticamente, uma vontade mais relevante que a outra. Para uma melhor percepção a respeito desta critica: José Tavares, *"Os princípios fundamentais do Direito Civil – Vol. I"*, 2.ª edição, Coimbra, 1929, pág. 209 e seg. e Carvalho Fernandes, *"Teoria Geral do Direito Civil – Vol. II: fontes, conteúdo e garantia da relação jurídica"*, 3.ª edição, Universidade Católica Editora, Lisboa, 2001, pág. 539-541.

[60] Ao colocar o acento tónico em interesses merecedores de tutela jurídica, afastados portanto dos caracteres humanos, do indivíduo, contornava-se facilmente a critica apontada inicialmente pelo autor em questão à doutrina voluntarista anteriormente referida. Esta visão surgia assim como uma forma de reacção àquela doutrina, relativamente à qual nem o recurso a mecanismos de supressão da incapacidade jurídica – como a representação – poderiam servir de base de sustento para a teoria da "vontade" e para a resolução dos problemas que ela, no entender do autor, suscitava. Tendo em conta que o voluntarismo criticado sustentava que o direito subjectivo acabaria por emergir inatamente da pessoa, isso significaria que nele se encontraria sempre presente a vontade humana. O recurso ao instituto da representação não permitiria, no entanto, enxertar no representado a

O tecnicismo latente na construção de JHERING trouxe, ao afastar o significado ideológico sustentado pela doutrina voluntarista, contributos determinantes tanto para uma formulação mais aperfeiçoada de direito subjectivo, como para o mundo do Direito, propriamente dito. Dignificou, por um lado, um carácter finalístico que desde então nunca mais voltou a ser desprezado por construções que se sucederam em torno do instituto em análise[61]. Por outro lado, presenteou-nos uma concepção matura e ampla de *interesse* que ainda hoje se revela como um instrumento basilar para o Direito em geral e não unicamente para o direito subjectivo[62].

Tal como sucedera com as experiências anteriores, esta visão não ficou isenta de criticas que lhe foram apontadas, nomeadamente no facto da ordem jurídica não se limitar a prever o direito subjectivo como o único instrumento digno para a tutela de interesses merecedores de uma protecção jurídica. Seriam os casos dos interesses reflexa ou indirectamente protegidos que, de acordo com esta critica, defraudariam a explicação encontrada de direito subjectivo[63].

---

vontade do seu representante, mas unicamente a manifestação de um mero mecanismo artificial, destinado a prolongar o campo de actuação das pessoas e defender os incapazes. Um mecanismo para solucionar naquelas circunstâncias um dado problema, não podendo se contrapor ou substituir à natureza das coisas. (Menezes Cordeiro, *"Tratado..."*, pág. 315, II). Não obstante o objectivismo patente na construção de Jhering, afastando-se praticamente da pessoa titular do direito, nem por isso o distinto autor deixaria de conseguir distinguir direito subjectivo de objectivo. No direito subjectivo, o seu titular gozaria da possibilidade de recurso à *actio*, para salvaguardar ou reivindicar os seus interesses, acção essa conferida pelo próprio direito objectivo. Sempre que o interesse fosse reflexa ou indirectamente protegido, então estaríamos somente presentes perante o direito objectivo, onde tais interesses só poderiam ser tutelados através de duas formas: ou o recurso à actividade administrativa do Estado, ou à acção popular (Obra citada do autor, pág. 213 e seg.).

[61] Os interesses vão mudando com a vida, assim como os direitos subjectivos que os visam tutelar, em nada dependendo dessa forma da pessoa do seu titular.

[62] Com efeito, o autor refere-se a interesses num sentido extremamente amplo, abrangendo tanto uma perspectiva objectiva – onde seriam traduzidos em virtualidades que determinados bens teriam para a satisfação de certas necessidades – como um sentido subjectivo – enquanto relação de apetência estabelecida entre o sujeito carente e as realidades aptas a satisfazê-lo. A isto, este nosso autor adicionou a ideia de protecção jurídica, para configurar o direito subjectivo.

[63] Critica esta também injusta, pois – como recentemente referimos – o autor explica efectivamente a tutela desses interesses, enquadrando-os no âmbito do direito objectivo

IV. A reacção objectivista de JHERING permitiu e incentivou o surgimento de correntes que, de uma ou de outra forma, ou acabariam por contestar absolutamente a existência autónoma do direito subjectivo ou ao menos condicionar o protagonismo e dignidade que outros pretendiam ver reflectidos naquele instituto.

Entre essas correntes destaca-se uma visão declaradamente negativista deste direito subjectivo, ao procurar, através de autores como DUGUIT, reconhecê-lo como um mero mecanismo artificial ou metafísico e defender, em sua substituição, a existência de situações, conferidas por normas jurídicas, em que o individuo se encontraria, conforme o caso, devidamente posicionado ou investido[64].

Em KELSEN – onde constatamos muito possivelmente o apogeu de uma visão negativista do direito subjectivo – afasta-se verdadeiramente o dualismo até então vivido entre direito subjectivo e objectivo, ao reconduzir praticamente tudo a normas jurídicas, traduzindo-se aquele direito numa conduta prevista por uma determinada norma como pressuposto para determinadas consequências[65].

(ver parte final da nota n.º 60). A respeito desta critica: Manuel de Andrade, *"Teoria Geral da Relação Jurídica – Vol. I: Sujeito e objecto"*, Livraria Almedina, Coimbra, 1997, pág. 7 e seg.; Mota Pinto, obra citada, pág. 180-181; Carvalho Fernandes, *"Teoria Geral...Vol. II"*, pág. 542 (com especial atenção para a nota 3).

[64] *"Traité de Droit Constitutionnel – Tome Premier: La règle de Droit – Le problème de L'Etat"*, 3.ª edição, Ancienne Librairie Fontemoing & Cie. Éditeurs, Paris, 1927, pág. 1-315. O autor referido no texto foi grandemente influenciado pela orientação positivista de Augusto Comte, procurando fundamentalmente atingir a realidade jurídica que oferece, como primeira manifestação, as próprias normas criadas pelo Direito, normas essas que colocam então o Homem em diferentes posições, a que aquele designa de situações jurídicas. Se alguém deixasse de observar e dessa forma afectar a posição de outrem, determinada norma acabaria por intervir e repor a realidade pretendida pela lei (entendimento este posteriormente seguido por Jèze, *"Les Principes Généraux de Droit Administratif: La Technique Juridique du Droit Public Français"*, 3.ª edição, Paris, 1934, pág. 10 e seg. e entre nós por Fézàs Vital, *"Do acto jurídico"*, Coimbra, Imprensa da Universidade, 1914, pág. 52 e seg.). A visão de Duguit procurou acima de tudo ser uma reacção àquela tese voluntarista inicialmente exposta (*supra*, II, pág. 58-60). Afastada, no entanto, aquela corrente voluntarista em torno do direito subjectivo, essa posição perdia grande parte do seu valor e significado substancial (Castro Mendes, obra citada, pág. 323).

[65] Como podemos observar na sua *"Teoria Pura do Direito"*, 6.ª edição, Trad. João Baptista Machado, Arménio Amado Editora, pág. 184 e seg. Esta visão observa a ordem

Próxima daquela visão negativista, embora não procurando deliberadamente colocar em causa a existência autonomizada de direito subjectivo, encontra-se uma corrente que podemos considerar proteccionista. Uma corrente que, ao procurar definir o significado deste instituto – enquanto dotado de existência e dignidade jurídicas próprias – acaba por reconduzi-lo à tutela proporcionada pela ordem jurídica. Observamos este pensamento em autores como THON – que vê o direito subjectivo como uma fonte de pretensões eventuais, traduzida, na prática, na tutela fixada pelas normas jurídicas aos interesses de um particular contra outros particulares[66] – e NAWIASKY, segundo o qual o direito subjectivo corresponderia a uma norma jurídica estabelecida em benefício de um determinado sujeito, cuja tutela se encontraria dependente da sua vontade individual[67].

Paralelamente às duas visões acima relatadas, encontramos ainda uma perspectiva neo-empirica do direito subjectivo, sustentada por autores como LARENZ e WOLF, que concluem ser impossível definir este instrumento jurídico, de modo a garantidamente abranger as mais diversas realidades em que ele possa, na prática, se configurar. Embora inicialmente ainda tivessem procurado explicar este fenómeno, entendendo que quando alguém tem um direito subjectivo é

---

jurídica como um conjunto de normas, relativamente às quais o Estado fornece a coacção. Para o autor em questão, todo o Direito se reconduz necessariamente a um conjunto de normas que se encontram, todas elas, hierarquizadas entre si, encontrando-se no topo desta "pirâmide jurídica" uma norma superior e fundamental – a *Grundnorm* – norma essa que, de forma a evitar a sua contestação, jamais poderia ser imposta por uma autoridade, antes teria que ser pressuposta. Tudo se reportaria então a um conjunto de normas, até mesmo actos de regulamentação concreta ou particular, incluindo um contrato celebrado entre particulares ou uma sentença judicial. Ao reconduzir tudo a normas jurídicas – incluindo até o próprio conceito de pessoa, perspectivado enquanto um complexo de normas jurídicas – coloca-se em causa a existência autónoma e independente do direito subjectivo, que passa a ser substituído por uma norma que liga uma sanção a uma conduta levada a cabo pelo sujeito, ao cumprimento de um dever jurídico.

[66] *"Rechtsnorm und subjektives Recht – Untersuchung zur allgemeinen Rechtslehre"* – Scientia, Aelen, 1964, pág. 133.

[67] *"Teoria general del derecho"*, trad. Castelhana da 2.ª edição alemã de José Zafra Valverde, Madrid, Comares, 2002, pág. 218. De acordo com este autor, o direito subjectivo poderia ainda ser entendido como um poder de disposição sobre a tutela jurídica estadual, posto ao serviço do interesse individual.

porque algo lhe compete ou é devido, os distintos autores acabam, mais tarde, por limitarem-se a descrever toda uma universalidade de casos em que se enquadra a figura em questão[68].

A nosso ver, se pouco podemos comentar a respeito das posições negativistas primeiramente referidas – a não ser que não são merecedoras da nossa concordância, precisamente pelo facto de fornecerem um resultado que coloca frontalmente em causa uma existência autónoma do direito subjectivo que nos parece inegável – já a corrente proteccionista "caminha" perigosamente no limiar – muitas das vezes não efectuando qualquer distinção – entre aquilo que pode ser entendido como um instrumento concedido ou reconhecido pela ordem jurídica e a norma jurídica propriamente dita. Aspectos que cremos que esta posição não consegue satisfatoriamente dissociar e que, na nossa perspectiva, fazem toda a diferença. De forma distinta, embora também não isenta de apontamentos, deve ser abordada a visão neo-empirica do direito subjectivo. Esta parte de um pressuposto, como vimos, que é sempre susceptível de ocorrer ao procurar definir ou explicar determinado instituto: a possibilidade desses esforços não colmatarem esta ou aquela realidade manifestada a partir do caso concreto. Nem por isso, contudo, a conclusão deve se limitar a um conformismo com este facto, que em nada contribui para um conhecimento mais completo em torno do fenómeno que se procura explicar. Acresce ao exposto que a nossa sensibilidade apela a que corresponda a um percurso mais perigoso e relativo aquele concentrado numa enumeração ou listagem de casos que se circunscrevam no âmbito do direito subjectivo – tendo em conta as novas realidades que constantemente são susceptíveis de emergir da sociedade e da convivência humana, não previstas ainda pela ordem

---

[68] Karl Larenz/Manfred Wolf, *"Allgemeiner Teil des deutschen Bügerlichen Rechts"*, 9.ª edição, Beck, München, 2004, pág. 243. Chamamos a atenção para o facto desta perspectiva defendida por Larenz ter sido somente assumida numa segunda fase do seu pensamento em torno do direito subjectivo. Inicialmente, influenciado pelo Nacional--Socialismo, o distinto autor chegou a entender direito subjectivo enquanto posição jurídica, traduzida *"num poder, numa permissão normativa e simultaneamente num dever ser emergente da pertença à comunidade de povo"* (Itálico nosso). Pedro Pais de Vasconcelos, *"Teoria Geral..."*, pág. 646, nota 586.

jurídica – do que ao menos procurar garantir uma ideia-base, ainda que de certa forma relativa, que nos permita todavia compreender genericamente a essência do instituto.

V. A par das reacções descritas no ponto anterior, outras correntes doutrinárias procuraram, a partir da vontade de WINDSCHIED e do interesse de JHERING, elaborar verdadeiras construções ecléticas, no propósito de preservar uma explicação de direito subjectivo, enquanto instituto autónomo e dotado de dignidade jurídica, que não padecesse de "defeitos" anteriormente apontados a cada uma daquelas primeiras visões. Encontramos assim em autores como MICHOUD uma formulação eclética, construída essencialmente a partir do elemento-interesse, procurando ver o direito subjectivo como um interesse protegido por um poder. No fundo, um interesse de um indivíduo, ou conjunto deles, que se encontraria juridicamente protegido por um poder reconhecido a uma vontade de o representar ou defender[69]. Outros autores elaboraram identicamente construções ecléticas, embora partindo, desta feita, do elemento-vontade, como REGELSBERGER, que definia o direito subjectivo como um poder do interesse. Tratar-se-ia de um poder ao serviço de um interesse humano, juridicamente protegido. O direito subjectivo existiria sempre que uma pessoa visse reconhecida pela ordem jurídica um poder jurídico, enquanto poder da vontade, para a realização de um escopo, de um interesse reconhecido, protegido[70].

Independentemente destas formulações terem ou não alcançado um determinado equilíbrio, de modo a conseguirem evitar formal-

---

[69] *"La théorie de la personnalité morale et son application au Droit Français – Vol. I"*, 3.ª edição, L.G.D.J., Paris, 1932, pág. 101 e seg. Esta posição acabou por encontrar seguidores entre nós, nomeadamente em Guilherme Moreira (*"Instituições do Direito Civil Português – Vol. I"*, Imprensa da Universidade, Coimbra, 1907, pág. 1-5) e Rocha Saraiva (*"Construção jurídica do Estado – Vol. I: O Direito"*, Imprensa da Universidade, Coimbra, 1912, pág. 46-48).

[70] *"Pandekten"*, 1, Duncker & Humbolt, Leipzig, 1893, pág. 76. Encontramos posição idêntica em Ruggiero, ao entender este nosso instituto como o poder da vontade – do indivíduo agir – para a satisfação dos interesses próprios, em conformidade com a norma jurídica (*"Instituições do Direito Civil – Vol. I: Introdução e parte geral"*, Trad. Portuguesa de Ary dos Santos, Clássica Editora, Lisboa 1934, pág. 204 e seg.)

mente as criticas anteriormente apontadas a WINDSCHIED e a JHERING, cremos que a mera reunião cumulativa de elementos, criticados até então isoladamente, não remediaria os reais problemas que se suscitariam a partir do momento em que procurássemos explicar o direito subjectivo como algo inerente à vontade – aqui psicologicamente entendida – do individuo ou então como um interesse juridicamente protegido. É que, em abono da verdade, temos sérias reservas que o direito subjectivo para existir dependa da vontade do indivíduo, seu respectivo titular. Embora naturalmente necessária para garantir o exercício desse direito, a vontade psicológica revela-se um elemento dispensável e como tal irrelevante para qualquer tentativa de explicação sobre o significado do direito subjectivo. Em resumo e como referimos: ele não carece da vontade do seu titular para existir ou ser explicado. Embora não verifiquemos a mesma dispensabilidade já no que concerne ao interesse de JHERING, também não podemos aceitar que o direito subjectivo se traduza propriamente num interesse juridicamente protegido. Essa perspectiva, independentemente de conjugada ou não com outros elementos, coloca radicalmente o direito subjectivo num plano absolutamente exterior ao seu titular, permitindo perigosas ilações susceptíveis de nos conduzirem à existência de um mecanismo de controlo exterior e absolutamente alheio ao sujeito[71-72].

---

[71] Como muito bem aponta Menezes Cordeiro, o interesse, tanto na sua forma objectiva como subjectiva, tem sempre como ponto de referência o titular do direito em apreço. Defender uma solução diversa implicaria então o entendimento que acabamos por referir no texto (*"Tratado..."*, pág. 319, IV). Não vamos, no entanto, tão longe quanto o distinto autor ao ponto de aceitar e admitir existirem direitos sem existirem interesses relativamente aos quais aqueles possam ter uma correspondência, como mais adiante teremos oportunidade de explicar porquê (ver nossa nota n.º 85).

[72] Têm identicamente sido apontados como ecléticos determinados autores nacionais, como José Tavares, Paulo Cunha, Castro Mendes e Carvalho Fernandes (a este respeito, Pedro Pais de Vasconcelos, *"Teoria Geral..."*, pág. 670, 2.º parágrafo, pág. 674, 1.º parágrafo e Menezes Cordeiro, *"Tratado..."*, pág. 320, nota 938). Não é essa contudo a nossa humilde interpretação feita a partir do substrato inerente às construções formuladas por esses autores. Entendemos, com efeito, que os autores em apreço assumiram uma posição diferente das até aqui relatadas, pelo que concluímos reconhecer-lhes um tratamento autónomo, mais adiante (*infra*, VII, pág. 70 e seg.).

VI. Cremos que os problemas suscitados a partir da utilização do elemento-vontade e da colocação do elemento-interesse na concepção do direito subjectivo acabaram por ficar em grande parte resolvidos a partir da construção formulada por GOMES DA SILVA, ao definir esse direito enquanto *"afectação jurídica dum bem à realização dum ou mais fins de pessoas individualmente consideradas"* (Itálico nosso)[73]. Esta construção eminentemente técnica, desprovida de carga ou conotação ideológica associada ao instituto por explicar, acaba por excluir a vontade psicológica do indivíduo que tantos problemas havia suscitado, ao mesmo tempo que reconhece um inegável carácter finalístico ao direito subjectivo, sem nunca descaracterizar a ideia de protecção jurídica que este pretende transparecer.

Todavia, não obstante a inovação importada por esta construção, ela não foi isenta de criticas que lhe foram pertinentemente apontadas. Primeiramente, aquela definição não permitia uma suficiente individualização em torno do direito subjectivo, tendo em conta que nem toda a afectação jurídica de um bem, com vista à realização ou concretização de um determinado fim, resulta necessariamente da configuração desse direito. Não bastaria, portanto, a mera referência a se tratar de uma afectação jurídica de um bem, mas antes a forma ou condições típicas como, ao abrigo desse direito subjectivo, o bem é afecto.

Por seu turno, sem prejuízo do mérito de ter conseguido dispensar um voluntarismo indesejado e criticado, a construção em apreço acabou por se revelar excessivamente objectivista. Como pertinentemente salientou CASTRO MENDES, ela revelava-se muito impessoal pois, pese embora o direito subjectivo também assentar na afectação de um bem, ele acima de tudo corresponde a um posicionamento da pessoa, ou pessoas, relativamente a essa afectação[74].

---

[73] Obra citada, pág. 52.
[74] Obra citada, pág. 323. No fundo, salientando a necessidade de existência de um elemento que acabaria por tipificar os caracteres próprios em que se situa a afectação em apreço. Não podemos, portanto, concordar aqui com Menezes Cordeiro, ao entender injusta a critica efectuada por aquele ilustre autor, pelo facto dela supostamente exigir que o direito subjectivo partisse previamente do sujeito, enquanto *"resquício do primado da vontade"* (Itálico nosso). (*"Tratado..."*, pág. 333, nota 972). Em nosso entender, a critica em apreço centra as suas preocupações no *posicionamento* (e não numa *vontade*) que a

Na sequência de uma reflexão autocrítica, o distinto autor em análise veio mais tarde corrigir a sua formulação. Veio admitir que a sua construção inicial carecia da subjectividade inerente a uma figura jurídica que vive entre os homens. Admitiu, com efeito, que o direito subjectivo existe no próprio Homem e dele é inseparável, embora careça de ser dinamizado em relação a um fim de pormenor e aos meios utilizáveis. Dessa forma, o autor em apreço concluiu que o direito subjectivo corresponde então a um *"aspecto ou manifestação da exigência ontológica da actuação da personalidade que a lei explicita e garante mediante a afectação jurídica de certo bem a uma finalidade capaz de integrar esse aspecto da mesma exigência"* (Itálico nosso)[75].

As formulações de GOMES DA SILVA assumiram um significado incontornável no seio da doutrina do direito subjectivo. Elas permitiram, de facto, lançar fundações para posteriores construções que se revelam próximas da real natureza deste instituto.

Para MENEZES CORDEIRO, uma correcta construção em torno do direito subjectivo deveria inspirar-se profundamente no tecnicismo latente nas construções mesmo agora apreciadas, relativamente ao qual, todavia, não deveria ser descurada uma conotação ideológica de liberdade do indivíduo, inerente a esse instituto. Consequentemente, uma perspectiva correcta de direito subjectivo seria aquela

---

pessoa assume relativamente e em resultado dessa afectação jurídica. Por esse preciso motivo – e contrariamente ao que tem sido apontado relativamente a Castro Mendes – este autor não efectua qualquer construção eclética do direito subjectivo (como Menezes Cordeiro aponta criticamente a este autor), pois a sua preocupação sempre esteve na necessidade de referência ao *posicionamento* típico que o titular do direito assume e não a uma vontade, por todos, refutada. Já Paulo Cunha tinha idêntica preocupação, ao entender que a afectação descrita no texto traduz unicamente o movimento originado pela norma jurídica, quando o direito subjectivo deve expressar o resultado desse movimento, a que ele designa de poder (*"Teoria Geral da Relação Jurídica – Vol. I"*, AAFDL, Lisboa, 1960, 134. pág. 251-253). Ver, a este respeito, *infra*, VII, pág. 70 (com especial atenção para a primeira parte da nossa nota n.º 80).

[75] *"Esboço de uma Concepção Personalista do Direito – Reflexões em torno de um cadáver Humano para fins terapêuticos e científicos"*, Lisboa, 1965, pág. 156.

que conseguisse transmitir a ideia de existência de uma permissão normativa específica de aproveitamento de um bem[76].

Não obstante o mérito desta formulação conseguir reflectir a ideia de liberdade do sujeito, do indivíduo, temos determinadas reservas sobre se ela, face à construção reformulada de GOMES DA SILVA, não se revela excessiva e desnecessariamente objectivista. Com efeito, a segunda construção deste último autor, ao introduzir um elemento personalista e dessa forma preencher um espaço que até então tinha permanecido vazio, parece conseguir transmitir, em nosso modesto entendimento, a ideia de liberdade, de espaço de actuação do individuo de uma forma mais eficaz e menos perigosa do que aquela que se atreve a reconduzir essa ideia à permissão de uma determinada norma jurídica[77].

Na linha da construção de GOMES DA SILVA, OLIVEIRA ASCENSÃO contribuiu decisivamente para um aperfeiçoamento da noção de direito subjectivo, entendendo-o como uma posição pessoal de vantagem resultante da afectação de meios jurídicos aos fins das

---

[76] A falta de significado ideológico nas construções de Gomes da Silva constituía o único apontamento crítico de Menezes Cordeiro. Para este distinto autor, uma correcta formulação de direito subjectivo deveria espelhar o resultado das reflexões efectuadas por pensadores dos últimos sessenta anos, que acabariam por constituir a designada moderna escola jurídico-formal. Consequentemente, essa construção deveria reflectir, por um lado, a ideia de liberdade do sujeito inerente ao direito subjectivo – que renasceu no período do pós-2.ª Guerra Mundial e como reacção à existência de regimes totalitários que dominaram os anos trinta e quarenta do Séc. XX – mas também o retorno a uma formulação técnica – como produto da extinção de regimes comunistas como o Soviético, que até então atentavam à liberdade e a valores inerentes à dignidade da pessoa – e que, por seu turno, havia tornado dispensável a associação do direito subjectivo ao ideal de liberdade do sujeito. Desta forma, a permissão normativa conseguiria, no entender do autor em questão, traduzir correctamente a conotação ideológica de liberdade subjacente ao instituto em apreço. Por seu turno, o aproveitamento do bem explicaria o rigor e carácter técnico da fórmula sugerida. Explicaria assim a forma de actuação do direito subjectivo (*"Tratado..."*, pág. 331-334).

[77] A ser correcta a nossa leitura, a construção de Menezes Cordeiro revela-se, como referimos, desnecessariamente objectivista e dessa forma pode constituir um retrocesso, face à segunda formulação de Gomes da Silva, numa correcta aproximação ao significado de direito subjectivo. A respeito precisamente de uma reflexão crítica em torno da posição de Menezes Cordeiro: Pedro Pais de Vasconcelos, *"Teoria Geral..."*, pág. 676.

pessoas[78]. Através desta forma de observar o instituto em apreço, podemos extrair que o direito subjectivo parte da própria pessoa, correspondendo a uma posição jurídica em que esta se situa. Reflecte assim uma situação individual, ligada a essa pessoa, resultante de uma afectação de meios para a realização de fins pretendidos por ela[79].

VII. Paralelamente a esta visão do direito subjectivo enquanto posição jurídica pessoal de vantagem do indivíduo, sobressaíram autores em defesa de um direito subjectivo observado como um poder jurídico ao serviço do sujeito para a prossecução ou realização de determinados interesses seus. Com efeito, PAULO CUNHA define este instituto como *"...o poder de realização de um interesse juridicamente protegido, mediante a intervenção de uma vontade capaz de o representar e defender"*. Já CASTRO MENDES entende-o como *"...o poder concedido pela ordem jurídica para tutela de um interesse ou de um núcleo de interesses de uma ou mais pessoas determinadas"*[80].

---

[78] *"Direito Civil..."*, pág. 68-71 e 79.

[79] Em profunda harmonia com a ideia de *meum*, daquilo que me cabe, em que assenta o significado de direito subjectivo, em contraste com o *suum* do direito objectivo, mais ligado a uma ideia de distribuição dos bens deste mundo. Filiando-se neste entendimento, Pedro Pais de Vasconcelos entende direito subjectivo *"...como uma posição jurídica pessoal de vantagem, dominantemente activa, inerente à afectação de bens (de meios, isto é, de poderes) à realização de fins do seu titular"* (Itálico nosso). *"Teoria Geral..."*, pág. 676, 2.º parágrafo.

[80] Itálicos nossos de citações extraídas respectivamente a partir da obra citada de Paulo Cunha (pág. 251) e da obra citada de Castro Mendes (pág. 325). Para o primeiro autor, o direito subjectivo é antes de tudo um poder de que goza a pessoa para prosseguir um determinado fim, a que ele designa de interesse, aqui entendido enquanto relação entre um sujeito e um bem apto a satisfazer as suas necessidades. Essa prossecução poderá tanto passar por uma conservação como uma efectivação desse interesse. A esse poder corresponde uma disponibilidade de meios necessários para tal prossecução ou realização. Esses meios poderão ser os mais variados, conforme as circunstâncias e que se podem traduzir em diversas faculdades. O direito subjectivo, contudo, só se completaria mediante a existência de uma protecção jurídica, enquanto possibilidade de recurso legítimo a meios coercivos necessários para assegurar a prossecução do interesse. Nem por isso, todavia, o direito subjectivo deveria ser entendido como uma protecção jurídica do interesse, dado que aquele primeiro persiste ainda que sem necessidade de recurso a meios coercivos (obra citada, pág. 250-251 e 254-259). Já de acordo com Castro Mendes, o direito

De acordo com esta perspectiva, o direito subjectivo é um poder tutelado pela ordem jurídica, orientado para a prossecução ou realização de determinados interesses do indivíduo, como tal habilitando-o dos meios necessários para esse objectivo[81]. Um poder que alimenta então uma determinada posição de vantagem do sujeito, tendo em conta os meios que, sob a sua alçada, este tem ao dispor para prosseguir determinados interesses. Mas um poder que, nem por isso, pode ou deve ser confundido com a vontade psicológica do indivíduo, elemento este desvalorizado liminarmente por aqueles autores. Antes sim, um poder traduzido na existência ou disponibilidade de meios, tutelados pela ordem jurídica, necessários para a satisfação de um interesse. Obviamente que a existência desse poder pressupõe necessariamente a existência de uma vontade para o exercer, para o realizar. Todavia, tal vontade encontra-se mais ligada a um aspecto dinâmico do direito subjectivo. Consequentemente, não se revela como um elemento fundamental, dado tal poder não carecer, para existir, de uma vontade. A vontade só é aqui invocada a título meramente descritivo, necessária somente para o exercício

---

subjectivo corresponde a um poder tutelado pela ordem jurídica para a prossecução de um certo interesse, aqui também entendido enquanto relação entre a pessoa e um bem capaz de satisfazer – ainda que potencialmente – as suas necessidades. Esse poder corresponderia então a uma posição pessoal de vantagem, resultante da existência de todo um conjunto de meios disponibilizados pela ordem jurídica – meios jurídicos, portanto – para a necessária prossecução de um interesse, prossecução esta, por sua vez, entendida enquanto utilização daquele bem apto a satisfazer as necessidades do titular do direito (obra citada, pág. 324-325).

[81] Com uma construção algo diferente – embora, em nosso entendimento, não suficiente para exclui-la desta corrente defensora do poder jurídico – encontramos José Tavares, que define direito subjectivo como *"...poder de existência e realização reconhecido e garantido pela lei aos interesses pessoais, quer de carácter individual quer de carácter social."* (Itálico nosso. Obra citada, pág. 205). O distinto autor destaca, no entanto, este nosso instituto como um veículo de garantia de realização de um determinado interesse. Constata a existência de interesses considerados de tal importância para a realização de fins da vida social, que se torna imperativo assegurá-los de uma forma eficaz. Essa forma se espelharia na existência de meios judiciários próprios para esse efeito e na atribuição a alguém de um poder de utilização do interesse, em benefício próprio ou da colectividade. Dessa forma, o direito subjectivo deveria ser entendido como o *"poder jurídico do interesse"* (Itálico nosso. Obra e páginas citadas).

do direito em causa, vontade essa que, dessa forma, não carece ser do próprio titular, podendo ser de um terceiro[82-83].

---

[82] Facto este que nos leva a autonomizar a posição reflectida no texto e afastá-la de qualquer corrente eclética. No mesmo sentido, Carvalho Fernandes que, desde logo na 1.ª edição da sua Teoria Geral do Direito Civil, ao perfilhar o mesmo entendimento de Castro Mendes sobre o direito subjectivo, salientou identicamente o facto de nos encontrarmos perante um poder jurídico e não da vontade, demarcando-se assim claramente de uma posição voluntarista (*"Teoria Geral do Direito Civil – Vol. II – Parte II: Objecto. Facto. Garantia."*, A.A.F.D.L., Lisboa, 1983, pág. 26, nota 26). Este facto continuou a ser destacado, mesmo nas posteriores edições da obra em referência (onde o autor em apreço veio defender, em seu entender, uma posição pessoal distinta da teoria do poder jurídico. A este respeito, ver nossa nota n.º 83). Aliás, mesmo José Tavares – que usualmente reúne maior consenso, relativamente ao facto de ser entendido como apoiante de uma vertente eclética do direito subjectivo – chega mesmo a criticar severamente outros autores, que no fundo também se revelam adeptos desta teoria do poder jurídico, por incluírem na respectiva definição a ideia de vontade, considerando que tal elemento somente diz respeito a um estado dinâmico do direito, sendo completamente alheio à estrutura desta figura, o que é revelador, em nosso entender, do enquadramento que o autor em apreço deve ter a respeito deste tema (obra citada, pág. 202-204). Não reconhecemos contudo razão, em nossa modesta perspectiva, às críticas então efectuadas por este distinto pensador, precisamente pelos motivos que acabámos de expor no texto. Paulo Cunha é peremptório ao afirmar que *"...essa intervenção da vontade que se subentende na noção de poder, para que seja exercido, não faz parte da substância do direito. Apenas se exige para a sua realização."* (Itálico nosso. Obra citada, pág. 259-260).

[83] Na sequência da corrente referida no texto, Carvalho Fernandes, não obstante ter inicialmente partilhado a perspectiva de Castro Mendes acerca do que significa um direito subjectivo, veio posteriormente reconsiderar a sua posição e incrementar alguns aspectos típicos da construção de Gomes da Silva. Com efeito, vem concluir que afinal direito subjectivo corresponde a um *"...poder jurídico de realização de um fim de determinada pessoa, mediante a afectação jurídica de um bem"* (Itálico nosso. *"Teoria Geral...Vol. II"*, 3.ª edição, pág. 549, IV.). Em nosso entendimento, a reformulação concebida não é suficiente para concluirmos que o autor em questão tenha radicalmente deixado de sustentar a visão do direito subjectivo como um poder jurídico. Com efeito, como o próprio autor continua a defender na sua obra, o direito subjectivo não se resume a um mero poder jurídico. Esse poder não existe por existir. Ele é concebido para a prossecução de um determinado interesse. Fazendo uso das suas próprias palavras: *"A realização autónoma de interesses pela via do direito subjectivo só pode ser alcançada se a ordem jurídica puser à disposição do seu titular vários meios de agir em relação ao bem, adequados à prossecução do fim em função do qual o direito foi atribuído"* (Itálico nosso). O ilustre autor termina este seu esclarecedor discurso reconhecendo esta ideia em construções de autores como Castro Mendes que, pelas palavras daquele primeiro, traduzem a ideia de poder que *"...implica, pois, disponibilidade de meios jurídicos aptos para atingir certo fim"* (Itálico nosso. *"Teoria Geral...Vol. II"*, 3.ª edição, pág. 547, II.).

VIII. Após tudo o que ficou visto e exposto a respeito dos vários entendimentos que historicamente se fizeram sentir em torno de direito subjectivo, constatamos que uma correcta formulação a seu respeito passará necessariamente pela conjugação de determinados aspectos que cremos se encontrarem perfeitamente reunidos tanto na concepção que defende o direito subjectivo como uma posição pessoal de vantagem, como naquela a que apela à existência de um poder jurídico[84]. Tanto uma, como outra transmitem realidades em que simultaneamente esse instituto se traduz: por um lado, um poder à disposição de determinado individuo; por outro, uma posição pessoal de vantagem resultante, no fundo, da existência de diversos meios à disposição desse indivíduo para a prossecução de um determinado fim ou interesse. Tanto uma, como outra defendem um posicionamento privilegiado do titular do direito face à prossecução de determinado objectivo, em resultado de uma afectação de meios colocados juridicamente à sua disposição para esse efeito. Em qualquer uma destas construções partimos realisticamente, embora sob perspectivas paralelas, do individuo, do sujeito – transmitindo assim a necessária noção que este instituto corresponde a um instrumento colocado à sua disposição, que lhe legitima um espaço de actuação, de manobra – para seguidamente explicar o propósito desse instrumento, reconhecendo-lhe desse modo um carácter finalístico, simultaneamente denunciando a forma como ele opera ou resulta. Somente a reunião destes aspectos é que permitirá, em nosso modesto entendimento, uma tipificação do instituto em análise[85].

---

[84] *Supra*, VI, pág. 69, último parágrafo e VII, pág. 70-72, respectivamente.

[85] Não nos preocupa tanto encontrar uma definição única, absolutamente verdadeira e universal, até porque não entendemos ser esta a sede para um estudo aprofundado a este respeito e acima de tudo porque duvidamos da existência de tal fórmula. Pretendemos, por ora, alcançar a correcta ideia em que se traduz o instituto em apreço, de modo a que possamos em seguida procurar conjugá-lo com a realidade em que se situa o sócio de uma sociedade. Cremos que, através de qualquer uma das formulações recomendadas no texto, conseguimos alcançar aquela primeira etapa. A única objecção que poderia ainda ser suscitada resulta, mais propriamente no âmbito da construção do poder jurídico, de um argumento outrora utilizado por Menezes Cordeiro para afastar a ideia de direito subjectivo como um interesse juridicamente protegido. De acordo com este ilustre autor, são concebíveis situações em que existem direitos sem necessariamente lhes corresponderem

c) Um status e um direito

I. Face ao que ficou até ao momento exposto, cumpre efectuarmos um breve resumo. Em primeiro lugar, a participação na sociedade traduz uma situação jurídica, enquanto situação da vivência social, a qual o nosso ordenamento reconhece a devida dignidade jurídica. Uma situação complexa enquanto composta, por seu turno, por todo um outro conjunto de situações – tanto activas, como passivas – como é facto notoriamente assente.

A ideia de situação jurídica não nos serve, todavia, para explicar suficientemente a posição de um sócio numa sociedade. A imputação de deveres e o reconhecimento de poderes directamente na esfera jurídica desse sócio deixam a impressão de que existe algo mais do que a constatação de uma mera situação jurídica. A ideia de que existe um propósito ou finalidade para a forma como essas situações activas e passivas se encontram configuradas. No fundo, uma razão de ser para a situação em que se encontra investido o sócio.

---

interesses. (O exemplo utilizado então seria o do proprietário de coisa deteriorada. *"Tratado..."*, pág. 319, IV). É nossa crença, contudo, que esta critica não se adequa propriamente à construção agora em apreço, tanto que aquela era dirigida a formulações que entendiam o direito subjectivo estritamente como um interesse juridicamente protegido, enquanto que a teoria do poder jurídico não o vê dessa forma, optando por colocar esse interesse como um objectivo ou finalidade do instrumento em análise. De qualquer modo, duvidamos, embora reconhecendo as nossas óbvias limitações, se é verdadeiramente possível, mesmo no exemplo ilustrado, falar de direitos sem interesse. Primeiramente, por esse facto retirar, esvaziar de significado ou propósito a protecção jurídica então conferida. Em seguida, porque, nas circunstâncias invocadas, o proprietário – ao permanecer titular desse direito sobre a coisa – dispõe ainda de um interesse relativamente a ela, ainda que possivelmente diminuído, em virtude das actuais aptidões do bem para a satisfação das necessidades do titular do direito. Desaparecida a coisa, por seu turno, extingue-se naturalmente o direito de que é seu objecto, por espelhar precisamente a impossibilidade de estabelecimento de uma relação de interesse entre o indivíduo e o bem. (Atrevendo-nos a explorar um pouco mais o exemplo citado pelo autor, imagine-se que, em seguida, o mesmo proprietário pretende destruir por completo a coisa, objecto do seu direito. Em tais circunstâncias, o proprietário não preserva mesmo assim um interesse sobre o bem – comprovado pela satisfação de uma necessidade através da destruição da coisa, revelando, esse bem, ainda uma apetência para a satisfação de uma última necessidade do seu titular – ao recorrer, para esse efeito, a uma faculdade que lhe assiste, precisamente na qualidade de proprietário? A respeito dessas faculdades, Paulo Cunha, obra citada, pág. 255).

II. Ora, essa razão encontra-se reflectida precisamente no direito subjectivo que é reconhecido ao sócio, a partir do momento em que ele entende participar na sociedade. Um poder que legitima uma posição pessoal de vantagem, em virtude de meios que se encontram à disposição do respectivo titular para a prossecução de determinadas finalidades ou interesses. Só através deste instrumento consegui mos entender o enquadramento daqueles poderes e deveres, simultaneamente reconhecendo profundidade e significado à posição do sócio. Essa posição não existe simplesmente por existir, pois o sócio não participa numa sociedade sem motivo algum para esse efeito. Se a posição que ele adquire deriva de uma sua actuação no espaço jurídico, então aquela terá que espelhar suficiente profundidade, de modo a permitir transparecer o reflexo e propósito dessa actuação. Tal entendemos somente ser possível através do recurso à figura do direito subjectivo. Um direito composto pelos meios necessários à prossecução dos fins para que foi edificado. Este facto permite que este instrumento assente num conteúdo complexo, composto possivelmente tanto por poderes como deveres, na medida em que se revelem necessários – de acordo com a situação em concreto – para a prossecução daqueles fins.

Não é possível, portanto, falar em posição do sócio sem lhe associar um determinado propósito e bem assim os meios, à disposição daquele, necessários para a sua respectiva prossecução[86].

III. A questão por último referida conduz-nos desejavelmente ao ponto seguinte da nossa reflexão: a posição do sócio assenta numa determinada finalidade e em mecanismos colocados à disposição do titular do direito para a prossecução desse fim. Concretizemos o que

---

[86] *Status* e direito subjectivo podem ser assim duas perspectivas de uma mesma realidade, perfeitamente conjugáveis uma com a outra. Não somos, com efeito, os únicos a pensar desta forma (Veja-se em Pedro Pais de Vasconcelos, *"A Participação Social..."*, pág. 490 e seg. e nas referências bibliográficas estrangeiras por ele indicadas e por nós referenciadas na nossa nota n.º 53). Como muito bem aponta o autor nacional aqui citado, enquanto que o *status* acaba por reflectir uma perspectiva da ordem jurídica relativamente à posição do sócio na sociedade, já o direito subjectivo explica a relação entre o sócio e essa sociedade (*"A Participação Social..."*, pág. 472).

acabámos de referir, fazendo uma brevíssima passagem por estes aspectos relativos à posição do sócio propriamente dita.

1.2. Caracteres típicos do direito social

a) Um conjunto de meios à disposição do sócio

I. A concretização e clarificação em torno da finalidade e âmbito do direito social só poderão ser razoavelmente efectuadas com base nas "pistas" que, a este respeito, o nosso legislador nos deixou ao longo da lei comercial societária. Precisamente neste contexto, constatamos que ao longo desse regime ele por diversas vezes trata de reconhecer poderes ou de imputar deveres directamente na esfera jurídica do sócio e em razão da sua posição na sociedade. Em todas essas circunstâncias, entende designá-los indiscriminadamente de direitos e obrigações, o que não nos traduz necessariamente a real natureza inerente a cada uma dessas situações[87]. A este respeito importará recordar que a posição do sócio também resulta de uma situação jurídica e que aqueles "direitos" e "obrigações" correspondem, por seu turno, a situações activas e passivas simples que compõem aquela primeira. Paralelamente, no contexto de direito

---

[87] Nomeadamente no que respeita aos "direitos" que não nos permite concluir decisivamente que as situações activas em apreço correspondam a direitos subjectivos propriamente ditos (aliás, como tivemos oportunidade anteriormente de fazer alusão: nossa nota n.º 29). Como muito pertinentemente aponta Pedro Pais de Vasconcelos, a doutrina tradicional não costuma distinguir terminologicamente o direito subjectivo dos instrumentos ou ferramentas que o compõem, como acontece com o direito de crédito, onde encontramos o "direito" de interpelação, o "direito" de concentração nas obrigações genéricas e de escolha nas alternativas, entre outros exemplos. (*"Direitos destacáveis..."*, pág. 171, 1.º parágrafo). A mesma indiferença assistimos relativamente ao acervo de posições jurídicas que constituem a participação do sócio, onde vulgarmente se testemunha o recurso ao termo "direito" para explicar a legitimidade do sócio em poder participar nos lucros societários ou aceder a informações a respeito dos assuntos sociais. Também, relativamente a posições jurídicas passivas, constatamos situação semelhante relativamente ao facto do sócio ter que participar nas percas sociais ou cumprir algum vínculo especialmente assumido no pacto social, desta feita recorrendo-se vulgarmente à expressão "obrigação". Esta indiferença constatada na nossa doutrina tem tido os seus reflexos tanto no Código Civil, como nas demais leis, incluindo as de foro societário.

subjectivo que pretendemos aqui abordar, todos esses poderes e deveres reportam-se a meios que se encontram à disposição do sócio para a prossecução de determinadas finalidades, para a tutela de interesses. Poderes e deveres enquadrados, por sua vez, num contexto mais universal do direito social[88].

Entre aquelas "pistas" que o legislador nos deixou, podemos logo à partida constatar a existência de deveres e poderes, em regra, reconhecidos aos sócios independentemente do tipo societário em causa e que se encontram genericamente elencados em preceitos como o art.º 20.º e art.º 21.º do C.S.C., respectivamente. O primeiro considera que todo o sócio é obrigado a entrar para a sociedade com bens susceptíveis de penhora – ou, nos tipos de sociedade em que tal seja permitido, com indústria – e a quinhoar nas perdas, salvo o disposto quanto aos sócios de indústria[89]. Por seu turno, o sócio

---

[88] Perspectiva esta que cremos ficar definitivamente esclarecida mais adiante (*infra*, alínea *c*), II, pág. 99, parágrafo único). Este facto não inviabiliza, no entanto, que possamos pontualmente recorrer a termos certamente mais familiares para o leitor, nomeadamente "direitos" e "obrigações" (tendo em conta serem expressões que, conforme já referido, encontram correspondência na nossa lei), em tais circunstâncias devendo ser entendidos num sentido amplo, evitando, para o que nos importa, confundir o recurso ao termo "direitos" com os direitos subjectivos propriamente ditos.

[89] O preceito transcrito não nos parece, contudo, abranger as mais diversas situações passivas em que um sócio se pode encontrar. Além dos deveres genéricos acima referidos, alguns autores têm apontado a existência ainda de um dever de lealdade imputável ao sócio para com a sociedade (São exemplos disso, António Pereira de Almeida, obra citada, pág. 70; Coutinho de Abreu, obra citada, pág. 303 e seg. e Pedro Pais de Vasconcelos, "*A Participação Social...*", pág. 312 e seg.). As questões relativas à existência e definição do conteúdo e fundamento deste dever revelam-se particularmente delicadas e de certa forma ainda obscuras para a nossa doutrina e tribunais. Todavia, têm sido correntemente catalogadas como manifestações deste dever a proibição de concorrência por parte dos sócios de responsabilidade ilimitada (art.º 180.º e art.º 477.º do C.S.C.); o facto de um sócio de uma sociedade por quotas poder ser excluído judicialmente se tiver comportamento "desleal" ou gravemente perturbador e danoso para a sociedade (n.º 1 do art.º 242.º do C.S.C.); o impedimento de voto de um sócio quando este se encontre numa situação de conflito de interesses para com a sociedade (art.º 251.º e n.º 6 do art.º 384.º do C.S.C.) e ainda a responsabilização dos sócios que utilizem informações societárias de forma a prejudicar injustamente a sociedade ou outros sócios (n.º 5 do art.º 181.º, n.º 6 do art.º 214.º e n.º 6 do art.º 291.º do C.S.C.). Como é possível verificar a partir nomeadamente do último caso, este dever de lealdade tem também estabelecido o seu devido relacionamento com o nosso poder de informação, o que nos suscita a necessidade de retornarmos àquele sempre que tal se revelar oportuno.

goza da possibilidade de quinhoar nos lucros da sociedade, de participar nas deliberações sociais, de obter informações sobre a vida da sociedade e de ser designado para os órgãos de administração e de fiscalização (n.º 1 do art.º 20.º).

Paralelamente a estes, encontramos ainda o reconhecimento na lei de deveres e poderes já mais de acordo com o tipo de sociedade em causa. É o caso, do lado passivo, de prestações acessórias que os sócios das sociedades por quotas e anónimas poderão ter que vir a realizar, nos termos prescritos pelo pacto social (art.º 209.º e art.º 287.º, respectivamente) ou de realização de prestações suplementares nas sociedades por quotas, na medida em tal seja permitido pelo pacto social (artigos 210.º e seg.). Do lado activo, encontramos também poderes reconhecidos mais de acordo com a realidade e tipo societários, como ocorre com a possibilidade de participação preferencial em aumentos de capital (art.º 266.º e artigos 458.º e seg.)[90].

---

[90] A respeito da eventual existência destes direitos de preferência, à luz de direito anterior: Amândio Anes de Azevedo, *"O direito de preferência dos accionistas na subscrição de novas acções emitidas pela sociedade"*, in *"Revista de Direitos e de Estudos Sociais"*, ano 16, n.ºs 1/2, pág. 103-145; Cavaleiro de Ferreira, *"Parecer"*, in *"Peças do processo Abel de Figueiredo"*, Famalicão, 1957, pág. 8 e seg.; Fernando Olavo, *"Aumento de capital social"*, in revista *"O Direito"*, 95.º, pág. 111; Ferrer Correia, *"Se o aumento de capital com admissão de novos sócios é acto de alienação, para os efeitos do art. 150.º do Código Civil"*, in RLJ, 95.º, pág. 194; Ferrer Correia/ António Agostinho Caeiro, *"Aumento de capital, preferência dos accionistas e sobrepreço das acções"* – in *"Revista de Direitos e de Estudos Sociais"*, ano XV, n.º 1/2, Coimbra, 1968, pág. 5 e seg.; Guerra da Mota, *"Sociedades Comerciais – A tutela da Minoria e o Direito Unitário de Participação dos Sócios"*, Livraria Athena, Porto, 1971, pág. 115-128 e José Gabriel Pinto Coelho, *"A Representação do sócio menor no exercício de direitos sociais"*, in RLJ, 95.º, 1962, pág. 67. Relativamente a uma análise intemporal em torno deste poder: Maria Ângela Soares, *"Aumento de capital"*, in *"Problemas do Direito das Sociedades"*, IDET, Livraria Almedina, 2003, pág. 249 e seg; Maria Augusta França: *"A estrutura das sociedades anónimas em relação de grupo"*, A.A.F.D.L., 1990, pág. 156 e seg.; Menezes Cordeiro, *"Da preferência dos accionistas na subscrição de novas acções; exclusão e violação"*, in ROA, ano 50, II, Julho 1990, Lisboa; Pedro de Albuquerque, obra citada; Raúl Ventura, *"Alterações do contrato de sociedade – Comentário ao Código das Sociedades Comerciais"* – 2.ª edição, Livraria Almedina, Coimbra, 2003, pág. 198 e seg. Ao nível de doutrina estrangeira: Miccio, *"Il Diritto di Opzione nell'Aumento di Capitale delle Società per Azioni"*, Napoli, 1957; Murano, *"Natura Giuridica del Diritto D'Opzione Degli Azionisti"*, in *"Studi in Onore di Alfredo di Gregório"*, Città di Castello, 1955, II; Raffaele Nobili,

A par daqueles que podem ser reconhecidos à universalidade dos sócios de uma sociedade comercial, verificamos ainda a possibilidade de reconhecimento de alguns poderes e deveres especialmente a determinado sócio, ou conjunto deles. É o caso mais conhecido dos poderes especiais – ou direitos especiais, como a lei assim os designa – previstos nos termos do art.º 24.º do C.S.C., que se prendem mais com a vontade, logo plasmada contratualmente, de privilegiar ou acautelar a posição de um determinado sócio, ou sócios, face aos restantes[91].

"*Contributo allo Studio del Diritto D'Opzione nelle Società per Azioni*", Giuffrè, Milão, 1959; Sánchez Andrés, "*El Derecho de Suscripción Preferente del Accionista*", Civitas, Madrid, 1990.

[91] Pinto Furtado, obra citada, pág. 233 e seg. Tem-se discutido, todavia, na doutrina a possibilidade de se conceberem poderes especiais a todos os sócios de uma sociedade (a este respeito, autor, obra e páginas citadas). Relativamente a este problema, sempre gostaríamos de destacar a nossa concordância com a opinião do distinto autor indicado, que responde afirmativamente a tal questão. Com efeito, a especialidade ou o privilégio não têm que se centrar exclusivamente no facto de somente um ou alguns sócios serem titulares do poder em causa. Esta figura, já por si, confere um regime privilegiado relativamente aos restantes poderes gerais ou comuns, na medida em que o poder especial não pode ser suprimido ou coarctado sem o consentimento do seu respectivo titular. Não prevalece pois o argumento de que o que é especial não pode simultaneamente ser geral, tendo em conta que essa especialidade não é determinada em função do número de titulares, mas sim do regime que ela lhes confere. No mesmo sentido, Coutinho de Abreu, obra citada, pág. 213 e seg.; Menezes Cordeiro, "*Manual de Direito das Sociedades – Vol. I...*", pág. 505, IV; Vaz Serra, "*Anotação ao Ac. do STJ de 23/4/74*", in RLJ, ano 108 (1975-76), pág. 175-176 e "*Anotação ao Ac. do STJ de 14/12/78*", in RLJ, ano 112.º (1979-80), pág. 173; Pires de Lima/Antunes Varela, "*Código Civil Anotado – Vol II...*", pág. 291; Raúl Ventura, "*Sociedades por quotas, Vol. III – Comentário ao Código das Sociedades Comerciais*", 3.ª reimpressão da 1.ª edição de 1991, Livraria Almedina, 2006, pág. 17-18. Contra, Paulo Olavo Cunha, "*Os direitos especiais nas sociedades anónimas: as acções privilegiadas*", Livraria Almedina, Coimbra, 1993, pág. 23-25. De salientar a posição assumida a este respeito por parte de Pedro Pais de Vasconcelos, que perspectiva estes poderes especiais enquanto contra-poderes, destinados a serem exercidos para a protecção dos interesses individuais relativamente a um interesse maioritário patente na sociedade. Neste contexto, o ilustre autor entende como aceitável a atribuição de poderes especiais à generalidade dos sócios, mas na medida em que unicamente um sócio ou um número restrito deles acabem por os exercer, em circunstâncias tais que eles se revelem imprescindíveis para alcançar os objectivos pretendidos. A qualificação em concreto destes poderes especiais acabaria por depender da interpretação que se retiraria do próprio contrato de sociedade e bem assim das circunstâncias e da vontade das partes que caracterizaram e fundamentaram a cláusula atributiva de tal poder ("*A Participação Social...*", pág. 251-253).

II. A partir de uma breve indicação de algumas situações mais significativas que compõem a posição do sócio, é possível, desde já, aferir duas características importantes relativamente a esses meios que, no fundo, são colocados à sua disposição: Em primeiro lugar, são meios que tanto se reflectem de um lado activo, como do lado passivo da situação do sócio. Por outras palavras: tanto consistem em situações em que o sócio se assume como o sujeito activo da relação estabelecida com a sociedade, como passivo dessa relação. Este facto permite-nos extrair a ilação que esses meios colocados à disposição do titular do direito não se reportam unicamente a poderes, mas também a deveres que o sócio tem que cumprir para com a sociedade. No intuito de alcançar os propósitos fundamentados na sua participação na sociedade, esse sócio não avoca unicamente a titularidade de poderes, mas também assume compromissos para com essa estrutura colectiva. Compromissos esses que, pelo que observamos, colocam-no numa posição distinta e mais próxima da sociedade do que um qualquer terceiro, estranho a esta.

Em segundo lugar, a posição do sócio reflecte a existência de situações tanto de um carácter patrimonial – como as que se configuram a partir de um poder de participação nos lucros da sociedade ou relativamente a deveres de realização de entradas ou de quinhoar nas perdas sociais – como de um âmbito mais corporativo, como acontece relativamente a poderes de participação nas decisões sociais, de informação sobre os assuntos da sociedade ou a deveres de lealdade para com esta. A dualidade na natureza e substrato dessas situações revela que os mecanismos que são colocados à disposição do sócio reflectem certamente uma tutela de interesses, uma prossecução de finalidades que não se situam exclusivamente num foro patrimonial, designadamente lucrativo. O propósito meramente lucrativo não encontraria explicação para a existência de meios que, em bom rigor, extravasam em muito a funcionalidade solicitada por aquele objectivo. Existe algo também de corporativo nas pretensões do sócio que não pode ser descurado.

III. Muitos dos nossos autores persistem ainda em outras classificações em torno dos poderes e deveres em que consiste o direito do sócio. Relativamente à titularidade, por exemplo, encontramos nomeadamente a distinção entre os poderes e deveres individuais e colectivos. Os primeiros pertenceriam a cada sócio, individualmente considerado, enquanto que os segundos pertenceriam a um grupo de sócios, num regime de contitularidade existente entre eles[92]. Entre os casos que têm mais frequentemente sido invocados para sustentar estes "direitos colectivos", encontramos o "direito" de accionistas com acções que representem pelo menos 5% do capital social poderem convocar uma assembleia geral de accionistas de uma sociedade anónima (n.º 2 do art.º 375.º do C.S.C.) ou o "direito colectivo" à informação que assiste os accionistas cujas acções atinjam 10% do capital social (art.º 291.º). Não podemos, no entanto, concordar com o critério que sustenta esta distinção, mormente porque os casos agora citados podem ser exercidos igualmente por um único accionista, bastando para o efeito que reúna, através das acções de que é titular, a percentagem de representatividade no capital social exigida por lei[93].

Existe ainda quem conceba uma descriminação entre poderes – ou "direitos", assim designados – sociais e poderes ou "direitos" extra-sociais. Dentro destes últimos encontraríamos duas ordens distintas de poderes ou direitos. Por um lado, aqueles que seriam absolutamente alheios à situação jurídica do sócio, em nada relacionando-se com esta, nem sequer relativamente à respectiva origem ou fundamento, a não ser a mera coincidência de terem o mesmo titular: o sócio[94]. A um nível distinto encontraríamos ainda aqueles poderes que, embora emergindo de actos jurídicos inerentes à vida

---

[92] Por todos, Brito Correia, *"Direito Comercial – 2.º Vol..."*, pág. 306-307.

[93] Cumpre ter em conta que estes "direitos de exercício colectivo" situam-se em sociedades verdadeiramente "capitalistas", onde a grande susceptibilidade de dispersão do capital da sociedade conduz à necessidade de procurar evitar a paralisação da vida societária que se revelaria eminente a partir do momento em que qualquer sócio, ainda que com uma expressão insignificante nesse capital, pudesse interpelar e intervir directamente no seio decisório da sociedade. Desta forma, entende-se, a partir do vazado na lei, que unicamente perante uma expressão considerada significativa desse capital – independentemente dessa expressão se encontrar concentrada unicamente num sócio ou num conjunto deles – é que o interesse social se reflecte na necessidade da sociedade atender à pretensão solicitada pelo(s) sócio(s).

[94] Seria o caso, mais frequentemente invocado, do sócio que simultaneamente é credor da sociedade (Brito Correia, *"Direito Comercial – 2.º Vol..."*, pág. 305-306; Pupo Correia, obra citada, pág. 221).

societária, adquirem – ou são susceptíveis de adquirir – autonomia relativamente à posição do sócio[95].

Ora, relativamente ao primeiro conjunto de casos indicado, não parecem restar dúvidas que os mesmos não registam qualquer relação com a posição do sócio. Emergem de uma relação jurídica completamente distinta daquela estabelecida e fundamentada na participação social do sócio e em que este não regista qualquer posição ou tratamento privilegiado relativamente a um qualquer terceiro, estranho à sociedade. Caracteres próprios que reforçam o nosso entendimento em torno da irrelevância de qualquer classificação estabelecida em função e comparativamente àqueles poderes realmente sociais. Sem prejuízo do respeito por tais entendimentos, essa classificação em nada contribui para um conhecimento mais enriquecido ou completo em torno da posição do sócio, tendo em conta, como referimos, que não têm qualquer relação com ela. Já relativamente à segunda ordem de poderes, não podemos, desta feita, concordar que eles sejam observados realmente como extra-sociais, pelo simples facto de serem susceptíveis de se autonomizar relativamente à posição do sócio. Convirá recordar que estes poderes se fundamentam única e exclusivamente na posição privilegiada do sócio, nesta sua qualidade, como tal não oferecendo dúvidas sobre se devem ou não ser entendidos como poderes *sociais*[96].

b) *A submissão da participação do sócio a princípios da vida societária*

I. Para além dos poderes e deveres que preenchem o direito do sócio, a submissão a princípios inerentes à vida societária constitui um outro traço típico da sua vivência em sociedade. A existência de

---

[95] Os casos do poder de cobrança do dividendo – portanto, cuja distribuição já tenha sido previamente deliberada – ou de participação preferencial em aumento de capital (autores e obras citados na nossa nota anterior).

[96] Aliás, mesmo Brito Correia admite as suas hesitações em torno desta última descriminação, preferindo considerar os casos em apreço como poderes sociais adquiridos, em contraste com poderes que pertenceriam *originariamente* à posição do sócio (obra e páginas citadas).

tais princípios transparece, no fundo, o facto desse direito resultar da participação do sócio numa sociedade, numa determinada estrutura colectiva através da qual ele pretende almejar e concretizar as pretensões e objectivos que justificaram essa participação. Essa ambição só será possível, no entanto, perante o respeito por "regras" inerentes a uma vida comunitária, em sociedade, essenciais para garantir o sucesso dessa estrutura societária e consequentemente dos objectivos pretendidos pelo sócio com a sua participação. A existência destes princípios recorda-nos então que os objectivos almejados pelo direito do sócio passam intrinsecamente por uma estrutura colectiva, que pretende, por seu turno, a satisfação de interesses próprios que a motivam: interesses pertencentes à universalidade dos seus sócios e não unicamente os interesses individuais daquele primeiro. Podemos assim afirmar – sem permitir grande margem para alguma contestação – que o direito do sócio e consequentemente os meios que em sua virtude são colocados à disposição deste último se encontram limitados por princípios que não podem deixar de ser observados. Para além desses limites, o exercício do direito do sócio é, pelo menos, um exercício ilegítimo, pois transgride as próprias regras essenciais de existência e funcionamento da estrutura da qual esse direito depende para atingir os seus objectivos e para a qual consequentemente foi pensado e projectado[97].

II. Seria impensável, a nosso ver, falar em princípios inerentes à vida societária sem fazer referência àquele que certamente constitui o imperativo mais basilar dessa estrutura: o **princípio do interesse social**. Este último simboliza, acima de tudo, uma prevalência do

---

[97] Vimos, no ponto anterior, que os poderes e deveres que compõem o direito do sócio constituem simultaneamente compromissos para com a estrutura societária, revelando um contributo necessário – na proporção e medida da participação social – para o funcionamento e sucesso global da sociedade. Surge então como natural a obediência a princípios inerentes a uma organização e funcionamento da estrutura colectiva. Fora desses limites, os meios colocados à disposição do sócio, em virtude daquele seu direito, não são exercidos em prol de uma estrutura de que dependem os interesses legitimados pela sua participação social. Um exercício que carece de legitimidade, em nosso entender, tendo em conta que esses meios são desviados do propósito e contexto para o qual foram criados e projectados.

interesse da sociedade sobre os interesses individuais de cada um dos sócios. O seu compromisso não pode ser posto em causa perante uma vulnerabilidade para com sindicâncias individuais do sócio. Só perante essa imunidade é que a estrutura pode encontrar as mínimas condições para prosseguir fins comuns, socialmente pretendidos. Simultaneamente, podemos afirmar que o referido interesse social se revela como um limite ao próprio exercício e aproveitamento dos mecanismos que se encontram à disposição do sócio, em razão da sua participação na sociedade.

A ideia de existência de um fim ou interesses próprios da sociedade não tem sido, no entanto, objecto de um entendimento pacífico. O problema tem sido colocado, não tanto ao nível da existência do princípio em apreço, mas acima de tudo relativamente à dignificação de um interesse distinto e autónomo relativamente à comunidade dos sócios[98]. A questão coloca-se, no fundo, em saber se podemos falar de um interesse próprio da sociedade, configurado ou balizado a partir de uma fonte autónoma dos sócios ou se, pelo contrário, esse interesse nada mais reflecte do que o conjunto de interesses da colectividade desses sócios, tendo em conta que é devido a estes que a sociedade existe e que a eles compete a formação da vontade societária.

Podemos afirmar que a nossa doutrina tem defendido as duas hipóteses aqui equacionadas[99]. Com efeito, uma primeira corrente doutrinária tem entendido que não é possível falar realmente num

---

[98] As dúvidas situam-se então, a nosso ver, não tanto ao nível da sociedade poder ser ou não titular de interesses – até porque, atendendo à sua importância para os objectivos pretendidos pelos sócios, não faria sentido falar de uma estrutura desprovida de um rumo ou sentido próprio – ou se esses interesses devem ou não ser preservados perante pretensões individuais do sócio, mas mais relativamente a uma identificação da fonte configuradora do interesse social e que nos suscita dificuldades no campo prático, nomeadamente e para o que nos importa, no que respeita em apurar se determinada sindicância do sócio vai ou não ao encontro dos *interesses da sociedade* ou então se ela os coloca ou não em causa.

[99] Para uma noção clara, no entanto, sobre as principais correntes que surgiram em torno desta questão: Guerra da Mota, obra citada, pág. 33-64. Ver ainda Jaeger, *"L'interesse sociale"*, Giuffrè, Milano, 1972, pág. 18-83 e 85-114 e De Ferra, *"L'Interesse dell'Impresa: Variazioni sul tema"*, in *"Impresa e Società: Scritti in memoria di Alessandro Graziani"*, I, Morano Editore, 1968, pág. 427-444.

interesse da sociedade distinto daquele que resulta da vontade expressa pela maioria dos sócios. Neste contexto, o interesse social nada mais significa ou representa que a vontade expressa na sociedade por essa maioria. Compete a essa maioria a responsabilidade então de determinar o que melhor se reserva para a sociedade e consequentemente configurar o designado interesse social[100]. Outros autores entendem, no entanto, como possível e viável a configuração de um interesse próprio da sociedade, não reflectido naquilo que aquela maioria pudesse determinar, mas enraizado na empresa que, enquanto seu substrato, se encontra inerente à sociedade. De acordo com este último entendimento, o interesse da sociedade encontra-se reflectido naquilo que se revela melhor para a empresa. Interesse da sociedade e interesse da empresa acabariam assim por se identificar[101].

Relativamente a esta polémica, podemos afirmar que a sustentabilidade de cada uma das posições acima resumidas reside muito em apontamentos críticos realizados sobre o entendimento oposto. Com efeito, é possível, por exemplo, salientar que aquela primeira posição procura contornar um contra-senso entre o facto da sociedade não ser representada unicamente pela maioria dos sócios – mas antes pela sua universalidade – e a circunstância de, na maior parte dos tipos societários previstos na nossa lei comercial, a vontade societária se formar acima de tudo a partir de uma deliberação aprovada por essa maioria e não pela respectiva unanimidade[102]. Por outro

---

[100] Assim o entendem, a título exemplificativo, Brito Correia, *"Direito Comercial – 2.º Vol..."*, pág. 49 e seg.; Coutinho de Abreu, obra citada, pág. 286-303 e Menezes Cordeiro, *"Manual de Direito Comercial – Vol. I"*, 2.ª edição, Almedina, Coimbra, 2007, ponto 88, pág. 226 e seg.

[101] Neste sentido: António Pereira de Almeida, obra citada, pág. 17-27 e *"Direito Comercial – Vol. I"*, A.A.F.D.L, 1977, pág. 110 e seg.; Oliveira Ascensão, *"Direito Comercial..."*, pág. 68-69 e *"Invalidades das deliberações dos sócios"*, in *"Problemas do Direito das Sociedades"*, IDET, Livraria Almedina, Coimbra, 2003, pág. 390-392 (se bem que este ilustre autor concentra-se mais na defesa da possibilidade de se falar em interesses da empresa, aceitando que estes possam eventualmente não se identificar nos interesses da sua estrutura jurídica que é a sociedade).

[102] Este aspecto é, no entanto, inteligentemente superado através da construção de Coutinho de Abreu, da qual resulta que o interesse social representa os interesses *comuns*

lado, a existência de preceitos na nossa lei, como o disposto na alínea *b)* do n.º 1 do art.º 58.º do C.S.C. – que penaliza a deliberação apropriada para satisfazer o propósito de um dos sócios de conseguir, através do exercício do seu poder de voto, vantagens especiais para si ou terceiros, em prejuízo da sociedade ou de simplesmente prejudicar esta, a menos que se demonstre que ela teria sito tomada sem os votos *abusivos* – deixa transparecer um interesse próprio da sociedade que não pode ser manipulado pela vontade da maioria dos sócios[103]. Já relativamente ao segundo entendimento por nós exposto,

---

da comunidade dos sócios, embora configurados, quando fosse esse o caso, pela maioria deles (obra citada, pág. 291-293. Entendimento este já distinto de anteriores esforços no sentido de conciliar esta discrepância, como observávamos em Raúl Ventura/Brito Correia, *"Responsabilidade civil dos administradores de sociedades anónimas e dos gerentes de sociedades por quotas"*, Lisboa, 1970, pág. 102, onde se defendia que o interesse social corresponderia ao interesse comum aos sócios, a todos ou à maioria deles.) Questionamos, no entanto, como será possível aceitar que alguns possam determinar o interesse de todos os sócios, especialmente se tivermos em conta a noção de interesse fornecida por Jhering que, ao que parece, é aceite e colhida pelos protagonistas desta discussão (A respeito desta noção, nossa nota n.º 62). Assim sendo, aceitando portanto a doutrina de Jhering sobre o interesse, parece-nos que o facto de pertencer inegavelmente aos sócios a formação da vontade societária nos condiciona a abordar a questão relativamente a um interesse da sociedade num sentido subjectivo, enquanto consciencialização do próprio sujeito em torno da aptidão de determinado bem para a satisfação das suas necessidades (a este respeito, Pedro Pais de Vasconcelos, *"A Participação Social..."*, pág. 319-321, III). Perguntamos então como será possível a maioria dos sócios poder substituir os restantes na formulação de um juízo – no fundo intrínseco ao individuo – que conduz primeiramente à formação do interesse comum e partir daí, segundo aquela construção, ao interesse da sociedade. Construção mais aperfeiçoada encontramos em Cassiano dos Santos (*"Estrutura associativa e participação societária capitalistica: contrato de sociedade, estrutura societária e participação do sócio nas sociedades capitalisticas"* Coimbra Editora, Coimbra, 2006, pág. 349 e seg.), onde – filiando-se no entendimento de Gierke de que não compete à maioria a determinação do interesse da universalidade dos sócios – descrimina um nível secundário de interesse social, da responsabilidade daquela maioria, cujo objectivo se concentraria exclusivamente na concretização do que havia sido anteriormente determinado ao nível de um interesse social primário por todos os sócios, logo à partida, no pacto social.

[103] Este preceito tem servido de "palco" para o desenvolvimento da discussão referida no texto, logo à partida relativamente a uma clarificação em torno do princípio que naquele é efectivamente protegido: se o interesse social ou, ao invés, um principio de protecção da minoria dos sócios relativamente a eventuais arbitrariedades e abusos da vontade maioritária. Não nos parece, no entanto, que seja possível considerar aqui a

costumam ser primeiramente apontados argumentos relativos a uma impossibilidade de dignificação jurídica do conceito de empresa,

defesa dessa minoria, mas antes a intenção de evitar a deturpação do fim ou interesse social, desviando-o precisamente para a vontade da maioria. No fundo, o desvio do exercício de um poder à disposição do sócio para parâmetros situados fora do contexto para que ele foi criado (No mesmo sentido parece caminhar Galgano, *"Diritto Civile e Commerciale – Vol. III: L'Imprensa e le Società, II: Le Società di Capitali e le Cooperative"*, 4.ª edição, CEDAM, 2004, n.º 131. Acresce ao exposto que, como adiante temos possibilidade de expressar, colocamos algumas reservas acerca da existência de um princípio de protecção da minoria dos sócios, enquanto princípio de fundo que, como tal, seja verificável nos mais diversos tipos societários: *Infra*, IV, pág. 95-96. Situação distinta, no fundo, seria aceitar pertencer ao interesse da sociedade a protecção do sócio minoritário, o que nos reconduz a duas conclusões a partir de então: por um lado, que se trata afinal de uma defesa do princípio do interesse social; por outro lado, que aquela protecção nada mais reflecte que uma preocupação social casuística – portanto, quando justificável – e não tanto um princípio de fundo). A respeito de deliberações abusivas, aconselha-se a consulta aos seguintes acórdãos: Ac. do S.T.J., de 25/10/90, relator Brochado Brandão, in www.dgsi.pt (última consulta feita a 12/02/06, sob o termo de pesquisa "Sociedade Comercial"); Ac. do S.T.J., de 07/01/93, in CJ, 1993, I, pág. 5; Ac. do STJ, de 14/04/99, relator Sousa Dinis, in www.dgsi.pt (última consulta feita a 12/02/06, sob o termo de pesquisa "Sociedade Comercial"); Ac. do STJ, de 28/02/02, relator Neves Ribeiro, in www.dgsi.pt (última consulta a 12/02/06, sob o termo de pesquisa: "Sociedade Comercial"); e Ac. do RE, de 05/06/95, in CJ, 1995, n.º 3, pág. 286. Através de uma análise em torno destas decisões, chegámos à conclusão que, para além de ter que ser verificado caso a caso, a existência do regime da deliberação abusiva comporta uma clara mensagem do nosso legislador de que o facto das deliberações puderem ser tomadas por vontade da maioria dos sócios não implica, por seu turno, que essa maioria possa deliberar arbitrariamente, conforme a sua conveniência no caso concreto. Teófilo Duarte, por exemplo, numa posição já extremista, chega mesmo a considerar que o sócio não tem propriamente um direito a votar, mas sim uma autêntica obrigação de o fazer (*"O abuso do direito e as deliberações sociais (ensaio jurídico)"*, c/prefácio de José de Azevedo Perdigão, 2.ª edição, Coimbra Editora, Coimbra, 1955, pág. 107-108). Um poder-dever que lhe é conferido, necessário para a prossecução do interesse social, desta forma encontrando-se ele obrigado a votar no aludido sentido. Esta construção conduz àquilo que Guerra da Mota entende corresponder a uma designação imprópria quando nos referimos a *abuso de direito* nas deliberações sociais, atendendo ao facto de que, tratando-se de um poder-dever, não nos encontraríamos perante um verdadeiro direito subjectivo do sócio, necessário para o enquadramento do regime em questão (Obra citada, pág. 54, 1.º parágrafo). Já o autor agora citado reconduz toda esta questão ao contrato de sociedade. No fundo, nunca se trataria de uma questão ligada ao instituto do abuso do direito, mas sim a um princípio de boa-fé que tem que reger a execução dos contratos (Obra citada, pág. 62 e seg.). A perspectiva deste distinto autor levaria a crer, à partida, que o interesse social tivesse necessariamente que corresponder aos *interesses comuns de todos os contratantes*, tal o enquadramento em que o autor situa a questão. Contudo,

de modo a consequentemente não se revelar possível imputar-lhe interesses[104]. Uma segunda ordem de argumentos procura demonstrar a própria impossibilidade de observar a empresa enquanto um "centro de imputação de interesses"[105].

---

logo percebemos que ele destaca que a posição do sócio presta vassalagem unicamente aos seus interesses individuais, o que, a nosso ver, de todo incompatibiliza a concepção de um interesse social a partir de interesses comuns dos contratantes (acrescem ainda algumas opiniões que não conseguimos harmonizar com a natureza contratual destacada pelo autor, como o facto de observar na participação social uma posição orgânico-administrativa).

[104] Menezes Cordeiro entende que a ideia de empresa não passa disso mesmo, de uma ficção que nem valor ou reconhecimento jurídico tem, onde o recurso do legislador ao termo "empresa" ou "empresário", em muitos preceitos, simplesmente se justificou por um facilitismo por ele adoptado, para assim indicar destinatários para as suas normas, designadamente as de natureza económica (*"Manual de Direito Comercial..."*, pág. 226, IV, 2.º parágrafo. A respeito das várias concepções em torno de empresa, Brito Correia, *"Direito Comercial – 1.º Volume"*, pág. 213-216; Pupo Correia, obra citada, pág. 41--46. Ver ainda, para uma perspectiva histórica da evolução do conceito de empresa, Galgano, *"História do Direito Comercial"*, pág. 163 e seg. e ainda Menezes Cordeiro, *Manual de Direito Comercial..."*, pág. 207 e seg.) De destacar também a posição de Coutinho de Abreu que, após apontar diversas noções existentes em torno de empresa, muitas delas partindo de pontos de origem distintos – ora de um foro social, ora numa perspectiva económica – conclui reconduzindo aquela à ideia de estabelecimento comercial (*"Da empresarialidade. As empresas no Direito."*, Almedina, Coimbra 1996 (reimpressão 1999), pág. 10 e seg. e *"Curso de Direito Comercial – Vol. I: Introdução, actos de comércio, empresas, sinais distintivos"*, 6.ª edição, Livraria Almedina, 2006, pág. 191 e seg. No fundo, inspirando-se na tese defendida por Orlando de Carvalho, *"Critério e estrutura do estabelecimento comercial, Vol. I: O problema da empresa como objecto de negócios"*, Coimbra, 1967, pág. 7 e seg. No mesmo sentido, Menezes Cordeiro, *"Manual de Direito Comercial..."*, pág. 224 e seg.).

[105] Nomeadamente combatendo interpretações retiradas a partir de muitos preceitos previstos na nossa lei societária comercial no sentido de extrair interesse social enquanto associado a interesse da empresa. Entre esses preceitos destaca-se o previsto no art.º 64.º do C.S.C., que mais adiante efectuaremos uma breve alusão (*infra*, pág. 92, parágrafo único). A par desse "combate interpretativo", de destacar os argumentos invocados por Menezes Cordeiro que se situam essencialmente em dois aspectos: por um lado, o conceito de interesse não se revela dogmaticamente aceitável, aproveitável, no estado actual da Ciência do Direito, faltando-lhe precisamente a instrumentação necessária para fazer dele um conceito actuante e útil (esta perspectiva encontra-se enraizada, por sua vez, na insuficiência que o conceito de interesse apresenta na construção do direito subjectivo, insuficiência essa sustentada por argumentos suscitados pelo ilustre doutrinário a que já tivemos a oportunidade anteriormente de analisar e de, muito humildemente, discordar: nossa nota n.º 85.) Por outro lado, só seria possível falar em interesses da empresa se

O termo empresa tem sido, por diversas vezes, utilizado pelo legislador – tanto no âmbito interno, como Comunitário – como mecanismo mais eficiente para uma determinação e delimitação dos destinatários das suas normas, procurando abarcar um conjunto diversificado de pessoas, muitas das vezes – tal a forma como ele recorre a esse termo – chegando mesmo a permitir suposições acerca da existência de empresa, enquanto pessoa jurídica distinta de qualquer outra que, melhor analisadas, não correspondem à realidade[106]. Não cremos, no entanto, que o método adoptado deva ser de algum modo subestimado ou subvalorizado, até porque ele nos revela a existência de um substrato idêntico inerente a todos os destinatários que a norma procura alcançar, isto é claro se partirmos do pressuposto que as escolhas normativas não são inconscientes ou despropositadas. Não cremos, portanto, que este fenómeno se fique a dever a uma questão de facilitismo, mas antes de consciência e intencionalidade.

Compreendemos identicamente a associação que é frequentemente realizada entre empresa e estabelecimento comercial, tendo em conta o conjunto de elementos pertencentes ao substrato de cada

---

relativamente a esta fosse reconhecível um substrato orgânico próprio. No entanto, a própria História acabou por revelar o fracasso de construções doutrinárias que existiram a este respeito. Actualmente, a ordem jurídica já revelara uma absoluta irrelevância à ideia de empresa neste contexto, não assumindo, em áreas como a comercial, qualquer papel nuclear ou substancial, preferindo atribuir tal protagonismo à sociedade comercial ou ao comerciante em nome individual (*"Manual de Direito Comercial..."*, ponto 88, V, pág. 229-230).

[106] Também parece ser essa a interpretação que generalizadamente é retirada a partir de preceitos previstos na nossa lei, como o art.º 230.º do C.Com., onde é meritoriamente reconhecido a José Tavares o correcto entendimento que o legislador nesse preceito se refere à empresa-sujeito, não no intuito de criar um *tertium genus* entre as pessoas que podem ser comerciantes, mas sim de procurar abranger os destinatários que pretende alcançar: as pessoas que, de uma forma singular ou colectiva, exerçam de um modo organizado uma das actividades descritas naquele disposto normativo. Nem por isso, o ilustre autor deixa de conseguir distinguir e caracterizar uma noção de empresa, num sentido subjectivo, enquanto *"pessoa jurídica do organismo económico"* (Itálico nosso. *"Sociedades e empresas comerciais"*, 2.ª edição, Coimbra Editora, Ld.ª, 1924, pág. 726 e seg. (pág. 727)). Como o próprio autor acaba então por concluir, essa conotação subjectiva encontra-se necessariamente associada à pessoa jurídica que atende a determinada organização destinada à produção ou circulação.

uma dessas realidades que são efectivamente coincidentes e que nada mais espelha do que o facto desse estabelecimento corresponder a uma concretização da própria empresa[107]. Em poucas, mas resumidas palavras: enquanto que a empresa se revela como uma organização de todo um conjunto de factores – humanos, materiais e imateriais – destinada à exploração ou exercício de uma determinada actividade económica, já o estabelecimento comercial reflecte o resultado dessa organização. No fundo, o conjunto de elementos – de natureza diversa – organizados entre si, de modo a assegurar o exercício de uma actividade económica lucrativa[108]. Esta noção de empresa associada à ideia de organização já vem sendo alimentada

---

[107] Solá Cañizares efectua um interessantíssimo exercício comparativo entre os cimeiros esforços da doutrina no sentido de clarificar a forma como empresa e estabelecimento se relacionam, umas vezes considerando-se aquela como um conjunto de actividades, bens e direitos, coincidindo assim com a noção de estabelecimento, outras identificando na empresa um elemento humano, enquanto que no estabelecimento um elemento material, entre outros exemplos (*"Tratado del Derecho Comercial Comparado"*, Tomo II, Montaner y Simón, S.A., Barcelona, 1962, pág. 4 e seg.). Não poderíamos deixar de destacar a pertinente referência que é feita pelo autor em apreço ao facto de que o conjunto de elementos que se revelam indispensáveis para o exercício de uma actividade profissional orientada para o comércio e indústria, sempre existiu. O que se revelou inovador foi reconhecer nesse conjunto um todo, uma unidade, onde os elementos se encontram interligados, complementando-se entre si, formando assim um valor próprio, susceptível de integrar-se numa construção jurídica, uma fonte própria de riqueza. A isso chamou-se de estabelecimento (obra citada, pág. 24).

[108] É igualmente compreensível e natural que se perguntarmos a um economista o que ele entende por empresa, ele responda que esta corresponde a uma unidade económica de produção, enquanto que um sociólogo já responderia que ela se identifica num conjunto de pessoas ligadas entre si por uma relação de interdependência, tendo em vista a prossecução de um dado fim. Não se esperariam outras reacções que não estas, precisadas e enraizadas na própria ciência em questão e nos principais valores de que ela gira em torno. O mesmo certamente sucederá em outros casos. Quantas vezes um jurista já certamente se defrontou com a existência de um entendimento económico em torno de um instituto que dava por certo como jurídico? Quantas vezes a Economia e o Direito não chocaram entre si, acerca do verdadeiro significado ou entendimento de certo objecto de investigação? Escusado será responder. Nem por isso, todavia, nos devemos apoiar nesta suposta falta de unidade em torno de uma definição do instituto em apreço, para condenar a sua existência e autonomia. A falta de consenso em torno de uma definição não implica necessariamente que o entendimento e compressão a seu respeito não sejam precisamente unitários e coerentes.

tanto por autores de referência[109], como pela nossa própria lei, que encontra em preceitos como o actual art.º 5.º do C.I.R.E. esse mesmo reflexo, ao entender como empresa *"...toda a organização de capital e trabalho destinada ao exercício de qualquer actividade económica"* (Itálico nosso)[110].

Retida aquela que entendemos ser a ideia mais realista de empresa, é inquestionável que não é possível falar de interesses *da* empresa – enquanto pessoa jurídica, distinta de qualquer outra – mas antes de interesses *relativamente* à empresa. Convém não esquecer que a noção de interesse pressupõe a existência de uma relação entre um

---

[109] Não estamos, com efeito, sozinhos neste entendimento relativamente a uma valorização em torno da ideia de empresa e que cremos ser incontornável: para além dos autores e obras já indicados na nossa nota n.º 101, Marques Estaca, *"O interesse da sociedade nas deliberações sociais"*, Livraria Almedina, Coimbra, 2003; Pupo Correia, obra citada, pág. 44-45; Broseta Pont, *"Manual de Derecho Mercantil – Vol. I: Introducción y estatuto del empresario, derecho de la competencia y de la propiedad industrial, derecho de sociedades"*, 13.ª edição, Tecnos, Madrid, 2006, pág. 92 e seg.; Brunetti, obra citada, ponto 19, pág. 78-80; Solá Cañizares, obra e páginas citadas e Uría, *"Derecho Mercantil"*, 28.ª edição, Madrid, 2002, ponto 23, pág. 35-36.

[110] Redacção esta mais generalista acerca do significado de empresa que a prevista anteriormente no correspondente e já revogado art.º 2.º do C.P.E.R.E.F., que a definia como *"...toda a organização dos factores de produção destinada ao exercício de qualquer actividade agrícola, comercial ou industrial ou de prestação de serviços"* (Itálico nosso). Contra, no entanto, a ideia de se poder aferir, a partir destes dois preceitos, algum significado jus-científico, Carvalho Fernandes e João Labareda, *"Código dos Processos Especiais de Recuperação da Empresa e de Falência Anotado"*, 3.ª edição, Quid Juris – sociedade editora, ld.ª, Lisboa 1999, pág. 65-68 e *"Código da Insolvência e da Recuperação de Empresas Anotado – Volume I (Art.º 1.º a 184.º)"*, Quid Juris – Sociedade Editora, Lisboa 2005, pág. 81-82, com referência ao conceito de empresa que Coutinho de Abreu atribui no C.I.R.E., em *"Curso...Vol. I"*, pág. 322 e seg. Aliás, já no Código de Ferreira Borges – no Livro I *"Das pessoas do commercio"*, da Parte I, Título I *"Dos commerciantes, e suas especies"*, Secção I *"Dos commerciantes em geral"* – surgia assim a seguinte referência:

"34. Os empresarios de fabricas gozam dos privilegios dos commerciantes em quanto respeita á direcção d'ellas, e venda dos artigos fabricados.

35. Commerciante é voz generica, que comprehende os banqueiros, os seguradores, os negociantes de comissão, os mercadores de grosso e retalho, e os fabricantes ou empresarios de fabricas na acepção dada." (Itálico nosso).

Como salienta Menezes Cordeiro, o empresário surgia aqui associado à ideia de dono da fábrica, o que permitia, logo por si, especular a fábrica enquanto empresa (*"Manual de Direito Comercial..."*, ponto 86, I, pág. 224)

sujeito – neste caso, facilmente identificável na sociedade comercial – e um bem, justificada na susceptibilidade – consciencializada ou não por parte desse sujeito – desse bem satisfazer as suas necessidades[111]. Ora, na nossa perspectiva, não é possível ignorar, para efeitos de delimitação de uma relação inerente ao interesse social, a existência de uma organização própria, propositadamente criada e orientada para a exploração da actividade social. Tendo sido intencionalmente estruturada para esse efeito, naturalmente que será na sua empresa que a sociedade comercial verá reflectidos os recursos necessários para a satisfação das suas necessidades. Falar em decisão que vá ao encontro do interesse social significa assim falar numa decisão que procure tão-somente uma afectação dessa organização, da empresa inerente à sociedade, para a satisfação da necessidade socialmente sentida[112].

De resto, não nos parece que a actual redacção do art.º 64.º do C.S.C., resultante da reforma introduzida recentemente pelo Decreto-lei n.º 76-A/2006 de 29 de Março, permita os argumentos outrora pertinentemente invocados para impedir que da anterior redacção se extraísse um interesse social próprio e distinto[113]. A actual redacção

---

[111] Recorde-se, a este respeito, o conceito de interesse que aqui deve ser levado em conta (2.ª parte da nossa nota n.º 102)

[112] De notar que falamos de afectação no seu sentido mais amplo, no fundo, de modo a garantir a satisfação da necessidade social, independentemente da decisão em causa visar até uma amputação da capacidade ou dimensão dessa organização. Se tal se revelar mais ajustado para a necessidade sentida socialmente, tanto melhor. Não podemos, portanto, muito humildemente concordar com a visão a este respeito defendida por Oliveira Ascensão que assenta, enquanto pressuposto, na ideia de existência de interesses *da* empresa, identificados na função produtiva dessa organização, susceptíveis portanto de nem sempre se reverem nos interesses da sua correspondente estrutura jurídica que é a sociedade (o caso então citado seria o da decisão prejudicial à função produtiva, embora vantajosa nos resultados financeiros. Obras e páginas citadas na nossa nota n.º 101). De resto, importa ter em mente que, como Castro Mendes ensinava, a prossecução de um interesse corresponde à sua respectiva utilização, ou seja a utilização do bem para a satisfação da necessidade que o titular do interesse tanto carece (ver, a este respeito, parte final da nossa nota n.º 80). Não detectamos argumento algum que impeça de aplicar este entendimento naturalmente ao nosso caso, relativo ao interesse social.

[113] Com efeito, a anterior redacção apelava ao seguinte: *"Os gerentes, administradores ou directores de uma sociedade devem actuar com a diligência de um gestor criterioso e ordenado, no interesse da sociedade, tendo em conta os interesses*

permite-nos aliás retirar elementos mais do que indiciários da empresarialidade subjacente ao interesse social, determinando – na alínea *b)* do seu n.º 1 – que os gerentes e administradores da sociedade devem observar *"deveres de lealdade, no interesse da sociedade, atendendo aos interesses de longo prazo dos sócios e ponderando os interesses dos outros sujeitos relevantes para a sustentabilidade da sociedade, tais como os seus trabalhadores, clientes e credores"* (Itálico nosso). Parece-nos assim que o disposto normativo em apreço cuida de explicar o cumprimento desses deveres de lealdade no interesse da sociedade, indicando, referencialmente e a título exemplificativo, alguns dos elementos certamente integrados no seio da estrutura empresarial da sociedade e reconhecendo-os como relevantes para a sua respectiva sustentabilidade.

Em jeito de apontamento final sobre este assunto, não cremos na existência de um ente autónomo – espelhado na empresa – relativamente ao qual pudéssemos reconhecer interesses próprios e substitutivos dos interesses dos sócios. Não faria, de todo, sentido negar à sociedade a própria razão que conduziu à sua existência: os interesses comuns e fundamentados na participação da universalidade dos respectivos sócios. É neles que o interesse social se reflecte, naturalmente[114]. Mas tal não implica que não possamos falar de

---

dos sócios e dos trabalhadores" (Itálico nosso) suscitando assim uma tão notória separação entre *interesses da sociedade* e *interesses dos sócios* que poderia se equacionar, mais do que em qualquer outro preceito, a possível existência de um interesse social distinto e autónomo dos interesses de quem participa na sociedade. Esta redacção era contudo explicada por diversos autores nacionais, de modo a que se acabaria sempre por concluir que aquele interesse social se reconduzia aos interesses comuns dos sócios, em contraste com os interesses individuais desses sócios a que o preceito seguidamente dava um tratamento autónomo: Coutinho de Abreu, *"Curso...Vol. II"*, pág. 286-303; Menezes Leitão, *"Pressupostos da exclusão de sócio nas sociedades comerciais"*, 1989, pág. 39, nota 37; Pedro de Albuquerque, obra citada, pág. 332 e Vasco da Gama Lobo Xavier, *"Anulação de deliberação social e deliberações conexas"*, 1999, pág. 242, nota 116. Contestando a alteração efectuada: Menezes Cordeiro, *"A grande reforma das sociedades comerciais"*, in *"O Direito"*, ano 138, III, 2006, pág. 445-453.

[114] Aliás, até porque tal perspectiva conduziria a possíveis antagonismos entre interesses da sociedade e interesses da empresa, como observámos anteriormente na nossa nota n.º 112, onde se acaba por contrapor eficiência produtiva a capacidade lucrativa, algo, para nós, incoerente, se observarmos a empresa social como uma organização preparada

interesses da sociedade, enquanto sujeito com carências e necessidades e que encontra na empresa social, enquanto organização orientada para os propósitos sociais, os mecanismos necessários para a satisfação das suas vicissitudes. Ainda que, porventura, a formação da vontade societária pertença à maioria dos sócios, isso não significa arbitrariedade nas escolhas que se possam tomar. Como recentemente referimos, independentemente de a quem pertença a formação da vontade societária, esta tem que se encontrar orientada na afectação da empresa para a satisfação de uma necessidade social. Sempre que assim não o for, a decisão não vai ao encontro do interesse social, tendo resultado do exercício de um poder – o de voto – inerente a um direito – o do sócio – exercido fora dos parâmetros para o qual ele foi criado. O sócio actua assim abusivamente, por aproveitar a sua posição na sociedade, o direito de que é titular para fins situados fora dos parâmetros em que se deveria situar e para que foi criado.

III. Se, no ponto anterior, concluímos que os interesses – e consequentemente os poderes e deveres – do sócio enraizados na sua participação na sociedade têm que se subjugar aos interesses desta, é num escopo lucrativo que vamos encontrar a finalidade social última[115]. Se através do princípio anterior compreendemos aquela necessidade de subjugação e que ela se traduz, na prática, numa impossibilidade do direito do sócio colocar em causa a afectação dos meios que se encontram à disposição da sociedade, orientando-os para a satisfação de necessidades alheias a esta, é no **principio da finalidade lucrativa** que vamos encontrar o objectivo último da sociedade, a razão para a satisfação de carências socialmente sentidas.

---

a servir os propósitos sociais. No fundo, a empresa será, no que respeita à sua capacidade de produção, mais eficiente se ela proporcionar a capacidade de se gerarem maiores lucros sociais (a redução da empresa, mediante o encerramento deste ou daquele estabelecimento, poderá proporcionar menos custos e consequentemente, ao gerar mais lucros, aumentar a sua eficiência produtiva). Não concordamos em observar a empresa como um fim, mas antes como um instrumento precioso para os objectivos sociais.

[115] Referimos aqui a finalidade *última*, tendo em conta que a obtenção desse lucro é feita a partir da exploração da actividade que constitui o objecto da sociedade.

Naturalmente que o escopo agora referido enraíza-se na pretensão dos sócios em comungar na partilha dos lucros sociais, o que logicamente determina que ele tenha que reflectir – ou, ao menos, ter em conta – esta realidade. Tal não significa, no entanto, que essa partilha tenha que imperar em todas e as mais diversas circunstâncias. Aquele princípio lucrativo legitima acima de tudo a actuação social no sentido de garantir as melhores condições para a obtenção precisamente desse lucro, embora tendo sempre em conta a razão dos sócios que motivou este escopo lucrativo. Este facto permite que, pontualmente, se sacrifique essa partilha em prol de uma decisão no sentido de garantir melhores condições – tanto financeiras, operacionais, de logística, de produção, no fundo de afectação de meios – para a obtenção desse lucro[116].

IV. Entendemos fechar este ciclo referente a alguns princípios societários que consideramos dignos de destaque – e que acabam por relevar e considerar para a participação de um sócio na sociedade – com uma breve referência ao **princípio da igualdade de tratamento** entre e para com os sócios. Um princípio que verdadeiramente começa onde acaba o pacto social. Consequentemente, tem os seus reflexos nas decisões adoptadas pela sociedade. Com efeito, perante o silêncio do pacto social impõe-se uma igualdade de tratamento para com os sócios, tanto no que diz respeito a uma distribuição dos lucros, relativamente ao poder de voto, como ainda em outras realidades que aqui não cumpre exaustivamente enumerar.

---

[116] Justificando-se, como referimos, essa ambição lucrativa nas pretensões dos próprios sócios, aquele princípio procura também a concretização de mecanismos que permitam ao sócio a vantagem patrimonial desde cedo por ele pretendida, como se verifica através da existência de uma distribuição periódica de lucros, na possibilidade de participação na distribuição de lucros finais, na existência de contrapartida em caso de amortização de quotas ou acções, entre outros casos (a este respeito, António Pereira de Almeida, "*Sociedades...*", pág. 55). Preferimos, no entanto, reter no texto a perspectiva que, relativamente ao direito do sócio, mais nos importa e que temos procurado explorar: a necessidade de respeito por princípios próprios da sociedade, que limitam o âmbito de actuação daquele direito e que, no caso em apreço, não pode colocar em causa a concretização do lucro social.

Como qualquer outro imperativo que assenta num pressuposto de igualdade, o princípio societário em causa tem em conta que deve tratar igualmente situações iguais e diferentemente situações diferentes. Esta premissa encontra o seu perfeito enquadramento societário no facto dos sócios participarem diferentemente na sociedade, dessa forma assumindo poderes e deveres inerentes e de acordo com tal forma de participação. O critério da proporção dos valores nominais das respectivas participações para com a sociedade tem-se revelado uma perfeita manifestação deste espírito presente no Código das Sociedades Comerciais (n.º 1 do art.º 22.º C.S.C.). Estas diferenças, no entanto, susceptibilizam sempre a possibilidade de uma participação maioritária sufocar os interesses de uma participação minoritária, especialmente se tivermos em conta que, frequentemente nas sociedades comerciais, prevalece a vontade da maioria, em detrimento da unanimidade dos sócios[117]. Neste contexto, intervém também esse princípio de tratamento igualitário entre os sócios, de forma a voltar a estabelecer o equilíbrio outrora posto em causa. Com efeito, ao servir de limite à vontade da maioria, este princípio do tratamento igual entre os sócios confere uma protecção à minoria existente[118].

c) *A satisfação dos interesses do sócio*

I. Como direito subjectivo que é, o direito do sócio visa naturalmente a satisfação dos interesses do seu respectivo titular. Encontramos pois um traço de referência incontornável, tendo em conta que através dele conferimos o carácter finalístico que tipifica o direito

---

[117] Um factor que, embora não tão prevalecente em determinadas sociedades acima de tudo de carácter pessoal, se constata mais correntemente em sociedades mais afastadas dos seus sócios, onde, por motivos que se prendem com uma necessidade de evitar a paralisação da vontade social, impõe-se a vontade da maioria em vez da unanimidade.

[118] Motivo pelo qual entendemos não podermos falar propriamente de um princípio geral – adequável, portanto, a todas as sociedades – de protecção da minoria dos sócios. Como referido no texto, o princípio da protecção da minoria é resguardado pela necessidade de tratamento igualitário entre os sócios, este sim que encontra fundamentos enraizados na própria razão de ser da sociedade e bem assim da participação dos sócios nesta. Em sentido contrário, Pupo Correia, obra citada, pág. 214-215.

subjectivo – enquanto instrumento jurídico – e consequentemente o direito do sócio.

Este facto torna, logo por si, lógico um necessário apuramento dos *interesses* a que nos referimos. No fundo, que interesses são esses que se encontram fundamentados na participação do sócio na sociedade? Um pensamento mais precipitado poderia conduzir, à primeira vista, à conclusão que esses interesses se veriam exclusivamente espelhados numa ambição lucrativa do sócio, especialmente se tivermos em conta o escopo lucrativo da própria sociedade em que ele participa (art.º 980.º do C.C.). Se recordarmos, no entanto, o conjunto de poderes e deveres em que se decompõe o direito do sócio somos levados a crer que esses interesses vão mais além do que a simples obtenção do lucro. A existência e dimensão de poderes e deveres mais de um foro corporativo e não tanto patrimonial revelam-nos que esse sócio não pretende simplesmente o lucro pelo lucro, por assim dizer. A forma como ele o alcança encontra-se envolta num espírito corporativo da sua parte que não pode passar despercebido, nem ser minimamente ignorado[119]. Por outras palavras, a mera ambição lucrativa não justificaria, a nosso ver, o conjunto e amplitude dos poderes e deveres de âmbito corporativo que também compõem o direito do sócio[120].

---

[119] Para além de podermos conceber diversas situações em que o sócio não almeja unicamente o lucro periódico ou final, mas uma outra vantagem patrimonial, poderemos realmente crer que é única e exclusivamente na perspectiva desse lucro que determinado sócio participa na deliberação de designação da gerência ou administração da sua sociedade ou que solicita informações para efeitos de averiguação de eventuais responsabilidades desses gerentes ou administradores? Será numa perspectiva lucrativa que se fundamenta uma necessária lealdade do sócio para com a sociedade em que participa?

[120] E que não podem deixar de ser relacionados com a forma típica com que se pretende, através da sociedade, a obtenção do lucro: através do exercício em comum de uma determinada actividade (art.º 980.º do C.C.). Em abono da verdade, a mera pretensão lucrativa conduziria o sócio a recorrer a outros mecanismos ou alternativas permitidas pela nossa ordem jurídica – como, por exemplo, a associação em participação ou a considerada associação à quota – que não implicam necessariamente a participação na sociedade e o consequente reconhecimento de poderes e imputação de deveres corporativos que esta última alternativa subentende (a respeito das duas figuras aqui referidas: Cunha Gonçalves, *"Comentário ao Código Comercial"*, 1.º, 1914, pág. 560-561 e n.º 197 e *"Tratado de Direito Civil"*, VII, 1933, pág. 293; Pinto Furtado, obra citada, pág. 86-90 e 119-123 e Raúl Ventura, *"Associação em participação"*, in BMJ, n.ºs 189 e 190.º e *"Associação à quota"*, in CTF, 1968).

Após uma análise sumária tanto ao conjunto de poderes e deveres do direito do sócio, como aos princípios sociais a que aquele tem que atender, atrevemo-nos a fazer uma leitura alternativa e concluir que tais interesses se fundamentam, em última análise, na própria intenção de participar na vida em sociedade, com tudo o que essa realidade implica: nomeadamente, a possibilidade de obtenção de vantagens patrimoniais ou de lucro na sua acepção mais ampla, mas através de uma participação na vida social, de informação e conhecimento sobre o desenvolvimento da sociedade, de decisão relativamente aos assuntos e destinos sociais. Cremos, com efeito, que a leitura mais realista a partir dos elementos que analisámos – e que, no fundo, correspondem a "pistas" reveladas pela ordem jurídica – é aquela que passa por observar a posição do sócio, ou a sua respectiva preservação, como um fim em si mesma[121].

II. Só através da perspectiva que mesmo agora fizemos referência é que aqueles poderes e deveres de um âmbito mais corporativo têm o seu justo enquadramento, não se submetendo a um protagonismo secundário e muitas vezes desprezado sempre que procuramos observar o sócio como uma pessoa que única e exclusivamente pretende uma quota-parte do lucro da sociedade, alheio à forma como esta o obtém ou como ele se desenvolve. Daquele tecido

---

[121] Não aceitamos, portanto, ver o sócio como um terceiro absolutamente alheio à sociedade, como sucederia se nos contentássemos meramente em reconhecer naquele um propósito exclusivamente lucrativo. O que tipifica a pretensão finalística desse sócio é a forma como esse lucro pretende ser alcançado: mediante uma estrutura própria na qual ele assume o compromisso de participar e colaborar no seu respectivo sucesso. Esse sócio pretende sim *participar* na sociedade, naquela estrutura que pretende o lucro mediante um exercício muito característico de uma certa actividade. Menezes Cordeiro reconhece, por exemplo, na situação jurídica do sócio a existência de *direitos participativos*, que visam a cautela de valores que se prendem com o funcionamento da sociedade. (*"Manual de Direito das Sociedades – Vol. I..."*, pág. 511-512). Pedro Pais de Vasconcelos reconhece, por seu turno, uma dualidade entre poderes patrimoniais e administrativos inerentes à posição do sócio, procurando estes últimos habilitar o sócio a participar na orgânica da sociedade (*"A Participação..."*, pág. 70). Relativamente às leituras agora referidas, que no fundo transparecem uma sensibilidade sentida pela generalidade da doutrina, simplesmente procuramos ir um pouco mais longe e concluir que esses valores patrimoniais e administrativos encontram-se espelhados e subentendidos na preocupação do sócio em garantir e preservar a sua participação na sociedade.

corporativo que compõe o direito do sócio resulta que este é parte integrante da estrutura societária. É seu substrato, dele também dependendo para o sucesso social[122]. A posição do sócio é assim, mesmo no concerne a poderes e não unicamente a deveres, uma posição também de compromisso, de contribuição – na justa medida da sua participação – para o sucesso social, ora realizando entradas ou prestações suplementares para a sociedade, ora colaborando na formação da vontade social, solicitando informações, fiscalizando a actuação dos membros dos "órgãos gerentes", entre outros exemplos[123].

A preocupação do sócio na preservação da sua posição na sociedade acaba por justificar o conjunto de poderes e deveres em que assenta o seu direito social, tendo em conta, como referimos, que ela significa uma legitimidade na obtenção de vantagens patrimoniais, resultantes do funcionamento de uma estrutura da qual aquele faz parte integrante e simultaneamente contribuiu para o seu sucesso. Mais do que isto, ela justifica a relação de unidade existente entre todos esses poderes e deveres. Nenhum destes, isoladamente considerado, é susceptível de garantir a satisfação dos interesses do sócio reflectidos na sua participação social[124]. Unicamente unidos,

---

[122] Dando sinais do mesmo entendimento, António Pereira de Almeida, "Sociedades...", pág. 44. Não é somente a partir daquele tecido corporativo que ficamos com essa ideia. Mesmo através do cumprimento de deveres de carácter patrimonial, como a realização de entradas ou prestações adicionais, percebemos o contributo importante e necessário que o sócio presta para o funcionamento da sociedade.

[123] Naturalmente que falamos em termos muito genéricos, cientes contudo do contexto distinto em que, por exemplo, se situa um sócio de uma sociedade em nome colectivo, quando comparado com o pequeno accionista de uma sociedade aberta. Nem por isso, no entanto, os diferentes índices de compromisso para com a vida social deixam de ter os seus reflexos precisamente ao nível dos poderes corporativos em que assenta o direito do sócio. Muito possivelmente aquele sócio de responsabilidade ilimitada terá um leque de possibilidade de participação na vida social muito mais vasto que o pequeno accionista que, muitas das vezes, se encontra praticamente arredado do centro decisório da sociedade.

[124] O mero poder de cobrança do dividendo, por exemplo, não permite o envolvimento do sócio na vida da sociedade, não lhe conferindo os mecanismos necessários para contribuir ou participar nela. Por outro lado, o poder de informação sobre os assuntos sociais não é suficiente, por si, para atingir os objectivos e finalidades que referimos no texto. O mesmo certamente pode ser considerado para cada uma das obrigações que ele assume. Naturalmente que persistimos em situar esta nossa reflexão num campo teórico

conjugados entre si, é que disponibilizam ao sócio o conjunto de meios necessários para a prossecução das suas finalidades. Meios esses que, no seu global, compõem o direito subjectivo do sócio fundamentado na sua participação social. Esses poderes e deveres encontram-se unidos entre si por um vínculo jurídico justificado nesse direito subjectivo e nas finalidades que ele pretende prosseguir. Poderes e deveres que preferimos tratar como *funcionais*, dado que se encontram orientados em função do direito subjectivo que pretendem servir[125]. É ao direito subjectivo do sócio que se deve a responsabilidade de existência desses poderes e deveres ligados entre si. Trata-se, portanto, de um feixe unitário de poderes e deveres ligados *juridicamente* entre si[126-127].

---

e relativo a uma teoria geral da posição do sócio, pois, como é facto sabido, ele nem sempre tem ao seu dispor todo o conjunto de poderes e deveres que à partida a sociedade em que participa lhe poderia reconhecer ou exigir (como se verifica perante o accionista titular de acções preferenciais sem voto, artigos 341.º e seg. do C.S.C.). Circunstâncias, no entanto, que nada mais correspondem que a um reflexo do índice de compromisso que o sócio em questão pretende assumir relativamente à sociedade, acabando por reforçar aquilo que temos vindo a expor no texto.

[125] Como já tivemos oportunidade de referir, ao longo do presente trabalho, referimo-nos a poderes e deveres em termos muito genéricos, de modo a apreender o facto do direito subjectivo do sócio compreender poderes creditícios, potestativos, de domínio e ainda assim vínculos legais, negociais e mesmo sujeições. Preferimos tratar todos eles correspondentemente de poderes e deveres, em detrimento de direitos e obrigações, de modo a evitar a confusão com os direitos subjectivos propriamente ditos e simultaneamente abranger as mais diversas realidades em que se pode compor o direito do sócio (partilhando assim o entendimento de Pedro Pais de Vasconcelos defendido ao longo de toda a sua obra: *"A Participação..."*). No fundo, ele será composto pelo conjunto dos meios *necessários* para a prossecução das finalidades que visa alcançar, o que permite que esse direito social possa se reportar a um direito complexo, composto tanto por poderes, como deveres. De resto, seria, na nossa perspectiva, de todo impensável não observar uma ligação justificativa entre todos esses meios, sob pena da posição do sócio na sociedade passar a ser vista como o reflexo de um conjunto cumulativo e arbitrário de poderes e deveres, sem um propósito ou objectivo comum. Retiraríamos, no fundo, o significado e razão de ser à própria existência do sócio no seio societário.

[126] Essa ligação não impede nomeadamente que alguns desses poderes possam ser objecto de negócios jurídicos próprios, destacando-se assim da posição e do direito em que se fundamentaram. Se, através desse destacamento, esses poderes passam a ter a susceptibilidade de servir, isoladamente vistos, interesses de terceiro, então podemos afirmar que nos encontramos literalmente perante um direito subjectivo, uma vez que esse poder confere a esse terceiro uma posição de vantagem que o habilita dos meios necessários

III. Sendo a sociedade uma estrutura criada intencionalmente para a concretização dos propósitos comuns dos sócios que a compõem, ela terá naturalmente que corresponder a um reflexo desse facto. Por outras palavras, a sociedade terá que visar a prossecução do lucro, mediante o exercício participativo por parte dos sócios da actividade pretendida. A sociedade terá assim, para além de proporcionar o acesso às vantagens patrimoniais obtidas, que permitir a participação dos sócios na sua vida, seja relativamente à formação de decisões, à informação e conhecimento sobre os assuntos sociais, seja já ao nível de uma autêntica fiscalização sobre a actuação de membros de outros órgãos sociais, como ainda exigir o cumprimento de deveres necessários para o sucesso do projecto societário.

---

para a prossecução das suas finalidades (*supra*, 1.1., alínea *b)*, VIII, pág. 73). O poder de participação preferencial em aumentos de capital, que procura garantir ao sócio uma possibilidade de conservar a representação que até então vinha registando no capital social, não serve, só por si, para colmatar e satisfazer a universalidade dos interesses do sócio fundamentados na sua participação social e que já fizemos referência no texto. É um meio, entre outros, que procura colaborar nessa prossecução. Todavia, para o terceiro adquirente dessa possibilidade de participação preferencial no aumento de capital, ele já poderá servir para colmatar os seus respectivos interesses que tão só se limitam à oportunidade de participar preferencialmente em tal operação. A respeito dos interesses fundamentados neste poder: Abílio Neto, *"Código das Sociedades Comerciais – Jurisprudência e doutrina"*, 3.ª edição, Maio 2005, nota 5 do comentário ao art.º 458.º, do C.S.C., pág. 844; Pedro de Albuquerque, obra citada, pág. 20 e seg. (Este último autor destaca ainda que aquele poder se fundamenta também na faculdade de aproveitamento privilegiado, por parte do sócio beneficiário, dos proveitos inerentes à possibilidade de investimento que surge com a operação de aumento de capital – pág. 42 e seg. Ver ainda Osório de Castro, *"Valores Mobiliários: Conceito e espécies"*, 2.ª edição, Universidade Católica Portuguesa – Porto, 1998, pág. 196 e seg.).

[127] Revela-se impossível, nas páginas que entendemos reservar para tratar deste tema, abarcar de uma forma devidamente aprofundada todas as questões que se suscitam em seu torno. Ainda Hoje, por exemplo, se discute na doutrina acerca da relevância das situações jurídicas emergentes das relações entre sócios para o conteúdo do direito do sócio (sobre esta matéria, Pedro Pais de Vasconcelos, *"A Participação..."*, pág. 58 e seg.) ou mesmo de situações emergentes de relações com terceiros, estranhos à sociedade (Brito Correia, *"Direito Comercial – 2.º Vol..."*, pág. 307-308). Cremos, todavia, ter abordado o direito do sócio na perspectiva que mais nos pode importar, tendo em conta que o tema central do nosso trabalho se dedica precisamente a um poder seu para com a sociedade.

Se os interesses sociais encontram-se ao serviço – ou, noutra perspectiva, se revelam instrumentais – dos interesses comuns que fundamentaram a participação da comunidade dos sócios, então encontraremos reflexos dessa realidade já ao nível do objecto do direito do sócio. Se esses interesses sociais pendem sobre a empresa inerente à sociedade, na medida em que consistem numa relação entre a sociedade-sujeito e o conjunto de meios à sua disposição aptos à satisfação das necessidades sociais[128], então os interesses que o direito social procura alcançar têm identicamente que se encontrar referenciados nessa empresa social, embora na justa medida da participação do sócio[129].

2. A informação sobre a vida da sociedade enquanto poder do sócio

As linhas que dedicámos no ponto anterior permitem-nos situar o objecto do nosso trabalho. Permitem-nos, com efeito, enquadrar inicialmente a faculdade informativa do sócio, como ponto de partida determinante para uma análise correcta e tanto quanto possível desenvolvida deste instrumento que se encontra ao serviço do sócio.

---

[128] *Supra*, alínea *b)*, II, pág. 91 e seg.

[129] Pedro Pais de Vasconcelos identifica na *parte social* – portanto, no quinhão que o sócio tem na sociedade – o objecto do seu direito, enquanto bem jurídico incorpóreo através do qual ele obtém a satisfação das suas necessidades (*"A Participação..."*, pág. 498). Embora nos encontremos perante um discurso terminologicamente distinto, cremos que ele não se situa muito distante daquilo que referimos no texto. Primeiramente, porque relaciona o objecto do direito do sócio necessariamente com o bem jurídico sobre o qual recaem os interesses que esse direito visa acautelar. Depois, porque identifica-o posteriormente no quinhão do sócio na sociedade. Mas o que significa, ao fim de contas, esse quinhão senão a possibilidade do sócio legitimamente intervir na sociedade, mais concretamente na empresa que a preside? Pareceu-nos unicamente importante, como factor de destaque relativamente a esta linha de raciocínio, salientar no texto uma necessária identidade ao nível do bem jurídico sobre o qual recaem tanto os interesses sociais como os interesses do sócio, tendo em conta a relação de instrumentalidade que entre eles verificamos. No fundo, ambos recaem, em nosso entender, sobre o mesmo: a empresa social. Unicamente, no caso do sócio, os interesses em causa reflectem-se numa determinada proporção: aquela que permite a afectação do bem suficientemente para a satisfação das suas necessidades.

De facto, a possibilidade de conhecimento sobre a vida da sociedade corresponde precisamente a um instrumento ao serviço do direito que nasce na esfera jurídica do sócio a partir do momento em que ele entende participar na sociedade. Consequentemente, deparamo--nos com um poder que pretende auxiliar o sócio na prossecução dos interesses fundamentados nessa participação social.

O poder de informação enquadra-se então num contexto mais universal, relativo ao direito social. Assume-se como um poder à disposição do sócio, fundamentado naquele direito subjectivo de que ele é titular. Este facto implica – para além de se encontrar vocacionado, como acima referimos, para a satisfação dos interesses que esse direito visa acautelar – que esse poder procura sustentar uma situação privilegiada do sócio relativamente ao mundo que exterioriza a sociedade, necessária para garantir a prossecução dos propósitos socialmente almejados por ele.

É sem surpresa então que encontramos o reconhecimento desse poder na alínea c) do n.º 1 do art.º 21.º do C.S.C. A previsão normativa em apreço permite-nos extrair aspectos que, sem prejuízo de não suscitarem aparentemente problemas interpretativos de grande preocupação, nos vão auxiliar na análise que se vai situar nos capítulos que se avizinham: Primeiramente, convém destacar que o facto de se encontrar previsto naquele preceito levaria a crer, à partida, que se trata de um poder reconhecido de um modo uniforme a todos os sócios, independentemente do tipo de sociedade em que participam[130]. Todavia, cedo somos contrariados pela referência, naquela alínea, de que o poder de informação do sócio sobre a vida da sociedade é configurado *"(...) nos termos da lei e do contrato"* (Itálico nosso). Parece-nos assim que esse poder é sensível a circunstâncias casuísticas.

Do agora exposto suscitam-se, de imediato, algumas questões essenciais e relacionadas entre si, que nos limitamos, por enquanto, a colocar: Será então que o poder de informação, contrariamente ao que poderíamos pensar, pode não ser reconhecido a determinados

---

[130] Tendo em conta, de acordo com a introdução efectuada pelo n.º 1 desse preceito, que nos encontramos perante "direitos" que *todo o sócio* tem ao seu dispor (a respeito desta matéria, *supra*, 1.2., alínea *a)*, I, pág. 76 e seg.).

sócios e desta forma não corresponder a um poder que todo o sócio tem "direito"? Por outro lado, em que critérios é que se apoia essa sensibilidade casuística? Consoante o tipo societário ou, noutra perspectiva, de acordo com a posição que determinado sócio assume particularmente na sociedade? Por último, que razões conduzem, no fundo, a que a lei ou o contrato possam interferir na configuração casuística deste poder? O facto de se tratarem de questões relacionadas entre si, como referimos, permite-nos compreender que a resposta a uma certamente nos auxiliará a encontrar a resposta para outra. Por outro lado, esse relacionamento revela-nos que as questões colocadas orbitam em torno de uma compreensão acerca dos motivos para esta limitação inicialmente permitida tanto à lei, como ao contrato.

Por seu turno, através da previsão vazada no disposto normativo acima referido, conseguimos detectar as duas fontes que teremos cimeiramente que levar em linha de conta, no que respeita a uma pesquisa ao longo do poder de informação dos sócios das sociedades comerciais. Ao percebermos que a lei pode configurar este poder, obtemos as bases necessárias para suspeitar da existência de preocupações e interesses gerais que têm que ser acautelados. Por outro lado, a possibilidade de intervenção do contrato de sociedade transmite-nos a existência de interesses relacionados com a sociedade concretamente em causa cuja protecção ou cautela possa vir a tornar-se necessária. Duas fontes distintas, como é sabido, particularmente no que concerne ao respectivo campo de actuação e consequentemente ao nível dos interesses que pretendem proteger, legitimando assim as suspeitas mesmo agora denunciadas.

Tudo isto, em resumo, conduz-nos à inevitável e necessária pesquisa em torno da forma como este poder de informação se encontra configurado, pesquisa esta que nunca se poderia limitar a uma constatação daquilo de que se encontra previsto ou daquilo que é ou não permitido, mas que tem que procurar a percepção das razões que conduziram às soluções que a este respeito acabaram por se encontrar consagradas.

Capítulo II

Âmbito das informações prestadas aos sócios

1. Enquadramento normativo
1.1. Informação nos termos da lei e do contrato
1.2. Um regime disperso pelo Código das Sociedades Comerciais
2. Uma informação sensível ao tipo de sociedade
2.1. O pedido de esclarecimentos do sócio
   a) *Aspectos relativos à gestão ou assuntos da sociedade*
   b) *As informações em assembleia geral*
2.2. A consulta de documentos e inspecção de bens da sociedade
2.3. A intervenção regulamentadora do contrato de sociedade
2.4. As limitações inerentes ao âmbito da informação
   a) *A recusa justificada de prestação das informações*
   b) *O exercício ilegítimo do poder do sócio*
2.5. A utilização ilícita de informações pelo sócio
3. Informação organizada e divulgada por iniciativa da sociedade

1. Enquadramento normativo

O reconhecimento da existência de um autêntico poder do sócio de informação sobre a vida da sociedade suscita inevitavelmente uma necessidade de clarificação em torno dos aspectos relativamente aos quais esse poder se pode incidir. Uma definição sobre os elementos ou assuntos da *vida da sociedade* que esse sócio pode solicitar ou obter obrigatoriamente o devido esclarecimento. O apuramento e definição do âmbito das informações que uma sociedade se encontra, ao abrigo desse poder, vinculada a prestar constituem o passo que cronologicamente deve ser dado por parte de quem almeja uma compreensão em torno desta prorrogativa resultante do direito social.

Como se não bastasse a referência genérica ao facto dos sócios gozarem de um poder de informação sobre a vida da sociedade, a possibilidade de configuração concreta – tanto por parte da lei, como do contrato de sociedade – desse poder indica-nos que ele é posteriormente moldado e definido pelas fontes indicadas pelo nosso legislador (alínea *c)* do n.º 1 do art.º 21.º do C.S.C.)[131]. Simultaneamente, indica-nos o percurso que deve ser seguido para alcançarmos o que aqui pretendemos: uma análise ao tratamento normativo dado pela nossa ordem jurídica, de modo a compreendermos nomeadamente até que ponto e de que forma a lei e também o contrato de sociedade intervêm, ou podem intervir, na definição dos aspectos ou esclarecimentos que uma sociedade comercial deve divulgar ou prestar aos seus respectivos sócios.

---

[131] Como ainda recentemente indiciámos, ao terminar o capítulo anterior: ponto 2, pág. 102-104.

1.1. Informação nos termos da lei e do contrato

I. A informação a que o sócio tem acesso sobre a vida da sociedade é então definida nos termos da lei e do respectivo contrato, facto este que nos condiciona a retomar as questões deixadas em aberto no desfecho do capítulo anterior. Com efeito, antes mesmo de uma reflexão mais concreta ao nível dos assuntos que o sócio pode ter conhecimento, importa clarificar antes do mais as razões que possam ter conduzido a este entendimento normativamente plasmado. Cremos que tal objectivo seja possível mediante uma análise comparativa com uma outra situação societária que, mais do que próxima, se revela ancestral à própria formação da sociedade comercial. Referimo-nos aqui à celebração única e exclusivamente de um contrato de sociedade (artigos 980.º e seg. do C.C.).

Atentos ao regime patente no nosso Código Civil, conseguimos apreender que a celebração de um contrato de sociedade confere, por si só, aos sócios um poder de *fiscalização* sobre a realidade por eles projectada (art.º 988.º do C.C.). Um poder que determina que nenhum sócio possa ser privado, nem sequer por clausula do contrato, do direito de obter informações que necessite em torno dos negócios sociais, de consultar os documentos a eles respeitantes – ou melhor, pertinentes – e de exigir a prestação de contas (n.º 1 do preceito em referência). Da leitura normativa agora efectuada, obtemos facilmente duas diferenças dignas de destaque relativamente à situação de um sócio de uma sociedade comercial: primeiramente, a celebração de um contrato de sociedade confere aos sócios uma legitimidade de fiscalização em torno da sua respectiva execução; fiscalização essa, por outro lado, que não pode ser privada do sócio, ainda que por iniciativa desse contrato. Analisemos então estes dois aspectos separadamente.

II. Em bom rigor, *fiscalização* e *informação* não são necessariamente realidades coincidentes. Logo à partida, os seus significados nos induzem a essa conclusão. A fiscalização encontra-se associada a um propósito de controlo e verificação do desenvolvimento, decurso, ou mesmo actuação de algo ou alguém, relativamente aos quais se seguirá uma necessária valoração dos factos obtidos[132]. Ora, os aspectos agora descritos não se revêem, enquanto típicos, na ideia de informação[133]. Estas diferenças adquirem contornos mais realísticos – e que, no fundo, nos impedem de desvalorizar estas discrepâncias situadas no campo conceptual – quando pensamos que o sócio de uma sociedade comercial não procura obter informações a respeito dos assuntos sociais com o único e exclusivo propósito de fiscalizar o desenvolvimento do projecto societário. Procura, por exemplo, determinada informação para tomar uma decisão sobre a sua continuidade na sociedade, para poder votar num determinado sentido, para poder exercer outros poderes ao seu dispor, entre outros casos ou circunstâncias que poderíamos aqui exaustivamente enumerar e que se justificam na defesa de interesses relativos à sua posição na sociedade, que não se identificam unicamente num propósito fiscalizador, mas em outros objectivos também legitimamente pretendidos[134]. A diferença essencial situa-se afinal relativamente aos propósitos ou objectivos com que se solicita determinada informação.

Não foi, com efeito, despropositada a epígrafe dada pelo legislador ao art.º 988.º do C.C. (*Fiscalização dos sócios*). Ela nada mais reflecte que um reconhecimento intencional de uma capacidade

---

[132] *"Fiscalizar, dizem os dicionários, é ver se uma coisa se faz ou se faz como deve ser; importa, pois, uma comparação que tanto pode ser material como valorativa. O órgão de fiscalização não pode limitar-se ao puro conhecimento dos factos; os factos conhecidos são valorados em função dos factos devidos."* (Raúl Ventura, *"Sociedades por quotas, Vol. I..."*, pág. 284. Itálico nosso).

[133] A respeito de vários ensaios em torno do significado de informação: *supra*, capítulo introdutório, ponto 3, I, pág. 28 e seg.

[134] Por outras palavras, embora também verifiquemos uma valoração, por parte desse sócio, dos factos obtidos, a informação não supõe necessariamente aquela ideia de controlo, o que impede que tal valoração se encontre tipicamente referênciada a factos devidos (ver nossa nota n.º 132). Recorrendo, uma vez mais, às sapientes palavras de Raúl Ventura: *"os direitos de informação dos sócios não comportam, a meu ver, apenas aquela função fiscalizadora. Neste aspecto, o direito do sócio não pode ser equiparado ao poder do órgão de fiscalização, pois tendo este sido instituído para fiscalizar, aquele poder não pode ter outra função, enquanto aquele direito pode servir outros interesses legítimos do sócio."* (Itálico nosso. *"Sociedades por quotas, Vol. I..."*, pág. 285. De uma forma algo mais explicativa, João Labareda, *"Direito à informação"*, pág. 129 e seg.)

fiscalizadora dos sócios – todos ou qualquer um deles – sobre a actuação dos administradores da sociedade, em substituição de um órgão próprio potencialmente existente dentro da estrutura orgânica interna de uma sociedade dotada de personalidade jurídica colectiva[135].

Em jeito de resumo, podemos assim afirmar que a mera celebração de um contrato de sociedade concede automaticamente aos sócios um interesse fiscalizador sobre aquilo que, no fundo, podemos considerar se tratar da execução do respectivo contrato[136]. O poder de informação do sócio, tal como se encontra concebido no nosso Código das Sociedades Comerciais, não se alimenta própria ou unicamente desse substrato contratual, mas de algo mais relativamente ao qual certamente não será alheia a personalidade jurídica distintamente reconhecida às pessoas colectivas nesse código previstas. É que não pode passar despercebido que a participação de um sócio numa sociedade comercial espelha a defesa de interesses relativamente a uma pessoa jurídica distinta, interesses esses que, ao fim de contas, se concentram precisamente na preservação da posição desse sócio na sociedade. Tais preocupações justificam o conjunto e amplitude dos poderes e deveres que se encontram ao dispor desse sócio, inclusivamente do nosso poder de informação. A dimensão dos propósitos ou circunstâncias em que o sócio pode obter informações da sociedade nada mais espelha que a prosse-

---

[135] Assim nos dizem Pires de Lima e Antunes Varela (*"Código Civil Anotado – Vol II..."*, pág. 307, nota 2 e pág. 322) que alertam para o facto daquele preceito se ter inspirado directamente no art.º 2261.º, do Código Civil Italiano (a respeito deste preceito, Roberto Triola, *"Codice civile annotato com la giurisprudenza"*, 4.ª edição, 2004, 2097). Este propósito fiscalizador, no entanto, não pode permitir a tentação de concluir que a eventual existência de um órgão próprio de fiscalização afastaria a necessidade de reconhecimento de um poder de informação aos sócios. Como verificamos, por exemplo, nas sociedades comerciais – onde é iminente a existência, ou susceptibilidade de existência, de um órgão próprio de fiscalização – os sócios não deixam de poder solicitar informações sobre o desenvolvimento do projecto social. O que é passível de ocorrer, como certamente teremos a possibilidade de verificar ao longo dos diversos tipos societários, é que quanto mais essa sociedade se revelar dotada de uma estrutura de administração e fiscalização próprias, mais afastados se encontrarão os sócios de um controlo quotidiano sobre os destinos sociais.

[136] Isto é, se atendermos ao objecto dessa realidade contratual (art.º 980.º do C.C.)

cução de interesses que se justificam naquele contexto e situação[137]. Um poder fundamentado em interesses do sócio projectados relativamente a uma pessoa juridicamente distinta e autónoma e que conduzem a que eles se identifiquem cimeiramente na preservação da posição daquele no seio da sociedade. Diferente já se revela a posição do sócio perante a simples celebração de um contrato de sociedade que não subentende necessariamente a criação de uma estrutura dotada de personalidade jurídica própria e distinta daqueles que a fundaram. Aqui, o sócio goza de uma capacidade fiscalizadora sobre o decurso e execução do contrato. Uma faculdade de permanecer informado sobre o desenvolvimento da estrutura societária projectada por essa realidade, controlando assim a forma como os administradores da sociedade concretizam as expectativas daquelas que são as partes naquele contrato.

III. Embora a existência de uma personalidade jurídica colectiva possa se revelar preponderante para diferentes necessidades informativas do sócio, em abono da verdade ela não nos dá a resposta conclusiva que procuramos relativamente a uma razão para que a lei e o contrato de sociedade possam intervir na configuração do poder de informação nas sociedades comerciais. Tão só constitui um indício para a nossa pesquisa. Em bom rigor, o facto de se tratar de uma pessoa jurídica distinta dos sócios justifica, quanto muito, determinado tipo de cautelas informativas em benefício destes e dos interesses que se visam nessas circunstâncias acautelar.

Observando, uma vez mais, o regime patente no Código Civil, notamos que o legislador procurou logo à partida proibir que um sócio possa ser privado daquele seu poder de fiscalização (n.º 1 do art.º 988.º do C.C.). Já relativamente às sociedades comerciais, ele parte do pressuposto que o poder de informação é determinado nos

---

[137] *Supra*, capítulo I, 1.2., alínea c), pág. 96-102. É de facto curioso notar que, quando chegamos às sociedades comerciais, o legislador tem a preocupação de elencar aquilo que ele considera de principais "direitos" e "obrigações" de todo o sócio para com a sociedade (artigos 20.º e 21.º do C.S.C.), sensível portanto a um perigoso afastamento do sócio relativamente a uma realidade que adquire uma vida e orgânica de funcionamento muito próprias e autónomas.

termos da lei e do contrato (alínea *c)* do n.º 1 do art.º 21.º do C.S.C.). O principio vazado no preceito civilístico em causa não impede, no entanto, que esse contrato de sociedade possa intervir na regulamentação em torno da forma como essa fiscalização pode ser exercida, ora determinando circunstâncias em que, independentemente da solicitação de algum sócio, os administradores se encontrem obrigados a prestar periodicamente informações a respeito de determinada situação ou aspecto, ora fixando formalidades relativas ao modo como determinada solicitação deva ser realizada[138]. Por seu turno, no que respeita às sociedades comerciais, a remissão posterior para a lei e para o contrato de sociedade não nos permite concluir que esse poder de informação possa, contrariamente ao previsto naquele outro caso, ser privado a algum sócio[139]. As diferenças de regime para regime não revelam assim tratamentos antagónicos no que respeita ao poder informativo dos sócios. Revelam sim pressupostos iniciais distintos: enquanto que no primeiro caso se apreende que um sócio não pode ser privado daquela sua capacidade fiscalizadora, já no segundo se remete posteriormente para a lei e para o contrato de sociedade a configuração do poder de informação.

Em nosso entendimento, não nos parece que a personalidade jurídica colectiva se tenha revelado determinante para que nas sociedades comerciais se tenha optado por remeter para a lei e para o contrato de sociedade a posterior configuração do poder de informação dos sócios[140]. Cremos antes que essa situação tenha permitido

---

[138] Atentos à letra da lei vazada no n.º 1 do art.º 988.º do C.C. O princípio através do qual não é possível privar algum sócio de fiscalizar a execução do contrato de sociedade é alheio à possibilidade de intervenção regulamentadora desse contrato, esta que se justifica sim na sensibilidade do caso concreto e nos interesses que então se pretendem acautelar.

[139] Aliás, tudo nos indicia que uma eventual possibilidade dessa privação se revelaria contraditória com a primeira necessidade informativa do sócio que surge logo a partir da celebração do contrato de sociedade e que se encontra reflectida num propósito de fiscalização sobre esta realidade. Tal possibilidade significaria o desrespeito por um princípio que, como regra, é logo imposto a partir da celebração desse contrato e que se encontra patente naquele n.º 1 do art.º 988 do C.C.

[140] O mesmo pode ser afirmado relativamente às informações que podem ou devem ser prestadas a um sócio de uma sociedade prevista nos termos do Código Civil. A ainda

o surgimento de pessoas jurídicas distintas umas das outras, com formas de funcionamento diferentes e que, estas sim, possam se ter revelado decisivas para configurações distintas sobre o poder a que nos referimos. A impossibilidade de observarmos na criação de diferentes tipos societários no Código das Sociedades Comerciais alguma actuação despropositada ou irracional do legislador – e que é posteriormente confirmada quando observamos, caso a caso, cada um dos regimes previstos para esses diferentes tipos de sociedade – leva-nos a crer que ele teve alguma razão para o cuidado e sensibilidade na remissão da configuração do poder de informação dos sócios para a sede própria de cada um desses tipos. As razões para a remissão vazada na alínea c) do n.º 1 do art.º 21.º do C.S.C. prendem-se então com a existência de diferentes tipos de sociedade e consequentemente com as motivações que conduziram a estas existências diferenciadas que, pelos vistos, certamente influenciarão a sindicância individual do sócio no seio de cada uma dessas sociedades.

1.2. Um regime disperso pelo Código das Sociedades Comerciais

I. O sentido e propósito da remissão referida no desfecho do ponto anterior são confirmados ao constatarmos regimes informativos próprios de acordo com o tipo de sociedade em causa. Efectivamente, do Código das Sociedades Comerciais resulta a existência

---

discutida possibilidade das sociedades civis, sujeitas a uma forma simples e não comercial, poderem ter personalidade jurídica distinta dos seus sócios – como assim o parece admitir um considerável conjunto de autores de referência que já tivemos oportunidade de indicar na nossa nota n.º 3 – e a existência, desde então, de um órgão de fiscalização próprio (por via de aplicação analógica do disposto no art.º 162.º, conjugado com o preceituado nos artigos 157.º, n.º 1 do art.º 158.º e n.º 1 do art.º 167.º, todos do C.C.) não podem implicar uma privação da possibilidade de conhecimento sobre o desenvolvimento do projeto societário. Diferente será aceitar que, através de uma determinada estrutura orgânica que emerge desde então da personalidade jurídica colectiva, o controlo ou fiscalização sejam exercidos quotidianamente por um órgão apropriado. Tal não retira, contudo, outros propósitos ou interesses que os sócios possam reflectir sobre aquele projecto e que justifiquem uma tutela informativa.

de um regime típico, relativamente ao poder de informação dos sócios, para as sociedades em nome colectivo (art.º 181.º), as sociedades por quotas (artigos 214.º a 216.º) e as sociedades anónimas (artigos 288.º a 293.º). A lei em questão cuidou assim de dedicar uma especial atenção às informações que os sócios podem obter relativamente a cada um dos mais basilares tipos societários que se encontram consagrados no aludido Código[141].

Como é facto conhecido, os nossos autores têm usualmente se servido dos regimes agora referidos para retirar algumas classificações a respeito do poder de informação, de modo a assegurar eficaz e pragmaticamente um conhecimento genérico em torno das modalidades ou formas que esse poder pode assumir. Entre essas distinções podemos referir aquela que autonomiza o poder de informação *stricto sensu* – que se identifica, no fundo, na prestação propriamente dita de esclarecimentos ao sócio – do poder de consulta de documentos sociais e do poder de inspecção sobre os bens da sociedade[142]. Por outro lado, exista quem distinga ainda, a partir daqueles regimes, o poder de informação na assembleia do poder de informação fora desta[143].

---

[141] Já relativamente às sociedades em comandita, a dualidade que se verifica nos subtipos previstos na lei permite a aplicação subsidiária de regimes societários distintos, conforme o caso: às sociedades em comandita simples aplica-se o regime das sociedades em nome colectivo – art.º 474.º e quando por acções aplica-se o regime das sociedades anónimas – art.º 478.º do C.S.C. Haverá, no entanto, que reservar as devidas cautelas relativamente aos sócios comanditados das sociedades em comandita por acções e à capacidade fiscalizadora que estes preservam (art.º 480.º). De todo o modo, tendo em conta que as tipicidades que estas sociedades revelam para o nosso poder de informação se situam acima de tudo na posição do respectivo beneficiário dentro do contexto societário, entendemos tratá-las mais adequadamente no capítulo reservado precisamente aos beneficiários da informação (*infra*, capítulo III, 1.1., alínea *b*), pág. 238 e seg.). Consequentemente, procuramos, por ora, ter em atenção unicamente os regimes referidos no texto, embora cientes da aplicação subsidiária a estas sociedades em comandita.

[142] A título exemplificativo: Brito Correia, *"Direito Comercial – 2.º Vol..."*, pág. 318; Coutinho de Abreu, *"Curso...Vol. II"*, pág. 252; Raúl Ventura, *"Sociedades por quotas, Vol. I..."*, pág. 283 e seg.

[143] Como salientam António Pereira de Almeida, *"Sociedades..."*, pág. 62 e seg. e Pinto Furtado, obra citada, pág. 232-233 (este último que distingue ainda a *informação intercalar*, enquanto preparatória da assembleia).

Sem prejuízo do mérito inerente às sugestões agora mesmo lançadas, a multiplicidade de classificações que, logo a partir desses regimes, podem ser retiradas conduz à necessidade de organizar as várias circunstâncias em que o poder de informação do sócio pode então se manifestar[144]. Cremos que tal será possível se tivermos persistentemente em conta a sensibilidade deste poder de informação para com os diversos tipos societários previstos. A verificação das diferenças que esse poder, nas suas diversas modalidades, vai registando de sociedade em sociedade certamente nos permitirá uma perspectiva mais global e simultaneamente realista sobre a forma como ele se encontra ao serviço dos interesses do sócio.

II. Não obstante o contexto em que primariamente devemos situar o poder de informação, o Código das Sociedades Comerciais também prevê casos de informação obrigatória aos sócios, sem necessidade de uma prévia solicitação para esse efeito, paralelamente ao reconhecimento de uma possibilidade de pedido de prestação de determinados esclarecimentos, de consulta de bens ou documentos da sociedade que entenderem pertinentes. Esta peculiar distinção não tem sido muito discutida ou aprofundada, o que, em nosso entender, justifica ainda mais uma necessidade de a referirmos. Já na perspectiva em apreço, tanto encontramos normas que determinam deveres informativos ao nível de aspectos relativos às sociedades em geral, como normas mais sensíveis ao tipo de sociedade em causa[145].

---

[144] Sob pena de virem a inconscientemente alimentar uma relativa confusão em torno dos diversos contextos ou cenários em que este poder pode se verificar, como cremos já ter ocorrido em determinadas decisões dos nossos tribunais (como foi o caso, a nosso ver, do Ac. do RP, de 05/05/98, relator Pelayo Gonçalves, in www.dgsi.pt, última consulta feita em 02/08/06, sob o termo "Sociedade", onde se relacionou, sob um mesmo critério classificativo que não conseguimos compreender, uma informação geral sobre os negócios sociais, um "direito de pedir inquérito judicial" à sociedade e a informação que é prestada tendo em vista a deliberação em assembleia de sócios).

[145] No primeiro caso encontramos disposições como as previstas nos artigos 35.º (perda de metade do capital); 65.º, 66.º (dever de relatar a gestão e apresentar contas); 91.º, n.º 2 (apresentação de contas para efeitos de aumento de capital por incorporação de reservas); 94.º (convocatória para assembleia de redução do capital); 98.º a 101.º, 119.º e 120.º (projecto de fusão/cisão, convocatória para a assembleia de fusão/cisão e consulta de documentos previamente à assembleia); 132.º (relatório e convocação para a assembleia

Parece-nos, de facto, que a principal diferença entre as normas que agora distinguimos situa-se ao nível da necessidade ou não de um prévio comportamento por parte do sócio no sentido de obter determinada informação. Entendemos, contudo, que tal diferença não constitui argumento suficiente para excluirmos qualquer desses deveres informativos do âmbito do poder de informação do sócio[146]. Constitui sim preocupação para procurar apurar as razões para um tratamento distinto. No fundo, o motivo porque nuns casos o sócio carece de solicitar a informação e noutros a sociedade encontra-se imediatamente obrigada a divulgar determinado aspecto ou facto a seu respeito.

III. A passagem que brevemente efectuámos em torno do tratamento normativo consagrado relativamente a este nosso poder de informação acaba, por si própria, por justificar a razão precisamente para essa abordagem: como podemos facilmente constatar, o poder de informação é tratado na nossa lei de uma forma fragmentada e deficitária no que respeita a um regime comum e generalizadamente

---

de transformação); 149.º, 155.º e 157.º (relatório e apresentação de contas dos liquidatários); 377.º, n.ºs 7 e 8 (convocatória de assembleias gerais de sócios. Este último preceito aplicável aos demais casos societários por força de remissão efectuada pelo n.º 1 do art.º 189.º, n.º 1, do art.º 248.º, art.º 474.º e art.º 478.º). Por outro lado, constituem exemplos de normas mais especiais as previstas no art.º 263.º, n.ºs 1, 5 e 6 (relatório de gestão e contas do exercício nas sociedades por quotas); art.º 289.º (informações preparatórias da assembleia geral de accionistas nas sociedades anónimas); art.º 420.º, n.º 1, alínea g), art.º 423.º-F, alínea g), art.º 441.º, alínea q) (relatório anual sobre a actuação fiscalizadora do conselho fiscal, fiscal único, comissão de auditoria e conselho geral e de supervisão nas sociedades anónimas); art.º 447.º (publicidade de participações de membros de órgãos de administração e de fiscalização nas sociedades anónimas); art.º 266.º, n.º 5 e art.º 459.º (comunicação da preferência em aumentos de capital por entradas em dinheiro, nas sociedades por quotas e anónimas). Com preocupações também a este nível, embora com as necessárias actualizações decorrentes da recente reforma introduzida pelo Decreto-lei n.º 76-A/2006 de 29 de Março, Carlos Pinheiro Torres, *"O direito à informação nas sociedades comerciais"*, Coimbra, 1998, pág. 125-129 e João Labareda, *"Direito à informação"*, pág. 125-126.

[146] Se prestarmos atenção a alguns dos casos que indicamos precisamente na nota anterior, vamos encontrar deveres de divulgação que até se encontram previstos ao abrigo do regime informativo especialmente dedicado a um determinado tipo de sociedade (como acontece com o caso previsto no art.º 289.º do C.S.C.)

aplicável aos mais diversos tipos societários. Com esta conclusão não pretendemos efectuar algum apontamento crítico relativamente à metodologia encontrada, até porque razões credíveis e compreensíveis encontramos – nomeadamente residentes no carácter casuístico da necessidade informativa – para as soluções a este respeito encontradas pela nossa ordem jurídica.

O facto de encontrarmos um poder de informação disperso ao longo do Código das Sociedades Comerciais não significa, no entanto, que o regime a que ele se encontra submisso seja, por si só, eficaz para solucionar as necessidades que ele visa acautelar. O início deste nosso trabalho demarcou-se, aliás, por uma determinante preocupação pela tradução prática de um regime "retalhado" relativamente ao poder do sócio em apreço. Consequentemente, para encontrarmos as respostas que então nos propusemos alcançar será desde já imperativo reter a ideia de que uma correcta percepção em torno do âmbito das informações que um sócio pode obter passa obrigatoriamente por uma compreensão sobre os critérios que serviram de base para um tratamento disperso pela lei societária em apreço.

Se nos propomos efectivamente a seguir o legislador de modo a encontrar respostas não somente para uma clarificação sobre o âmbito, mas também de outros aspectos como os limites, os beneficiários e a forma com que as informações podem ou devem ser prestadas, teremos então naturalmente que permanecer fiéis aos critérios por aquele eleitos. Esses critérios parecem-nos objectivos: por um lado, uma informação acima de tudo sensível ao tipo de sociedade em que o sócio se encontra; por outro, uma informação que terá que ser prestada, na sequência ou não de um prévio comportamento do sócio nesse sentido[147].

---

[147] Tratemos, então, do teor das informações prestadas aos sócios ao abrigo dos critérios agora eleitos: primeiramente, uma informação sensível ao tipo de sociedade em que o sócio se encontra; seguidamente, a informação auto e heterodeterminada.

2. Uma informação sensível ao tipo de sociedade

As linhas atrás preenchidas demonstram-nos que se torna imperativa uma viagem ao longo dos vários tipos societários legalmente previstos para se que torne possível uma correcta e eficaz noção daquilo que, como objectivo de fundo, pretendemos obter precisamente deste capítulo. Por outras palavras, o âmbito informativo que pretendemos aqui compreender anda indissociavelmente de "mãos dadas" com o tipo de sociedade em que o sócio participa. Em abono da verdade, esses vários tipos de sociedade reflectem formas distintas de participação de um sócio, o que naturalmente condiciona o âmbito de poderes e deveres que se encontram, sob este pretexto, ao dispor desse sócio.

A respeito do desafio que por ora nos propomos alcançar, cremos que a melhor sugestão de abordagem apoia-se num juízo comparativo em torno de todo um conjunto de aspectos que podemos considerar preocupações legais ao longo dos regimes previstos para diferentes tipos de sociedade. De certa forma, um exercício inovador que nos permitirá uma confrontação directa com as principais diferenças e semelhanças de regime em regime e desse modo uma percepção mais clara sobre as razões e motivações que justificaram essas *nuances*.

2.1. *O pedido de esclarecimentos do sócio*

a) Aspectos relativos à gestão ou assuntos da sociedade

I. Um dos caracteres mais típicos que encontramos relativamente ao poder de informação nos diversos tipos de sociedades comerciais espelha-se na possibilidade do sócio requerer informações aos membros dos órgãos de gerência ou administração sobre a gestão ou os assuntos da sociedade. Trata-se, com efeito, de um marco distintivo do poder em referência que encontramos previsto expressamente para as sociedades em nome colectivo, sociedades por quotas e ainda para as sociedades anónimas.

Tanto nas sociedades em nome colectivo, como nas sociedades por quotas qualquer sócio tem a faculdade de solicitar informações, dadas por escrito se assim o entender, aos gerentes sobre a gestão da sociedade (n.º 1 do art.º 181.º e n.º 1 do art.º 214.º do C.S.C). Da letra da lei resulta assim uma preocupação com a possibilidade de conhecimento dos sócios sobre os assuntos relativos à *gestão da sociedade*, o que significa que a solicitação, no fundo, deve ser entendida como feita à sociedade, nas pessoas dos membros do órgão em apreço[148].

Os preceitos invocados não parecem, por outro lado, permitir margem de manobra para que deles se possam retirar possíveis interpelações a outros órgãos sociais para além daquele ali identificado. Em abono da verdade, delimitado que se encontra o objecto do pedido de esclarecimentos, só o órgão competente e com obrigatoriedade de conhecimento directo sobre os factos relativos à gestão da sociedade é que se encontra em condições de fornecer informação a esse respeito de uma forma completa, verdadeira e elucidativa.

A mera referência à gestão da sociedade – sem delimitações de qualquer espécie relativamente a esse âmbito – confere ao sócio uma ampla margem de actuação relativamente aos assuntos em torno dos quais pode solicitar o devido esclarecimento. Ao sócio, no fundo, é permitido o pedido de informação sobre a gestão que compete ao órgão em questão. Ora, uma vez que a essa gerência não compete unicamente a gestão da sociedade, enquanto pessoa jurídica, mas acima de tudo de toda a organização empresarial a que esta última preside, podemos daqui extrair que essa informação pode se incidir tanto sobre questões relativas à orgânica interna de funcionamento

---

[148] Entenda-se, à gerência, enquanto órgão da sociedade e não a alguma das pessoas, individualmente consideradas, que o compõem. O sócio não tem assim que individualizar a pessoa, titular desse órgão, a quem dirige o pedido de esclarecimentos. O seu pedido é dirigido à sociedade, mais concretamente ao órgão competente para se pronunciar sobre a matéria em questão: o órgão gerente, portanto. Perante a falta injustificada de prestação da informação solicitada ou a prestação de informação falsa, incompleta ou não elucidativa – como adiante veremos – o sócio pode requerer um inquérito judicial contra a sociedade, podendo cumulativamente serem citados os titulares *"(...) de órgãos sociais a quem sejam imputadas irregularidades no exercício das suas funções"* (n.º 2 do art.º 1479.º do C.P.C. Itálico nosso). A respeito do inquérito judicial: *infra*, capítulo V, 1.1., pág. 324 e seg.

da pessoa jurídica – mais concretamente aos órgãos sociais – como também relativamente aos mais diversos elementos que integram a empresa social[149].

A solicitação de informações pelo sócio nas sociedades anónimas revela-se, contudo, sistematizada de uma forma diferente. Aqui, podemos falar na solicitação de informações dentro e fora da assembleia de sócios (artigos 290 e 291.º, respectivamente). O legislador revelou assim, uma vez chegados a este tipo de sociedade, uma particular sensibilidade e cuidado pelas informações a serem prestadas nessas assembleias, contribuindo desta forma para um regime informativo mais complexo e detalhado nas sociedades anónimas. Sob o compromisso de tratar mais adiante as informações solicitadas no seio dessas assembleias[150], é certamente no art.º 291.º do C.S.C. que vamos encontrar correspondência com o vazado naqueles outros dois preceitos referentes às sociedades em nome colectivo e por quotas.

Contrariamente ao verificado nos dois casos societários anteriores, unicamente aos accionistas que reúnam acções representativas ao menos de 10% do capital social é que é conferida a possibilidade de solicitar, por escrito, informações ao órgão administrativo (conselho de administração ou conselho de administração executivo), a serem também prestadas por escrito, sobre os assuntos sociais (n.º 1 do preceito em referência). Naturalmente que não passará despercebido, em primeiro lugar, que essa possibilidade de solicitação seja unicamente reconhecida aos accionistas que reúnam a percentagem

---

[149] Desde informações relativamente a trabalhadores, credores, operações em curso, financiamentos, entre outros exemplos (sobre a nossa interpretação acerca do significado dessa organização empresarial: *supra*, capítulo I, 1.2., alínea *b)*, II, pág. 83 e seg). O objecto dessa informação identifica-se pois no esclarecimento dos aspectos sobre os quais recai a gestão da gerência, o que necessariamente conduz a possibilidade de informação do sócio a uma dimensão empresarial. Por outro lado, essa informação só poderá naturalmente recair sobre os aspectos que são da competência do órgão em questão e não de outros órgãos, pois relativamente a eles é que os gerentes se encontram em condições de fornecer as informações necessárias e consequentemente se torna legitima a imputação deste dever informativo (chama-se a atenção, todavia, para a salvaguarda referida na segunda parte da nossa nota n.º 152).

[150] *Infra*, alínea *b)*, pág. 138 e seg.

de representação do capital social acima descrita. Trataremos desta restrição em sede própria[151], preocupando-nos, por ora, com o aspecto relativo ao âmbito das informações que esses accionistas poderão aceder.

No caso em apreço, os accionistas poderão solicitar informações sobre os *assuntos sociais*. Cremos que a diferente terminologia aqui utilizada não parece revelar mais do que uma técnica diferente – quiçá, menos aperfeiçoada – para precisamente se referir aos aspectos da vida social que o órgão solicitado pode e se encontra em condições de efectivamente prestar, em nada distinguindo-se, neste campo, do âmbito informativo reconhecido aos sócios das outras sociedades anteriormente referidas[152].

A dinâmica de funcionamento que se pretende verificar nas sociedades anónimas tem conduzido, no entanto, a uma relativa tentação em extrair um âmbito informativo mais restritivo do que aquele aqui defendido. OSÓRIO DE CASTRO entende que o accionista não pode, ao abrigo do preceito que temos vindo a analisar, procurar exercer uma função de controlo que, no fundo, já pertence ao órgão de fiscalização da sociedade anónima[153]. A opinião deste autor

---

[151] Que cremos se identificar mais propriamente com a análise referente aos beneficiários deste poder de informação (*infra*, capítulo III, 1.2. alínea *b)*, III, pág. 251-252).

[152] Concordando aqui inteiramente com a opinião de Menezes Cordeiro (*"Manual de Direito das Sociedades – Vol. I..."*, pág. 602, II). A nosso ver, o critério presente em todos os casos em confronto tem como referência as matérias que pertençam à esfera de competências do órgão interpelado. Como temos vindo presentemente a referir, o sócio tem a possibilidade de conhecimento sobre os aspectos relativos à gestão ou administração da sociedade. Por esse motivo, o órgão interpelado é precisamente aquele competente para a gestão ou administração da sociedade e consequentemente aquele em melhores condições para fornecer uma informação completa, verdadeira e elucidativa. Embora não sendo possível interpelar outro órgão para além dos visados, a conclusão aqui plasmada não pode todavia constituir argumento para que o órgão de gestão ou administração se escuse de pronunciar sobre aspectos que, não obstante emergirem originariamente da competência de outro órgão, se encontre em condições de responder, por acabarem também por dizer respeito à gestão ou administração social. O caso que temos em mente é o da interpelação do sócio com o propósito de apurar se as contas da sociedade já foram objecto de uma certificação legal por parte do órgão de fiscalização. A isto, o órgão de administração sempre pode e deve dar uma resposta.

[153] Estando impedido nomeadamente de "inundar" a administração com pedidos de informação que, na sua substância, equivaleriam ao exercício de uma função fiscalizadora

reflecte uma pertinente preocupação por frequentes comportamentos abusivos por parte de sócios minoritários levados a cabo no sentido de paralisar ou prejudicar a vida societária e dessa forma obter um determinado propósito por eles pretendido[154]. A sua consternação chega ao ponto de defender, no que respeita a sociedades cotadas, por um lado uma maior representatividade no que respeita ao exercício de poderes de controlo, como o de informação; noutra perspectiva, que os pequenos accionistas destas sociedades sejam vistos como financiadores e já não tanto como sócios, sancionando, como comportamentos abusivos, as investidas feitas por eles com o propósito já referido[155].

Não obstante as razões que sustentam tal preocupação, não podemos, em bom rigor, aceitar aquilo que no fundo corresponderia a uma privação de um poder reconhecido nos termos da lei ao sócio, nessa sua precisa qualidade, unicamente pelo facto de uma sua solicitação se revelar inconveniente para a sociedade. Muito menos privar o pequeno accionista de uma qualidade adquirida a partir do momento em que entendeu subscrever acções da sociedade[156].

---

que já compete a outro órgão. Acrescenta ainda que os pedidos frequentes de fornecimento de listas intermináveis sobre elementos da escrita social reflectem uma deturpação e confusão entre o pedido directo de esclarecimentos previsto naquele art.º 291.º e a possibilidade de consulta e exame dos elementos referentes a essa escrita, prevista nos termos dos artigos 288.º e 289.º do C.S.C. A possibilidade de exame da escrita, sem qualquer espécie de limitação no que respeita ao seu objecto, verifica-se unicamente nas sociedades em nome colectivo e por quotas e já não nas sociedades anónimas. ("*Valores Mobiliários...*", pág. 91, nota 34). No mesmo sentido: Abílio Neto, obra citada, nota 3, do comentário ao art.º 291.º, pág. 656-657 e Fernando Olavo, "*Manual...*", pág. 359 e seg.

[154] É o caso do conhecido *sócio corsário* que pretende – através do exercício de poderes inerentes à sua posição na sociedade, entre eles o poder informativo – boicotar o funcionamento social e negociar termos vantajosos para a sua saída da sociedade. Aqui também se enquadra o caso do *sócio flibusteiro* que procura, através do mesmo género de comportamentos, impedir a tomada de determinada decisão ou prática de certo acto social, pretendendo permanecer, contudo, integrado no projecto societário (a este respeito, Pedro Pais de Vasconcelos, "*A Participação...*", pág. 358 e seg.)

[155] Obra citada, pág. 75.

[156] Como Pedro Pais de Vasconcelos tão simplesmente expõe (*"A Participação..."*, pág. 212 e seg.). Com esta afirmação não pretendemos negar os interesses que esse accionista preserva relativamente ao seu investimento na sociedade. Tratam-se de vicissitudes, todavia, tuteladas em sede própria, alheias tanto ao Código das Sociedades

O poder de informação, tal como se encontra concebido por aquele art.º 291.º do C.S.C, resulta da cautela de interesses do sócio relativamente à preservação da sua posição na sociedade e que justificam, entre outras, uma preocupação fiscalizadora sobre o desenvolvimento do projecto em que ele se encontra envolvido[157]. Não podem as suas perspectivas relativamente ao investimento realizado, por isso, servir de argumento para colocar em causa interesses que a lei lhe coloca ao alcance enquanto sócio da sociedade. Não pode a pequena mas suficiente representatividade no capital social, nem tão pouco a inconveniência do pequeno accionista, constituír argumentos para negarmos um poder que lhe é reconhecido enquanto sócio ou para sancionarmos como abusivo o exercício de um poder que – repita-se, desde que possua a representatividade suficiente para esse efeito – lhe pertence legitimamente[158].

Comerciais, como aos interesses que este visa acautelar a esse accionista: interesses estes, por sua vez, fixados na perspectiva de sócio da sociedade, envolvido no projecto societário e não de um mero investidor.

[157] *Supra*, capítulo I, 1.2., alínea *c)*, pág. 96 e seg. Aliás, como tivemos oportunidade de anteriormente verificar, a preocupação fiscalizadora do sócio resultaria logo da mera celebração do contrato de sociedade, em termos em que nem sequer uma cláusula neste estipulada o poderia privar das solicitações informativas que, com este propósito, pretendesse efectuar (n.º 1 do art.º 988.º do C.C.). Esta realidade não implica, por seu turno, que a preocupação fiscalizadora não se revele posteriormente sensível ao tipo societário em causa e à forma de funcionamento interno dessa nova pessoa jurídica. Tal não significa, como então vimos, que o sócio não possa preservar preocupações de fiscalização – embora paralelamente existindo um órgão fiscalizador próprio – que, em bom rigor, permanecem orientadas e relacionadas, para além de se revelarem proporcionais, com a posição do sócio naquele tipo de sociedade (*supra*, 1.1., pág 108 e seg). Esta co-existência valida sim as *nuances* e restrições que legal ou contratualmente possam então se encontrar previstas. Não valida restrições relativas ao facto de, muitas vezes, o accionista actuar na prática mais como um investidor do que como um sócio.

[158] A motivação da posição aqui mui respeitosamente criticada – que não deixa de se revelar pertinente – parece prender-se muito mais com o propósito com que se solicita a informação e não com uma restrição relativamente àquilo que o sócio pode solicitar, ao abrigo do art.º 291.º. Consequentemente, censuram-se as soluções por aquela posição sugeridas para o problema suscitado. O facto do accionista, que reúne a percentagem de representatividade no capital suficiente, gozar do poder de informação nos termos desse preceito não significa, por seu turno, que ele possa exercer arbitrariamente esse seu poder, alheio à eventualidade desse exercício prejudicar a própria sociedade em que ele se encontra inserido. Não se trata de um problema relativo ao âmbito das informações que podem ser solicitadas – reconhecido a todos aqueles que se enquadrem dentro dos

II. A informação a ser prestada terá que ser completa, verdadeira e elucidativa[159]. Qualidades que a informação tem que observar e que naturalmente só a partir do caso concreto é que poderão ser verificadas. É sempre possível, todavia, reter algumas ideias em torno do significado destas características, de forma facilitar a sua respectiva aferição no caso concreto.

Do carácter verdadeiro da informação não parecem restar muitas dúvidas que a mesma não pode faltar à realidade dos factos ou não permitir o conhecimento correcto dos mesmos. O facto de ter que ser completa é que já poderá suscitar alguma delicadeza no tratamento do caso concreto. É que esta característica pode implicar a divulgação de factos para além daqueles própria e expressamente solicitados pelo sócio. Basta que sejam factos, relacionados com o assunto sobre o qual se pediu o esclarecimento, cuja omissão seja susceptível de impedir a formação de uma convicção do sócio ou mesmo de formar uma convicção errada a partir da informação prestada e deformada daquela que esse sócio teria com a divulgação dos factos omissos[160]. Por seu turno, não será uma informação elucidativa se,

---

requisitos previstos por aquele art.º 291.º, independentemente de, já perante uma sociedade com larga dispersão de capital, poderem se revelar investidores de pouco significado para esta – mas sim de uma questão relacionada com o exercício deste poder. Consequentemente, procuramos mais adiante e em sede própria desenvolver este tema, no intuito de sugerir aquela que nos parece a melhor solução para o tipo de sócios que no texto denunciámos (*infra*, 2.4., alínea *b*), pág. 212 e seg.). O mesmo estendemos para aquele que aproveita a faculdade concedida pelo preceito em apreço para o desviar para outros propósitos que não se encontram ali reconhecidos a esse accionista: caso da solicitação e exame da escrita comercial.

[159] É o que resulta expressamente do disposto no n.º 1 do art.º 181.º e n.º 1 do art.º 214.º do C.S.C. Já relativamente às sociedades anónimas, a ausência de tal referência do preceituado no n.º 1 do art.º 291.º não deve servir de argumento para um entendimento diverso. Basta, para isso, observarmos que a prestação ao accionista de informação *falsa*, *incompleta* ou *não elucidativa* permite-lhe o recurso ao inquérito judicial sobre a sociedade (n.º 1 do art.º 292.º. No mesmo sentido, Raúl Ventura, *"Novos estudos sobre sociedades anónimas e sociedades em nome colectivo – Comentário ao Código das Sociedades Comerciais"*, reimpressão da edição de 1994, Almedina, Coimbra, 2003, pág. 152).

[160] O caso da gerência ou administração que, perante o sócio que pretende saber se a sociedade planeia efectuar um determinado tipo de investimento durante os próximos anos, limita-se a responder afirmativamente, sem prejuízo de já ter assente os parametros e termos em que este se vai realizar.

embora directamente dirigindo-se ao pedido do sócio, não for prestada em termos que facilitem o seu entendimento[161].

Do exposto, importará reter todavia determinados aspectos. O primeiro deles reporta-se à prestação de informação enganosa que, a nosso ver, não significa unicamente a divulgação de informação falsa, que não corresponda à verdade. Em nosso entendimento, a informação será enganosa sempre que ela for prestada em termos susceptíveis de induzir o seu respectivo destinatário à formação de convicções erróneas sobre a realidade em apreço. Consequentemente, podemos estar perante informação que não seja completa ou até elucidativa[162].

Cumpre assinalar, por outro lado, situações em que a gerência ou administração fornece ao sócio informação excessiva ou desnecessária em torno de factos cujo esclarecimento foi pedido. À partida, não será de censurar este tipo de informação, na medida em que, entre os elementos fornecidos, se encontrem aqueles solicitados e desde que esse sócio consiga o esclarecimento que pretende[163]. Todavia, se o excesso ou inutilidade da informação contribuir decisivamente para a confusão do sócio ou o seu errado esclarecimento, naturalmente que a informação não será prestada em termos elucidativos.

A obrigação de prestação de informação nos termos presentemente em análise pressupõe, por seu turno, uma solicitação esclare-

---

[161] Raúl Ventura, *"Sociedades por quotas, Vol. I..."*, pág. 289-290.

[162] Serão de censurar assim aqueles casos em que, embora o gerente ou administrador não falte à verdade, ele não é devidamente esclarecedor ou conciso sobre factos inquiridos que são do seu conhecimento. Tratam-se de comportamentos, muitas das vezes, levados a cabo na prática pelo gerente ou administrador, no intuito de evitar a falta de prestação da informação e que o leva a respostas vagas ou genéricas. Basta, a nosso ver, a *susceptibilidade* da informação conduzir à formação de convicções erróneas. Procura-se, acima de tudo, evitar o perigo e não o concreto resultado a obter da informação prestada. Como podemos verificar a partir de preceitos como o n.º 1 do art.º 519.º do C.S.C., o legislador sanciona – naquele caso criminalmente – a mera prestação de informação susceptível de conduzir à formação de convicções erróneas, sem qualquer especial exigência em torno de algum concreto resultado danoso (a respeito da responsabilidade criminal pela prestação de informações falsas: *infra*, capítulo V, 2.3. I, pág. 354).

[163] Esta actuação da gerência ou administração pode até servir de cautela perante uma incerteza sobre o aspecto que o sócio concretamente pretende saber.

cedora e concisa quanto possível sobre os elementos que se pretendem saber. Só assim é que se torna exigível à gerência ou administração a prestação de uma informação verdadeira, completa e elucidativa. O sócio terá então que assumir esse ónus de formulação de um pedido esclarecedor e conciso quanto possível em torno daquilo que pretende saber. No entanto, teremos que ter em conta, por outro lado, situações em que não é legítimo exigir que ele precise, ao mais ínfimo pormenor, todos os aspectos que pretende saber, até porque pode eventualmente desconhecer a existência de muitos factos que lhe interessariam tomar conhecimento[164]. À parte dessas situações, não é sustentável esperar que a gerência ou administração calcule tudo o que o sócio pretenda saber. É, no entanto, legítimo aferir do caso concreto os termos em que foi efectuada a solicitação – especialmente quando ela foi realizada por escrito – e qual a percepção que objectivamente se retiraria em torno da pretensão do sócio ao solicitar determinados esclarecimentos. Para que a informação pretendida seja correctamente prestada ela terá que partir de uma correcta solicitação para esse efeito. Se assim não o for, não é possível esperar da gerência ou administração um comportamento desejado unicamente na mente do sócio.

III. A clarificação em torno dos actos relativamente aos quais os sócios podem solicitar informações vem posteriormente concretizada, de uma forma praticamente uniforme, nos regimes relativos aos tipos de sociedade que temos vindo a observar. Com efeito, os sócios, no âmbito desta faculdade, poderão pedir informações sobre actos já praticados e ainda sobre actos cuja prática seja esperada (n.º 2 do art.º 181.º, n.º 3 do art.º 214.º e n.º 3 do art.º 291.º do

---

[164] Naturalmente que "cada caso é um caso". O sócio poderá eventualmente solicitar que lhe informem se ocorreram determinados eventos cuja existência ele desconhece. Outras situações existem, no entanto, em que não lhe é possível ou exigível compaginar os mais ínfimos pormenores em torno de toda uma situação geral da sociedade que ele pretende conhecer. Se o sócio pretende saber se a sociedade, durante últimos três meses, liquidou todas as obrigações para com os seus fornecedores, ele não terá que especificar concretamente quais os fornecedores em questão, até mesmo porque pode desconhecer quem estes são. A solicitação é clara o suficiente para a prestação de esclarecimentos nos termos expostos no texto.

C.S.C.). A adopção, por parte do legislador, de um critério única e simplesmente inspirado em actos já praticados e outros cuja prática seja de esperar conduz-nos a que, faltando uma descriminação acerca da natureza desses actos, possamos entender que os sócios poderão solicitar informações a respeito de actos jurídicos, materiais, acções, omissões e mesmo actos dos sócios ou terceiros, na medida em que apresentem uma conexão com a vida e gestão da sociedade, de modo a justificarem a pertinência da informação[165].

Em abono da verdade, o próprio critério adoptado não está isento de dificuldades no seu apuramento prático. Ele se encontra enraizado no facto de, no que respeita aos actos cuja prática seja espe-

---

[165] O legislador coloca então o âmbito das informações que podem ser pedidas em termos bipolarizadamente cronológicos – entre actos passados e actos *cuja prática seja esperada* – que consideramos desnecessariamente infeliz, tendo em conta as dificuldades interpretativas que a partir daqui se sugerem. De facto, somos forçosamente levados a questionar que actos é que realmente se podem considerar praticados e que actos se podem entender cuja prática seja esperada. Ora, a complexidade deste assunto conduziria quanto muito a que o legislador – se quisesse permanecer numa dimensão geral e abstracta, como lhe compete – tivesse, em alternativa, exposto descritivamente o tipo de actos que poderiam ser informados aos sócios (nomeadamente, actos materiais, jurídicos, praticados pela sociedade ou terceiros, mas com esta relacionados, entre outras hipóteses. Aliás, mesmo ao nível de anteprojectos relativamente às sociedades por quotas, verificamos que enquanto Ferrer Correia limitava-se unicamente a determinar que a informação se incidiria sobre a gestão da sociedade, não se pronunciando mais sobre esta questão – n.º 1 do art.º 119.º – já Vaz Serra e Raúl Ventura eram correctamente descritivos, determinando que a informação poderia pender sobre os negócios sociais ou relações entre a sociedade e outros sócios, gerentes ou não – n.º 1 do art.º 127.º e art.º 77.º, respectivamente. A este respeito, Raúl Ventura, *"Sociedades por quotas...Vol. I"*, pág. 276-278) A redacção actual, tal como se encontra formulada, sugere-nos uma tentativa de ingerência do legislador numa área demasiadamente complexa e concreta que não lhe compete intervir. A bipolarização constante nessa redacção acaba por suscitar desnecessários problemas de enquadramento de determinadas situações, como informações relativas a contratos de execução duradoura ou actos já praticados, mas que produzem efeitos jurídicos para o futuro. Que margem de actuação terão os sócios relativamente a pedidos de informação a respeito de operações complexas e que se prolongam ao longo do tempo, como uma oferta pública? Poderemos resumir esta operação a um único acto e solicitar informações de uma forma uniforme, independentemente do momento em que cronologicamente a situamos? Ou teremos que a decompor nos mais diversos actos em que ela poderá assentar e admitir comportamentos informativos distintos, consoante se tratem de actos já praticados ou cuja prática seja esperada?

rada, os sócios só poderem solicitar informações se esses actos forem susceptíveis de fazerem incorrer o seu autor em responsabilidade, nos termos da lei[166].

Esta distinção tem servido para que se entendesse que os sócios não pudessem, *a contrario*, inquirir justificações, nem obter juízos valorativos sobre actos já praticados[167]. Esta perspectiva, com o devido respeito que nos é indubitavelmente merecedora, acaba todavia por não reconhecer o devido valor e importância que tem para os sócios o conhecimento sobre as razões para a prática de certo acto ou o juízo formulado pelo respectivo autor em seu torno. Frequentemente, o sócio não tem outra possibilidade para formar esclarecidamente uma convicção sobre o acto praticado do que recorrendo aos motivos, circunstâncias condicionantes e motivações do autor que o praticou. Noutras vezes, o conhecimento sobre a realidade do facto não se revela suficiente para a formulação, por seu turno, daquela sua convicção. A diversidade de propósitos que conduz à necessidade de conhecimento e de formulação de um juízo valorativo pelo sócio sobre esse acto justificará certamente que, em muitas circunstâncias, o conhecimento das razões, condicionantes e mesmo motivações do autor do acto sejam essenciais para o propósito informativo, não havendo razões para à partida delimitar um

---

[166] Ou algum membro dos órgãos sociais especificados nos termos do n.º 2 do art.º 291.º do C.S.C.

[167] Posição esta defendida por Raúl Ventura que, procurando conjugar, relativamente às sociedades por quotas, o facto da informação recair sobre a *gestão da sociedade*, entendia que esta noção não contemplaria justificações ou juízos valorativos solicitados pelos sócios. Em casos excepcionais e que constituiriam um alargamento do objecto da informação, no entanto, eles já poderiam efectuar este tipo de solicitações relativamente a actos cuja prática fosse esperada (*"Sociedades por quotas, Vol. I..."*, pág. 288). O saudoso autor entendia que a distinção do legislador, embora os correspondentes textos legais directamente não o referissem, se encontrava referenciada a *factos*. Nesta medida, não seria possível inquirir explicações ou justificações sobre factos passados, a não ser que a própria explicação constituísse, em si mesma, um facto. De acordo com o exemplo então dado, não poderiam os accionistas inquirir o conselho de administração da sociedade sobre o motivo segundo o qual ele entendeu não realizar um aumento de capital em 1992 e unicamente efectuá-lo em 1993, embora esses accionistas pudessem solicitar informação a respeito das motivações constantes das actas das reuniões desse conselho em que foram deliberadas essas medidas (*"Novos estudos..."*, pág. 152).

âmbito informativo que não nos parece se encontrar a este respeito amputado[168].

A delimitação dos actos cuja prática possa ser esperada nem por isso nos suscita menores dificuldades, tendo principalmente em conta que nada nos indica que se tratam de actos cuja ocorrência se encontre de algum modo absolutamente assegurada. Parece-nos credível, no entanto, que não possamos aqui falar de actos cuja prática *se receie* ou seja *ambicionada* por alguém, nomeadamente sócio que solicita a informação ou autor do acto. Parecem ser de afastar critérios de carácter subjectivo, atendendo à relatividade que frequentemente eles nos presenteiam. Importa aqui certamente um critério objectivo que apele a uma expectativa objectiva da ocorrência do acto. A legitimidade e sustentabilidade de tal expectativa será naturalmente averiguável caso a caso[169].

---

[168] Concordando aqui inteiramente com a posição, a este respeito, de Carlos Pinheiro Torres: obra citada, ponto 3, pág. 154-155.

[169] Em qualquer expectativa terá que existir uma fonte que a fundamenta e configura (uma condição, por exemplo). Uma causalidade, por assim dizer, independentemente da relevância jurídica que ela possa revestir. No nosso caso, podemos falar de actos que resultam como típicos e necessários para uma determinada operação em curso. Mais "um elo na cadeia" que permite esperar legitimamente que esse acto venha a ocorrer, na sequência dessa operação. Podemos também falar de actos relacionados directamente com a satisfação de algo previsto anteriormente no contrato ou numa determinada deliberação. Convém, nestes últimos casos, um especial cuidado, no entanto: o contrato ou deliberação podem unicamente habilitar alguém de algo, de modo a que não seja possível uma legitima ou objectiva expectativa de que determinado acto se seguirá necessariamente a essa fixação contratual ou deliberação. Mas poderá também acontecer a situação oposta, ou seja de que as circunstâncias do caso concreto e o contexto em que se integra determinada cláusula contratual ou deliberação possam fazer esperar legitimamente a prática posterior de actos. Recordamo-nos aqui da fixação no contrato de uma sociedade anónima – ou posterior alteração nesse sentido deliberada – de autorização do órgão de administração a poder realizar um determinado número de operações de aumentos de capital, mediante a realização de entradas em dinheiro. O mero facto da administração se encontrar contratualmente autorizada a realizar tais operações poderá não ser suficiente para uma expectativa de posterior prática de actos no referido sentido. Todavia, poderá ser possível extrair do caso concreto que essa autorização foi concedida de modo a garantir uma adicional captação de financiamento externo e dessa forma resolver uma difícil situação financeira ou lançar bases para uma determinada operação ou investimento social (art.º 456.º do C.S.C). A complexidade patente na verificação do caso concreto nem sempre, por outro lado, significa adicionais dificuldades probatórias sobre essa expectativa. Basta pensarmos nas actas em que constem estas deliberações que poderão perfeitamente reflectir o contexto em que foram tomadas.

As opções vazadas na redacção que temos vindo a observar persistem em nos criar dificuldades interpretativas agora no que respeita às informações que concretamente o sócio pode solicitar a respeito daqueles actos cuja prática seja esperada. De facto, uma primeira leitura conduz-nos à conclusão de que o sócio pode unicamente solicitar informações a respeito de justificações e motivações do autor do acto, tendo em conta uma intencionalidade de responsabilização, nos termos da lei, possivelmente associável a este tipo de actos. As informações em causa subentenderiam assim um propósito responsabilizador por parte do próprio sócio, mais de averiguação de uma responsabilidade do próprio autor do acto a esperar.

A leitura que cremos se ajustar mais à *ratio* patente na redacção em apreço parece-nos outra que a acima descrita. Em primeiro lugar, a redacção em análise não efectua qualquer alusão a um propósito de responsabilização, da parte do sócio, sobre o autor do acto. Efectua sim uma referência à susceptibilidade do acto gerar responsabilidade nos termos da lei. Por outro lado, não nos parece fazer sentido que ao sócio fosse reconhecida uma capacidade de solicitar informações com o intuito de averiguar possíveis responsabilidades sobre o autor de um acto cuja prática nem sequer ocorreu[170]. Parece-nos sim que, relativamente a actos ainda não praticados, os sócios podem aqui assumir declaradamente uma ingerência fiscalizadora, procurando saber os termos em que se equaciona praticar o acto, de que forma e quando, além das razões que motivam a intenção de o praticar ou que conduziram à omissão do mesmo. Um alargamento da capacidade de conhecimento dos sócios, justificado na necessidade de fiscalização nos termos aqui expostos. Ora, para quem pretende exercer essa função fiscalizadora, o conhecimento sobre as motivações de um acto subentende necessariamente o conhecimento sobre os termos em que objectivamente se pretende que ele assente. Não faz pois sentido restringir o âmbito das informações que aqui podem ser solicitadas a um domínio que precisamente subentende a

---

[170] Tanto que o legislador nem chegou a descriminar o tipo de responsabilidade que pudesse aqui estar em causa: se criminal, civil ou mesmo societária.

necessidade de conhecimento sobre o teor e substância do acto pretendido[171].

IV. Referimos recentemente que a falta de descriminação em torno do tipo de actos que o sócio pode solicitar informações viabiliza que, entre outros, possamos ter em conta aqueles respeitantes a relações entre sócios ou terceiros para com a sociedade[172]. Com efeito, facilmente compreendemos que tanto no seio da *gestão da sociedade*, como no âmbito dos *assuntos sociais* se enquadram relações da sociedade para com sócios e para com terceiros.

Importa, no entanto, reter que não pode esse acesso informativo implicar uma ingerência naquilo que podemos considerar pertencer à vida privada do sócio ou do terceiro em causa. Esses aspectos só a cada um deles diz respeito e não à sociedade. Não pode o poder informativo servir de arma para que um determinado sócio tenha conhecimento sobre os mais diversos aspectos do foro pessoal, por exemplo, dos demais sócios com que a sociedade naturalmente mantêm relações. Esta questão revela-se, no entanto, muito delicada e cremos sensível às circunstâncias concretas. Naturalmente que, no seio de uma sociedade anónima, não importará o conhecimento de aspectos que dizem exclusivamente respeito à pessoa do sócio. Em sociedade marcadas por um cunho notoriamente mais pessoal, no entanto, poderá relevar saber, por exemplo, se determinado sócio se mantém ou não na sociedade[173].

---

[171] A redacção em causa, como temos vindo a referir, não é com efeito a mais feliz. Em bom rigor, qualquer acto, licito ou não, é susceptível de responsabilizar o seu autor nos termos da lei. Menezes Cordeiro salienta, pertinentemente, que tanto a invocação de práticas susceptíveis de responsabilização do autor do acto praticado, como a susceptibilidade de responsabilização do autor do acto a esperar não devem constituir argumento para uma autêntica *devassa da vida privada* a que a sociedade tem que ter direito para assim, de uma forma mais funcional, poder prosseguir os seus objectivos (*"Manual de Direito das Sociedades – Vol. II: Das sociedades em especial"*, Almedina, 2006, pág. 284-285). Apela então a uma interpretação restritiva sobre estas matérias e que mais adiante procuramos analisar (nossa nota n.º 281).

[172] *Supra*, III, pág. 126-127.

[173] Nestas últimas sociedades, a pessoa do sócio é valorizada no seio da organização em que assenta a exploração da actividade social. Não será de espantar pois que, em resultado de um maior envolvimento dos sócios em tais casos, determinados aspectos

Relativamente a relações com terceiros, os problemas na definição daquilo que pode ser divulgado também se estendem a esse campo. Tomemos em conta o exemplo do administrador de uma sociedade anónima que, na sequência de negociações preliminares com outra empresa ou entidade privada – tendo em vista uma futura operação em conjunto – toma conhecimento de aspectos relativos a essa entidade, mas que, tendo em conta a fase preliminar de tais diligências, o sujeitam a uma confidencialidade sobre tais aspectos. Que margem de actuação terá, ao fim de contas, esse administrador perante o conjunto de accionistas que lhe solicita dados confidenciais a respeito da entidade com a qual se pretende celebrar um futuro contrato?

Cremos que, para casos como este, a nossa lei encontrou as devidas soluções. Entre as circunstâncias que possibilitam a recusa de informação encontram-se aquelas em que a divulgação se revela susceptível de prejudicar relevantemente a sociedade ou os accionistas (alínea b) do n.º 4 do art.º 291.º do C.S.C). Trata-se de um juízo averiguável unicamente por parte de quem se encontre nas condições acima descritas, todavia objectivamente sustentado. A nosso ver, o órgão de administração pode concluir que, não obstante a pertinência da informação, se revelada naquela altura ela seria susceptível de prejudicar os interesses da sociedade relativamente àquelas negociações[174].

Este problema de determinação sobre aquilo que pode ser conhecido a respeito de sócios ou terceiros assume especiais contornos no

---

relacionados com a pessoa do sócio já sejam relevantes para a gestão da sociedade. Contrariamente nas sociedades mais capitalistas, a total indiferença por essa pessoa resulta da valorização que, em alternativa, é dada à parte do capital e ao que ela significa para a sociedade.

[174] Um caso que atesta a prevalência do interesse social perante a sindicância individual do sócio e que mais adiante teremos oportunidade de analisar (*infra*, 2.4., alínea *a)*, IV, pág. 205 e seg.). Em resumo, um juízo por parte do órgão que tem que prestar a informação, fundamentado naquilo que se revela melhor para a sociedade, que não deixa de ser susceptível, mais tarde, de poder implicar uma responsabilização dos administradores por decisões mal tomadas ou, pelo contrário, de os excluir de qualquer responsabilidade se actuarem de acordo com critérios de razoabilidade empresarial.

que respeita a relações com sociedades coligadas[175]. Aqui, tal como nos restantes casos, tem prevalecido o entendimento que as informações solicitadas só poderão dizer respeito a essas relações propriamente ditas, encontrando-se os sócios de cada uma das sociedades envolvidas impedidos de tomarem conhecimento de aspectos intrínsecos da vida interna das outras sociedades[176].

A tendência acima descrita tem se revelado, de certa forma, à parte dos inúmeros tecidos empresariais plurissocietários que se vão formando e que nos revelam a importância que esta forma de organização apresenta já nos nossos dias para a sobrevivência e sustentabilidade de muitas empresas[177]. A nossa preocupação centra-se então mais ao nível de sociedades que têm estabelecidas entre si relações de domínio (art.º 486.º do C.S.C.) e relações de grupo (artigos 488.º e seg.), casos em que podemos efectivamente consi-

---

[175] Com efeito, não nos podemos deixar enganar com a ausência de uma expressa referência a essas relações em preceitos como o art.º 291.º, em contraste com uma especial atenção do nosso legislador sobre essas relações já no que respeita às solicitações informativas dos sócios nas assembleias (art.º 290.º). O carácter amplo das informações que um accionista pode aceder no primeiro caso, em contraste com o âmbito informativo mais restrito que preside as solicitações nas assembleias, explicam-nos que relativamente aos assuntos sociais também se enquadram certamente as relações da sociedade com sócios ou terceiros, inclusivamente com sociedades coligadas.

[176] Raúl Ventura, *"Novos estudos..."*, pág. 151.

[177] E que já tem tido os seus reflexos em regimes como o financeiro que, fortemente influenciado pela legislação comunitária, não se inibiu de possibilitar métodos contabilísticos de apresentação de contas consolidadas que procuram precisamente reflectir, em prol de um princípio de absoluta transparência informativa, toda uma estrutura empresarial que, embora plurissocietária, pode ser apresentada como se uma única entidade se tratasse. A este respeito, podemos aconselhar, a título exemplificativo: António Simões Mateus, *"As contas de grupos de sociedades"*, in revista *"O Fisco"*, n.º 1, 1988, pág. 7-11; Carlos Baptista da Costa, *"A contabilidade e a auditoria dos grupos de empresas"*, Rei dos Livros, Lisboa, 1990, pág. 63-66; David Ferreira, *"A consolidação das contas dos grupos de sociedades (alguns problemas)"*, in revista *"O Fisco"*, n.º 5, 1993, pág. 3-16; Engrácia Antunes, *"Os grupos de sociedades – Estrutura e organização jurídica da empresa plurissocietária"*, 2.ª edição, Livraria Almedina, Coimbra, 2002, pág. 195; José Bento/José Fernandes Machado, *"Plano Oficial de Contabilidade Explicado"* – 27.ª edição, Porto Editora, Abril de 2005, pág. 527-558; Raúl Ventura, *"Grupo de sociedades: uma introdução comparativa a propósito de um projecto preliminar de directiva da C.E.E."*, in ROA, ano 41, I, Janeiro-Abril 1981, pág. 23-81 e II, Maio-Agosto 1981, pág. 305-362.

derar que uma sociedade assume o controlo sobre outras, de modo a que se torne plausível observar as empresas-filiais como extensões da empresa-mãe[178]. Não obstante podermos observar o conjunto destas empresas como se uma só se tratasse, a autonomia formalmente existente entre as várias pessoas jurídicas que presidem a cada uma das empresas envolvidas nesse tecido tem constituído o maior entrave para que os poderes dos sócios, especialmente o de informação, possam se reflectir em toda a sua legitima plenitude, onde sempre deveriam se encontrar referenciados: na empresa plurissocietária.

A ideia agora exposta constituiria, sob uma perspectiva algo mais tradicional, uma possibilidade de ingerência em assuntos internos de uma sociedade, por parte de sócios de outra sociedade. Todavia e em abono da verdade, ao mesmo tempo que se assiste a um incontornável crescimento do número deste tipo de empresas, os sócios das sociedades envolvidas vão sc distanciando de um controlo sobre os destinos não unicamente da sua própria sociedade – como acontece frequentemente aos sócios de sociedades dominadas e subordinadas – mas acima de tudo daquilo que realmente importa: daquela organização criada para servir os propósitos da sociedade e consequentemente dos sócios, na justa proporção das suas participações, ou seja a empresa social[179]. Este é um problema que se assiste nos

---

[178] Nas palavras de António Simões Mateus: *"Controlo é o poder de determinar as politicas de uma empresa, e pode ser jurídico ou económico"* (obra citada, pág. 7. Itálico nosso) Com efeito, assimilando aqui o entendimento deste autor, podemos assistir a um controlo jurídico, que passa pela posse da maioria do capital ou dos direitos de voto da empresa visada, na medida em que não existam restrições permanentes aos exercícios dos direitos da investidora. O controlo jurídico ainda se poderá constatar perante uma posição minoritária na empresa visada, mas que, no entanto, não impossibilite o exercício de uma influência dominante (exemplo: poder de designação e destituição de mais de metade dos membros dos órgãos de administração, gerência ou fiscalização da empresa visada). Já o controlo económico fundamenta-se na existência de contratos, acordos ou cláusulas estatutárias que legitimem essa posição.

[179] Este tem sido um problema suscitado por um número cada vez maior de autores sensíveis a esta nova realidade empresarial que, no fundo, se apresenta não como o futuro, mas já verdadeiramente como o presente para as nossas empresas (a este respeito: Engrácia Antunes, obra citada, pág. 119 e seg.; João Labareda, *"Direito à informação"*, pág. 147-151; Maria Augusta França, obra citada, pág. 102 e seg. Apelando ao

mais diversos casos e situações de empresas plurissocietárias. Não é possível ignorar que tanto da parte da sociedade dominante, como da subordinante existirão decisões que recaem sobre a empresa plurissocietária que certamente vão afectar os interesses dos sócios da sociedade dominada e da subordinada respectivamente, tendo em conta que esses mesmos interesses recaem também necessariamente e na devida proporção sobre tal empresa. Por seu turno, os sócios da sociedade dominante e subordinante vêem limitado o seu poder informativo, embora as empresas da dominada e da subordinada possam ser observadas como uma extensão da empresa-mãe.

A nosso ver, a realidade que agora expusemos serve-nos para que não possamos dar como absolutamente verdadeira e incondicional a premissa de que os sócios de uma sociedade não possam solicitar informações a esta sobre assuntos internos da outra sociedade que se ache estabelecida numa relação do género das que referimos. Será necessário verificar essa legitimidade caso a caso.

Relativamente aos sócios de uma sociedade dominante parece-nos que o nosso actual regime permite que eles possam inquirir à sua própria sociedade determinados aspectos relativos àquela que constitui, no fundo, uma extensão da sua própria empresa. Tudo dependerá, no entanto, do índice de compromisso que a primeira assume relativamente à empresa-filha. Se, por exemplo, nos encontrarmos perante uma relação de simples domínio, os sócios da sociedade dominante poderão inquirir acerca de políticas e medidas de fundo que se pretendem ver implementadas no seio da sociedade dominada. Trata-se de uma natural preocupação daqueles sócios, como referimos, relativamente a uma empresa que, devido à relação de controlo existente, é vista como um prolongamento da empresa--mãe. Naturalmente, surgirão interesses desses sócios sobre essa empresa, na medida do compromisso existente e sempre salvaguardando a soberania e privacidade inerentes à tomada de decisões da sociedade dominada. Por outro lado, parece-nos que esta legitimi-

---

reconhecimento de uma unidade jurídica sobre a unidade económica em que assenta a estrutura empresarial dos grupos de sociedades, encontramos uma vez mais Engrácia Antunes, *"Os poderes nos grupos de sociedades"*, in *"Problemas do Direito das Sociedades"*, IDET, Almedina, 2003, reimpressão, pág. 153-165).

dade encontra o seu devido enquadramento nos assuntos sociais ou na gestão da sociedade a que aludem respectivamente o n.º 1 do art.º 291.º e o n.º 1 do art.º 214.º do C.S.C.

Por seu turno, se nos encontrarmos perante uma relação de domínio total, os sócios da sociedade dominante terão possibilidade de inquirir mais pormenorizadamente em torno da forma como a empresa-filha se encontra a ser gerida, atendendo ao índice de compromisso que é claramente maior e ao facto de, embora verificarmos ainda a existência de pessoas juridicamente distintas, a empresa ser praticamente uma só.

O que agora referimos relativamente aos sócios da sociedade dominante poderá ser também extensível aos sócios da sociedade subordinante, com as necessárias adaptações para os diferentes índices de compromisso e de estreitamento das relações existentes, que vão variando caso a caso consoante o tipo de instruções que são dadas à sociedade subordinada, pois delas depende um maior ou menor controlo empresarial.

Já não encontramos idêntica viabilidade, face ao nosso actual ordenamento jurídico, no que respeita a informações solicitadas pelos sócios da sociedade dominada ou subordinada, relativamente a aspectos internos da dominante ou subordinante, respectivamente. Aqui, o que importaria para estes sócios seria a cautela pela empresa que constitui a extensão da empresa-mãe, ou seja a empresa da sociedade desses sócios e a sua vulnerabilidade perante decisões emergentes da sociedade dominante ou subordinante. Não encontramos, todavia, actualmente base legal suficiente para sustentar uma possibilidade de ingerência daqueles sócios em assuntos da sociedade que tem o controlo empresarial[180].

É certo que o poder de informação tem que persistentemente estar atento aos interesses do sócio e as vicissitudes relacionadas

---

[180] Com efeito, a gestão da sociedade e os assuntos sociais a que dizem respeito o n.º 1 do art.º 214.º e o n.º 1 do art.º 291.º do C.S.C. não parecem abarcar esse tipo de ingerências, nem tão pouco encontramos no regime relativo às relações entre as sociedades em apreço algum adicional dever informativo para com a sociedade dominada ou subordinada que permita um conhecimento sobre os assuntos internos a que nos encontramos a fazer referência.

com a sua posição na sociedade, o que nos levaria a crer que elas pudessem justificar o conhecimento ao menos daquelas medidas que pudessem seriamente colocar em causa ou afectar a empresa da sociedade em que esse sócio participa. Em abono da verdade, o único reflexo que encontramos, a este respeito, no nosso ordenamento jurídico situa-se na necessidade de transparência informativa que tem que imperar na divulgação da informação financeira, atendendo às vicissitudes de relevo que essa transparência procura colmatar[181].

De resto, a lei cuida de acautelar esses sócios de outras formas, recorrendo a outros poderes também ao dispor daqueles na sociedade em que efectivamente participam. Procura protegê-los do perigo de violação do interesse social da sua sociedade, permitindo a impugnação de deliberações abusivas[182] ou então assegurar que eles não tenham que permanecer *prisioneiros* na sociedade, ao permitir a aquisição tendente ao domínio total, prevista nos termos do n.º 5 do art.º 490.º do C.S.C.

Por último, uma palavra sobre as relações paritárias, que nos parecem suscitar mais preocupações para os sócios de cada uma das sociedades envolvidas no que respeita àquilo que vier a ficar decidido pela direcção comum entretanto criada. Não nos parece, salvo melhor sensibilidade, que as decisões ou aspectos internos relativos a uma sociedade que se ache na relação paritária sejam relevantes para os interesses que no fundo fundamentam os direitos dos sócios que participam numa outra sociedade paritária. Importa sim o que possa resultar para a empresa social, a partir do que aquela direcção comum possa decidir. Aspectos que não nos parecem se encontrar vedados ao conhecimento dos sócios, através das solicitações informativas efectuadas à sua própria sociedade[183].

---

[181] Nossa nota n.º 177.

[182] Alínea *b)* do n.º 1 do art.º 58.º do C.S.C. (*supra*, capítulo I, 1.2., alínea *b)*, II, pág. 86).

[183] Diferentemente pensa João Labareda que, relativamente ao contrato de subordinação, chama a atenção para a necessidade de se definir o que os sócios de uma sociedade subordinada podem conhecer de aspectos internos de outras sociedades também subordinadas. Já no que respeita ao contrato paritário, reconhece também pertinência àquilo que pode vir a ficar decido no seio interno das restantes sociedades paritárias (*"Direito à informação"*, pág. 150).

b) As informações em assembleia geral

I. A par da possibilidade do sócio solicitar informações à sociedade nos termos que tivemos agora oportunidade de verificar, a nossa lei dedica uma especial atenção ao facto dos accionistas de uma sociedade anónima poderem solicitar, em assembleia geral, informações a respeito dos assuntos sujeitos a deliberação (art.º 290.º do C.S.C.). Este destaque reflecte uma particular preocupação com uma regulamentação do poder de informação dos accionistas. Não deve, com efeito, ser ignorada esta opção normativa, orientada precisamente para as sociedades anónimas e para um regime particular relativamente às informações que os respectivos sócios podem solicitar em assembleia geral. De facto, a dignificação de um tal regime poderia ter expressamente recaído sobre um outro tipo de sociedade, como a sociedade por quotas. Assim não aconteceu. Embora identicamente extensível a estas últimas sociedades, optou--se por sediar nas sociedades anónimas o quadro em apreço[184], limitando-se a remeter as informações solicitadas numa assembleia geral de uma sociedade por quotas para o que se encontra previsto nos termos do art.º 290.º (n.º 7 do art.º 214.º).

Chegados às sociedades em nome colectivo, não encontramos qualquer espécie de referência a esse tipo de informações. Tal não se deve naturalmente à eventualidade de não ser reconhecida a possibilidade de pedidos de esclarecimentos numa assembleia de uma sociedade em nome colectivo – hipótese esta que de todo não faria sentido, atendendo ao cunho marcadamente pessoal da sociedade em causa – mas porque essa ausência de regulamentação legal reflecte uma despreocupação da nossa ordem jurídica por um poder de informação que, ao fim de contas, se compreende que seja amplo e raramente conheça limitações de qualquer espécie.

---

[184] Semelhantemente à solução que encontramos na Alemanha (§ 131 Aktg) e em Espanha (art.º 112.º da Lei das Sociedades Anónimas de 1989). A respeito das razões para este entendimento: Ac. do RP, de 27/09/05, in www.dgsi.pt, relator Mário Cruz, última consulta feita em 14/02/06, sob o termo "Sociedade Anónima".

A leitura efectuada em torno deste brevíssimo percurso ao longo das opções sistemáticas e normativas a respeito deste tema, permite-nos concluir que o regime previsto naquele art.º 290.º revela nada mais do que uma especial preocupação pelo exercício de um poder relativamente a uma sociedade tipologicamente mais afastada dos seus sócios quando comparada com outros tipos previstos na nossa lei. Esse afastamento suscita consequentemente preocupações ao nível da forma como um poder, como o de informação dos sócios, pode ingerir-se na vida e funcionamento societários, o que nos conduz, numa perspectiva mais global, a um regime para as sociedades anónimas mais detalhado e cuidado do que aquele verificado para outro tipo de sociedades.

II. Assim, de acordo com o disposto no n.º 1 do art.º 290.º do C.S.C., os sócios têm a faculdade de solicitar informações nas assembleias-gerais, relativamente aos assuntos que se encontram sujeitos a deliberação. Antes mesmo de analisarmos mais concretamente como se encontra estruturado este regime, convém aproveitarmos para reter algumas ideias essenciais para um correcto enquadramento desta faculdade informativa.

Como o preceito em referência assim o espelha, o regime em perspectiva procura a habilitação dos sócios a formarem uma opinião fundamentada sobre os assuntos sujeitos a deliberação. Podemos afirmar que se trata de um poder informativo que reflecte simultaneamente a satisfação, como seria de esperar, de interesses do sócio, mas também da sociedade. Com efeito se, por um lado, essa informação se destina a habilitar o sócio de condições para uma melhor participação tanto na vida como nas decisões da sociedade, por outro lado, assegura o devido esclarecimento de quem acaba por ser convocado para se pronunciar sobre questões estruturais da sociedade, para contribuir na formação da vontade social.

Nesta medida, importará tanto ao sócio como à sociedade a melhor informação possível, tendo em vista que ela pretende a satisfação de interesses de ambos. De facto, uma melhor informação a respeito daquilo que se pretende deliberar significa garantias para o envolvimento do sócio na vida e decisões sociais. Por seu turno, a melhor decisão para a sociedade será certamente aquela tomada em consciência pelos sócios que nela participam, consciência essa que unicamente pode ser obtida através de uma correcta percepção sobre aquilo que os sócios se encontram a deliberar.

O que agora referimos encontra reflexos especialmente em dois aspectos que nos convém destacar: por um lado, nos motivos que conduzem ao facto destas informações terem que ser *solicitadas* pelos sócios e por outro nas razões para a existência de um regime típico relativamente às *assembleias de sócios*.

A importância e o significado que tem a intervenção deliberativa dos sócios – tanto para eles, como para a própria sociedade – conduzem a uma necessidade de os informar tanto quanto possível sobre as razões, termos, objectivos e conteúdo dessa intervenção. Por esse motivo, ela acaba por requerer um prévio e atempado conhecimento da convocação da colectividade dos sócios para, em conjunto, decidirem sobre determinado assunto. Esta primeira preocupação informativa ganha corpo numa convocatória para essa reunião, que tem que ser dada automaticamente a conhecer aos sócios. Uma convocatória que pretende, para assegurar esse seu objectivo de levar ao conhecimento dos sócios a convocação para uma reunião, informar os seus respectivos destinatários sobre os termos em que vai decorrer a assembleia e ainda assim aquilo que se pretende discutir e decidir nessa reunião.

Por outro lado, tanto o distanciamento dos sócios, como a dimensão ou substância dos assuntos que se pretendem tratar nessa reunião conduzem, por diversas vezes, à necessidade de previamente a essa assembleia assegurar uma possibilidade dos convocados consultarem atempadamente documentos relativos a esses assuntos, de modo a prepará-los para aquilo que na assembleia vai ser discutido. Se a convocatória pretende levar ao conhecimento dos destinatários a realização de uma dada assembleia, já aquela consulta pretende assegurar um determinado índice mínimo de conhecimento e preparação satisfatórios em torno daquilo que nessa assembleia se pretende discutir[185].

---

[185] Curiosamente, nas sociedades anónimas, tanto a convocatória, como a informação preparatória para a assembleia são também objecto de uma atenção especial da nossa lei (respectivamente, art.º 377.º, nomeadamente o seu n.º 5 e art.º 289.º do C.S.C.), uma vez

Neste contexto, surge a possibilidade dos sócios, uma vez reunidos em assembleia, solicitarem ainda as informações necessárias para a formação daquela opinião fundamentada em torno dos assuntos que pretendem debater e reflectir. Contrariamente àqueles outros dois momentos informativos, esta oportunidade depende de solicitação dos sócios, naturalmente que já se encontram divulgados ou ao menos disponibilizados os aspectos considerados essenciais para uma comparência e participação do sócio na assembleia de uma forma minimamente habilitada. Persistindo, no entanto, dúvidas especialmente suscitadas no decurso da discussão e reflexão do conjunto dos sócios, eles ainda preservam a faculdade de solicitar aquilo que entenderem como necessário para um correcto esclarecimento sobre o assunto sujeito a deliberação.

O contexto e propósito em que assenta a faculdade informativa nas assembleias justificam, por si, a razão de ser para que nos encontremos diante de uma informação que dependa de prévia solicitação de quem necessite ser informado.

Não pode passar despercebido, por outro lado, que esta faculdade informativa se situa particularmente no que respeita às assembleias de sócios. Mais do que se justificar meramente na pretensão de exercício de um poder de voto – ou, na perspectiva da sociedade, no chamamento dos sócios a pronunciarem-se sobre determinado assunto – a prorrogativa em apreço identifica-se perante a pretensão de uma *determinada forma* de exercício daquele poder de voto, de uma *determinada* intervenção deliberativa dos sócios.

Como é sabido, a assembleia geral de sócios não constitui o único local ou forma através da qual aqueles podem se pronunciar sobre os assuntos da sociedade[186]. Logo nas sociedades anónimas

---

mais em reflexo do afastamento que os accionistas convocados tendencialmente registam para com este tipo de sociedade e que suscita um prévio e necessário conhecimento sobre determinados aspectos que já seriam dispensáveis por parte de quem se encontra mais próximo da vida social. Veja-se, a esse respeito, o que expusemos relativamente à informação preparatória, *infra*, 2. 2., V, pág. 161 e seg.

[186] Brito Correia salienta pertinentemente a *colectividade dos sócios*, como órgão social, em detrimento da assembleia, tendo em conta não ser unicamente através desta forma que os sócios podem deliberar (*"Direito Comercial – 3.º Volume: Deliberações dos sócios"*, 3.ª tiragem da edição de 1989, AAFDL, 1997, pág. 20 e seg.). Já Menezes

encontramos a possibilidade dos accionistas se reunirem em assembleias especiais, em função da mesma categoria de acções de que todos são titulares, circunstâncias em que são também de aplicar as regras relativas à prestação de informações em assembleias gerais previstas naquele art.º 290.º (por força do disposto no n.º 1 do art.º 389.º do C.S.C.). Numa perspectiva mais global, ainda poderão realizar-se assembleias universais, sempre que se verifique a presença de todos os sócios de uma sociedade. Neste último caso, serão dispensadas as formalidades prévias relativas à realização da assembleia – convocação e demais informações preparatórias – se todos esses sócios manifestarem a vontade que essa assembleia se constitua e delibere sobre determinado assunto (n.º 1 do art.º 54.º). A razão para essa dispensa situa-se claramente no facto daqueles cujos interesses se visam acautelar com tais formalidades declararem se encontrar em condições para discutir e decidir sobre determinado assunto. Curiosamente, persiste a faculdade de solicitarem informações a respeito do assunto sujeito a deliberação (n.º 2).

O mesmo tipo de comportamento informativo já não se verifica noutras formas de deliberação que não pressupõem a reunião dos sócios em assembleia, como no caso do voto do sócio por escrito em sede de sociedades por quotas (art.º 247.º) ou da deliberação unânime por escrito (n.º 1 do art.º 54.º)[187].

Cordeiro prefere a utilização de expressões como *deliberação da assembleia* e *deliberação social*, em detrimento da referência a *deliberações dos sócios* adoptada pelo nosso Código das Sociedades Comerciais (*"Manual de Direito das Sociedades – Vol. I..."*, pág. 619--620. Preferindo também a utilização da expressão *deliberações da assembleia*, Eduardo de Melo Lucas Coelho, *"Formas de deliberação e de votação dos sócios"*, in *"Problemas do Direito das Sociedades"*, IDET, Livraria Almedina, 2003, reimpressão, pág. 334-336). A mesma reprovação observamos em Pinto Furtado que, todavia, entende como terminologicamente mais correcta a expressão *deliberações da sociedade* (*"Deliberações dos sócios – Comentário ao Código das Sociedades Comerciais"*, reimpressão da edição de 1993, Livraria Almedina, Coimbra, 2003, pág. 18-29). Sobre um entendimento diverso acerca da utilização de tais expressões, Aurelio Candian, *"Nullità e annulabilità di delibere di assemblea delle società per azioni"*, Dott. A. Giuffrè, Milano, 1942, pág. 18.

[187] No primeiro caso, assistimos unicamente a uma preocupação informativa preparatória para a deliberação, onde se comunica previamente ao sócio o objecto da deliberação a tomar (n.º 3 do art.º 247.º) e posteriormente a proposta concreta de

Parece assim que a nossa faculdade informativa, por razões que entendemos compreensíveis, constitui um traço comum da reunião dos sócios em assembleia. De facto, a convocação dos sócios para esse propósito assume o distinto marco de alcançar uma determinada deliberação a partir de uma reflexão e discussão por parte da colectividade dos sócios. Mais do que resultar da opinião de cada um, individual e isoladamente considerada, pretende-se que a deliberação resulte democraticamente de uma reflexão pelo conjunto dos sócios presentes[188]. A deliberação ganha assim consistência e maturidade ao intencionalmente emergir de uma discussão conjunta por parte dos sócios participantes. A possibilidade dos sócios em assembleia colocarem as questões que, sobre o assunto sujeito a deliberação, entendam necessárias para a formação de uma opinião fundamentada releva-se assim essencial para essa discussão e consequentemente para essa assembleia. Revela-se pois essencial para garantir um poder – não unicamente de voto,

---

deliberação, acompanhada dos elementos necessários para a esclarecer (n.º 4). Já no segundo caso, tendo os sócios antecipadamente garantido um entendimento unânime sobre uma determinada deliberação, limitam-se simplesmente a subscrevê-la por escrito. No mesmo sentido, embora seguindo um percurso distinto: Henrique Sousa Antunes, *"Algumas considerações sobre a informação nas sociedades anónimas (em especial, os artigos 288.º a 293.º do Código das Sociedades Comerciais)"*, in *"Direito e Justiça"*, Vol. X, tomo I, 1996, pág. 282-283 e Paulo Pereira de Almeida, *"O direito do accionista à informação no código das sociedades comerciais"*, 1993, pág. 257-260.

[188] Não é despropositadamente que a assembleia constitui o meio, por excelência, de eleição para os sócios tomarem uma deliberação, tendo em conta o carácter reforçado de uma decisão social resultante de uma reflexão em conjunto da colectividade dos sócios, quando comparada com a decisão a partir de posições isoladamente transmitidas. Pupo Correia destaca o poder soberano dos sócios na sociedade concentrado na assembleia, reconhecendo que esta foi, no entanto, objecto de limitações próprias das esferas de competência de outros órgãos sociais, que se fizeram cada vez mais sentir com o decurso do tempo, por imperativos ligados a uma necessidade de maior eficácia e eficiência relativamente à tomada de decisões. Nem por isso, a assembleia perdera a sua posição de órgão soberano da sociedade, pois a ela lhe compete a formação originária da vontade social (obra citada, pág. 252-253. Também destacando a perda de soberania nas sociedades de responsabilidade limitada: Durval Ferreira, *"Das assembleias ordinárias e extraordinárias das sociedades anónimas e por quotas"*, in *"Temas jurídicos no Direito Português e Comparado"*, Porto, 1973, pág. 24-28).

como inicialmente referimos – acima de tudo de participação nas decisões sociais[189-190].

III. Analisando de uma forma mais concreta o âmbito da faculdade informativa em apreço, o disposto no n.º 1 do art.º 290.º do C.S.C.

---

[189] A este respeito, para além da bibliografia indicada nas notas anteriores: Branca Martins da Cruz, *"Assembleias-gerais nas sociedades por quotas"*, Livraria Almedina, Coimbra, 1988; Carlos Olavo, *"Deveres e direitos nas sociedades por quotas e anónimas"*, in CJ, XI, 1986, Tomo V, pág 11 e seg.; Carneiro da Frada, *"Deliberações sociais inválidas no novo Código das Sociedades"*, in *"Novas perspectivas do Direito Comercial"*, Faculdade de Direito da Universidade Clássica de Lisboa, CEJ, Livraria Almedina, Coimbra, 1988, pág. 317-336 e *"Renovação das deliberações sociais"*, Coimbra, 1987; Coutinho de Abreu, *"Curso...Vol. II"*, pág. 232 e seg.; Durval Ferreira, *"Da participação do sócio nas assembleias gerais"*, in *"Temas jurídicos no Direito Português e Comparado"*, Porto, 1973, pág. 54-152 e *"Da confirmação e renovação de deliberações sociais inválidas"* in *"Temas jurídicos no Direito Português e Comparado"*, Porto, 1973, pág. 155-198; Eduardo de Melo Lucas Coelho, *"Direito de voto dos accionistas nas assembleias-gerais das sociedades anónimas"*, Rei dos Livros, 1987 e *"Formas..."*, pág. 333-369; Oliveira Ascensão, *"Invalidades das deliberações dos sócios"*, in *"Problemas do Direito das Sociedades"*, IDET, Almedina, 2003, reimpressão, pág. 371--398; Manuel António Pita, *"A protecção das minorias"*, in *"Novas perspectivas do Direito Comercial"*, Faculdade de Direito da Universidade Clássica de Lisboa, CEJ, Livraria Almedina, Coimbra, 1988, pág. 357-373 (para uma particular incidência relativamente às minorias); Moitinho de Almeida, *"Anulação de deliberações sociais"*, Separata de *"Juridica"*, Rio, GB, 1972; Pedro Maia, *"Invalidade de deliberação social por vicio de consentimento"*, in ROA, ano 61, Abril, 2001; Pedro Pais de Vasconcelos, *"A Participação Social..."*, pág. 112-203; Pinto Furtado, *"Curso..."*, pág. 389 e seg. e *"Deliberações de sociedades comerciais"*, Colecção Teses, Livraria Almedina, 2005; Roque Laia, *"Das sociedades, das associações e suas assembleias-gerais"*, 4.ª edição do autor, Lisboa, 1973 (também vulgarmente designada por *"Guia das Assembleias Gerais"*); Teófilo Duarte, obra citada; Vasco da Gama Lobo Xavier, *"Anulação..."*, *"Invalidade e ineficácia das deliberações sociais no projecto do Código das Sociedades"*, in RLJ, ano 118, n.º 3732, pág. 72 e seg., n.º 3734, pág. 136 e seg., e n.º 3736, pág. 201 e seg. e *"O regime das deliberações sociais no projecto de Código das Sociedades"*, in *"Temas de Direito Comercial"*, Livraria Almedina, Coimbra, 1986, pág. 3-25 e Vaz Serra, *"Assembelia geral"*, in BMJ, n.º 197, Junho, 1970, pág. 23-176.

[190] A conclusão alcançada no texto tem os seus corolários na própria configuração desta faculdade informativa, nomeadamente no que respeita a uma descriminação sobre quem pode efectivamente solicitar tais informações na assembleia. Esta questão acaba por se encontrar, em resultado do exposto, fortemente relacionada com o âmbito da presença do sócio: se esta se reporta a uma mera assistência, a uma participação na discussão ou já a uma possibilidade de participação na votação (como adiante teremos oportunidade de analisar).

determina que os sócios poderão solicitar que sejam prestadas informações completas, verdadeiras e elucidativas que lhes permitam formar uma opinião fundamentada sobre os assuntos sujeitos a deliberação. Mais esclarece que esse dever informativo abrange as relações entre a sociedade e outras com esta coligadas.

Deixemos de parte o facto das informações terem que ser completas, verdadeiras e elucidativas, tendo em conta que praticamente nada podemos acrescentar ao que oportunamente referimos sobre essas características relativamente às informações que fora da assembleia também poderão ser pedidas pelos sócios[191]. Por seu turno, pouco mais resta referir em torno das relações propriamente ditas entre sociedades coligadas e os problemas que se suscitam a partir do momento em que os sócios ficam absolutamente vedados de conhecer alguns aspectos internos das entidades colectivas com as quais a sua sociedade se encontra coligada[192]. Cuidemos, por ora, dos aspectos típicos deste regime.

Em primeiro lugar, contrariamente às informações prestadas fora da assembleia, não verificamos qualquer directa imputação do dever informativo em causa num determinado órgão social[193]. Esta particularidade é explicada pela própria diversidade de aspectos em torno dos quais o sócio pode solicitar esclarecimentos para formar aquela opinião fundamentada sobre o assunto sujeito a deliberação e que pode conduzi-lo, num caso, a colocar questões que unicamente o

---

[191] *Supra*, alínea *a)*, II, pág. 124-126.

[192] *Supra*, alínea *a)*, IV, pág. 132-137. A expressa referência, neste nosso caso, à possibilidade de solicitação de informações a respeito de tais relações encontra-se sustentada e funcionalizada na necessidade de conhecimento e formação de uma opinião fundamentada, por parte do sócio, sobre os assuntos sujeitos a deliberação, o que implicará então – se necessário – informações complementares a respeito de tais relações. No fundo, como Raúl Ventura tão bem esclarece, a informação terá sempre que se encontrar funcionalizada relativamente ao assunto sujeito a deliberação. A indicação relativamente a relações com sociedades coligadas pretende esclarecer que a informação não poderá ser recusada simplesmente pelo facto dela dizer respeito a tais relações (que poderão, para além de abarcar as relações jurídicas, se estender também às comerciais, à semelhança da solução Alemã adoptada no § 131 do AktG. *"Novos estudos..."*, pág. 144-145).

[193] Como acontecia naquele outro caso com o órgão gerente ou de administração, pois seria nestes que se encontrariam as informações necessárias relativamente à gestão da sociedade ou aos assuntos sociais (*supra*, alínea *a)*, I, pág. 118 e seg.).

órgão de administração ou gerência poderá responder e já noutras circunstâncias ser o órgão de fiscalização aquele que se encontra em melhores condições para atender o sócio[194].

Se o critério definidor do responsável pela informação concentra-se no órgão que se encontre habilitado a prestar o que tenha sido solicitado, sempre poderíamos perguntar, nos casos em que são alguns sócios a pedir a convocação da assembleia para apreciação de assuntos por eles incluídos na ordem do dia[195], se o dever de informação não se deveria estender nessas circunstâncias a esses sócios. Rapidamente somos confrontados com a redacção "fechada" do n.º 2 do art.º 290.º, que imputa nos órgãos da sociedade o nosso dever de informação em termos que cremos não permitirem qualquer interpretação extensiva. Nas circunstâncias em que são alguns sócios que dão razão de ser à assembleia e a eles se deve a ordem do dia, deverá ser possível aferir em concreto qual o órgão da sociedade que se encontre em condições para prestar os esclarecimentos necessários[196]. Convém, com efeito, não esquecer que é para com a sociedade que se ergue o poder de informação dos sócios, competindo aos órgãos que a compõem cumprir, em sua representação, os deveres que daí podem resultar.

Por outro lado, do art.º 290.º que nos encontramos a analisar resulta que as informações se destinam à formação de uma opinião

---

[194] No fundo, o órgão que se encontra em melhores condições para prestar a informação, sendo a ele que certamente também competirá decidir sobre a eventual recusa em prestar essa informação.

[195] Como assim o permitem os n.ºs 2 e 3 do art.º 375.º; n.º 2 do art.º 248.º e n.º 1 do art.º 189.º do C.S.C.

[196] Muito possivelmente cabendo ao órgão de gerência ou administração tal tarefa, tendo em conta a ampla natureza das suas funções. Todavia, tal como em qualquer outra circunstância, se a questão colocada se encontrar relacionada com o foro do órgão de fiscalização da sociedade, deverá competir a este o dever de informação. É claro que, em termos práticos, a discussão entre os sócios presentes na assembleia – onde certamente se incluirão aqueles que motivaram o processo de convocação – possibilitará, sem qualquer espécie de entrave, o esclarecimento de um sócio por outro sócio, embora também saibamos que frequentemente são aqueles que motivam a convocação que pretendem determinados esclarecimentos. Importa todavia ter assente que, para efeitos deste dever informativo previsto relativamente às assembleias, só aos órgãos da sociedade é que compete responder ou recusar a solicitação do sócio.

fundamentada *sobre o assunto sujeito a deliberação*[197]. O legislador optou assim por recorrer prudentemente a uma terminologia que lhe permite abarcar circunstâncias em que o assunto sujeito a deliberação não seja um assunto previsto na ordem do dia constante da convocatória, nomeadamente se, porventura, a universalidade dos sócios comparecesse na assembleia e manifestasse a vontade de deliberar sobre um outro assunto (n.º 2 do art.º 54.º)[198].

Tratando-se de um regime cronologicamente relacionado com uma determinada assembleia, seriam certamente de esperar problemas a partir de casos em que não se torna possível prestar nessa reunião a informação pretendida. Situações em que frequentemente a complexidade ou mesmo natureza da informação susceptibiliza a necessária realização de diligências ou investigações incompatíveis no momento com o decurso dos trabalhos.

Naturalmente que convém aqui referir que o órgão a quem é imputado o dever de informação deve actuar, no cumprimento desse dever, com o zelo e diligência que são de esperar relativamente a possíveis questões sobre as matérias para as quais ele terá que se encontrar habilitado a responder. Todavia, por seu turno, o sócio que solicita a informação deverá levar a cabo uma conduta limitada

---

[197] Era outra, no entanto, a solução sugerida no projecto do Código das Sociedades Comerciais, do qual constava o art.º 361.º que determinava que as informações seriam as *necessárias ou convenientes* para que se pudesse formar uma opinião *sobre os assuntos debatidos*. Não obstante as diferenças verificadas entre as redacções em confronto, era já intenção, nesse projecto, a limitação das informações que poderiam ser pedidas nas assembleias, procurando referencia-las relativamente aos assuntos que se encontrariam na "mesa" para apreciação dos sócios.

[198] Ou quando os sócios entendessem, na assembleia destinada à apreciação das contas da sociedade, deliberar sobre uma acção de responsabilidade ou uma destituição sobre certo gerente ou administrador, assuntos estes que não carecem de constar da respectiva convocatória para serem imediatamente apreciados pelos sócios (n.º 2 do art.º 75.º). De resto, de acordo com Raúl Ventura, esta referência a assuntos sujeitos a deliberação implica que a informação só possa ser solicitada após a apresentação da proposta de deliberação, pois unicamente através desta é que se delimita o assunto sujeito à votação dos sócios (*"Novos estudos..."*, pág. 144-145). Como correctamente Henrique Sousa Antunes chama a atenção, este condicionamento só se verificará sempre que o assunto sujeito a deliberação não resulte da ordem do dia constante da convocatória, caso em que, de facto, só após essa apresentação da proposta é que se torna possível conhecer o objecto da deliberação (obra citada, nota 136).

pela boa-fé e bons costumes na solicitação de esclarecimentos. Estes dois aspectos implicam que, por um lado, aos membros daquele órgão social seja exigível uma necessária e prévia preparação dos assuntos e matérias em torno dos quais pode vir a ser inquirido na assembleia, nomeadamente munindo-se, antes desta, de todos os elementos e documentos que, relativamente àqueles aspectos, possam reunir. Por outro lado, ao sócio competirá a consciência daquilo que pode ser razoavelmente pedido e satisfeito pelos membros do órgão social na assembleia em questão.

Quer isto dizer, na prática, que a pressuposição da complexidade da questão a ser colocada e as eventuais suspeitas de que os membros daquele órgão possam não conseguir responder na assembleia, determinam no sócio a necessária cautela e cuidado para, com a maior antecedência possível, colocar a questão. Se necessário, antes mesmo da realização da assembleia para que esse órgão possa, já em sede própria, responder à pretensão do sócio. Nem sempre, contudo, isto acontece. Não é rara a situação em que a informação não pode ser prestada ainda *naquela* assembleia.

Perante o problema suscitado, dois são os aspectos que devem ser esclarecidos: primeiramente, se essa incapacidade de esclarecimento determina a necessária suspensão dos trabalhos ou da assembleia no intuito de se procederem às diligências em falta para responder à solicitação; em segundo lugar, se a absoluta incapacidade de resposta ao solicitado constitui ou não uma recusa de prestação da informação. Para RAÚL VENTURA, a dificuldade na prestação da informação determinará a referida suspensão se assim o entender a assembleia ou o presidente, pois é a estes que compete uma decisão deste género. Consequentemente, a incompatibilidade em prestar a informação naquela assembleia não constitui um motivo obrigatório para a suspensão dos trabalhos. Por seu turno, entende o autor que a incapacidade de resposta à solicitação do sócio, por incompatibilidade com o decurso dos trabalhos, não constitui ou corresponde a uma recusa de prestação dessa informação[199]. Diversamente entende HENRIQUE SOUSA ANTUNES, que defende que se a informação for

---

[199] *"Sociedades por quotas, Vol. I..."*, pág. 300-302

admissível nos termos dos n.ºs 1 e 2 do art.º 290.º do C.S.C. então somente esgotados os recursos que a lei faculta para que essa informação seja prestada – entre eles a possibilidade de suspensão da assembleia pelo presidente ou dos trabalhos pela própria assembleia (art.º 387.º do C.S.C) – é que a informação não poderá ser prestada, podendo então o órgão consultado *recusar* a prestação de informação[200].

A nosso ver, as duas posições aqui descritas situam-se – com o devido respeito que nos merecem – em pólos opostos desta problemática, em situações extremas que nos impossibilitam que concordemos absolutamente com uma ou com outra. Em primeiro lugar, os aspectos relativos a uma eventual suspensão dos trabalhos e à determinação se a não prestação da informação constitui ou não uma recusa, para todos os efeitos legais, só se tornam pertinentes se pressupormos o cumprimento dos deveres que, como referimos ao iniciar a análise a este problema, são imputados tanto ao sócio como ao órgão social em questão. Com efeito, se o sócio não actua de boa-fé ou no respeito pelos bons costumes na solicitação da informação, colocando questões que conscientemente sabe que o órgão não terá a capacidade, naquela assembleia, de responder de uma forma completa, verdadeira e elucidativa, então não será legítima essa sua solicitação, caso em que o órgão não se encontra obrigado a responder à questão colocada. A situação ficaria, logo aqui, esclarecida e definida. Por outro lado, se o órgão em apreço não actuou zelosamente na obtenção dos elementos necessários para o esclarecimento do sócio, então certamente que não poderá prestar uma informação verdadeira, completa e elucidativa sobre o solicitado. As consequências a esperar serão aquelas que resultarão concretamente do comportamento que o órgão entenda ter em seguida, nomeadamente se entende responder – embora de uma forma não verdadeira, incompleta ou não elucidativa – ou nem sequer prestar a informação, com todas as cominações legais que podem ser aferidas a partir dessa reacção[201]. Consequências que dizem respeito

---

[200] Obra citada, pág. 284.
[201] *Infra*, capítulo V, pág. 323 e seg.

unicamente à relação estabelecida a partir da obrigação de informação para com o sócio e que só se poderão reflectir neste aspecto. De forma distinta terão que ser observadas as situações em que tanto o sócio actua legitimamente na solicitação da informação, como o órgão social actua com a diligência esperada no caso concreto para procurar responder a esse sócio. Poderá, de facto, acontecer que determinada informação somente se tenha tornado pertinente para a opinião fundamentada do sócio no decurso da discussão e reflexão na assembleia, não podendo solicitá-la em condições mais benéficas ou favoráveis do que aquelas presentes naquele momento. Paralelamente, o órgão inquirido pode tudo ter feito para obter o documento no qual se torna possível responder à questão, embora, por circunstâncias totalmente alheias à sua responsabilidade, esse documento ainda se encontre em poder de terceiro. Em situações como as agora exemplificadas, o juízo acerca da eventual suspensão dos trabalhos ou da assembleia dependerá não somente do caso concreto – aqui aproximando-nos de RAÚL VENTURA, ao entender que não constitui por si um recurso obrigatório – mas acima de tudo dos interesses que aí estão em causa. Com isto queremos dizer que se a informação é unicamente preponderante para a opinião fundamentada do sócio[202], de forma a que se consiga aferir que a suspensão dos trabalhos prejudicaria a oportunidade da deliberação social, então certamente que a boa decisão social será aquela que determine a continuidade dos trabalhos. Muito pelo contrário, se a informação, embora solicitada por um, se revela pertinente para o conhecimento e opiniões dos demais, será de determinar a suspensão com o consequente apuramento e divulgação dessa informação. Dependerá pois de uma análise casuística, mas relacionada com o que será do interesse da sociedade[203].

---

[202] Atendendo à diversidade de posições e vicissitudes de cada sócio, não é possível afirmar, como regra, que a informação que seja determinante para a opinião de um sócio seja preponderante para as opiniões dos demais.

[203] Em sociedades acima de tudo de uma dimensão mais pequena e pessoal é possível que, embora não sendo uma informação pertinente para a opinião da colectividade dos sócios, estes não se considerem prejudicados em suspender os trabalhos para o esclarecimento de um sócio em particular. Nesse caso, podemos afirmar ser do interesse

Por outro lado, a não prestação de tal informação – ou porque após posteriores diligências ela ainda não pôde ser obtida e importa retomar de imediato os trabalhos outrora suspensos ou então porque o interesse da sociedade não se compatibilizaria com a suspensão dos trabalhos ou da assembleia – constitui, em nosso modesto entendimento, uma recusa na prestação da informação. Embora a recusa de prestação de informações seja tratada mais adiante[204], podemos por agora limitar-nos a referir que se trata de uma recusa justificada, tendo em conta que ela ocorre na protecção daquilo que se revela melhor para a sociedade, ou seja dos seus interesses que, à partida, estariam em causa perante uma prevalência da sindicância individual do sócio.

2.2. A consulta de documentos e inspecção de bens da sociedade

I. A par do sócio poder solicitar esclarecimentos à sociedade, o regime jurídico relativo ao poder de informação é ainda sensível à possibilidade desse sócio consultar documentos e inspeccionar bens sociais. Encontramo-nos perante faculdades relacionadas com o propósito informativo desse sócio, justificadas na pretensão de conhecimento de aspectos relativos à sociedade. Por esse motivo são pacificamente tratadas como modalidades deste nosso poder de

---

da sociedade o esclarecimento do sócio em questão, ou melhor do interesse prevalecente da sociedade o esclarecimento daquele sócio, em detrimento de uma deliberação naquele imediato momento. Com efeito, por vezes, o interesse da sociedade se identifica no interesse de muitos, nomeadamente de uma maioria, em outras circunstâncias no interesse de um sócio. De qualquer das formas, haverá aqui que atender àquilo que seja do melhor interesse para a sociedade, tendo em conta que está em causa a continuidade ou suspensão dos trabalhos de um órgão seu. Dúvidas não parecem restar sempre que a informação acabe por se tornar determinante para o colectivo dos sócios, caso em que eles serão os próprios a declarar que não se encontram em condições para deliberar sem a informação. A situação mais delicada reporta-se então à informação relevante para um determinado sócio, que importa uma análise daquilo que é do interesse da sociedade: se a suspensão dos trabalhos por não prejudicar o propósito deliberativo dos sócios ou, pelo contrário, o prosseguimento da sessão no intuito de obter uma deliberação dentro de determinado enquadramento temporal.

[204] *Infra*, 2.4., alínea a), V, pág. 208 e seg.

informação, paralelas àquela possibilidade de obtenção da sociedade dos esclarecimentos necessários.

Esta funcionalização da possibilidade de consulta de documentos e de inspecção de bens relativamente a propósitos informativos de uma determinada pessoa já se encontra previamente plasmada no nosso Código Civil, como tivemos no início do presente trabalho oportunidade de verificar[205]. Tal como então também constatámos, estas nossas faculdades não se encontram isentas de parâmetros próprios que justificam e limitam o campo de actuação de cada uma delas. Na altura verificámos que a consulta de documentos escritos se encontra fundamentada num interesse juridicamente atendível no respectivo exame (art.º 575.º do C.C.), enquanto que a apresentação da coisa a exame encontra-se relacionada com esclarecimento de uma dúvida acerca da existência ou conteúdo de um direito invocado relativamente a ela (art.º 574.º)[206].

Já no caso do sócio de uma sociedade comercial, os interesses que o seu direito social pretende prosseguir legitimam o recurso a estas faculdades, motivo pelo qual elas já se acham compreendidas no seio daquele direito. Desta forma, tal como ocorre com a possibilidade de obtenção de informações directamente da sociedade, a sua posição social justifica a possibilidade de recurso a estas outras faculdades, não de uma forma arbitrária, mas tendo em vista a satisfação de propósitos almejados pelo direito de que é titular. Estas faculdades encontram-se então ao serviço daqueles interesses do sócio fundamentados na sua participação na sociedade. Encontram-se, todavia, ao serviço de tais interesses *nos termos da lei e do contrato* (alínea *c*) do n.º 1 do art.º 21.º do C.S.C.).

---

[205] *Supra*, capítulo introdutório, ponto 3, II, pág. 32 e seg.

[206] As diferentes opções verificadas, em que num caso está em causa um *interesse juridicamente atendível no exame* e no outro um *direito invocado relativamente à coisa sujeita a exame*, justificam-se na diferente configuração destas faculdades. Pretende-se, no primeiro caso, a satisfação de um interesse sustentado na realidade que se encontra reproduzida pelo documento. Será esta que fundamentará esse interesse. Não é necessário algum direito em torno tanto do documento, como relativamente aos factos nele constantes, ao contrário do que se verifica no segundo caso em que é o direito invocado relativamente à coisa que sustenta o interesse no seu exame.

II. Percorrendo assim os vários regimes previstos para os tipos de sociedades que temos vindo a observar, verificamos que nas sociedades em nome colectivo o sócio goza de uma possibilidade de consulta aos documentos sociais e de inspecção aos bens da sociedade que não conhece limites legalmente impostos pelas normas respeitantes ao poder de informação neste tipo de sociedades (n.º 1 do art.º 181.º do C.S.C). Tal como a possibilidade de solicitar informações a respeito da gestão social, este sócio goza de uma ampla margem de actuação no que respeita a estas outras facetas deste seu poder, tendo em conta o envolvimento que ele regista relativamente à sociedade em que participa[207]. Essa margem de movimentação do sócio no seio societário acaba por transparecer este preciso envolvimento. São consequências naturais do nível de compromisso socialmente assumido.

Diferentemente se passam as coisas nas sociedades por quotas. Apesar de serem igualmente reconhecidas estas faculdades ao sócio, permite-se a intromissão do contrato de sociedade na regulação do seu poder de informação e das diversas modalidades que ele pode assumir (n.ºs 1 e 2 do art.º 214.º). O compromisso mais limitado que aqui verificamos do sócio para com a sua sociedade, quando comparado com o caso anterior, parece legitimar esta susceptibilidade do contrato de sociedade poder determinar que o poder de informação do sócio se exerça de acordo com determinadas circunstâncias[208].

Sem qualquer surpresa, encontramos nas sociedades anónimas um regime claramente limitativo no que respeita à consulta de documentos e à inspecção de bens sociais. O típico afastamento dos accionistas da vida social, em prol de uma determinada dinâmica de funcionamento que se pretende incutida no aparelho decisório societário, conduz a que o poder de informação do sócio seja cuidado-

---

[207] O que será naturalmente de esperar por parte de quem se responsabiliza ilimitadamente por essa sociedade. Reservamos, no entanto, uma especial atenção à possibilidade de reprodução de coisas ou documentos que aqui o sócio também pode recorrer (n.º 3 do art.º 181.º. *Infra*, 2.4., alínea *a)*, II, pág. 181 e seg.)

[208] Uma tipicidade que abordamos mais adiante, de modo a auxiliar-nos numa perspectiva mais aperfeiçoada acerca das flutuações que o poder de informação vai registando de sociedade em sociedade (*infra*, 2.3., pág. 171 e seg.).

samente regulado e mesmo limitado, por acabar aqui praticamente por ser visto como uma ingerência no seio da vida da sociedade.

III. A lei reserva então ao sócio uma possibilidade de consultar a escrituração, livros e documentos da sociedade. Paralelamente à possibilidade do sócio solicitar uma consulta a todos esses elementos, a lei reserva ainda circunstâncias em que a sociedade se encontra efectivamente obrigada a disponibilizar documentos para consulta dos seus sócios. Circunstâncias em que imperativos de ordem social justificam, logo à partida, essa informação. Recordamo-nos aqui dos casos relativos às assembleias destinadas a deliberações de operações de fusão, cisão ou transformação da sociedade (artigos 101.º, 120.º e n.º 3 do art.º 132.º do C.S.C.)[209] ou de realização de contratos de grupo entre sociedades (n.º 2 do art.º 492.º e n.º 1 do art.º 496.º)[210]. No fundo, circunstâncias em que o assunto parti-

---

[209] A respeito destas operações: José Gabriel Pinto Coelho, *"Lições de Direito Comercial: Obrigações mercantis em geral, obrigações mercantis em especial (sociedades comerciais) – Fascículo II"*, Vol. III, 2.ª edição, Lisboa, 1966, pág. 119 e seg.; José Tavares, *"Sociedades..."*, pág. 614 e seg.; Martins de Carvalho, *"Transformação de sociedades"*, in revista *"O Direito"*, n.º 68, 1936, pág. 131 e seg.; Menezes Cordeiro, *"Manual de Direito das Sociedades – Vol. I..."*, pág. 783 e seg.; Palma Carlos, *"Transformação de sociedades"*, in *"Revista da Faculdade de Direito de Lisboa"*, XIV, pág. 233 e seg; Pinto Furtado, *"Curso..."*, pág. 531 e seg. e Raúl Ventura, *"Fusão, Cisão, Transformação de sociedades – Comentário ao Código das Sociedades Comerciais"*, 3.ª reimpressão da edição de 1990, Livraria Almedina, Coimbra, 2006; *"Adaptação do Direito Português à terceira directiva do conselho da comunidade económica europeia relativa às fusões das sociedades por acções"* e *"Adaptação do Direito Português à sexta directiva do conselho da comunidade económica europeia relativa às cisões das sociedades por acções"*, Separata do BMJ n.º 10. Ao nível de doutrina estrangeira: Galgano, *"Diritto civile e commerciale"*, Vol. III, *"L'Impresa e le società"*, tomo 2, *"Le società..."*, 4.ª edição, Padova, CEDAM, 2004, pág. 480 e Gastone Cottino, *"Diritto commerciale"*, Vol. I, tomo II, *"Le società"*, 6.ª edição, 1999, pág. 641.

[210] Sobre estes contratos: Brito Correia, *"Grupos de sociedades"*, in *"Novas perspectivas do Direito Comercial"*, CEJ, Faculdade de Direito da Universidade Clássica de Lisboa, Livraria Almedina, Coimbra, 1988; Castro Silva, *"Das relações inter-societárias (sociedades coligadas)"*, in *"Revista do Notariado"*, 1986, n.º 4, pág. 259; Engrácia Antunes, *"Os grupos de sociedades..."*, pág. 911 e seg. e *"O direito de oposição judicial dos sócios livres"*, in *"Estudos dedicados ao Prof. Doutor Mário Júlio de Almeida Costa"*, UCP, 2002, pág. 839 e seg.; Lima Pinheiro, *"Contrato de*

cularmente em causa e sobre o qual se pretende que os sócios deliberem suscita a preparação e prévia disponibilização para consulta de projectos e documentação a eles anexa. A complexidade e importância que o assunto reveste em termos estruturais para a sociedade, tendo em conta a forte afectação que ele é susceptível de provocar na organização destinada à exploração da actividade social, justificam, por si e independentemente do tipo de sociedade em causa, a necessidade não só de convocar os sócios a pronunciarem-se sobre estes aspectos como de prepará-los desta forma para essa assembleia. O significado estrutural, portanto, de tais assuntos determina que os sócios, para se encontrarem minimamente habilitados a discutir e deliberar sobre eles, tenham que ter a possibilidade de consultar previamente à assembleia documentos pormenorizados a respeito da operação em causa.

De resto, para o sócio da sociedade em nome colectivo a consulta deverá ser promovida por sua própria iniciativa. Já não ocorre precisamente o mesmo nas sociedades por quotas, onde começamos a verificar casos de disponibilização obrigatória de documentos, em virtude do distanciamento que os sócios registam quando comparados com o envolvimento que, à partida, os sócios de uma sociedade em nome colectivo têm relativamente à vida e decisões sociais. Este facto determina que nessas sociedades por quotas a apreciação anual da situação da sociedade, portanto da gestão e contas sociais, já pressuponha uma prévia consulta dos sócios sobre o relatório de gestão e demais documentos relativos às contas[211]. Nas sociedades

---

Empreendimento Comum (Joint Venture) em Direito Internacional Privado", Colecção Teses, Almedina, 2003, pág. 269; Oliveira Ascensão, *"Direito Comercial..."*, pág. 588; Pedro Pais de Vasconcelos, *"Contratos atípicos"*, Colecção Teses, Almedina, 2002; Raúl Ventura, *"Contrato de subordinação"*, in *"Revista da Banca"*, n.º 25, 1993, pág. 35--54 e *"Novos estudos..."*, pág. 91-127. A nível de doutrina estrangeira: Hans-Georg Gromann, *"Die Gleichordnungskonzerne im Konzern- und Wettbe-werbsrecht"*, Carl Heymanns, Köln, 1979; Thomas Milde, *"Der Gleichordnungskonzern im Gesellschaftsrecht"*, Dunker & Humblot, Berlin, 1996 e Kristina Keck, *"Nationale und internationale Gleichordnungskonzerne im deutschen Konzern- und Kollisionsrecht"*, Peter Lang, Frankfurt am Main, 1998.

[211] Portanto, balanço, demonstração de resultados e respectivo anexo, entre outros (art.º 263.º do C.S.C). Como teremos aqui oportunidade ainda de verificar, chegados às sociedades anónimas, os documentos em apreço são ainda completados por pareceres e

anónimas, podemos afirmar que esse distanciamento se encontra praticamente institucionalizado, como podemos observar do preceituado nos artigos 288.º e 289.º do C.S.C, relativos a documentos disponíveis para consulta dos accionistas.

IV. Do caso previsto no art.º 288.º do C.S.C. emerge uma faculdade de consulta sobre documentos nesse preceito previstos que nem sequer é reconhecida a todo e qualquer accionista, mas unicamente àquele ou aqueles que consigam concentrar acções representativas de, ao menos, 1% do capital da sociedade. O frequentemente designado "direito de informação mínimo" nas sociedades anónimas nem sequer se revela assim como uma prorrogativa a que todos os sócios podem, à partida, ter acesso, pelo simples facto de assumirem esta qualidade para com a sociedade[212]. Mesmo reunindo a percentagem requerida por aquele preceito, o accionista necessita ainda de invocar um motivo justificado para essa consulta. Mais adiante analisaremos o seu significado.

Os factos expostos revelam claramente uma faculdade de consulta demarcada pelo afastamento da generalidade dos accionistas relativamente à vida social que tipifica este tipo de sociedades. Se algumas dúvidas restassem sobre este facto, elas seriam de imediato dissipadas ao observamos o teor dos elementos que, ao abrigo do art.º 288.º, o accionista pode consultar:

"*a) Os relatórios de gestão e os documentos de prestação de contas previstos na lei, relativos aos três últimos exercícios, incluindo os pareceres do conselho fiscal, da comissão de auditoria, do conselho geral e de supervisão ou da comis-*

---

relatórios de fiscalização (alínea *e)* do n.º 1 do art.º 289.º), no fundo de documentos que reflectem uma função fiscalizadora que certamente, noutras sociedades, acaba por ser exercida pelos sócios.

[212] A terminologia referida no texto é utilizada frequentemente pela nossa doutrina e tribunais de modo a destacar o carácter graduado do poder de informação nas sociedades anónimas, contrastando assim com o "direito de informação colectivo" previsto no art.º 291.º, unicamente reconhecido ao titular ou titulares de acções representativas de 10% ou mais do capital social. A este respeito, no entanto, dedicamos uma especial atenção mais adiante (*infra*, capítulo III, 1.2., alínea *b),* II, pág. 250 e seg.).

são para as matérias financeiras, bem como os relatórios do revisor oficial de contas sujeitos a publicidade, nos termos da lei;
b) As convocatórias, as actas e as listas de presença das reuniões das assembleias-gerais e especiais de accionistas e das assembleias de obrigacionistas realizadas nos últimos três anos;
c) Os montantes globais das remunerações pagas, relativamente a cada um dos últimos três anos, aos membros dos órgãos sociais;
d) Os montantes globais das quantias pagas, relativamente a cada um dos últimos três anos, aos 10 ou aos 5 empregados da sociedade que recebam as remunerações mais elevadas, consoante os efectivos do pessoal excedam ou não o número de 200;
e) O documento de registo de acções."[213]

Como é possível observar, os elementos acima descritos permitem que se resuma, ainda que genericamente, a vida da sociedade nos últimos três anos. Elementos que permitem ao accionista uma análise da evolução social durante esse período, tendo por base aspectos essenciais para a existência e funcionamento da sociedade: A sua situação financeira; a intervenção dos accionistas no seio das deliberações da sociedade; as remunerações pagas aos membros dos órgãos sociais e principais empregados da sociedade e por último as próprias acções. Mais do que sobre a sociedade, enquanto pessoa jurídica, trata-se de uma genérica percepção em torno da evolução da empresa social nos últimos três anos[214].

---

[213] N.º 1 do art.º 288.º do C.S.C. (Itálico nosso).

[214] Diferente será uma análise à utilidade que esta informação pode revelar para esse accionista. Convém ter em conta que, em sociedades com uma larga dispersão do seu capital, 1% de participação significa a titularidade de centenas senão mesmo milhares de acções. Não podemos, portanto, cair na errónea percepção de que nos encontramos sempre perante um accionista de *pequena* dimensão. O impacto que este tipo de conhecimento, da parte de um accionista como o que agora descrevemos, pode vir a gerar no mercado assume assim proporções completamente distintas das que se poderão esperar de um pequeno investidor. Por outro lado, convém identicamente reter que o conhecimento sobre a evolução da empresa social durante os últimos três anos pode não significar um

Ora, não haveria pertinência na disponibilização destes elementos se eles fossem previamente do conhecimento do accionista que reúne por volta de 1% de participação no capital social, o que atesta o afastamento a que temos feito alusão. Sob outro prisma, a sociedade anónima resume a ingerência consultiva do sócio a estes elementos, unicamente reconhecendo-lhe legitimidade – ou melhor, interesse que legitime aquela ingerência – na medida e relativamente a esses elementos. O compromisso para com a sociedade não justifica uma maior flexibilidade no fonecimento de adicionais elementos. Não é, por assim dizer, do interesse da sociedade.

Referimos ainda há pouco a necessidade do accionista ter que invocar "motivo justificado" para a consulta (uma vez mais, n.º 1 do preceito em análise). A invocação deste motivo não tem sido objecto de um tratamento muito desenvolvido por parte dos nossos autores, o que certamente justifica ainda mais uma passagem por esta exigência que deixa perigosamente transparecer a ideia de que a situação em que o sócio se encontra investido na sociedade e o direito de que ele é titular não constituem motivo suficiente para justificar a consulta aos elementos atrás referidos.

Assim, segundo RAÚL VENTURA, esse motivo terá necessariamente que se encontrar relacionado com um dos aspectos descriminados naquele n.º 1 do art.º 288.º, tendo, de resto, que se reflectir num interesse sério e relevante na informação solicitada[215]. Já MENEZES CORDEIRO salienta que essa invocação pretende dar seriedade à consulta pretendida, de modo certamente a evitar comportamentos abusivos do accionista que persista em consultar aqueles elementos, mesmo quando eles já se encontrem directamente acessíveis ou quando ele os tenha recentemente consultado[216]. Por último, COUTI-

---

conhecimento sobre a real situação em que ela presentemente se encontra. Muitas são as operações levadas a cabo que só têm reflexo nas contas da sociedade muito tempo após a conclusão das mesmas. A sociedade pode, ao tempo daquela consulta, se encontrar a levar a cabo uma determinada operação num mercado estrangeiro que só posteriormente terá um reflexo na contabilidade social.

[215] "Novos estudos...", pág. 135-136.
[216] "Manual de Direito das Sociedades – Vol. II...", pág. 571. O distinto autor chama ainda atenção para o facto de qualquer accionista, ainda que titular de uma única

NHO DE ABREU, revelando uma posição critica face à solução restritiva consagrada, apela a uma interpretação ampla sobre o motivo justificado que pode ser invocado, aceitando até que o propósito corporativo do accionista possa aqui ser enquadrado[217].

Face ao que os ilustres autores agora referidos aqui nos deixaram, não podemos muito respeitosamente concordar com esta possibilidade do accionista simplesmente poder invocar que pretende saber o que se passa na sociedade para logo poder aceder aos elementos desta que anteriormente referimos. Tal constituiria precisamente o argumento necessário e motivador para aqueles comportamentos abusivos que se pretendem evitar[218]. Sendo correcto que a sociedade também lhe pertence, não é menos verdade que ele unicamente tem uma quota-parte na proporção da participação na sociedade e que tão pacificamente constitui o "termómetro" dos interesses desse accionista no projecto societário. Consequentemente, seria até incongruente permitir ao accionista com 1% de representação no capital que, para poder aceder àqueles documentos sociais, meramente alegasse estar interessado em saber sobre o que se passa na sociedade. Acabaria por fazer "cair por terra" qualquer utilidade que se pudesse reconhecer a esta exigência relativa à invocação de um motivo justificado[219].

---

acção, poder obter informações da sociedade, nem que seja recorrendo ao regime previsto no art.º 573.º do C.C. que não lhe é privado pelo simples facto da posição privilegiada que ele tem na sociedade lhe conferir, por natureza, um poder informativo muito próprio (ver, a este respeito, Ac. do STJ, de 16/12/93, in www.dgi.pt, relator Roger Lopes, última consulta feita em 06/03/06, sob o termo "Obrigação de informação").

[217] *"Curso...Vol. II"*, pág. 257-258. Nas palavras esclarecedoras do próprio: *"Por sua vez, deve interpretar-se muito latamente o "motivo justificado" referido no n.º 1 do art. 288.º. O simples desejo de os sócios conhecerem o que vai sucedendo na "sua" sociedade (na sociedade de que fazem parte e onde, além do mais, têm interesses nada insignificantes) é motivo bastante para a consulta."* (obra citada, pág. 258. Itálico nosso).

[218] E que Coutinho de Abreu curiosamente também destaca, ao citar um acórdão da Relação do Porto (de 17/01/2000, in CJ, 1.º, pág. 184), que entendeu não pertencer ao foro da *gestão da sociedade* as informações que o sócio solicite que já se encontrem previamente disponíveis para consulta da sua parte (*"Curso...Vol. II"*, nota de rodapé n.º 116).

[219] Até porque cremos que a importância da invocação do motivo justificado não se reporta a uma necessidade de definir se o accionista está interessado em saber o que

Importaria reter, por outro lado, que o accionista não tem que invocar um excepcional ou especial motivo para essa sua consulta. Por outras palavras, não terá que alegar circunstâncias ou propósitos que não se encontrem já legitimados na posição privilegiada que assume na sociedade. No fundo, o accionista não terá que invocar outros e adicionais motivos para justificar a sua pretensão consultiva, para além daquele ou daqueles que já lhe conferem essa possibilidade e que se encontram precisados na qualidade e posição assumidas na sociedade.

Mas terá, todavia, que os invocar. Assim o possibilita a lei, ao determinar que o poder de informação é configurável nos termos da lei e do contrato e consequentemente sensível, de acordo com a forma como o regime informativo se encontra tratado no Código das Sociedades Comerciais, ao tipo de sociedade em que o sócio se encontra[220]. No caso das sociedades anónimas, a possibilidade de interferência dos mais diversos accionistas – especialmente daqueles com participações mais insignificantes – conduz a comportamentos defensivos da parte da sociedade e mesmo restritivos relativamente a possíveis ingerências de todo e qualquer sócio que se revelem, por esse preciso motivo, susceptíveis de paralisar a vida social. Conduz, nomeadamente no que respeita a este poder de consulta mínimo, à necessidade de verificar se os propósitos que concretamente motivam o accionista são verdadeiramente legítimos ou nada mais constituem do que um abuso da posição e qualidade que ele assume na sociedade. Esta conclusão condiciona a que esse motivo não possa resultar na mera invocação estereotipada ou genérica de interesses que o accionista sabe que pode legitimamente prosseguir, enquanto sócio da sociedade. Embora tendo consciência que pode exercer as faculdades informativas que lhe assistem com uma preocupação de fiscalização, ele não pode se limitar a uma invocação genérica desse propósito que todos reconhecem existir na justa medida da sua

---

se passa na sociedade, pois se assim não fosse, não se explicaria a intenção de consulta dos documentos sociais. Parece-nos antes que essa invocação se encontra mais orientada para uma verificação da legitimidade ou seriedade dos interesses do accionista na consulta.

[220] *Supra*, 1.1., III, pág. 111-113.

participação. Em tais circunstâncias terá que concretamente referir o propósito fiscalizador, ou seja o que pretende concretamente verificar, confirmar ou atestar[221].

A necessidade de invocação do motivo justificado para *aquela* consulta em concreto permite à sociedade a prossecução daquilo que cremos que aquele disposto normativo pretende verdadeiramente alcançar: não de impedir o acesso de sócios à vida social, mas impedir que tal implique ingerências abusivas, ilegítimas portanto, susceptíveis de vir a paralisar a vida e funcionamento societários. Simultaneamente, a sociedade consegue assim discernir, caso a caso, a legitimidade do propósito da ingerência consultiva do accionista, organizando e disponibilizando a informação que este pretende precisamente aceder[222]. O sócio não tem assim que invocar pressupostos que já se verificam na participação social que tem na sociedade. Tem sim, até por motivos relacionados com a organização da própria informação a disponibilizar, que invocar concretamente o que pretende consultar, reflectindo assim o propósito justificativo que, naquele caso, o motiva.

V. Nas sociedades anónimas encontramos ainda a necessária disponibilização de documentos sociais para consulta dos accionistas previamente à realização de uma assembleia geral, mais concretamente durante os quinze dias anteriores à data prevista para a sua realização (n.º 1 do art.º 289.º do C.S.C.)[223].

---

[221] Por exemplo, invocando que pretende verificar se foram, nos últimos três anos, pagos prémios adicionais – e, em tais circunstâncias, a que título foram pagos – a membros de determinado órgão social, ou então a determinados empregados.

[222] Partindo humildemente do pressuposto que a nossa interpretação é correcta, cremos que ela subentende um problema bem mais amplo do que o estigma que nos encontramos aqui a situar relativamente ao poder de consulta mínimo do accionista. Por esse motivo, tratamos, sob uma mesma temática, este tipo de problemas (*infra*, 2.4., alínea *b)*, pág. 212 e seg.)

[223] De notar, por ora, na referência ao facto da informação se encontrar disponível *durante os quinze dias anteriores à data da assembleia,* em contraste com o que já se verifica na disponibilização obrigatória de elementos para consulta nas sociedades por quotas, caso em que os respectivos documentos deverão se encontrar disponíveis na sede desde a *data de expedição da convocatória* (n.º 1 do art.º 263.º do C.S.C.). Embora dediquemos a devida atenção à forma de consulta destes documentos mais adiante (*infra*,

Contrariamente ao verificado no caso anterior, esta informação não tem que se encontrar disponibilizada a título permanente, susceptível de consulta a todo o momento por quem preencha os requisitos para esse feito. Tem que ser disponibilizada aquando da realização de um determinado evento: a assembleia de sócios. Essa coincidência temporal com este acontecimento atesta a relação funcional existente entre a informação em apreço e a assembleia, aliás como a própria epígrafe do preceito legal citado não deixa de transparecer. Trata-se pois de informação destinada a preparar quem pretenda participar na assembleia, de modo a assegurar uma correcta e esclarecida forma de intervenção nesse órgão deliberativo[224].

Encontramo-nos perante uma obrigação destinada, previamente a essa assembleia, a permitir aos accionistas o conhecimento sobre os seguintes aspectos:

"*a) Os nomes completos dos membros dos órgãos de administração e de fiscalização, bem como da mesa da assembleia geral;*

b) A indicação de outras sociedades em que os membros dos órgãos sociais exerçam cargos sociais, com excepção das sociedades de profissionais;

c) As propostas de deliberação a apresentar à assembleia pelo órgão de administração, bem como os relatórios ou justificação que as devam acompanhar;

d) Quando estiver incluída na ordem do dia a eleição de membros dos órgãos sociais, os nomes das pessoas a pro-

---

capítulo IV, 1, III, pág. 296-298) não poderíamos deixar de destacar esta diferença que transmite a ideia de que, enquanto na sociedade por quotas a informação preparatória é reforçadamente destinada a preparar *aquele* sócio para a assembleia, já nas sociedades anónimas essa informação se destina *a todos os accionistas que nela possam e queiram participar.*

[224] Aquando da referência às informações solicitadas em assembleia, tivemos a oportunidade de introdutoriamente efectuar um determinado enquadramento também relativamente a esta obrigação de disponibilização de elementos para consulta dos sócios, previamente a uma assembleia. Cremos que a remissão para o que então expusemos certamente facilitará agora uma contextualização desta obrigação e dos propósitos genéricos que ela pretende alcançar, sendo desnecessário reproduzir o que então ficou vazado a este respeito (*supra*, 2.1., alínea *b)*, II, pág. 140, último parágrafo). Tratamos aqui dos aspectos típicos relativos a este regime.

por, as suas qualificações profissionais, a indicação das actividades profissionais exercidas nos últimos cinco anos, designadamente no que respeita a funções exercidas noutras empresas ou na própria sociedade, e do número de acções da sociedade de que são titulares;
e) Quando se trate da assembleia geral anual prevista no n.º 1 do artigo 376.º, o relatório de gestão, as contas do exercício, demais documentos de prestação de contas, incluindo a certificação legal das contas e o parecer do conselho fiscal, da comissão de auditoria, do conselho geral e de supervisão ou da comissão para as matérias financeiras, conforme o caso, e ainda o relatório anual do conselho fiscal, da comissão de auditoria, do conselho geral e de supervisão e da comissão para as matérias financeiras" (n.º 1 do preceito em referência. Itálico nosso)

"2 – Devem igualmente ser facultados à consulta dos accionistas, na sede da sociedade, os requerimentos de inclusão de assuntos na ordem do dia, previstos no artigo 378.º" (n.º 2. Itálico nosso)

Dos elementos acima transcritos, podemos compreender que todos eles se destinam a possibilitar um conhecimento geral dos mais diversos aspectos sociais. Embora semelhante, neste aspecto, com o caso que identificámos no art.º 288.º do C.S.C.[225], esta nossa obrigação de informação preparatória já se distingue no conjunto de elementos concretamente a disponibilizar, tendo em conta que eles se encontram referenciados em função da assembleia cuja realização se encontrada marcada, orientados para assegurar o mínimo de preparação e conhecimento dos accionistas previa e relativamente a ela[226].

---

[225] *Supra*, IV, pág. 156-158.
[226] O propósito que conduz à necessidade de disponibilização deste tipo de informação tem levado a que se tenha questionado se a enumeração constante em preceitos como aquele presentemente em análise é ou não taxativa. No fundo, estará ou não a sociedade limitada a unicamente fornecer os elementos agora referidos ou estará, por seu turno, adstrita a disponibilizar previamente todo e qualquer documento relativamente a assuntos que revelem uma especial complexidade, de forma a justificar esta prévia preparação dos

Por outro lado – contrariamente a outros casos previstos na nossa lei societária que impõem uma obrigação de disponibilização de elementos para consulta previamente à assembleia, em razão da complexidade e importância que caracterizam o assunto sujeito à devida apreciação[227] – no nosso caso acresce uma outra preocupação: a de colmatar o desconhecimento de todo um conjunto de aspectos importantes da vida social, resultante do afastamento caracterizador dos accionistas do centro decisório da sociedade e que, em tempo de assembleia, certamente colocará em causa a capacidade destes sócios intervirem esclarecidos do contexto e propósito em que se situa a sua convocação. Com efeito, esse afastamento suscita igualmente problemas aquando da convocação dos accionistas para se pronunciarem sobre determinado assunto, uma vez que coloca em causa um conhecimento esclarecido sobre esse assunto e o quadro social em que ele se situa[228]. Uma vez mais, esse afastamento determina um regime informativo mais completo do que o verificado noutras circunstâncias, especialmente neste caso onde os accionistas são chamados a pronunciarem-se sobre assuntos respeitantes à sociedade e para tomar decisões que formarão a vontade social.

Esta faculdade informativa foi sendo objecto, especialmente no que concerne aos elementos a disponibilizar previstos na alínea *d)* do n.º 1 do art.º 289.º do C.S.C., de inúmeros problemas e apon-

---

sócios? Cremos que a questão, em bom rigor, deve ser colocada em qualquer sociedade que se depare perante a necessidade de uma deliberação sobre um assunto que revele essa especial complexidade ou importância e não unicamente no caso em análise no texto. Por outro lado, em nosso entendimento, a questão não deve ser colocada em termos de taxatividade ou não dos elementos legalmente descritos. Cremos sim que nada obsta a que o contrato de sociedade intervenha no sentido de adicionalmente prever casos e circunstâncias em que a sociedade tenha que previamente à assembleia disponibilizar os documentos respeitantes ao assunto em apreço.

[227] *Supra*, III, pág. 154-155.

[228] Embora alguns dos elementos a facultar não se encontrem directamente relacionados com o assunto sujeito a deliberação, eles são essenciais para uma percepção do contexto social em que os accionistas chamados a intervir se vão pronunciar. No fundo, como pode o accionista emitir uma opinião fundamentada sobre determinado assunto da sociedade se nem sequer tem uma mínima noção de quem se encontra a exercer funções nos respectivos os órgãos sociais? Como pode se pronunciar esclarecidamente e em consciência sobre aquilo que entende de mau ou de bom para essa sociedade?

tamentos críticos suscitados ao longo do tempo. Cremos, no entanto, que a maior parte deles foi sendo resolvida através das redacções que a este respeito também se foram sucedendo.

Um dos primeiros apontamentos então realizados colocava as suas atenções nas circunstâncias em que fossem os accionistas a propor pessoas para o órgão de administração, faculdade essa que ainda hoje não parece excluir a sociedade de ter que, previamente à assembleia, disponibilizar os elementos relativos a essas pessoas para consulta pelos demais accionistas. Ora, essa possibilidade dos accionistas proporem pessoas para o órgão de administração não lhes permitia, face à versão originária do n.º 1 do art.º 289.º, uma comunicação atempada à sociedade dos dados referentes a elas, para que esta posteriormente os colocasse à disposição para consulta dos restantes accionistas. Isto porque essa versão determinava que os elementos a serem facultados aos accionistas teriam que se encontrar disponíveis para consulta a partir da data de convocação da assembleia. Ora, sendo certo que é precisamente a partir do conhecimento da convocatória que os accionistas tomam consciência do assunto sujeito a deliberação, somente a partir desse momento é que eles poderão tomar a iniciativa de propor e comunicar à sociedade os dados referentes às pessoas candidatas ao órgão em questão, algo então que impediria inicialmente a sociedade de colocar tais elementos à disposição para consulta desde a data daquela convocação[229].

Esta questão cremos ter ficado resolvida com a redacção fornecida pelo Decreto-lei n.º 328/95 de 9 de Dezembro, que alterou o prazo relativo à disponibilização dos elementos susceptíveis de consulta pelos accionistas para a solução actualmente consagrada. Hoje prevê-se que tais elementos tenham que se encontrar à disposição dos accionistas dentro dos quinze dias anteriores à data da assembleia, sem depender de uma convocação que, no caso referido, jamais poderia ser respeitada. De facto, os momentos da convocação e do inicio daqueles quinze dias anteriores à assembleia não são

---

[229] Raúl Ventura, *"Novos estudos..."*, pág. 142. O ilustre autor receitava, como solução, a possibilidade de depósito desses elementos até ao momento da reunião, não podendo a possibilidade dos accionistas proporem pessoas para o órgão de administração prejudicar-se perante uma incongruência da lei.

coincidentes[230], o que possibilita a cautela, ao convocar e marcar a data da assembleia, de permitir que aqueles accionistas possam atempadamente fornecer os dados referentes às pessoas que pretendem propor[231].

Uma outra questão – igualmente relacionada com a alínea *d)* em apreço – que também cremos ter ficado recentemente resolvida com a entrada em vigor do Decreto-lei n.º 76-A/2006 de 29 de Março, relacionava-se com o facto de, não obstante o disposto em referência se referir a assuntos relativos à eleição de membros dos órgãos sociais em geral, ele posteriormente impor à sociedade a disponibilização de elementos referentes unicamente às pessoas a propor para o órgão de administração, quando nada indicava alguma justificação para uma descriminação informativa relativamente aos membros dos vários órgãos sociais. O significado e propósito informativos seriam em tudo idênticos. Esta falta de coerência patente no texto daquele

---

[230] Em bom rigor, nem o podem ser, tendo em conta que entre a última publicação da convocatória e a assembleia tem necessariamente que mediar um mês e entre a expedição de cartas registadas ou mensagens de correio electrónico e a assembleia, pelo menos, vinte e um dias (de acordo com a nova redacção do n.º 4 do art.º 377.º do C.S.C., dada pelo Decreto-lei n.º 76-A/2006 de 29 de Março que, mesmo assim, não procedeu a qualquer alteração aos prazos nesse preceito até então previstos). Chamamos, no entanto, a atenção para a salvaguarda que fazemos na nossa nota seguinte.

[231] Naturalmente que mesmo assim pode ocorrer a eventualidade da convocatória por carta registada unicamente chegar ao conhecimento do accionista já se encontrando a decorrer o prazo de quinze dias previsto no n.º 1 do art.º 289.º, ou então a sociedade não ter a cautela de marcar a data da assembleia com margem suficiente para permitir o fornecimento atempado dos elementos referentes às pessoas a propor. Questões estas que eventualmente sustentaram a persistência de certos autores na colocação do problema, mesmo após as alterações daquele diploma de 95 (como Henrique Sousa Antunes, obra citada, pág. 265-266, com especial atenção para a nota 100). Todavia, tal não constitui razão, perante essas situações, para a defesa de uma solução que pode frustrar absolutamente o interesse informativo da comunidade dos accionistas previsto naquele art.º 289.º (como sucede perante o apelo a soluções que passem pela possibilidade de fornecimento dos elementos até ao inicio da reunião: ver Raúl Ventura e Henrique Sousa Antunes, obras e páginas citadas em último lugar). Nada impede uma solução casuística mais razoável – para os interesses que se encontram em conflito – que procure não sacrificar absolutamente um interesse para fazer prevalecer o outro (por exemplo: o prazo de cinco dias para a comunicação dos elementos das pessoas a propor para o órgão, já considerado em regimes como o previsto no n.º 2 do art.º 378.º, relativamente à inclusão de assuntos na ordem do dia).

disposto normativo veio a ser corrigida através do diploma agora referido. Após as alterações devidas, aquela alínea passou a referir--se à disponibilização dos elementos referentes às pessoas a propor para os órgãos da sociedade em geral[232].

Uma última palavra relativamente à possibilidade de considerar a extensão do regime previsto na alínea *d)* ao caso relativo da eleição dos membros dos órgãos sociais de uma sociedade por quotas. Efectivamente, já têm surgido algumas decisões dos nossos tribunais no sentido de aceitar tal aplicação, por remissão supostamente permitida pelo disposto no n.º 1 do art.º 248.º do C.S.C[233].

Não podemos concordar com tal posição. Em bom rigor, para além das dúvidas que sempre se poderão levantar em torno do âmbito de tal remissão – se esta se estende ou não a momentos anteriores e preparatórios da assembleia e não a esta propriamente dita – não podemos aceitar que se aproveite o facto daquele disposto unicamente salvaguardar o que se achar especialmente previsto nas sociedades por quotas para aplicar tudo o que respeita às sociedades anónimas, perante o silêncio do legislador. Trata-se de uma interpretação sistemática que não cuida do propósito e da *ratio* em que esse legislador se apoiou para criar determinado tipo de regimes. Como

---

[232] Raúl Ventura, *"Novos estudos..."*, pág. 141. O autor em apreço assumia, aliás, uma posição muito critica relativamente aos casos previstos naquela alínea. Para ele, seria ainda necessária a possibilidade de consulta de elementos adicionais referentes às pessoas a propor: desde a nacionalidade, a idade, o domicilio, as relações de família com outros administradores e os motivos de cessação de funções noutras empresas ou sociedades (*"Novos estudos..."*, pág. 141-142). Com excepção do último elemento, que diz respeito a um foro profissional, não nos parece que o preceito em apreço tenha pretendido uma ingerência num campo que é sempre delicado, relativo à vida privada das pessoas, isto sem prejuízo de que qualquer informação adicional será certamente bem recebida pelo seu respectivo destinatário, pois vai auxiliá-lo na formulação de um juízo mais completo. Parece-nos no entanto, salvo melhor interpretação, que aquele disposto normativo pretendeu considerar como elementos mínimos de informação aqueles referentes ao campo profissional, considerando necessário então que o accionista tenha ao seu dispor dados que lhe permitam efectuar um juízo exclusivamente nesse campo.

[233] Neste sentido: Ac. do STJ, de 09/07/98, in BMJ, 429.º, pág. 627. A mesma linha de raciocínio constante deste acórdão tem sido usada para justificar a extensão de outros elementos para as sociedades por quotas, como a prévia disponibilização das propostas de deliberação (alínea *c)* do n.º 1 do art.º 289.º do C.S.C.), como verificamos no Ac. do RE, de 04/06/92, in BMJ, 418.º, pág. 892.

cremos, no presente ponto, ter deixado claro, a informação preparatória das assembleias de accionistas – tal como se encontra configurada pelo nosso já conhecido art.º 289.º do C.S.C. – sustenta-se em razões e vicissitudes muito próprias e típicas do modelo de funcionamento das sociedades anónimas. Como atrás referimos, procura-se a disponibilização daqueles elementos de modo a colmatar um desconhecimento que se espera como regra da generalidade dos accionistas, tendo em conta o seu afastamento que inúmeras vezes aqui salientámos, relativamente à vida social. Propósitos e necessidades informativas que encontramos tipicamente neste tipo de sociedades que impossibilita à partida o reconhecimento, como regra, de semelhanças com outras situações que possam permitir a extensão da remissão acima referida[234].

VI. Não poderíamos fechar o ponto que temos vindo, nas últimas páginas, a desenvolver sem uma brevíssima passagem pelo "desconhecido" poder do sócio de inspecção sobre os bens sociais. Paralelamente a uma possibilidade de obtenção de esclarecimentos directamente prestados pela sociedade ou de consulta dos livros, escrituração e documentos sociais, o sócio encontra-se ainda habilitado a poder examinar os bens sociais.

Tal como as anteriores faculdades informativas, este poder de inspecção dos bens da sociedade encontra igualmente os seus precedentes no Código Civil, mais concretamente na obrigação de apresentação de coisas a exame (art.º 574.º). Semelhantemente a obrigações da mesma natureza, ela também se fundamenta, por seu turno, em pressupostos próprios: o esclarecimento acerca da existência ou conteúdo de um direito, pessoal ou real, ainda que condi-

---

[234] Concordando com esta posição: Ac do RP, de 26/10/99, in CJ, 4.º, pág. 227. De salientar que a nossa oposição vai unicamente no sentido de não aceitar uma *obrigação legalmente fixada* da sociedade previamente disponibilizar este tipo de informações, nas condições impostas pelo art.º 289.º. O maior envolvimento do sócio na sociedade por quotas em que participa certamente lhe permitirá a solicitação de informações que o possam auxiliar no esclarecimento dos mesmos aspectos. Acresce ainda a possibilidade de intervenção contratual que tipifica este tipo de sociedades, que sempre permitirá a possibilidade de estipulação de elementos obrigatória e previamente disponíveis para consulta pelos sócios.

cional ou a prazo, relativo à coisa[235]. No caso do sócio, este pressuposto vê-se substituído pela posição que particularmente se projecta na sociedade, que é bastante para legitimar este tipo de intervenção sobre os bens sociais. O direito do sócio constitui, desta forma, o pressuposto essencial para esse poder. É no propósito e parâmetros desse direito que encontramos reflectido este nosso poder. Consequentemente, ele só pode ser visto no âmbito e na perspectiva do direito que sustenta a situação jurídica do sócio.

O poder de inspecção sobre os bens sociais encontra consagração expressa tanto nas sociedades em nome colectivo (n.º 1 do art.º 181.º do C.S.C.), como nas sociedades por quotas (n.º 1 do art.º 214.º) em termos muito semelhantes, unicamente distanciados posteriormente pela possibilidade de intervenção do contrato de sociedade que se encontra expressamente referida neste último caso. Curiosamente, não encontramos no regime relativo às sociedades anónimas qualquer tipo de tratamento relativamente a este poder.

A omissão em apreço suscita a necessidade de clarificar se, neste último tipo de sociedades, o accionista goza ou não de um poder de inspeccionar os bens sociais. Podemos afirmar que já encontrámos, entre nós, as duas opiniões defendidas, sintomático da credibilidade dos argumentos que as sustentam[236].

No sentido afirmativo é possível invocar a referência genérica a um poder do sócio de informação sobre a vida da sociedade, previsto na alínea *c)* do n.º 1 do art.º 21.º, que conjugado com o silêncio do legislador no que respeita às sociedades em apreço, seria revelador de que a lei reconheceria a existência de um tal poder de inspecção.

A nossa sensibilidade cedo nos desperta, no entanto, para o carácter dinâmico que se pretende ver incutido no aparelho orgânico próprio da sociedade em causa – imune a fortes intervenções e ingerências informativas dos sócios – que nos parece claramente agredido a partir do momento em que admitíssemos um poder desta

---

[235] *Supra*, capítulo introdutório, ponto 3, II, pág. 32 e seg.
[236] Aceitando a existência de tal poder: Brito Correia, *"Direito Comercial – 2.º Vol..."*, pág. 319 e João Labareda, *"Das acções..."*, pág. 175-176. Defendendo a posição oposta: Carlos Pinheiro Torres, obra citada, pág. 124-125.

projecção por parte de todo e qualquer accionista. Com efeito, seria precisamente de esperar, tendo em conta tudo aquilo que temos visto a respeito destas sociedades, que não fosse de tolerar a existência de uma tal faculdade. Contrariamente ao inicialmente argumentado em defesa daquela primeira perspectiva, o silêncio do legislador a este respeito só poderá querer transmitir a insustentabilidade para a vida, autonomia e funcionamento societários a possibilidade do accionista, independentemente das acções de que fosse titular, poder ingerir no seio empresarial e inspeccionar os bens afectos à prossecução dos fins da sociedade. O regime informativo relativamente às sociedades anónimas é friamente claro: o accionista goza de um poder de informação nos termos e casos nele previstos, de mais nenhuma outra forma. Regime esse que fundamentadamente não contempla a faculdade em questão.

A lei refere que este poder do sócio recai sobre os bens sociais, os bens portanto da sociedade (n.º 1 do art.º 181.º e n.º 1 do art.º 214.º). Convirá, no entanto, perceber que a sociedade pode afectar os bens destinados a auxiliá-la na prossecução dos seus objectivos basicamente de duas formas distintas: a título definitivo ou temporário[237]. Ainda que se encontrando afecto temporariamente aos propósitos sociais, o bem não deixa de poder ser considerado um bem social. Nesta medida, ainda que se tratando de bens que não pertencem propriamente à sociedade, o sócio pode exercer o seu poder de inspecção, tendo em conta os propósitos que este poder procura servir. Tratando-se da satisfação dos interesses do sócio relativamente à sua posição na sociedade, será de esperar que esses interesses reflictam também uma possibilidade de verificar e examinar os bens da sociedade, tendo em conta o fim para que eles foram afectos, não obstante a forma como foram afectos.

O acima exposto serve-nos, por outro lado, para realçar o âmbito empresarial deste poder de inspecção. Efectivamente, procurando o

---

[237] No primeiro caso, a sociedade é proprietária do bem em causa. Já no segundo, ela assume uma exploração temporária, precária do bem. A respeito da possibilidade do sócio realizar a sua entrada mediante a constituição, em benefício da sociedade, de um direito de gozo sobre um determinado bem: Alexandre Soveral Martins/Maria Elisabete Ramos, obra citada, pág. 118 (com especial atenção às notas 69 e 70); Ferrer Correia, *"Lições..."*, pág. 208-209; Coutinho de Abreu, *"Curso...Vol. II"*, pág. 268 e seg.

poder em causa uma inspecção sobre os bens que se encontram afectos à exploração da actividade social, somos necessariamente reconduzidos ao âmbito da organização empresarial e dos mais diversos meios – humanos, materiais e imateriais – que são susceptíveis de integrar essa organização orientada e estruturada para o exercício da actividade da sociedade[238].

2.3. A intervenção regulamentadora do contrato de sociedade

I. Como já tivemos a possibilidade de anteriormente fazer referência, o poder de informação do sócio sobre a vida da sociedade é configurado nos termos da lei e do contrato (alínea c) do n.º 1 do art.º 21.º do C.S.C.)[239]. Não obstante o percurso que até aqui efectuámos e que nos permitiu uma imagem sobre a forma como este poder é tratado pela lei ao longo dos vários tipos societários, só nas sociedades por quotas é que encontramos uma expressa possibilidade de intervenção do contrato de sociedade na configuração desse poder (n.º 2 do art.º 214.º)[240].

---

[238] O que nos abre precedentes relativamente aos limites deste poder de inspecção. No fundo, até onde pode ir a inspecção dos bens da sociedade? Poderá se estender até à fiscalização de contas bancárias ou da produção dos trabalhadores da empresa? Não temos a pretensão de procurar responder a todas as perguntas que a este respeito poderiam ser efectuadas. Não vemos problemas em aceitar, no entanto, esta perspectiva relativamente a um poder que, no fundo, se encontra envolvido no seio das relações próximas de um sócio para com a sociedade em nome colectivo ou por quotas em que participa, onde, regra geral, o tecido empresarial não se ressente – pela simplicidade que, à partida, reveste neste tipo de casos – da intenção de inspecção de um sócio. De qualquer das formas, para quem se revele mais receoso para com esta perspectiva, convém ter em conta que o compromisso do sócio na sociedade não deixa de ser aferido na justa medida da sua participação e que, no caso das sociedades por quotas, sempre dispomos de um contrato de sociedade que pode intervir para repor o equilíbrio no caso concreto.

[239] *Supra*, capítulo I, ponto 2, pág. 102-104.

[240] O que nos suscita, como seria de esperar, a curiosidade em apurar se, no entanto, as disposições previstas para a sociedade por quotas, a respeito dessa possibilidade de intervenção, não podem se estender a outros tipos societários, nomeadamente sociedades em nome colectivo e sociedades anónimas. Tratemos, em primeiro lugar, de analisar a margem de actuação do contrato de uma sociedade por quotas, para posteriormente verificarmos as hipóteses aqui colocadas.

Procurando sintetizar aquilo que pode ser reconhecida como intervenção legítima do contrato de sociedade na configuração deste poder, o n.º 2 do art.º 214.º prevê o seguinte: Em primeiro lugar, o contrato de sociedade pode intervir no campo respeitante ao poder de informação dos sócios, com um intuito regulamentador[241]. Este propósito encontra os seus fundamentos nas cautelas que a sociedade poderá sentir em fixar especialmente regimes tanto relativamente ao âmbito, como ao exercício do poder de informação[242], de modo a assegurar que este poder não se transforme numa fonte de ingerências nocivas para o interesse social. Daí que, embora não limitado à partida, pressupõe-se a existência de casos societários em se pretenda proteger mais a sociedade e consequentemente regulamentar efectivamente o poder de informação[243].

Podemos falar, no presente contexto, de uma intervenção regulamentadora aos mais diversos níveis ou modalidades em que esse poder se pode manifestar – através da prestação de esclarecimentos directamente pela sociedade, da consulta de documentos ou da inspecção de bens sociais, de informações nas assembleias, fora

---

[241] E não regulador, como se previa no anteprojecto de Ferrer Correia (n.º 2 do art.º 119.º). Como teremos oportunidade de confirmar, esta diferença não se situa meramente no campo terminológico, condicionando notoriamente a margem de actuação que seria reconhecida a esse contrato se a ele fosse possibilitada uma intervenção reguladora do poder de informação (a este respeito, Raúl Ventura, *"Sociedades por quotas, Vol. I..."*, pág. 281-282).

[242] Como podemos confirmar logo a partir dos casos que posteriormente são vedados do alcance do contrato.

[243] Contrariamente ao que ocorre relativamente às sociedade anónimas, onde o cuidado pela protecção da sociedade relativamente a ingerências nocivas do sócio é tido como um pressuposto. Não temos muitas dúvidas acerca da intervenção tendenciosa do contrato, prevista pelo n.º 2 do art.º 214.º, como depois é confirmada a partir dos casos que são excepcionados da possibilidade de ingerência contratual. Estamos aqui perante a intervenção do contrato no sentido de regulamentar o poder de informação, o que, à partida, conduzirá a nos concentrarmos unicamente nas estipulações contratuais que visem a posição do sócio e não da sociedade. Relativamente a esta última, será sempre bem recebida a fixação contratual que impute adicionais deveres informativos, substanciais ou formais, à sociedade. Se assim acontece, é porque certamente será *do interesse social*. O problema coloca-se na situação inversa: ao permitir-se a intervenção do contrato, há que acautelar que esta não signifique uma supressão absoluta dos interesses do sócio reflectidos naquele seu poder.

destas, preparatórias delas – tendo em conta a ausência de qualquer descriminação ou limitação a este respeito que poderia eventualmente ser imposta ao contrato.

Permita-se a intervenção contratual, mas com limites. A partir deste momento, importa acautelar os perigos que aquela poderá significar para o sócio. Consequentemente, a nossa lei, célere, determina que o contrato não pode todavia:

· Impedir o exercício efectivo do poder de informação;
· Injustificadamente limitar o âmbito do poder de informação.

Do primeiro caso resulta que não pode o contrato fixar clausulas que acabem por impedir aquele exercício efectivo. Isto significa, especialmente ao pensarmos no carácter *efectivo* do exercício, que não será admitida qualquer cláusula cujo resultado final se reflicta numa impossibilidade prática do sócio exercer o poder que a lei lhe reconhece. Desta forma, não pode o contrato determinar requisitos relativos ao modo como aquele poder deve ser exercido que conduzam a tal resultado[244].

Já relativamente ao segundo caso, temos em conta as informações a que o sócio pode ter acesso. O facto de não poder ser *injustificadamente* limitado o âmbito do poder informativo significa, a nosso ver, a possibilidade de fixação contratual de casos de recusa justificada de prestação de informações[245]. Chamamos a atenção, no entanto, para alguns aspectos dignos de reflexão.

Primeiramente, pensamos que este *âmbito*, essa *informação* que o sócio pode ter acesso deve ser interpretada na acepção mais ampla que ela pode ter: ou seja, não unicamente se reportando aos factos propriamente a serem divulgados, mas também à divulgação dos

---

[244] Por exemplo: a acumulação exagerada e desproporcional de formalidades, a fixação de prazos extraordinariamente curtos ou incompatíveis entre si. Pode até requerer a alegação do motivo para determinada consulta do sócio. Parece-nos desproporcional exigirem-se, no entanto, cumulativamente processos demonstrativos ou probatórios do motivo invocado.

[245] Assim o confessa o disposto no n.º 1 do art.º 215.º que, na sua parte inicial, faz a ressalva: *"salvo disposição diversa do contrato de sociedade, lícita nos termos do artigo 214.º, n.º 2 (...)"* e depois completa: *"(...) a informação, a consulta ou a inspecção só podem ser recusadas (...)"* (Itálicos nossos).

mesmos que pode identicamente sustentar preocupações mais do que justificadas para a sociedade se acautelar de determinadas situações em que essa divulgação a pode prejudicar.

Importa reter, por outro lado, aquilo que pode ser entendido como *justificado*, matéria esta que se encontra praticamente por explorar. A justificação – retirada, *a contrario*, da impossibilidade de limitação injustificada do âmbito informativo – pode ser interpretada de duas formas distintas: ou a necessidade da recusa ter que ter um motivo, seja ele qual for e independentemente da fonte que o configura; ou então, a necessidade do motivo para a recusa se compreender no âmbito do interesse social, enquanto fonte concretamente configuradora de razões para a recusa na prestação de determinada informação. Ambas as hipóteses são credíveis, a nosso ver[246]. Tendemos, no entanto, a aceitar a segunda interpretação, tendo em conta as responsabilidades que são reconhecidas ao contrato de sociedade. É que a este compete unicamente a tutela do interesse social e de mais nenhum outro, o que parece afastar aquela primeira hipótese que, em teoria, acabaria por admitir que o contrato fixasse motivos de recusa na defesa de interesses de terceiros, por exemplo. Consideramos assim que o contrato pode fixar casos de recusa de prestação de informações, na medida em que sejam considerados justificados, ou seja se sustentem em situações, relativas aos factos a serem transmitidos ou à divulgação propriamente dita dos mesmos, concretamente em defesa do interesse social, como aliás compete unicamente ao contrato da sociedade[247].

---

[246] Basta pensarmos, no que respeita à primeira alternativa, que tanto nas sociedades por quotas, como nas sociedades anónimas os interesses de terceiro ou dos accionistas respectivamente também são legalmente determinantes na justificação da recusa (*infra*, 2.4., alínea *a)*, III, pág. 201 e IV, pág. 205-208).

[247] O problema é mais complexo do que, à partida, aparenta, sem prejuízo das limitações compreensivelmente inerentes a este trabalho impedirem um maior desenvolvimento a este respeito. A título de comentário, no entanto, importaria salientar que o exposto no texto não é impeditivo de uma cláusula que acabe reflexamente por proteger, ao permitir a recusa da informação, interesses de terceiros, por exemplo. O que o contrato não pode fazer é substituir-se à lei e ao legislador e procurar acautelar directamente tais interesses. Se estes acabam por ficar contratualmente resguardados com a possibilidade de recusa é porque tal se revelava, em primeiro lugar, imperativo para o interesse social.

O contrato de sociedade, por último, não pode excluir o poder do sócio nas seguintes circunstâncias:

- Quando, para o seu exercício, for invocada suspeita de práticas susceptíveis de fazerem incorrer o seu autor em responsabilidade, nos termos da lei;
- Quando a consulta tiver por fim julgar a exactidão dos documentos de prestação de contas;
- Quando a consulta tiver por fim habilitar o sócio a votar em assembleia geral já convocada.

Esta possibilidade de *exclusão* referida no texto do n.º 2 daquele art.º 214.º tem que ser devidamente interpretada. Tratando-se de um poder que se encontra subtraído da disponibilidade do sócio, ele não pode ser tratado pelo contrato como se um poder disponível se tratasse[248]. Cremos plausivelmente, tendo em conta o contexto em que se insere esta limitação, que ela resulta de uma expressão infeliz do legislador, ao pretender referir-se ainda aos casos de recusa de prestação de informações e determinar que aqueles que venham a ser fixados pelo contrato não podem implicar o desrespeito por qualquer uma das circunstâncias agora invocadas[249].

Os casos acima descritos ainda nos permitem extrair aquelas que, muito provavelmente, podemos considerar se tratarem das preocupações informativas essenciais do sócio de uma sociedade por quotas. Tal como ocorre em qualquer outro tipo societário, as diferentes formas de existência e funcionamento da sociedade têm as suas repercussões ao nível das posições que os respectivos sócios têm na

---

[248] Como protesta de uma forma veemente Menezes Cordeiro (*"Manual de Direito das Sociedades – Vol. II..."*, pág. 284-285). A respeito dos aspectos que nos conduzem à conclusão por aquela indisponibilidade: *infra*, capítulo VI, 2., pág. 363-364.

[249] No mesmo sentido, Raúl Ventura (*"Sociedades por quotas, Vol. I..."*, pág. 282--283). O distinto autor salienta ainda que esta impossibilidade de recusa não impede, no entanto, que o contrato possa regulamentar o exercício do poder do sócio em tais circunstâncias. Com efeito, as limitações que são naqueles casos consideradas injustificadas reportam-se ao âmbito do poder informativo do sócio, não ao seu exercício, que permanece vulnerável à intervenção regulamentadora reconhecida, logo à partida, ao contrato de sociedade. A respeito deste tipo de limitações: Ac do STJ, de 13/04/94, in CJ (ASTJ), II, pág. 28, 1994. A respeito da possibilidade de extensão destas limitações aos casos de recusa previstos directamente na lei, nossa nota n.º 281.

sociedade e consequentemente nos poderes que têm para com ela. No caso do nosso poder de informação, o maior ou menor afastamento do sócio do centro decisório da sociedade determina, pelos vistos, maiores ou menores preocupações informativas. O distanciamento que já vamos verificando ao transitarmos tipologicamente da sociedade em nome colectivo para a sociedade que temos vindo aqui a observar, vai determinando a dignificação de um instrumento informativo ao serviço dos interesses do sócio nessa sociedade e a consequente preservação daquilo que se considera ainda como essencial para esses interesses: a conservação de uma actuação fiscalizadora e de controlo, como ainda de participação nas decisões da sociedade.

II. Chegados então ao final desta breve passagem em torno do âmbito da ingressão contratual no poder de informação dos sócios das sociedades por quotas, compete uma última palavra sobre a eventual possibilidade do regime previsto no n.º 2 do art.º 214.º do C.S.C. se aplicar tanto às sociedades em nome colectivo, como às sociedades anónimas.

A este respeito, cumpre não esquecer que qualquer admissibilidade de aplicação extensiva deste regime passará necessariamente ou por um reconhecimento de situações análogas ou então ao menos uma expressa aplicação subsidiária. No primeiro caso, uma situação de semelhança que justifica a aplicação de um regime a um caso omisso. No segundo, uma inexistência de pressupostos típicos que inviabilizem a aplicação do regime em apreço a esse caso.

A possibilidade de aplicação do regime em questão tem tido a sua aceitação entre alguns dos nossos autores no que respeita às sociedades em nome colectivo[250]. Compete, todavia, verificar se alguma das circunstâncias que referimos no parágrafo anterior se concretiza no que respeita a este tipo de sociedade, de forma a que seja possível fundamentar a aplicação extensiva do regime em apreço.

---

[250] Raúl Ventura sustenta essencialmente os seus argumentos para defender essa admissibilidade no facto de não existirem motivos que imponham diferenças de tratamento (*"Novos estudos..."*, pág. 252).

Assim, para existir analogia entre as situações em confronto, teremos que reconhecer condições ou propósitos semelhantes que justifiquem a aplicação do regime ao "caso omisso". Por outras palavras, a verificação do mesmo pressuposto que fundamentou, no caso das sociedades por quotas, a razão de ser do regime previsto no n.º 2 do art.º 214.º. Caso para perguntarmos se verificamos nas sociedades em nome colectivo as mesmas vicissitudes que conduziram a lei a reconhecer expressamente a possibilidade de intervenção contratual nas sociedades por quotas. Sentimo-nos inclinados a responder negativamente. Com efeito, aquela possibilidade de intervenção contratual, como oportunamente referimos, focaliza-se na faculdade da sociedade se poder acautelar de um poder de informação que, atendendo a uma forma de funcionamento social já consideravelmente autónoma dos sócios, pode vir a registar ingerências desproporcionais e consequentemente perigosas que, se não forem devida e atempadamente acauteladas, poderão prejudicar os interesses da sociedade. Não se reporta a um pressuposto dado como assente, naquele tipo de sociedades, mas um risco, sensível ao caso societário em concreto[251].

Não verificamos esta susceptibilidade na sociedade em nome colectivo, muito pelo contrário. Com efeito, o sócio encontra-se de tal forma envolvido e integrado no seio da estrutura societária que se encontra longe de constituir um perigo para a sociedade em que participa. Ele é praticamente, em conjunto com os restantes sócios, a sociedade em que participa. Seu poder de informação conhece pouca regulamentação pois dela não necessita, enquanto instrumento destinado a proteger os interesses do sócio nessa sociedade, quase que numa relação de oposição para com esta longe de verificar-se neste tipo de sociedades. Não vemos com efeito de que forma é que o sócio deste tipo societário possa constituir um perigo de tal proporção que se torne semelhante a necessidade de intervenção contratual, como se uma lacuna, deixada pelo legislador, a este respeito se tratasse. Nem a própria estrutura simplificada de funcionamento

---

[251] *Supra*, I, pág. 172, primeiro parágrafo. Tudo se reporta, ao fim de contas, em saber se nas sociedades em nome colectivo nos encontramos realmente, sobre esta matéria, perante um caso "omisso".

da sociedade permite ver esse sócio como alguém que pretenda ingerir-se em assuntos de uma outra pessoa jurídica.

Se a analogia é de afastar neste caso, também será a possibilidade de aplicação subsidiária do regime previsto no n.º 2 do art.º 214.º. Para tal, como referimos, seria necessário que nenhum elemento subjacente à forma de existência e funcionamento societários inviabilizasse, nas sociedades em nome colectivo, tal aplicação. Ora, é precisamente o inverso que ocorre, onde se pretende o envolvimento pessoal do sócio na sociedade e não o contrário, não a delimitação contratual de poderes que se encontram à sua disposição. Vai directamente contra o espírito presente nesta relação sociedade-sócio.

A mesma posição já não poderá ser reiterada, com igual segurança, no que respeita às sociedades anónimas. Neste caso, embora se verifique, precisamente como pressuposto, a cautela e o resguardo normativo pelas ingerências informativas do accionista, o seu afastamento e desinteresse reflectidos no índice de participação na sociedade podem constituir argumentos para que, em determinado caso, os interesses da sociedade não se vejam suficientemente protegidos pela intervenção do legislador, carecendo ainda – por todas as razões que se prendem com uma actuação organizada da sociedade e accionista neste contexto – de uma intervenção regulamentadora dos estatutos sociais a este respeito[252].

---

[252] Não partilhamos assim de uma opinião no sentido de admitir uma analogia sem reservas do regime a este respeito previsto nas sociedades por quotas, como parecem defender Coutinho de Abreu, *"Curso...Vol. II"*, pág. 259-260 e João Labareda, *"Das acções..."*, pág. 187-188. Identificamo-nos mais com a cautela de Paulo Olavo Cunha (*"Direito das Sociedades Comerciais"*, 2.ª edição, Centro de Direito Comercial e Direito da Economia da Universidade Católica – Lisboa, Almedina, 2006, pág. 260-262), em fazer prevalecer as normas imperativas do regime das sociedades anónimas em detrimento das cláusulas estatutárias que possam ser fixadas a este respeito, mas que não impede a possibilidade de uma regulamentação que procure a fixação de prazos para uma determinada solicitação, ou resposta a esta, ou de adicionais formalidades possivelmente a observar. O respeito por essas normas imperativas justifica, nomeadamente, que a informação aos accionistas com 10% ou mais de representação no capital só possa ser recusada unicamente nos casos precisamente previstos no art.º 291.º do C.S.C, atendendo ao previsto, a esse respeito, pelo n.º 4 do preceito invocado.

2.4. As limitações inerentes ao âmbito da informação

Temo-nos servido do presente capítulo para reter os principais aspectos em torno do âmbito do poder de informação que o sócio tem, nesta sua precisa qualidade, a respeito da vida da sociedade. Uma análise, no fundo, não resumida unicamente aos factos que ele pode conhecer, ao abrigo deste seu poder, mas acima de tudo da respectiva amplitude e configuração que resultam nos termos da lei e do contrato.

Chegados aqui, retidos aqueles que cremos se reportarem aos principais aspectos em torno da amplitude do poder em apreço de sociedade em sociedade, cumpre seguidamente reconhecer as limitações que neste contexto poderão prevalecer. Cremos, sem intenção de antecipar o que a este respeito está por vir, que o âmbito desse poder é susceptível de reconhecer duas ordens de limitações. De facto, ao recordarmos aquilo que fomos expondo ao longo do presente trabalho a respeito da obrigação de informação prevista no Código Civil, conseguimos perceber que esta encontra duas espécies distintas de fronteiras: uma referente aos seus pressupostos, sem os quais ela não terá razão de ser e uma outra relativa a interesses que se sobreponham, por seu turno, ao interesse do beneficiário da informação[253]. A dualidade constatada no que respeita a essas limitações, sugere em seguida uma pesquisa em torno de restrições que a lei societária comercial reconhece ao poder de informação dos sócios nas sociedades comerciais, procurando verificar se aquela dualidade também persiste relativamente ao objecto da nossa investigação.

a) A recusa justificada de prestação das informações

I. Uma limitação que encontramos, em determinadas circunstâncias, prevista pela nossa lei reflecte-se na faculdade da sociedade poder justificadamente recusar a solicitação informativa do sócio. A sociedade pode então recusar uma tal pretensão em determinadas

---

[253] *Supra*, capítulo introdutório, ponto 3, II, pág. 32 e seg.

circunstâncias justificativas, que acabam por constituir uma limitação pontual ao poder de informação do sócio.

O carácter pontual – ou, se quisermos assim o entender, excepcional – de tal limitação conduz-nos seguidamente à *tipicidade*[254] daquelas circunstâncias. Não é possível, em bom rigor, falar de uma atipicidade de casos de recusa justificada de informações, vulnerável à livre configuração do julgador ou intérprete do caso concreto, mas antes de determinados *tipos* de circunstâncias em que a recusa se torna legítima. Uma vez mais, somos convidados a percorrer o regime previsto no Código das Sociedades Comerciais, desta vez com o objectivo de investigar, ao longo dos tipos societários nele previstos, os casos em que essa recusa pode ocorrer.

Ora, observando superficialmente o que prevê o Código das Sociedades Comerciais a respeito deste assunto, constatamos que a lei unicamente prevê casos de recusa de prestação de informações nas sociedades por quotas (n.º 1 do art.º 215.º do C.S.C.) e nas sociedades anónimas, onde ainda descrimina os casos de possível recusa de informações em assembleia (n.º 2 do art.º 290.º), daqueles que se situam relativamente a informações prestadas fora dela (n.º 4

---

[254] O que não nos permite concluir necessariamente pela *taxatividade* em geral dos casos de recusa justificada de informações. Convém, de facto, ter em conta que estes conceitos não são coincidentes, nem se encontram intrinsecamente ligados entre si. Através da característica denunciada no texto, aponta-se a associação da recusa em apreço a determinado tipo ou tipos de fonte(s) configuradora(s) de casos ou circunstâncias justificativas. O carácter *típico* da fonte não significa, no entanto, a existência de *numerus clausus* que condicionem aqueles casos ou circunstâncias a um determinado escalonamento ou elenco previamente existente e fechado. Atentos ao que se encontra previsto a respeito das sociedades por quotas, a possibilidade de recusa não se encontra circunscrita a determinados casos, excluindo quaisquer outros, mormente tendo em conta a capacidade de ingerência que o contrato assume neste contexto, mas surge antes associada a determinadas fontes legitimadoras de circunstâncias justificativas (*supra*, 2.3., I, pág. 173, com especial atenção para a nossa nota n.º 245). Já a *taxatividade* encontra-se familiarizada com aquela ideia de *numerus clausus*. É o que já observamos mais concretamente ao nível das sociedades anónimas, onde verificamos uma *taxatividade* normativa dos casos de recusa (n.º 4 do art.º 291.º) (A respeito de uma claríssima distinção entre estes conceitos: Pedro Pais de Vasconcelos, *"O problema da tipicidade dos valores mobiliários"*, in *"Direito dos Valores Mobiliários – Vol. III"*, IVM, Coimbra Editora, 2001, pág. 61-72).

do art.º 291.º). Não prevê, todavia, qualquer caso de recusa para as sociedades em nome colectivo. A sensibilidade que este tipo de limitação regista para com os diferentes tipos societários reforça a importância de permanecermos na mesma "linha" de investigação e avaliarmos as diferenças situadas de regime em regime.

II. Naturalmente que uma das primeiras questões que poderíamos colocar se situa na compreensão em torno dos motivos que conduziram o legislador a não prever expressamente casos de recusa justificada de informações aos sócios de uma sociedade em nome colectivo. Cremos, no entanto, que essa questão só poderia ser correctamente respondida se anteriormente tivéssemos conseguido perceber se uma sociedade em nome colectivo pode ou não recusar justificadamente informações a um sócio seu. Os nossos autores têm assumido, a este respeito, posições que registam algumas diferenças dignas do nosso destaque, de molde a compreendermos os diferentes pontos de vista sobre esta suposta indefinição.

Assim, PEDRO PAIS DE VASCONCELOS é peremptório ao não aceitar qualquer tipo de circunstância que pudesse justificar uma recusa legitima de informações ao sócio de uma sociedade em nome colectivo, não só porque o legislador não o prevê, mas acima de tudo porque a transparência da sociedade para com os seus sócios assim o obriga. A pretensão informativa do sócio não poderá assim ser impedida perante o risco ou certeza de que as informações serão utilizadas para prejudicar a sociedade ou outros sócios. À sociedade seria assim imputável aquele risco de utilização danosa de informações, podendo unicamente vir a responsabilizar o sócio por danos decorrentes da utilização prejudicial da informação (n.º 5 do art.º 181.º do C.S.C.)[255].

Apelando identicamente à transparência informativa encontra-se MENEZES CORDEIRO, que defende que a responsabilidade ilimitada do sócio constitui fundamento bastante para que nada lhe seja vedado. Entende, todavia, que perante a possibilidade de invocação

---

[255] "A Participação...", pág. 206-207.

de segredo a questão já dependeria dos interesses a serem acautelados através do carácter sigiloso da informação: se esse segredo se reportasse unicamente a negócios da sociedade então a resposta em torno daquela possibilidade de limitação permaneceria negativa, tendo em conta, uma vez mais, o livre acesso do sócio à sociedade que não pode ser restringido; no entanto, dizendo esse segredo respeito a elementos confidenciais relativamente a terceiros e que nada tivessem a ver com o giro comercial ele poderá prevalecer nos termos gerais, se necessário sustentado no direito à intimidade privada[256].

Numa posição mais oposta encontra-se, por último, CARLOS PINHEIRO TORRES que defende a possibilidade de recusa de informações a esse sócio, embora em circunstâncias extremas para a sociedade, designadamente se for de presumir que a prestação da informação possa causar dano grave ou irreversível para ela. Para o efeito, sustenta esta sua ideia em dois argumentos-chave: Por um lado, o n.º 6 do art.º 181.º, ao reconhecer ao sócio a possibilidade de recurso ao inquérito judicial, subentende a eventualidade de recusa de informações, enquanto pressuposto necessário para aquele recurso aos tribunais; por outro lado, ao gerente da sociedade não deixa de ser imputável um dever de actuação diligente, leal para com os interesses da sociedade, ao abrigo do que se encontra previsto nos termos do art.º 64.º do C.S.C., o que o obriga a recusar a prestação de informações na defesa desses interesses[257].

Na nossa modesta perspectiva, não procedem os argumentos mesmo agora invocados para sustentar uma eventual possibilidade de recusa justificada de informações. É de facto inquestionável que a lei reconhece, nos termos do n.º 6 do art.º 181.º do C.S.C., uma possibilidade de recurso ao inquérito judicial. Os termos, no entanto,

---

[256] No fundo, um segredo relativamente a elementos de terceiros que os gerentes, por via da sua actividade, tomaram conhecimento, embora não se encontrem relacionados propriamente com o giro comercial referido no texto. (*"Manual de Direito das Sociedades – Vol. II..."*, pág. 171, V.)

[257] Embora sensível ao facto de se tratar, em tais circunstâncias, de uma situação de conflito de interesses e que conduz a que unicamente naquelas situações extremas prevaleça a recusa, como melhor forma para assegurar a resolução de tal conflito (obra citada, pág. 219-220, ponto 2).

em que o faz suscitam uma relativa perplexidade que carece de um devido cuidado na leitura e compreensão das opções vazadas naquele preceito[258].

Embora não seja esta a sede própria para procedermos a uma análise aos mecanismos que se encontram à disposição do sócio, perante uma inobservância do seu poder de informação[259], podemos desde já adiantar que, em nosso entendimento, aquele disposto normativo não pode ser objecto de um mesmo tratamento ou sequer ser equiparado a outros preceitos que, paralelamente noutras sociedades, prevêem idêntico recurso ao inquérito judicial[260]. Diga-se, a título de passagem, que se a vontade normativa coincidisse com semelhante entendimento então bastaria uma remissão para preceitos como o art.º 292.º e não para o previsto no art.º 450.º. Esta remissão corresponde nada mais do que um reflexo de uma diferença que se detecta, logo à partida, no texto daquele n.º 6 do art.º 181.º: este não trata propriamente de situações de recusa de solicitação de uma informação, mas sim de *recusa de exercício* de uma das faculdades informativas previstas nos números anteriores do preceito em apreço.

Se bem que se trata de uma diferença na letra da lei, ela não se limita a esse foro. A redacção do preceito é, sem dúvida, infeliz, tendo em conta que não se pode propriamente falar de recusa de exercício de um direito, quanto muito de *impedimento* a esse exercício[261]. Mas é precisamente disso que se trata, a nosso ver, naquele disposto: de um impedimento ao exercício de uma faculdade informativa, não propriamente da recusa de informações que é tratada tradicionalmente no seio de outros tipos societários. Naturalmente que se pode afirmar, em sentido contrário, que na prática é possível

---

[258] Mesmo Carlos Pinheiro Torres critica supostas incoerências, nomeadamente no que respeita à remissão que aquele disposto depois efectua para o previsto, a nível procedimental, no art.º 450.º, que prevê o recurso ao inquérito judicial por circunstâncias relativas a abusos de informação nas sociedades anónimas, previstas nos termos do art.º 449.º (obra citada, nota 324).

[259] *Infra*, capítulo V, 1.1., pág. 324 e seg.

[260] Art.º 216.º (para as sociedades por quotas) e art.º 292.º (sociedades anónimas).

[261] Pudemos anteriormente compreender estas diferenças, quando vimos a possibilidade de intervenção contratual relativamente ao poder de informação nas sociedades por quotas (*supra*, 2.3., I, pág. 173 e seg.).

ao gerente da sociedade em nome colectivo recusar a prestação de informações a um sócio. Mas essa recusa – justificável ou não perante outros casos societários – é tratada como um impedimento ao exercício do poder de informação que assiste o sócio, revelando--se portanto insustentável, motivo pelo qual aquele disposto remete para o inquérito judicial previsto nos termos do art.º 450.º. Inquérito este que se encontra precisamente previsto para circunstâncias qualificadas como abusos de informação nas sociedades anónimas. Um inquérito previsto, portanto, para censurar quem abusa de informação ao seu dispor. A nosso ver, o disposto no n.º 6 do art.º 181.º acaba por reforçar, ao contrário do que à primeira vista se poderia reter, a ideia de insustentabilidade da recusa de informações ao sócio de uma sociedade em nome colectivo.

Não prevalece também, uma vez mais em nossa humilde perspectiva, aquele argumento apoiado no que o art.º 64.º do C.S.C. prevê a respeito de deveres fundamentais de gerentes e administradores[262]. Não temos dúvidas que nomeadamente o dever de lealdade se encontra funcionalizado relativamente aos interesses da sociedade que deverão sempre prevalecer e não unicamente em circunstâncias extremas de conflito com o interesse do sócio. O problema, a nosso ver, desse argumento é partir do pressuposto da existência dessa relação de conflito com o sócio. Por outras palavras, que este é necessariamente oposto e adverso ao interesse social.

Observando o elemento descritivo previsto na alínea *b)* do n.º 1 do art.º 64.º que procura relatar, no fundo, o modo como esse dever de lealdade para com o interesse social é observado, não podemos dele extrair que este interesse é composto por uma existência acumulada e simultânea de todos aqueles outros interesses nesse pre-

---

[262] Como é sabido, este preceito foi envolvido pela profunda reforma introduzida pelo Decreto-lei n.º 76-A/2006 de 29 de Março, ao nível das sociedades comerciais em geral. Aquilo que o legislador anteriormente considerava de dever de diligência, agora descrimina em deveres de cuidado e lealdade. Cremos que estas alterações àquela redacção não constituem impedimento para o argumento invocado por Carlos Pinheiro Torres, bastando deslocá-lo de um antigo dever de diligência para o reorientar para o dever de lealdade previsto na recente alínea *b)* do agora n.º 1 do art.º 64.º, uma vez que este "novo" dever se encontra funcionalizado relativamente aos interesses da sociedade que importam ser invocados para esse argumento.

ceito enumerados (credores, de sócios, relativamente a interesses a longo prazo, de trabalhadores, etc). Tarde ou cedo, um conflito entre eles se instalaria, sendo que então o gerente ficaria sem saber para com quem deveria assumir esse seu dever de lealdade. Não é essa obviamente a interpretação a ser retirada daquele disposto. A enumeração prevista naquele preceito, para além de exemplificativa, revela uma relação de alternância entre todos esses interesses: nuns casos esse interesse social terá em conta os interesses dos credores, noutros dos trabalhadores, em outras circunstâncias os interesses a longo prazo dos sócios, assim em diante. Esta diversidade não deixa de ser sensível ao caso concreto e ainda assim ao tipo societário. Numa estrutura empresarial como aquela em que assenta uma sociedade anónima de grandes dimensões, ela é composta por tantos vectores e elementos que podemos afirmar ter uma vida autónoma muito afastada dos próprios sócios. Existem interesses nessa estrutura por acautelar que não se situam propriamente nos interesses individuais dos sócios. Já numa estrutura muito familiar e de pequeníssimas dimensões, usualmente reconhecida em sociedades em nome colectivo, a relação sociedade-sócio é praticamente indetectável, tendo em conta o profundo envolvimento do sócio na estrutura societária[263]. Será precisamente de esperar que o interesse da sociedade se configure a partir até do interesse daquele sócio, nomeadamente do interesse, para o nosso caso, de não lhe vedar um acesso incondicional e sem restrições a informações a respeito da sociedade[264].

---

[263] Por esse facto em muitos ordenamentos jurídicos estrangeiros, como o Italiano, não se chegou tão longe quanto o nosso ao ponto de reconhecer personalidade jurídica a este tipo de sociedades e mesmo entre nós essa opção foi muito questionada por autores como Guilherme Moreira (obra citada, pág. 288 e pág. 297-298).

[264] Aquela diversidade de elementos que podem, a dada altura, configurar aquilo que se reserva de melhor para a sociedade e a sensibilidade pelo caso concreto e tipo societário têm, a nosso ver, contribuído determinantemente para uma falta de consenso a respeito da fonte configuradora do interesse social, como anteriormente vimos em torno do principio que a este respeito vigora no seio societário (*supra*, capítulo I, 1.2., alínea *b)*, II, pág. 83 e seg). Por esse motivo é que não entendemos nessa altura tão importante, para a operância prática daquele princípio, apurar em teoria a quem compete essa tarefa de determinar o que é ou não melhor para a sociedade. Importava sim, como na altura cremos ter deixado claro, para esse propósito, perceber a relação em que o interesse social

O que acabámos mesmo agora de expor serve-nos igualmente para não aceitar sequer a possibilidade de recusa de informação sujeita a sigilo, no interesse de terceiros, com o devido respeito que tal posição nos merece. É que nas sociedades em nome colectivo impera o princípio da absoluta transparência informativa. Será o mesmo que afirmar que aquilo que tem que chegar ao conhecimento dos gerentes tem necessariamente que ser do conhecimento dos restantes sócios, isto quando, é claro, eles não façam simultaneamente parte integral da gerência, como frequentemente acontece neste tipo de sociedade (n.º 1 do art.º 191.º do C.S.C). Por esse motivo, a restrição ou condicionamento ao exercício do poder informativo do sócio é de imediato tratado como uma situação muito próxima à do abuso de informação[265]. Uma situação em que a retenção da informação produz efeitos equivalentes a esse abuso.

O acima exposto revela precisamente que ao sócio da sociedade em nome colectivo nada possa ser vedado sobre a gestão social. Esta premissa deve-se, por seu turno, ao já conhecido envolvimento dos sócios na estrutura social. Embora pessoas jurídicas distintas entre nós, no que respeita ao campo informativo essa diferença não pode se fazer sentir. Aquilo que o gerente sabe, o sócio tem que conhecer.

---

tem que assentar, tal como qualquer outro interesse, como já ensinava Jhering. Assim concluímos então que a violação de tal princípio estaria sempre naquele comportamento que pretendesse a afectação de um dos meios à disposição da sociedade (empresa) para a satisfação de outros propósitos que não a necessidade social. Diferente já será apurar a quem compete a determinação dessa necessidade social, colocando então essa discussão em parâmetros que nos parecem mais correctos, questão essa que já dependerá dos vectores que aludimos no texto.

[265] Atendendo, portanto, à remissão do n.º 6 do art.º 181.º para um processo previsto no art.º 450.º, criado para circunstâncias qualificadas como abusos de informação (art.º 449.º, por remissão do n.º 1 do art.º 450.º). Em bom rigor, as situações são distintas, embora em qualquer uma delas possamos extrair um abuso de informação *lato sensu*. É que o abuso de informação, para ser qualificado como tal, depende de um aproveitamento de informação confidencial ou não publicitada. Divulga-se ou actua-se com base no conhecimento de informação que não pode, no fundo, ser conhecida publicamente (n.º 1 do art.º 449.º). Já no caso da sociedade em nome colectivo ocorre a situação inversa: o gerente guarda para si informação que não pode ser retida ou privada do sócio. Conduta, no entanto, que não deixa de legitimar a remissão para aquele inquérito que procura a censura de quem sempre actuou por actuar abusivamente.

Para efeitos informativos, sociedade e sócio seriam praticamente a mesma pessoa não fosse a distinção que juridicamente ainda opera, com todas as consequências daí extraíveis.

Ao divulgar dados de terceiro ao sócio, sobressaem dúvidas sobre se essa divulgação chega a verificar os pressupostos necessários para considerarmos uma violação de segredo imposto no interesse de terceiro. A relação sociedade-sócio é tão estreita, que só é ainda configurável pela personalidade jurídica distinta reconhecida à primeira. A imperatividade inerente à referida transparência informativa não nos parece contraditória com o carácter sigiloso da informação. Aquela divulgação não parece constituir um caso que suscite o resguardo de interesses terceiros de forma a justificar um motivo legitimo para a recusa da informação, isto porque o envolvimento e quase dissolução do sócio no seio da sociedade inviabiliza que aqueles interesses que fundamentaram o sigilo sejam postos em causa perante o conhecimento dos factos[266].

Parece-nos assim, pelo que vimos até aqui, que o poder de informação deste sócio não conhece limitações no respeita a possíveis recusas de informações que ele possa aceder. O seu envolvimento na sociedade evita conflitos de interesses que justifiquem casos de recusa. Evita uma relação de conflito de interesses com a sociedade por ser precisamente do interesse social o acesso incondicionado a todas as informações sociais. Evita também uma relação de conflito com interesses de terceiros, uma vez que a comunicação a esse sócio de dados sujeitos a sigilo é esperada e irrelevante. Quando a sociedade assim não presta ou disponibiliza informação ao sócio, não pode daqui ser extraída qualquer recusa, mas sim um impedimento ao exercício de um poder do sócio de ser informado sobre a gestão da sociedade, tratado posteriormente como uma retenção abusiva de informação que deveria ter sido comunicada[267].

---

[266] Diferente será o tratamento noutro tipo de sociedades. Mas isso demonstra precisamente a importância da proximidade e envolvimento do sócio na sociedade que referimos no texto e que já não se verifica nos outros casos.

[267] Questão diferente será apurar o interesse do sócio – e consequentemente a sua legitimidade – em solicitar informações sobre terceiros acidentalmente obtidas pela sociedade,

Se o que tivemos oportunidade aqui de expor faz todo o sentido no que respeita à simples solicitação de informações à sociedade, a questão poderá já não se revelar tão linear no que respeita à possibilidade de consulta de documentos e inspecção de bens sociais. É que do disposto nos n.ºˢ 3 e 4 do art.º 181.º do C.S.C. resulta a faculdade do sócio poder obter uma reprodução dos bens ou dos documentos sociais, nos termos previstos pelo disposto no art.º 576.º do C.C. Este preceito, por seu turno, possibilita que a desejada reprodução não possa ser obtida, perante motivo grave alegado pelo requerido[268]. A questão aqui a colocar é muito objectiva, embora longe de simples no que respeita à sua resposta: Poderá ser recusada, ao sócio deste tipo de sociedade, a reprodução da coisa ou documento, ou pelo contrário a transparência informativa que aqui impera não conhece absolutamente restrições de qualquer espécie, inclusivamente no que respeita a essa reprodução?

A transparência informativa deve-se, como anteriormente referido, à relação de proximidade sociedade-sócio, de modo a que se entenda que aquilo que a sociedade tem conhecimento, o sócio tem a possibilidade de saber se assim o entender, sem restrições ao nível desse conhecimento. É neste contexto que não podem ser recusadas ao sócio informações de qualquer espécie que sejam do conhecimento da sociedade.

---

que nada têm a haver com a actividade e com os objectivos sociais. Como é sabido, os interesses do sócio são aferidos em função e relativamente à participação que ele tem na sociedade, o que condiciona a legitimidade dos seus propósitos à empresa social. Trata-se, todavia, de um aspecto que não deve ser colocado ao nível da constituição de motivos de recusa, da cautela por interesses perante uma solicitação legítima do sócio, mas antes o inverso: ou seja, uma questão, como acima afirmámos, de legitimidade na solicitação e consequentemente de obrigação ou não da sociedade ter que prestar a informação, pelo que remetemos a análise dessa matéria para a sede própria (*infra*, alínea b), pág. 212 e seg.).

[268] Uma faculdade que não é exclusivamente reconhecida ao sócio da sociedade em nome colectivo, como é sabido. Também nas sociedades por quotas verificamos idêntico reconhecimento (n.ºˢ 4 e 5 do art.º 214.º), como também para o accionista, ou conjunto deles, titular(es) de acções representativas ao menos de 1% do capital social, relativamente aos elementos susceptíveis de consulta previstos nos termos do art.º 288.º do C.S.C. A eventual possibilidade de oposição da reprodução de coisas ou documentos assume, todavia, um especial significado no âmbito de um poder praticamente sem reservas como o de informação do sócio da sociedade em nome colectivo, motivo para uma referência sobre este aspecto no presente momento.

O disposto naquele art.º 576.º prevê um regime próprio de oposição à reprodução que deixa transparecer a existência de perigos a evitar, de interesses a acautelar unicamente perante o pedido de reprodução[269]. Regime esse, de notar, que não é excluído ou objecto de qualquer descriminação por parte da remissão efectuada pelo art.º 181.º do C.S.C[270]. Tivemos, no início do presente trabalho, oportunidade de referir que a possibilidade de oposição a qualquer uma das faculdades informativas previstas no Código Civil encontra-se enraizada na protecção de interesses do requerido[271]. Será então relativamente a eles que teremos que dirigir as nossas atenções.

Antes do mais, convirá esclarecer que a *gravidade* do motivo a invocar prende-se com razões relacionadas com o contexto em que se insere esta faculdade de reprodução. É que a legitimidade de obter a aludida reprodução subentende, não somente a legitimidade, mas também a inexistência de motivos para uma oposição ao exame do documento ou coisa em apreço. Consequentemente, somente perante a gravidade do motivo é que se considerou plausível vedar a reprodução do elemento sujeito a exame.

De resto importará apurar que interesses poderão ser colocados em causa unicamente perante a pretensão da reprodução. Cremos, a este respeito, que eles se identificam com os perigos que podem resultar do facto desse sócio passar a dispor de uma versão reproduzida da coisa ou documento[272]. Basta equacionarmos um pedido

---

[269] Atentos ao que dispõe aquele preceito, percebemos que essa possibilidade de oposição corresponde a um elemento típico desse regime, paralela e cumulativamente a uma idêntica possibilidade no que respeita mais propriamente à obrigação de apresentação da coisa ou documento a exame. Isto leva-nos a crer que existam motivos próprios para a oposição a essa reprodução, paralelamente à possibilidade de oposição directa ao simples exame de coisa ou documento (artigos 574.º e 575.º).

[270] Se bem que relativamente a este facto sempre se pudesse argumentar, em sentido contrário, que o disposto no n.º 6 do art.º 181.º contempla situações de impedimento do exercício de alguma das faculdades informativas do sócio e nessa medida inviabilizando-se também aquela possibilidade de oposição. A esta questão respondemos mais adiante, na nossa nota n.º 273.

[271] Com especial destaque: nossa nota n.º 25

[272] Consideramos assim não se incluírem, dentro desses motivos, circunstâncias relativas a impedimentos temporários ou permanentes de reprodução por parte da sociedade (nomeadamente, porque a sociedade não tem o equipamento necessário para a reprodução

de reprodução de documentos confidenciais da sociedade, que não podem sequer circular no mundo exterior a ela. Cremos ser possível a existência de perigos próprios inerentes à reprodução de dado documento ou coisa. Importa sim diferenciar a existência ou não de um perigo relativamente ao conhecimento do sócio de um determinado facto, das cautelas a ter perante o momento em que ele solicita a reprodução dessa coisa ou documento, os riscos resultantes da existência ou utilização da versão reproduzida.

A questão é então reconduzida a termos em que importará saber se a oposição, perante motivo grave alegado, significa à partida uma violação daquela transparência informativa que tem que imperar na sociedade em análise. Cremos que não. Logo à partida porque a própria possibilidade de solicitar a reprodução subentende, como referimos, a legitimidade de consulta ao documento ou inspecção ao bem. O sócio é induzido, na prática, a necessitar da reprodução por, nas circunstâncias concretas, o seu exame – a sua consulta ou inspecção – não se terem revelado suficientes para o seu devido esclarecimento, é certo. Mas ele não está impedido de persistir com novas consultas ou inspecções ao documento ou bem até ficar devidamente esclarecido. Os problemas levantam-se quando, para esse esclarecimento complementar, ele opta por solicitar a reprodu-

---

solicitada ou o equipamento encontra-se avariado, entre situações de semelhante natureza). Essas circunstâncias, para além de não constituírem – a nosso ver – motivos *graves*, atendendo a que de uma forma ou de outra eles terão sempre uma solução alternativa (como a reparação do equipamento avariado e acima de tudo a obtenção da reprodução através de uma outra forma menos moderna ou avançada daquela que era inicialmente desejada, o recurso a outro tipo de equipamento, nem que seja de terceiros...por aí em diante), parecem se situar muito mais ao nível da possibilidade de cumprimento da obrigação de reprodução. Se o sujeito passivo da obrigação não se encontra, permanente ou temporariamente, nessas condições, não podemos afirmar que ele tenha *recusado* cumprir o solicitado. Diferente já será o apuramento de a quem se ficou a dever a impossibilidade de cumprimento da obrigação. Se é o sócio, por exemplo, que coloca intencionalmente a sociedade numa situação de impossibilidade de cumprimento (provocando ele, quem sabe, a avaria ou privação do equipamento de reprodução ou solicitando a reprodução numa altura em que sabe perfeitamente que o equipamento se encontra avariado ou em reparação, com o único propósito de colocar a sociedade numa situação de incumprimento) tratar-se-á claramente de um comportamento abusivo do sócio, relacionado portanto também com a legitimidade da solicitação.

ção que pode suscitar determinados perigos, possivelmente graves, sobre a existência ou circulação de uma versão reproduzida. Perigos que não se relacionam com o conhecimento do facto pelo sócio, nem pretendem colocar em causa esse conhecimento. Por outras palavras, a recusa na reprodução não coloca em causa a transparência informativa típica da sociedade em nome colectivo. Não é essa certamente a sua pretensão, mas unicamente acautelar perigos inerentes à reprodução. Não se trata de uma possibilidade de recusar o conhecimento do sócio de determinado aspecto, que ele pode sempre obter. A transparência estaria em causa perante a recusa de consulta ou inspecção, não perante a obtenção de uma reprodução que se resume unicamente a uma forma de efectuar essa consulta ou inspecção[273].

III. O regime relativo aos casos de recusa de informação já se encontra mais clarificado no que respeita às sociedades por quotas. Aqui, o distanciamento já relevante do sócio para com a sociedade

---

[273] Motivo pelo qual entendemos que o n.º 6 do art.º 181.º do C.S.C. não abrange propriamente a oposição à reprodução, uma vez que, em bom rigor, não foi vedado ao sócio o conhecimento de determinado facto, uma certa informação, mas sim a obtenção de uma versão reproduzida. Não faria sentido pois habilitar o sócio da possibilidade de recurso a um inquérito judicial inspirado em situações de abusos de informação, perante a mera oposição à obtenção de uma versão reproduzida da coisa ou documento. Obviamente que, como em qualquer caso de verdadeira recusa, estamos perante um conflito entre o interesse do sócio e aquele protegido pela oposição. Terá portanto que se verificar, no caso concreto, qual aquele que deve prevalecer. Pode acontecer que o sócio não disponha, sem culpa sua, de outras condições para consultar o documento ou inspeccionar o bem, senão obtendo a devida reprodução, caso em que, mesmo nas mais extremas circunstâncias de confidencialidade do elemento a reproduzir, deverá acautelar-se a necessidade informativa do sócio. Mas porque, em tais circunstâncias, está em causa, em perigo, precisamente essa necessidade informativa que não pode ser limitada. Se o for, então é caso para se entender que o sócio se viu restringido numa das suas faculdades de consulta ou inspecção, conforme o caso, podendo recorrer legitimamente ao disposto naquele n.º 6 do art.º 181.º. Todavia, esta eventualidade não prejudica o que concluímos no texto: a reprodução, por si só, pode ser recusada dado que ela não coloca necessariamente em causa o conhecimento do sócio. É tão-somente uma forma de consulta ou inspecção. Os motivos para esta oposição terão que dizer respeito exclusivamente à cautela de perigos susceptíveis de se originarem unicamente com a reprodução e – de acordo com o que agora expusemos – na medida em que não coloquem em causa, de uma forma absoluta, o conhecimento pretendido pelo sócio.

conduz a que possam existir situações em que a ingerência do sócio implique a lesão de determinados interesses.

Consequentemente, encontramos no disposto no n.º 1 do art.º 215.º do C.S.C. os casos através dos quais uma sociedade pode recusar informação aos seus sócios. A tipicidade que resulta literalmente do texto não nos permite extrapolar outras circunstâncias para essa recusa que aquelas que se encontram ali legitimadas[274]. Elas reportam-se a três momentos em que a sociedade pode justificadamente não cumprir a sua obrigação de informar o sócio:

- Disposição resultante do contrato de sociedade;
- Receio de utilização da informação para fins estranhos à sociedade e com prejuízo para esta;
- Violação de segredo imposto por lei no interesse de terceiros.

Aos casos acima descritos acrescem ainda as circunstâncias de recusa relativas à solicitação de informações pelo sócio em assembleia, às quais são aplicáveis as regras respeitantes às sociedades anónimas e assim consequentemente os casos de recusa aí previstos (n.º 2 do art.º 290.º, por remissão do disposto no n.º 7 do art.º 214.º do C.S.C.). Como tal, por uma questão de praticabilidade, trataremos

---

[274] Não é esse o entendimento, todavia, de Menezes Cordeiro que apela ainda a razões de praticabilidade que podem justificar a recusa, nomeadamente circunstâncias em que a sociedade se encontra colocada numa situação de impossibilidade, temporária ou permanente, de fornecer as informações solicitadas (como os exemplos então citados do gerente que se encontra ausente em férias ou em serviço. *"Manual de Direito das Sociedades – Vol. II..."*, pág. 286). Não cremos, no entanto, que tais circunstâncias possam, por si só, constituir motivos legais de recusa na prestação da informação, mas antes de impossibilidade da mesma, ou seja de cumprimento da obrigação a que a sociedade se encontra adstrita. A este respeito, tivemos oportunidade de efectuar uma breve referência na nossa nota n.º 272.º, relativamente a outros casos que se reconduzem à mesma situação. Deixamos, portanto, aqui reproduzido, com as necessárias adaptações, o que então expusemos. De resto, nada impede que no contrato de sociedade se estipule uma cláusula que preveja este tipo de circunstâncias (considerando-se, por exemplo, recusada a prestação da informação se, na altura da solicitação, circunstâncias objectivas relacionadas com o funcionamento societário impossibilitarem, naquele momento, a prestação de informações, exemplificando em seguida alguns casos, como aqueles agora em atenção). Perante esta previsão, a sociedade passa a poder recusar legitimamente a prestação da informação, a ter motivos justificativos para o não cumprimento de uma obrigação que lhe é imputável.

em conjunto deste regime quando observarmos a esse respeito as sociedades anónimas, considerando-se aplicável às sociedades por quotas, com as necessárias adaptações, o que então expusermos[275].

Assim, uma das primeiras circunstâncias que permite a recusa de informações situa-se ao nível da intervenção contratual que pode aqui ocorrer. Tivemos anteriormente a possibilidade de analisar o âmbito desta intervenção, concluindo na altura por dois aspectos que importam para esta nossa matéria: Por um lado que é licita a limitação, desde que justificada, do âmbito do poder de informação do sócio; por outro, que essa justificação implica uma possibilidade de limitação quando em prol do interesse social[276].

No que concerne ao primeiro aspecto indicámos oportunamente que, a nosso ver, a possibilidade de limitação do âmbito do poder em apreço deve ser interpretada de uma forma ampla, não abordando unicamente os factos divulgáveis, mas também a divulgação propriamente dita[277]. Com efeito, a sociedade pode deparar-se com informações que não lhe interessa divulgar, atendendo à natureza especifica em que assentam. É o caso de segredos industriais ou informação de carácter sigiloso ou confidencial que, pelo simples facto de serem divulgadas, poderão acarretar um prejuízo considerá-

---

[275] *Infra*, V, pág. 208 e seg.
[276] *Supra*, 2.3., I, pág. 174.
[277] O que necessariamente exclui clausulas discriminativas em relação à pessoa do sócio, por si próprias ilícitas por atentarem a princípios como o do tratamento igualitário entre sócios. Assim, ainda que o sócio seja simultaneamente concorrente da sociedade, ou participe numa sociedade com a primeira concorrente, não podem estes factos, <u>por si só</u>, constituir fundamento de recusa de informações, nem pode o contrato prever circunstâncias de recusa unicamente para este ou aquele sócio (podem, todavia, vir a constituir um eventual motivo de recusa, perante um determinado tipo de informação solicitada por esse sócio, algo substancialmente diferente do aqui exposto, como adiante exemplificamos na nossa nota n.º 283). A sociedade tolerou livremente a entrada do sócio, não podendo desde então alterar "as regras do jogo" unicamente para ele. Essa atitude persecutória não pode prevalecer. Não nos parece também plausível o condicionamento no acesso a informações de acordo com a participação no capital social. Embora menos pessoais que as sociedades em nome colectivo, as sociedades por quotas não foram pensadas para condicionar a legitimidade para o exercício de poderes e deveres de acordo com tal representatividade, constituindo um traço típico das sociedades que observam nas respectivas participações autenticas fracções do capital, como acontece com as sociedades por acções.

vel ou determinante para os interesses sociais. Por seu turno, poderão existir casos em que o interesse social pode ser posto em causa perante a divulgação num determinado momento ou circunstâncias e já não tanto perante o conhecimento dos factos por parte dos sócios. Circunstâncias em que a gerência da sociedade se encontra, por exemplo, a preparar uma assembleia decisiva para os destinos sociais, não podendo estar, em determinada altura, concentrada a prestar outras informações a um determinado sócio. Situações que procuram acautelar o risco de paralisação social perante a solicitação do sócio. O contrato revela-se assim um instrumento útil ao dispor da sociedade e sócios para regulamentar este nosso poder de informação[278].

Por outro lado, referimos também que a justificação não permite contudo a inclusão arbitrária de casos de recusa da informação. Logo à partida e acima de tudo porque o protagonismo do contrato de sociedade se reporta à defesa e estruturação do interesse social, daquilo que importa para a sociedade. Não faria sentido, portanto, encontrar cláusulas que visassem única e exclusivamente a cautela de terceiros. É possível a defesa de interesses terceiros, embora reflexamente, ou seja como resultado necessário para a cautela do interesse social[279].

---

[278] Especialmente se atendermos ao carácter genérico e taxativo no que respeita, de resto, aos casos de recusa legalmente previstos que não permitem, diga-se de passagem, uma grande margem de manobra à sociedade. O contrato permite assim clarificar dúvidas, perante a previsão de casos concretos e especificados de recusa da informação. Muitas das soluções que o contrato pode encontrar não têm necessariamente que chegar a constituir sequer casos de recusa da informação. Basta, para o efeito, a regulamentação do exercício do poder informativo, contando que não restrinja o exercício efectivo do mesmo (pode fixar-se, por exemplo, um prazo de antecedência, a contar da convocatória da assembleia decisiva referida no texto, até ao qual podem ser aceites pedidos de informação ou – de forma a evitar outro género de problemas que poderiam surgir a partir de inúmeras insistências de um sócio – determinar a disponibilização na sede social de informação previamente prestada por escrito). A existência e disponibilidade de mais do que um recurso para solucionar estes problemas são precisamente demonstrativas do motivo pelo qual se reconheceu esta possibilidade de intervenção contratual: acautelar vicissitudes sociais que nas sociedades em nome colectivo não existem e nas sociedades anónimas já podem se encontrar legalmente resguardadas.

[279] Ao contrário da lei a quem incumbe o papel de resguardar esse tipo de interesses terceiros, como observamos logo num dos casos de recusa previsto no n.º 1 do art.º 215.º do C.S.C., relativo à violação de segredo imposto por lei, no interesse de terceiro.

Não obstante a margem de manobra reconhecida ao contrato de sociedade, ele não pode acabar por recusar o acesso à informação se o sócio invocar suspeita de práticas susceptíveis de fazer incorrer o seu autor em responsabilidade nos termos da lei, quando a pretensão informativa tiver por fim julgar a exactidão dos documentos de prestação de contas ou habilitar o sócio a votar em assembleia geral convocada (n.º 2 do art.º 214.º, parte final). Como anteriormente referimos[280], são propósitos informativos do sócio que não podem ser postos em causa. Espelham preocupações consideradas essenciais preservar quando, no fundo, transitamos de uma sociedade mais pessoal – como a sociedade em nome colectivo – para uma sociedade em que o sócio se encontra mais afastado do centro e vida sociais: uma preocupação de controlo e fiscalização nos dois primeiros casos e uma preocupação de preservação da possibilidade de participação nas decisões sociais, já no terceiro caso[281].

---

[280] *Supra*, 2.3., I, pág. 175-176.

[281] No primeiro caso, que quanto muito seria susceptível de levantar algumas dúvidas, importa reter que basta o sócio *invocar* a suspeita, não tendo que demonstrar a sustentabilidade desta sua dúvida. Naturalmente que, desde então, surge o perigo do sócio usar esta sua faculdade para ter acesso a tudo o que lhe fosse conveniente, ainda que não tendo realmente aquele propósito. No fundo, utilizar essa invocação, esse argumento, como um instrumento para *devassar* a vida da sociedade, com inúmeros e repetidos pedidos de informação. Existem, todavia, soluções para este problema: uma primeira relacionada com a possibilidade de regulamentação contratual do pedido de informação (a este respeito, nossas notas n.º 249 e 278). Com efeito, não podendo haver recusa da informação – que diz portanto exclusivamente respeito ao âmbito do poder do sócio – o contrato preserva a sua faculdade de intervir regulamentando o exercício, na medida em que dessa regulamentação o sócio não fique absolutamente impedido de solicitar informações à sociedade. Pode, com efeito, criar formalidades que condicionem o número de vezes que o sócio pode solicitar a mesma informação, com base no mesmo motivo invocado ou, como já referimos (uma vez mais, nossa nota n.º 278), fixar a obrigatoriedade de disponibilização na sede social de informação previamente prestada por escrito. Por outro lado, resiste o instituto do abuso do direito (art.º 334.º do C.C.), absolutamente esquecido pelos nossos tribunais no que respeita ao nosso tema, que procura precisamente censurar o exercício de um direito fora dos parâmetros e finalidades para que foi criado, como parece poder vir a ser este o caso, perante o perigo inerente à falta de seriedade do motivo invocado pelo sócio. Mas desta realidade trataremos adiante: *infra*, alínea *b)*, pág. 212 e seg. De resto, cremos que o caso em apreço se deve estender igualmente aos casos de recusa directamente previstos pela lei, que seguidamente veremos, não obstante a omissão do legislador a este respeito (já não tanto relativamente

Uma outra circunstância através da qual uma sociedade por quotas pode recusar a prestação de informação reside no receio do sócio vir a utilizar essa informação para fins estranhos à sociedade e com prejuízo para esta (n.º 1 do art.º 215.º do C.S.C.). Cumpre aqui tecer alguns comentários a respeito dos vários elementos que compõem este caso.

Em primeiro lugar, não estamos perante um comportamento abusivo do sócio, mas sim perante o receio de que ele venha a acontecer. Importa primeiramente reter esta ideia, de modo a procurar não confundir o que são e significam os casos de recusa de prestação de informação e as circunstâncias em que o sócio actua ilegitimamente – sem verificação, portanto, dos parâmetros dentro dos quais um direito foi criado – nomeadamente no que respeita ao exercício daquele seu poder de informação. No primeiro caso, verificamos a exigência legítima de uma informação que, no entanto, não poderá ser prestada por imperativos que mais alto se levantam relativamente ao interesse informativo do sócio. A protecção de outros interesses em detrimento desse seu interesse individual. A sociedade está obrigada como tal a prestar a informação, tendo no entanto um motivo justificativo para não cumprir o que lhe é solicitado. No segundo caso, a actuação do sócio é ilegítima. O sócio exerce o seu poder fora dos parâmetros e finalidades para que foi criado. Consequentemente, actua sem legitimidade para o efeito, não estando a sociedade sequer obrigada a prestar a informação ou considerar o que lhe foi pedido pelo sócio.

Ora, não pode a sociedade recusar a prestação de algo que não lhe é sequer exigível, pelo que os casos de recusa não se situam neste último âmbito, nem procuram acautelar os perigos inerentes a actuações ilegítimas ou mesmo abusivas do sócio. Os casos de recusa, tal como o presente em análise, situam-se na pressuposição

---

às outras duas circunstâncias que parecem reflectir casos de informação obrigatoriamente a disponibilizar pela sociedade, sem carecer de uma prévia solicitação do sócio). Uma solução que parece mais se identificar com o espírito societário em apreço, especialmente se tivermos em conta que esse caso prevalece identicamente nas sociedades anónimas, ainda mais impessoais que as sociedades por quotas (n.º 2 do art.º 291.º do C.S.C. A respeito de uma razão para a diferença de tratamento: nossa nota n.º 296)

teórica de que o pedido de informação é legítimo e a sociedade, à partida, está obrigada a cumprir o que lhe foi exigido. Procuram dar justificativas, como temos vindo a referir, para um não cumprimento de tal exigência. No nosso caso, como acima aludimos, nem sequer nos encontramos perante um comportamento ilegítimo do sócio, mas antes perante o receio de que ele venha a ocorrer.

Em segundo lugar, o caso de recusa em apreço refere-se a receio sem, no entanto, determinar ou ao menos indiciar critérios a seu respeito. Tem sido pacificamente entendido, no entanto, que esse receio deve ser aferido objectivamente, imune nomeadamente a "complexos persecutórios" da parte dos gerentes[282]. Como seria de esperar, será uma vez mais a partir do caso concreto que teremos que aferir se existe ou não um justo receio de uma utilização estranha e danosa para a sociedade[283]. Não bastará, com efeito, o receio de uma utilização da informação estranha à sociedade, mas de uma utilização estranha e danosa para ela[284].

Os problemas tendem a surgir logo que começamos a tentar interpretar o que se pode entender como uma utilização *estranha* à

---

[282] Neste sentido: Ac. do STJ, de 07/01/99, in www.dgsi.pt, relator Sousa Dinis, última consulta em 14/02/06, sob o termo "Sociedade comercial" e Ac. do RP, de 05/01/99, in CJ, 1.º, pág. 177.

[283] É o caso tradicional do sócio que exerce uma actividade concorrente ou participa numa sociedade concorrente com a sociedade em apreço e que relativamente a esta solicita uma listagem completa e detalhada dos clientes (ou dos mais recentes, que à partida registam menos laços de fidelização com a sociedade). Poderá aqui existir um receio ponderável e fundamentado de que esse sócio possa, a partir da informação obtida, procurar desviar essa clientela em benefício da actividade concorrente que exerce ou da outra sociedade concorrente em que participa. De notar particularmente que a lei não requisita a intencionalidade do sócio, ao tempo em que solicita a informação, de utiliza-la nos termos presentemente censurados. As preocupações reflectem-se do lado da sociedade e não do sócio. Do disposto em referência nem sequer resulta qualquer enquadramento temporal relativamente à utilização da informação. Interessa sim que esta se revele, de acordo com as circunstâncias do caso concreto, susceptível de utilização por parte do sócio em prejuízo da sociedade. Importa pois a preservação dos interesses sociais e do que possa potencialmente se revelar prejudicial para a sociedade.

[284] Raúl Ventura, *"Sociedades por quotas, Vol. I...*", pág. 308. No fundo, só não haverá motivo para recusa se o receio for de um prejuízo por uma utilização não estranha aos fins da sociedade ou então de uma utilização para fins estranhos, embora sem prejuízo desta.

sociedade. A primeira ideia que se retém é a de que a utilização não pode ser adversa aos interesses da sociedade. RAÚL VENTURA vai, no entanto, mais longe e enquadra aqui uma outra limitação referente aos fins inerentes à qualidade de sócio. No fundo, haveria motivo de recusa sempre que se receasse que o sócio utilizasse a informação, não unicamente para fins estranhos à sociedade, mas também para fins estranhos à própria qualidade por ele assumida no seio daquela[285]. O ilustre autor procura, desta forma, uma autêntica desculpabilização de casos em que o sócio prosseguiria interesses pessoais que não se identificariam propriamente nos interesses da sociedade, como a recolha de informações para uma correcta avaliação da sua quota a fim de ponderar uma posterior alienação da mesma. Através desta linha de raciocínio, o caso em apreço não justificaria uma recusa da informação, uma vez que o propósito com que esta havia sido solicitada – embora estranho aos interesses sociais – se reflectiria ainda assim em prorrogativas inerentes à posição do sócio na sociedade.

Não obstante a pertinência da preocupação suscitada, não nos identificamos na perspectiva agora vazada. Em bom rigor, ela acaba por colocar interesses do sócio requerente paralelamente aos da sociedade, em termos em que acabaríamos incongruentemente por ter uma relação de conflito entre interesses de uma mesma pessoa: de um lado, os interesses estranhos à qualidade de sócio que haveriam fundamentado o pedido de informação; do outro, os interesses do sócio que, não sendo estranhos à sua qualidade, a recusa pretenderia proteger. Acabaria assim por ser a sociedade a decidir – ao recusar ou não a informação – o que seria melhor para o sócio. Falamos aqui unicamente de interesses sociais, nada mais[286].

---

[285] *"Sociedades por quotas, Vol. I..."*, pág. 308.

[286] Concordando inteiramente a este respeito com Carlos Pinheiro Torres (obra citada, pág. 221-222). Distintas são as situações previstas para as sociedades anónimas nas alíneas *a)* e *b)* do n.º 4 do art.º 291.º do C.S.C., que mais adiante teremos oportunidade de analisar (*infra*, IV, pág. 205-208). Todavia, podemos desde já salientar que no primeiro caso – que legitima a recusa perante o receio de utilização estranha e com prejuízo para a sociedade ou *algum accionista* – para além de não termos em confronto interesses pertencentes a uma mesma pessoa, é nossa interpretação que a referência a esse accionista se encontra relacionada com o receio do prejuízo e não da

Acresce ao exposto que muito dificilmente vemos um fim como a eventual alienação da quota como algo *estranho à sociedade*. O sócio tem, entre os poderes que dispõe, a possibilidade de livremente sair da sociedade, de não permanecer como seu *prisioneiro* e até de obter uma vantagem patrimonial a partir da alienação da sua participação. Mesmo neste último caso ele usa dos meios que estão à sua disposição, que lhe estão afectos em virtude do seu direito social para a satisfação de uma sua necessidade. Os seus interesses continuam referenciados relativamente à participação na sociedade, pelo que não compreendemos como, uma vez dentro dos parâmetros definidos para o exercício do direito social, possamos considerar que aquela sua finalidade é estranha à sociedade.

Cremos que a razão para a preocupação por casos deste género tem uma explicação que é de todo pertinente salientar: parte, como pressuposto, da finalidade com que o sócio solicita a informação. Daí a preocupação em legitimar fins como o exemplificado. Desta forma, a informação pedida não poderia ser recusada porque supostamente a finalidade com que haveria sido requerida não seria estranha, no entender interpretativo do autor, à qualidade do sócio.

Em bom rigor, não é disso que trata aquele caso de recusa. Ele parte, como pressuposto, de um receio para o futuro e respeitante à possibilidade da informação ser utilizada para os desígnios que a lei procura evitar. Eventuais propósitos abusivos é certo, embora relativamente à efectiva utilização da informação, não ao pedido da mesma, muito menos à intenção com que ele é feito. Daí a nossa preocupação em esclarecer este aspecto logo no inicio. Pressupõe-se aliás o exercício legítimo do poder de informação para que se tenha chegado a uma fase em que a sociedade tenha que ponderar se recusa ou não o pedido. Se assim não fosse então nem teríamos

---

utilização estranha. Já no segundo caso – que permite a recusa perante a mera divulgação susceptível de prejudicar relevantemente a sociedade ou *os accionistas* – procura-se acautelar os interesses sociais e os interesses do conjunto daqueles que participam nessa qualidade na sociedade, interesses esses susceptíveis de, no caso concreto, nem sempre se identificarem no tipo de sociedade em questão (veja-se, a este respeito, o que expusemos anteriormente em torno daquilo que nos parece ser uma correcta interpretação do art.º 64.º do C.S.C.: *supra*, II, pág. 184, último parágrafo).

chegado aqui. A sociedade nem estaria obrigada a prestar a informação e o assunto ficaria por aí resolvido. Não se trata, portanto, de verificar se o pedido ou a intenção com que ele é feito é ou não *estranho à sociedade*. Nunca sendo demais reiterar: este caso de recusa nada tem a ver com a verificação de abusos na solicitação da informação, no exercício deste poder que o sócio tem à sua disposição[287-288].

---

[287] O que acabámos mesmo agora de expor encontra-se intrinsecamente relacionado a uma incessante discussão sobre se é possível enquadrar comportamentos abusivos do sócio, no exercício do seu poder de informação, nomeadamente no âmbito deste caso de recusa que temos visto até ao momento. Carlos Pinheiro Torres levanta pertinentemente a questão, censurando essa possibilidade. Considera que os dois casos de recusa legalmente previstos operam em conjunto uma cautela tanto com interesses da sociedade, como com interesses de terceiros (obra citada, pág. 220-221). Cremos que o problema reporta-se a dois aspectos: primeiramente na tipicidade dos casos de recusa; por outro lado, na crença, a nosso ver incorrecta, que os problemas relativos a comportamentos abusivos do sócio no exercício do poder de informação se situam e são resolvidos através dos casos de recusa. Como no texto referimos, o sócio só pode exigir o cumprimento da obrigação se para tal tiver legitimidade. Se actuou ilegitimamente, nomeadamente por comportamento abusivo que levou a cabo, ele não pode exigir o cumprimento de tal obrigação à sociedade, pelo que esta nunca esteve adstrita a tal cumprimento. De resto, atentos ao teor dos motivos que o legislador considera suficientes para uma recusa da informação, nenhum reflecte, nem poderia em bom rigor o fazer, comportamentos abusivos na obtenção da informação. Num caso, que acabámos de observar, verificamos o receio de um comportamento abusivo futuro que não se identifica sequer com o exercício do poder, mas antes com a utilização da informação uma vez obtida pelo sócio. No outro, que veremos em seguida, a circunstância da informação, pelo simples facto de ser divulgada ao sócio, implicar uma violação de segredo imposto por lei, nada mais do que isto. Interesses que, perante a legitima exigência do sócio, prevalecem sobre os propósitos deste último.

[288] Os casos mais delicados, a nosso ver, que realmente suscitam pertinentes dúvidas situam-se naquelas circunstâncias em que o sócio solicita informação que indicia matéria suficiente para apresentação de queixas nas autoridades competentes por irregularidades verificadas no seio societário (tanto laborais, fiscais, para com a segurança social ou, se for esse o caso, mesmo sanitárias ou ambientais). Será essa utilização *estranha* à sociedade ou aos propósitos desta? Cremos que não. O facto da sociedade ter que se encontrar em conformidade com a lei tem necessariamente que se enquadrar nos seus horizontes, não podendo se revelar como algo alheio ou adverso aos propósitos sociais. Compete, com efeito, não confundir o que se deve entender como de melhor para os interesses sociais com o que é conveniente para quem se encontra, em dado momento, encarregue da gestão e do destino quotidiano da sociedade.

A sociedade pode ainda recusar informação se tal implicar a violação de segredo imposto por lei, no interesse de terceiros[289]. A fórmula legalmente adoptada não deixa de revelar, a nosso ver, uma determinada redundância, tendo em conta que se o segredo é imposto à sociedade, certamente que ele resulta da protecção de interesses terceiros e não os sociais[290].

Ficou assim de fora o segredo voluntariamente assumido, como o resultante de cláusulas contratuais de confidencialidade[291]. Desta forma, perante aquela solicitação informativa que implique a violação de segredo imposto contratualmente, os gerentes terão uma complicada decisão a tomar com a consciência que, de uma forma ou de outra, resultarão consequências das suas escolhas. Se a confidencialidade contratualmente assumida não se encontra prevista no pacto social como um motivo de recusa para a divulgação da informação em apreço, não restará ao gerente diligente outra opção que a de prestar a informação, ainda que tal conduza a uma degradação das relações com o terceiro protegido pela confidencialidade. Caberia à própria sociedade, designadamente aos sócios, o cuidado e cautela de precaver essa eventualidade logo à partida no respectivo contrato social. Se assim não foi feito, é porque é legítimo depreender que o interesse social considerou prioritária a satisfação da pretensão informativa do sócio.

---

[289] São casos frequentemente citados de sigilo legalmente imposto: o segredo de Estado, segredo militar, profissional, bancário, relativamente a informações privilegiadas, entre outros exemplos.

[290] Pois se fosse um segredo fundamentado na protecção dos interesses sociais, certamente que se revelaria disponível, como curiosamente nota Pedro Pais de Vasconcelos (*"A Participação..."*, pág. 216). De todo o modo, pensa-se aqui em casos como o da administração de um Banco que não pode divulgar aos seus accionistas dados bancários dos clientes.

[291] Crê-se que a razão se tenha ficado a dever ao propósito de tentar evitar uma forte redução da amplitude informativa a que os sócios poderiam em regra aceder perante um tratamento equivalente ao sigilo legalmente imposto, atendendo às inúmeras circunstâncias e possibilidades através das quais a gerência se poderia vincular a essa confidencialidade. De resto, cumpre não esquecer que o contrato de sociedade também pode prever este tipo de situações (*supra*, pág. 193-194), de modo a acautelar vicissitudes que o caso societário sempre suscite.

IV. Chegados às sociedades anónimas, deparamo-nos, como seria de esperar – atendendo à dualidade de regimes informativos existente – com casos de recusa relativamente a informações dentro das assembleias, como fora destas. Por uma questão de paralelismo com o caso societário anterior, preferimos iniciar a nossa análise por este último conjunto de circunstâncias.

Relativamente a informações prestadas fora da assembleia de accionistas, encontramos no n.º 4 do art.º 291.º do C.S.C. uma enumeração de casos que constituem possibilidades de recusa de informações por parte da sociedade, que só não parece ser taxativa pela dependência literal que regista com o previsto no n.º 2 do mesmo preceito[292]. Parece assim, à primeira vista, que os casos de recusa de informações, embora permanecendo taxativos numa perspectiva global, encontram-se dispersos pelos números em referência: para além dos casos enumerados por aquele n.º 4, ainda haveria que ter em conta o disposto no n.º 2. Sucede, no entanto, que temos certas dúvidas sobre se este último caso constitui uma verdadeira circunstância que legitima a sociedade a poder recusar informações aos seus sócios, como seguidamente explicamos.

De acordo com o disposto no número em referência, o conselho de administração ou o conselho de administração executivo não pode recusar as informações ao accionista, na medida em que no pedido se mencione que aquelas se destinam a apurar responsabilidades de membros do órgão em questão, do conselho fiscal ou do conselho geral e de supervisão, *salvo se do conteúdo desse requerimento ou de outras circunstâncias seja patente que não seja esse o verdadeiro fim visado pelo sócio*. Ora, a situação prevista neste disposto normativo lembra-nos muito a impossibilidade de limitação, ainda que supostamente justificada, por parte do contrato da sociedade por quotas ao poder de informação do sócio, sempre que para o pedido de informação ele tiver invocado a suspeita de práticas susceptíveis de fazer incorrer o seu autor em responsabilidade, nos termos da lei (parte final do n.º 2 do art.º 214.º)[293]. Em bom rigor,

---

[292] *"(...) Fora do caso mencionado no n.º 2, a informação pedida nos termos gerais só pode ser recusada (...)"* (n.º 4 do art.º 291.º do C.S.C. Itálico nosso).

[293] Supra, III, pág. 195.

as situações em confronto pretendem precisamente o mesmo objectivo: determinar a impossibilidade de limitação do acesso do sócio a informações sobre a sociedade, sempre que estiver em causa a aferição da responsabilidade nos termos descritos.

Naturalmente que uma se refere à lei e outra ao contrato, tendo em conta se reportarem precisamente a fontes configuradoras de limitações informativas para cada um dos tipos de sociedade em causa[294]. O facto da solicitação informativa do sócio ter que ser, nas sociedades anónimas, necessariamente por escrito (n.º 1 do art.º 291.º) permite a ilação do motivo possivelmente invocado e ainda assim a confirmação em torno da sua respectiva autenticidade ou veracidade quando comparado com o restante teor do requerimento ou outras circunstâncias como as do caso concreto[295].

Apesar destas diferenças meramente residuais, o facto é que ambos os casos pretendem o mesmo, ou seja a protecção absoluta daquilo que, ao que parece, constitui o último reduto das pretensões informativas do sócio[296]. Como referimos, no caso das sociedades

---

[294] Não obstante o tratamento privilegiado reconhecido ao contrato naquele outro tipo de sociedade, cremos que a limitação em apreço será de prevalecer mesmo para os casos de recusa legalmente previstos, como anteriormente tivemos oportunidade de fazer referência (nossa nota n.º 281).

[295] Algo, de facto, difícil de verificar nas sociedades por quotas, tendo em conta a possibilidade do sócio solicitar verbalmente a informação (n.º 1 do art.º 214.º) e nessa medida bastar então a invocação da suspeita. Isto não quer dizer que não seja possível extrair as ilações referidas no texto, especialmente quando a solicitação do sócio seja efectuada por escrito.

[296] De destacar ainda o facto de, ao transitarmos para as sociedades anónimas, restringirmos o número de circunstâncias em que a informação nunca pode ser recusada. O sócio vê-se assim reduzido à função basilar que o acompanhou, desde cedo, logo a partir da "fundação" do contrato (art.º 988.º do C.C.) O legislador, não obstante as flutuações feitas sentir ao nível do âmbito do poder de informação do sócio de sociedade em sociedade, permaneceu fiel ao princípio fixado no n.º 1 do art.º 988.º do C.C. (A este respeito: *supra*, 1.1., II, pág. 108 e seg.). A restrição em apreço, quando comparada com as limitações que se impõem ao contrato de uma sociedade por quotas e à grande margem de manobra que este pode verificar na fixação de casos de recusa, acaba por resultar do facto da sociedade anónima só poder recusar informação num dos casos expressa e directamente previstos pela lei (n.º 4 do art.º 291.º do C.S.C.). Não existe aqui um receio por uma discricionariedade contratual que tipifica as sociedades por quotas e leva o legislador a cautelosamente impor o respeito por momentos informativos obrigatória e previamente provocados pela sociedade (casos da análise à exactidão dos documentos

anónimas a forma que a solicitação do sócio tem que impreterivelmente observar permite que se possa apreender se o motivo ali invocado é coerente com o conteúdo do requerimento ou com outras circunstâncias que, desde então, passam a poder ser comparadas. É possível portanto desmascarar a pretensão do sócio.

Nem por isso, todavia, devemos confundir a faculdade em apreço, que resulta das circunstâncias acima descritas, com a existência de uma recusa na solicitação informativa do sócio. A frustração da sua pretensão não resulta da prevalência de um determinado interesse resguardado por uma recusa propriamente dita, como temos vindo a verificar nos casos verdadeiramente de recusa da informação, mas antes da improcedência ou falta de seriedade dos motivos que conduziram o sócio a solicitar determinada informação[297]. Não é possível extrair daqui uma recusa que certamente se encontraria desprovida de conteúdo ou significado próprio, de uma razão autónoma que a justificasse, como acontece com os outros casos previstos no n.º 4. Parece-nos sim que a solicitação "cai sozinha por terra",

---

relativos à prestação de contas e da informação destinada a habilitar o sócio a votar em assembleia convocada – n.º 2 do art.º 214.º do C.S.C.) Naturalmente que sendo – a preocupação de fiscalização – uma necessidade primitiva da pretensão informativa do sócio, ela nunca poderá ser *recusada* a este. Questiona-se pois qual a solução ou o mecanismo de protecção dos interesses da sociedade perante o sócio que entende fazer desse objectivo um mero argumento para arbitrariamente obter tudo o que entende a nível informativo da sociedade (para uma ideia mais completa, ver nossa nota n.º 281).

[297] Em bom rigor, até de uma interpretação literal chegaríamos à curiosa conclusão que a falta daquele motivo fiscalizador vulneraria, quanto muito, a solicitação do sócio aos casos de recusa posteriormente previstos no n.º 4 do art.º 291.º. No fundo, ela deixaria simplesmente de ser imune à possibilidade de recusa. Parece ser esta a interpretação que Raúl Ventura efectua do preceituado naquele n.º 2, concluindo que para a pretensão do sócio ser recusada ela ainda teria que preencher uma das circunstâncias previstas, por seu turno, no n.º 4 do mesmo preceito (*"Novos estudos..."*, pág. 151). O ilustre autor completa rematando que a falta de verificação dos requisitos objectivos do "direito" do sócio não pode ser confundida com a falta de requisitos subjectivos. No primeiro caso, que seria o que teria aqui ocorrido, a sociedade limita-se a recusar o seu *dever* de prestar a informação, não a prestação propriamente dita. Esta posição encontra-se enraizada na estrutura pelo distinto autor defendida que distingue de facto a recusa de um pedido de informação – ou de um dever de informar – da recusa da prestação. Os casos de recusa que temos vindo a observar procurariam a segunda hipótese e não a primeira, ao contrário do que ocorre com o previsto na parte final do n.º 2 do art.º 291.º (*"Sociedades por quotas, Vol. I..."*, pág. 304-305).

pois perante a fraude do propósito informativo – no fundo, a deturpação do poder do sócio para fins que não o mencionado – a sociedade não tem nada para atender ou recusar. A pretensão ou exigência do sócio peca, a nosso ver, de legitimidade.

É verdadeiramente nos casos previstos no n.º 4 do art.º 291.º do C.S.C que vamos encontrar motivos para uma recusa à pretensão do sócio. Eles resumem-se às seguintes circunstâncias:

- Quando for de recear que o accionista utilize a informação para fins estranhos à sociedade e com prejuízo desta ou *de algum accionista*;
- *Quando a divulgação, embora sem os fins referidos no caso anterior, seja susceptível de prejudicar relevantemente a sociedade ou os seus accionistas;*
- Quando ocasione violação de segredo imposto por lei.

Colocámos deliberadamente em itálico os elementos que, relativamente aos motivos de recusa legalmente previstos para as sociedades por quotas, constituem novidades. Ao que parece, o regime das sociedades anónimas não se encontra tão distante daquele outro. Aquelas diferenças suscitam a ideia de uma certa evolução, decorrente da própria estrutura societária. Como tal, parece-nos mais oportuno averiguar unicamente o que de novo nos traz este regime, relativamente ao tipo societário anterior. Ao que eles têm de idêntico pouco resta acrescentar, bastando remeter para o que então referimos a esse respeito nas sociedades por quotas[298].

A primeira novidade digna de registo realiza-se no facto da sociedade poder recusar a informação quando objectivamente recear que o accionista venha, no futuro, a fazer da informação uma utilização estranha à sociedade, com prejuízo que agora pode recair sobre um outro accionista e não unicamente sobre aquela (alínea *a)* do n.º 4 do preceito em análise).

Parece-nos, com efeito, que a referência a esse outro accionista é feita em função e relativamente à imputação do prejuízo e não

---

[298] *Supra*, III, pág. 196 e seg. Relativamente ao segredo imposto por lei, *infra*, V, pág. 210-211.

como um limite finalístico à utilização futura e receada da informação. Logo à partida pelo teor literal da redacção que refere unicamente o accionista quando aborda a exigência do prejuízo[299]. Em segundo lugar, não nos parecia muito ajustado instituir um motivo de recusa que censurasse a utilização futura em função daquilo que seria *estranho* para um outro accionista[300].

Este aspecto leva-nos a considerar que, não obstante agora intervir um outro accionista na configuração do caso de recusa em apreço, este continua a visar a cautela dos interesses da sociedade, agora diferentemente moldados, reconfigurados: O interesse social intervém não unicamente perante o receio de utilização futura estranha à sociedade com prejuízo para esta, mas também em caso de prejuízo para outro accionista[301].

---

[299] *"(...) e com prejuízo desta ou de algum accionista"* (Itálico nosso. Retirado do corpo do aludido disposto normativo)

[300] Que critérios ou razões, no fundo, teriam levado o legislador a considerar esta forma de resolução de conflito de interesses entre dois accionistas? Deixando à sociedade aquilo que, na prática, acabaria por corresponder a um poder de decisão arbitrário em torno de quem proteger ou beneficiar, ao aceitar ou recusar a solicitação? Permitir a recusa perante aquilo que se revelasse estranho a um qualquer accionista, especialmente tendo em conta a diversidade e o carácter frequentemente indeterminado dos accionistas de uma sociedade anónima?

[301] O interesse desse outro accionista acabaria assim por se encontrar indirectamente tutelado por esta possibilidade de recusa e de intervenção do interesse social. Diferentemente pensa Carlos Pinheiro Torres que, embora extraindo a mesma interpretação daquela redacção relativamente à posição da pessoa do accionista em função do prejuízo, conclui que o caso em apreço pretende resguardar tanto os interesses da sociedade, como daquele accionista. Para o efeito, explica a razão para que não se verifique o mesmo comportamento nas sociedades por quotas, entendendo que o distanciamento do accionista da sociedade dá-lhe menos garantias de protecção e de tutela dos seus interesses no projecto social carecendo, em compensação, de uma intervenção da sociedade para o proteger (obra citada, pág. 226). Parece-nos, no entanto, que essa explicação acaba precisamente por reforçar a nossa conclusão. Na verdade, se é a sociedade que intervém na protecção daquele accionista, pela falta de condições deste assegurar os seus interesses, então é porque é do *interesse social* essa protecção, é do *interesse social* evitar o prejuízo de qualquer accionista perante a utilização de informação estranha à sociedade. Parece-nos, por outro lado, que a verificação do prejuízo, neste caso, não requer a delimitação concreta e individualizada do accionista potencialmente prejudicado com a utilização da informação. Em abono da verdade, essa ideia revelar-se-ia impraticável nas sociedades abertas, com uma larga dispersão do capital da sociedade. Parece-nos sim que nos encontramos perante uma averiguação potencial e teórica em torno do prejuízo que a utilização de determinada informação para fins estranhos à sociedade pode comportar para algum elemento pertencente à comunidade dos accionistas em geral.

Dúvidas também se suscitam no que respeita ao caso previsto na alínea *b)*. De acordo com CARLOS PINHEIRO TORRES, a referência nessa alínea feita ao caso anterior permite o entendimento de que já no segundo caso estaríamos identicamente perante uma situação de utilização da informação e não de divulgação, ao contrário do que resultaria de resto da letra da lei. No fundo, ao utilizar a expressão *"embora sem os fins referidos na alínea anterior"*, identificaríamos uma relação residual entre o primeiro e o segundo caso que só seria possível perante circunstâncias da mesma natureza ou casos com o mesmo âmbito. Consequentemente, o legislador ao referir-se a *"divulgação"* no segundo caso, estaria na verdade a querer dizer *"utilização"*[302].

Não obstante a pertinência da correcção efectuada pelo ilustre autor e o devido respeito que nos merece sua posição, custa-nos muito procurar efectuar interpretações correctivas relativamente àquilo que o legislador "disse" ou queria "dizer", quando essas interpretações não se fundamentam exclusivamente em imprecisões, à luz da Ciência do Direito, na utilização de um ou outro termo. Trata-se de uma interpretação subjectiva em torno daquilo que supostamente o legislador quis "dizer". Para esse efeito, grandes motivos têm que existir que revelem notoriamente o lapso na sua forma de expressar.

Até ao momento em que nos sejam inequivocamente demonstrados os argumentos que sustentam o lapso acusado no parágrafo anterior, não vemos nenhuma incompatibilidade ou incongruência na leitura precisamente daquilo que se encontra previsto na alínea em apreço: ou seja, uma possibilidade de recusa perante a mera e objectiva divulgação de factos, susceptível por si só de causar

---

[302] Obra citada, pág. 226-227. Para o autor referido no texto, a idêntica natureza e a consequente relação existente entre os dois casos explicariam o facto de na alínea *b)* já se exigir uma *susceptibilidade* de prejuízo *relevante* para a sociedade e para os *accionistas* (já no seu global, portanto). No fundo, não se tratando de uma utilização estranha à sociedade, por exclusão de partes relativamente ao caso anterior, então unicamente perante um prejuízo de maior intensidade ou impacto é que a utilização da informação poderia vir a ser recusada pela sociedade. Quanto ao nosso entendimento em torno daquela susceptibilidade, ver mais adiante o que expomos em torno de um caso semelhante relativamente a informações em assembleias (*infra*, V, pág. 209-210).

prejuízo relevante à sociedade ou aos accionistas[303]. Uma situação que se compreende à luz de circunstâncias que se tornam cada vez mais frequentes em empresas mais complexas e autónomas dos respectivos sócios: circunstâncias relacionadas com diferentes níveis de informação que se vão estruturando, onde as informações confidenciais e privilegiadas assumem contornos cada vez mais compreensíveis e esperados[304].

V. Resta, por último, uma breve passagem pelos motivos de recusa de informações solicitadas em assembleia, aplicáveis tanto às sociedades anónimas, como às sociedades por quotas (n.º 7 do art.º 214.º do C.S.C.). São unicamente dois os casos que poderão fundamentar a recusa (n.º 2 do art.º 290.º):

• Prestação de informação que possa ocasionar grave prejuízo à sociedade ou a outra sociedade com ela coligada;
• Violação de segredo imposto por lei.

---

[303] Sem nunca perder o que conduz a diferentes patamares e dimensões desse prejuízo, tendo em conta que, por se tratar meramente de uma divulgação e já não de uma utilização, ele terá que se revelar bastante mais relevante para constituir motivo de recusa por parte da sociedade.

[304] A respeito dos diferentes níveis de informação: Menezes Cordeiro, *"Manual de Direito das Sociedades – Vol. I..."*, pág. 596 e seg. Constatamos assim mais um sinal da sensibilidade da informação de acordo com o tipo societário: com efeito, enquanto que nas sociedades por quotas a confidencialidade voluntariamente assumida não se encontra legalmente protegida, competindo quanto muito ao contrato de sociedade a sensibilidade pelo que o caso societário concreto tem para oferecer a este respeito (*supra*, III, pág. 193 e 201), já nas sociedades que nos encontramos presentemente a observar o sigilo e a confidencialidade encontram-se à partida protegidos, estando a sociedade anónima legalmente habilitada a recusar a divulgação de informação que se revele susceptível de prejuízo relevante para ela ou accionistas em geral. Por outro lado, constata-se também a particularidade do distanciamento cauteloso dos interesses da sociedade relativamente aos interesses dos accionistas em geral. Um distanciamento não porque se reconheça que a sociedade anónima não prossiga os interesses dos seus accionistas, mas porque a complexidade da estrutura empresarial revela, muitas das vezes, a tomada de decisões, num primeiro plano, na cautela de todo um outro conjunto de interesses: os de credores, trabalhadores, clientes, entre outros (aliás, como a recente alínea *b)* do n.º 1 do art.º 64.º do C.S.C. nos recorda. A este respeito, *supra*, II, pág. 184 último parágrafo).

A primeira circunstância que possibilita a recusa da parte da sociedade seria naturalmente de esperar, tendo em conta os interesses que primariamente podem ser postos em causa perante uma informação desregrada e arbitrária aos sócios.

Há que cuidar então dos interesses da sociedade, mas não só. Tendo em conta a possibilidade de solicitação de informações a respeito de sociedades coligadas, em termos a que já tivemos oportunidade de verificar[305], seria de todo incompreensível que a possibilidade de recusa não se estendesse identicamente a informações susceptíveis de causar um grave prejuízo à sociedade coligada. Quem sabe até se, na prática, o órgão habilitado a prestar as informações não terá a tendência de proteger mais essa outra sociedade, por desconhecimento daquilo que pode ou não realmente a prejudicar, quando comparada com a sociedade onde exerce funções.

Importa, por outro lado, salientar que nos encontramos perante a prestação da informação que *pode* ocasionar grave prejuízo. Encontramo-nos, portanto, no domínio da susceptibilidade, ao que nos parece muito semelhantemente ao que ocorre fora da assembleia para o caso previsto na alínea *b)* do n.º 4 do art.º 291.º do C.S.C[306]. É possível então aferirmos um mesmo critério que nos possa auxiliar, na prática, a determinar essa *susceptibilidade* da prestação ou divulgação provocar grave/relevante prejuízo. A tendência, neste tipo de situações, é sempre de procurarmos o "homem médio" ou "de normal diligência", critérios estes que – enquanto não se encontrarem referenciados na posição do sujeito passivo da obrigação de informação – parecem aqui falhar pelo simples facto da única posição potencialmente legitimadora de uma análise minimamente rigorosa corresponder simultaneamente a uma posição no oposto da relação estabelecida com a solicitação da informação: mais concretamente, o órgão habilitado a prestar a informação em assembleias ou então o órgão de administração perante solicitações fora destas.

Em abono da verdade, a esse posicionamento todavia – ao contrário do que ocorre em outras circunstâncias – nem se encontra

---

[305] *Supra*, 2.1., alínea *b)*, III, pág. 145, com especial atenção para a nota n.º 192.
[306] *Supra*, IV, pág. 207-208.

associado um risco considerável de parcialidade ou subjectividade. Não se tratam aqui de decisões com base no *receio* do que o futuro reserva, ou daquilo que o sócio possa *fazer* com determinada informação, mas sim unicamente de um juízo em torno da susceptibilidade da divulgação provocar um grave ou relevante prejuízo à própria sociedade, a outra com ela coligada ou então aos accionistas. Por outras palavras, quem melhor para aferir essa potencialidade que o próprio órgão social que tem o conhecimento da informação?[307]

Relativamente ao último caso, convém salientar que tanto relativamente a assembleias, como fora delas a sociedade anónima pode recusar a prestação de informações perante um segredo imposto por lei (n.º 2 do art.º 290.º e alínea *c)* do n.º 4 do art.º 291.º, respectivamente), contrariamente ao que ocorre nas sociedades por quotas, onde a interpelação do sócio junto da sociedade fora da assembleia só pode ser recusada se esse segredo for imposto por lei, *no interesse de terceiros* (n.º 1 do art.º 215.º). Na altura, aproveitámos para salientar aquilo que nos parece uma redundância, atendendo a que se nos encontramos perante segredos que são impostos legalmente à sociedade, é porque eles resultam da protecção de interesses terceiros, estranhos portanto a ela[308].

---

[307] Concordando aqui absolutamente com Carlos Pinheiro Torres, inspirado pelo modelo Alemão que se apoia, nestas circunstâncias, no critério de um comerciante sensato e ainda assim na experiência Espanhola que entrega a responsabilidade por aquele juízo ao presidente do conselho de administração. O facto de ser aquele órgão a decidir não implica necessariamente um juízo parcial, tendo ele que se colocar na posição de um comerciante sensato e consciencializar-se daquilo que este decidiria perante idênticas circunstâncias (obra citada, pág. 223-224).

[308] *Supra*, III, pág. 201. A nossa doutrina aliás não tem atribuído uma grande importância a esta matéria, não se preocupando muito com uma explicação para as diferentes redacções em confronto. Encontramos, por outro lado, em João Labareda importantes questões relativas a um desnivelamento preocupante que existe, perante essas situações sigilosas, entre aquilo que o gerente ou administrador tem conhecimento e aquilo que o sócio não tem. Situações que atingem um determinado grau de complexidade se estivermos perante membros do órgão gestor que simultaneamente são sócios da sociedade, caso em que o princípio do tratamento igualitário entre os sócios parece ficar arredado (*"Direito à informação..."*, pág. 145-147. Sobre esta questão, reflectimos mais adiante: *infra*, capítulo III, 1.5., pág. 263 e seg.). Relativamente à matéria concretamente tratada no texto: Carlos Pinheiro Torres, obra citada, pág. 225 e Pedro Pais de Vasconcelos, *"A Participação..."*, pág. 216.

A questão tende, contudo, a assumir um relevo mais significativo no que respeita a sigilos voluntariamente assumidos pela sociedade e que pode suscitar a necessidade de preservação da confidencialidade dos dados perante a solicitação de informações, como forma de garantir a defesa daquilo que, naquele caso, se reserva melhor para a sociedade. Aqui pensamos que a sociedade encontra o seu fundamento ideal na susceptibilidade da prestação implicar um grave prejuízo para ela[309].

Questão última necessariamente a colocar passa obrigatoriamente pela necessidade de compatibilização entre a possibilidade de recusa da informação e o facto de, ao ser solicitada, ela revelar-se determinante para a formação da opinião fundamentada do sócio e dessa forma a eventual recusa colocar em causa tanto o poder de voto, como mesmo a participação desse sócio nas decisões sociais.

RAÚL VENTURA entendia correcto – especialmente no que respeita ao caso da prestação se revelar susceptível de grave prejuízo para a sociedade ou outra coligada – que para essa recusa ser verdadeiramente fundamentada teria que ser seguida da eliminação do assunto em causa da ordem do dia[310].

Não ousamos, com o devido respeito, ir tão longe. Cremos que a questão se reporta uma vez mais à resolução do conflito de interesses então instalado e a uma apreciação dos vectores que no caso serão de levar em conta: o facto da informação se revelar verdadeiramente essencial para uma importante deliberação em assembleia, a importância da informação para todos os participantes e não unicamente para o requerente, a definição do grave prejuízo

---

[309] O que não deixa de provocar uma preocupante discrepância quando pensamos nas sociedades por quotas, cujo regime é aqui também aplicável, como referimos no texto (n.º 7 do art.º 214.º do C.S.C.). Enquanto que a confidencialidade da informação voluntariamente assumida não encontra directa e propriamente uma protecção perante informações solicitadas fora das assembleias, a não ser que o contrato de sociedade expressamente o preveja (n.º 2 do art.º 214.º, conjugado com o n.º 2 do art.º 215.º), já em sede de assembleias a confidencialidade encontra uma protecção legal, designadamente na susceptibilidade da divulgação poder provocar um grave prejuízo à sociedade ou a outra com ela coligada (n.º 2 do art.º 291.º). Já nas sociedades anónimas, como recentemente vimos, semelhante protecção legal encontramos para informações solicitadas fora das assembleias (*supra*, IV, pág. 207-208).

[310] "*Sociedades por quotas, Vol. I...*", pág. 315.

para a sociedade, tudo poderá determinar, mas unicamente no caso concreto, qual o interesse que deverá prevalecer. Ao sócio que vê recusada a informação que considera essencial naturalmente que lhe assiste a faculdade de não participar mais na assembleia ou ao menos declarar não se encontrar em condições de votar. Sempre se reconduz a uma posição tomada em harmonia com a razão que o levou a solicitar primeiramente a informação[311].

b) O exercício ilegítimo do poder do sócio

I. No ponto anterior terminámos a nossa análise em torno dos casos que a nossa lei prevê de recusa legítima de prestação de informações por parte da sociedade aos seus sócios. Pudemos efectivamente compreender que se reportam a situações em que, de uma forma ou de outra – variando conforme o tipo societário – o interesse individual do sócio na informação pode recuar perante a invocação de um interesse então superior.

Mas o que dizer, em abono da verdade, daquele sócio que desenvolve para com a sociedade todo um conjunto de comportamentos encadeados entre si, solicitando persistentemente o mesmo tipo de informação ou informação a que acabou anteriormente de ter acesso. O que dizer do sócio que solicita à gerência da pequena sociedade uma consulta desmesurada de documentação de molde a paralisa-la autenticamente, impedindo-a de prosseguir o escopo social, colocando-a exclusivamente ao serviço dos interesses e conveniências desse sócio. Não ficamos por aqui. Por explicar ficam certamente aquelas situações em que o sócio utiliza distorcidamente o seu poder informativo como uma "arma de arremesso" contra sociedade e restantes sócios, no intuito ou de evitar a prática de determinado acto, a realização de uma dada assembleia ou então para negociar termos mais vantajosos para uma sua pretendida saída da sociedade.

Em todos os exemplos acima apontados – pois outros certamente existirão que não nos recordamos neste momento – constatamos um

---

[311] Sem prejuízo dos mecanismos que legalmente lhe assistem perante uma recusa injustificada da informação (*infra*, capítulo V, 1.2., pág. 335-338 e 1.3., pág. 338 e seg.)

factor comum: nenhum deles, ao que parece, encontra uma tutela ao abrigo daqueles casos de recusa. Se nos recordarmos bem do que analisámos a esse respeito, vimos que a pretensão informativa do sócio pode recuar ou perante o receio de uma utilização alheia e censurável da informação ou perante efeitos objectivamente susceptíveis de se gerarem mediante a mera divulgação, a mera prestação da informação. Tal não subentende necessariamente um anterior comportamento do sócio nos moldes que acima descrevemos. Situações limitativas do âmbito informativo do sócio é certo, pois vedam-lhe o acesso à informação, mas que não parecem contemplar o comportamento que até ali o sócio desencadeou, o propósito com que ele exerce a sua prorrogativa dentro da sociedade.

Alguns dos nossos autores têm recordado, no entanto, a existência de um regime distante, praticamente "esquecido" no nosso muito apreciado Código Civil, relativo ao instituto do abuso do direito[312], ou seja a censura sobre o exercício de um direito em manifesto excesso ou desenquadramento relativamente a limites impostos pela boa-fé, os bons costumes ou então o fim económico e social desse direito (art.º 334.º do C.C.)[313].

II. A problemática relativa à aplicação do regime relativo ao abuso do direito encontra-se relacionada com a taxatividade que Hoje praticamente tem vindo a ser defendida entre nós no que respeita aos casos de recusa de informação[314], o que supostamente

---

[312] Como observamos, por exemplo, em Menezes Cordeiro, *"Manual de Direito das Sociedades – Vol. I..."*, pág. 608 e seg. e Pedro Pais de Vasconcelos, *"A Participação..."*, pág. 213. Já com Raúl Ventura começamos a distinguir a recusa de aceitação do pedido do sócio da efectiva recusa da prestação. Nas suas próprias palavras: *"Em rigor, portanto, a recusa de prestação de informação só tem cabimento relativamente a pedidos correctamente formulados"* (Itálico nosso. *"Sociedades por quotas, Vol. I..."*, pág. 304).

[313] Relativamente ao abuso de direito: Almeida Costa, obra citada, pág. 59 e seg, Coutinho de Abreu, *"Do abuso do direito"*, reimpressão da edição de 1999, Almedina, Coimbra, 2006; Cunha de Sá, *"Abuso do Direito"*, reimpressão da edição de 1973, Almedina, 2005; Menezes Cordeiro, *"Da boa-fé no Direito Civil"*, 2.ª reimpressão, Colecção Teses, Almedina, 2001.

[314] *Supra*, alínea a), I, pág. 179 e seg.

impossibilitaria enquadrar circunstâncias limitativas adicionais relativas a comportamentos abusivos do sócio. Nos dias que correm assistimos a esforços no seio da doutrina no intuito de procurar enquadrar dentro daqueles casos que se encontram previstos na lei comportamentos adicionais relacionados, no fundo, com o abuso de direito[315].

Com a devida vénia que são merecedores esses esforços, eles se situam deslocados ao tentarem enquadrar algo num regime que não está "pensado", em nosso entendimento, para a prevenção daqueles comportamentos abusivos. Como repetidamente salientámos ao longo do presente trabalho, os casos de recusa de informação que analisámos espelham a prevalência de outros interesses perante o propósito do sócio na obtenção da informação. Tal implica uma legítima actuação do sócio, de modo a que a exigência de cumprimento de uma obrigação de informação possa posteriormente ser afastada pela recusa.

Ora, o abuso de direito não se encontra preparado para essa realidade. Ele procura precisamente o inverso: a ilegitimidade na actuação da pessoa o que automaticamente conduz a uma falta de exigência informativa. No fundo, se a solicitação não é legítima, então não se coloca sequer a eventual prevalência de outros interesses sobre os do sócio[316]. A recusa subentende, como referido, uma exigibilidade da obrigação de informação que o abuso do direito não tolera. Antes desse confronto de interesses, já a postura do sócio carece de legitimidade em exigir a prestação da informação. A sociedade não está, nem se deve considerar, em tais circunstâncias obrigada ao cumprimento daquilo que o sócio pretende. Consequentemente, não tem que recusar, se for esse o caso, algo que não lhe é legitimamente exigido.

---

[315] A este respeito, nossa nota n.º 287. Existe efectivamente quem chegue claramente a observar nos casos de recusa o único instrumento eficaz para o combate ao exercício abusivo do poder de informação do sócio (Peter Deuss, *"Das Auskunftrecht des Aktionärs"*, Munique e Berlim, 1962, pág. 101 e seg.).

[316] Como é sabido, a legitimidade consiste num posicionamento do sujeito relativamente a um determinado interesse. Se o sócio actua desprovido de interesses que se justifiquem na sua participação na sociedade, então ele actua sem legitimidade.

Sendo assim, é impensável enquadrar o abuso de direito nos casos de recusa acima analisados. Nem por isso, a taxatividade que outros defendem existir relativamente a esses casos constitui ou poderia constituir argumento para que não se possa recorrer a um regime residual patente no Código Civil como o presente no art.º 334.º. Ele foi criado deliberadamente de uma forma genérica e abstracta para precisamente ser averiguável no caso concreto[317]. Criado propositadamente dessa forma, pois o comportamento abusivo é, por excelência, casuístico, pontual, verificado de acordo com as circunstâncias circundantes do caso concreto[318]. Não vemos portanto qualquer justificação susceptível de inviabilizar a aplicação desse regime.

III. Não nos compete aqui uma análise ao regime do abuso do direito por obviamente não ser esta a sede própria. Mas sempre podemos reter alguns aspectos que eventualmente facilitem o enquadramento daquele no nosso objecto de estudo.

Primeiramente, é facto já conhecido do leitor que cremos que a faculdade informativa do sócio se reconduz a um poder e não a um direito subjectivo propriamente dito. Este facto não inviabiliza, por si, o recurso a tal regime. Funcionalizado que se encontra esse poder relativamente ao direito do sócio, este exerce abusivamente esse seu direito sempre que leva a cabo comportamentos ou pretensões informativas abusivas. Encontramo-nos perante uma forma de exercício do direito do sócio na sociedade tão válida quando o seu poder de voto ou de participação nos lucros sociais. O poder de informação colabora assim na prossecução das finalidades almejadas pelo direito

---

[317] Note-se que aquele art.º 334.º nem sequer prevê uma concreta sanção para o comportamento abusivo, limitando-se a qualificar de ilegítimo o exercício do direito em apreço. Deixa, portanto, ao cuidado do regime concretamente aplicável ao caso a aferição das consequências para a falta de legitimidade.

[318] Aspecto este para o qual não foram pensados os casos de recusa, que acabam por tutelar valores situados na estratosfera jurídica: como os interesses sociais, de outros sócios ou de terceiros. No fundo, objectivos que acabam por configurar um regime que de flexível pouco tem, quando comparado com a diversidade de abusos que a pratica poderá revelar.

social[319]. É a este último que compete a prossecução autónoma das finalidades do sócio na sociedade. Consequentemente, é este que quanto muito poderá ser exercido abusivamente.

Tal como qualquer outro direito, o direito social tem os seus pressupostos, os seus parâmetros que não pode ultrapassar. Se tal acontecer, então ele aproxima-se perigosamente do abuso. A falta de pressupostos necessários para o exercício desse direito ou a violação desses limites conduzirá a comportamentos abusivos do sócio. Assentando numa realidade complexa, aqueles limites vão-se identificar nos pressupostos de cada um dos poderes e deveres de que ele é composto, entre os quais contamos com o nosso poder informativo.

Esse poder parte, como pressuposto essencial, da qualidade de sócio do seu titular, o que permite um espaço de actuação que, no entanto, não pode extrapolar os interesses inerentes à participação social. Serão esses os interesses legítimos do sócio a que o direito social terá que atender. Para além deles, os interesses não serão legítimos. A solicitação informativa do sócio prende-se assim com a satisfação de uma sua necessidade relativamente à participação social, como forma de afectação de um meio que pertence ao direito social e que se encontra à disposição do seu respectivo titular. Se ele é destinado para a satisfação de necessidades diferentes daquelas que se revêem na participação então estaremos fora do âmbito do exercício do direito do sócio.

IV. Face ao exposto, cumpre-nos ter em conta que um qualquer direito, inclusivamente o de participação do sócio na sociedade, não pode exceder manifestamente os limites impostos pela *boa-fé*, pelos *bons costumes* ou pelo *fim económico ou social* desse direito (art.º 334.º do C.C.). Sem pretender qualquer espécie de ingerência em

---

[319] Não podemos assim, muito humildemente, concordar com Menezes Cordeiro, quando refere que o "direito à informação" não é dotado de uma funcionalidade própria, só adquirindo relevo sempre que as pretensões informativas do sócio fossem contra interesses terceiros ou se revelassem estranhas à sociedade (*"Manual de Direito das Sociedades – Vol. II..."*, pág. 609).

torno do significado ou substrato de qualquer um dos conceitos mesmo agora referidos – por não se revelar esta a sede mais adequada, como ainda há pouco referimos – certo é que nos encontramos, como seria de esperar, perante elementos vagos e abstractos, unicamente individualizáveis pelo caso concreto. Tal não nos impede, todavia, de reter alguns aspectos que nos poderão auxiliar nessa tarefa.

Assim, por um lado, importa reter que o abuso só se constata perante o excesso manifesto de qualquer dos limites acima referidos. Embora impossível de apurar na teoria, sempre será de destacar, no entanto, que esse manifesto excesso coloca necessariamente a pretensão informativa fora dos parâmetros da razoabilidade, tendo em conta que ela pressupõe e resulta precisamente de uma solicitação que, para todos os efeitos, é entendida como ilegítima. Será necessário, então, verificar no caso concreto essa falta de razoabilidade na pretensão do sócio, como sintoma da solicitação ter manifestamente excedido algum dos parâmetros definidos pelo art.º 334.º do C.C.

Como um primeiro limite ao exercício do poder informativo do sócio, encontramos a boa-fé. Desta limitação resulta que não podem, por exemplo, ser atendidas solicitações que procurem deliberada e exclusivamente a colocação da sociedade numa situação de incumprimento ou impossibilidade de cumprimento da prestação. Reportamo-nos assim àqueles casos em que o sócio solicita a informação com plena consciência e intenção de colocar a sociedade numa dessas situações[320]. Ao exigir a *consciência* do sócio, subentendemos necessariamente o prévio e atempado conhecimento da sua parte da impossibilidade que será imputável à sociedade. Ao requerer a *intenção*, retiramos obrigatoriamente o único e exclusivo pro-

---

[320] Casos como o da solicitação da informação aos elementos da gerência que se encontram ausentes em serviço ou de férias, ou então o da consulta de documentos que não podem se encontrar temporariamente e de uma forma organizada na sede social, por motivos alheios à vontade da gerência ou administração (como a sede se encontrar por um curto período de tempo em obras urgentes que não permitiram ainda tempo e oportunidade ao órgão da gerência ou administração para a criação de uma solução alternativa).

pósito em deixar a sociedade naquela impossibilidade de prestar a informação[321].

As pretensões informativas do sócio não podem, por outro lado, ofender os bons costumes. Uma vez mais, perante o conceito vago com que nos deparamos, somos necessariamente forçados a reconduzi-lo ao contexto em que deve se enquadrar o direito social. O sócio terá que ter a consciência do teor daquilo que solicita, de forma a que possa criar expectativas legítimas em torno de uma resposta eficaz e em condições. Assim, embora penda sobre o órgão de gerência ou administração uma obrigação de garantir as condições mínimas para a acessibilidade dos sócios a informações a respeito da gestão da sociedade ou sobre os assuntos sociais, certo é que o sócio não pode exigir, por exemplo, uma determinada e particular forma de reprodução de um documento que a sociedade não disponha, ou não seja exigível dispor, das condições para esse efeito, embora por outro lado tenha outros mecanismos, possivelmente mais basilares, de reprodução do documento pretendido[322].

---

[321] Naturalmente que se entretanto surge efectivamente um propósito que conduz o sócio a incontornavelmente necessitar da informação, é porque ele não actua com aquele censurável objectivo em deixar a sociedade numa posição de incumprimento. Terá aqui, uma vez mais, que ser o caso concreto a mediar e resolver o conflito de interesses que naturalmente se instala.

[322] A forma particular de reprodução, convenhamos, não releva para a satisfação do propósito informativo do sócio, sendo, quanto muito, requerida por uma questão de conveniência ou comodidade. Para o que nos importa, podemos extrair que a limitação em análise determina que não será razoável atender a solicitações que se encontram para além do âmbito do cumprimento das obrigações imputáveis a este respeito ao órgão adstrito à prestação da informação. Todavia, cada caso é um caso. Pense-se no exemplo do sócio que solicita à gerência ou administração que lhe passe a prestar trimestralmente informação relativa às contas da sociedade (fornecimento nomeadamente de balancetes) e ainda assim sobre os funcionários da sociedade e respectivas remunerações. No caso agora citado, não podemos obrigatoriamente depreender que o facto da gerência ou administração se encontrar obrigada, por força de lei, a prestar periodicamente contas aos sócios dispensa a obrigação de adicionalmente fornecer informação que a este respeito possa ser solicitada ou então de passar a prestar, ainda que a certo sócio, por períodos mais curtos de tempo o mesmo tipo de informação. Cremos que, tal como qualquer outro limite, ele será sensível ao caso concreto, mormente ao tipo de sociedade em que nos encontramos. Se numa sociedade em nome colectivo este tipo de solicitação pode se revelar perfeitamente aceitável, atendendo ao envolvimento do sócio no seio societário,

Por último, a intenção informativa do sócio não pode extrapolar o fim social ou económico do direito em que se circunscreve: ou seja, do direito social. Uma afirmação que nem por isso é susceptível de revestir qualquer simplicidade, especialmente quando nos empenhamos em traduzir o seu significado prático.

Temos defendido, ao longo do presente trabalho, que esse direito social procura a afectação dos meios necessários para o envolvimento e preservação do sócio no seio do projecto societário. Do conjunto de meios indispensáveis para que nele possa efectivamente *participar*, na justa e devida proporção da sua participação social.

Esta ideia necessariamente subentende, a nosso ver, a carência informativa do sócio para que ele possa solicitar de uma forma legítima determinado esclarecimento, procurar a consulta a certos documentos ou a inspecção a determinados bens sociais. Resultando esta sua faculdade da posição privilegiada que assume na sociedade, quando comparada com o mundo exterior, naturalmente que a solicitação da informação terá que se revelar como o mecanismo indispensável para a satisfação da necessidade informativa do sócio. Se porventura, a informação que se pretende já é, de alguma forma, do conhecimento público, ele não carece de a obter da sociedade[323].

O mesmo tipo de conclusão seria possível, à primeira vista, retirar relativamente a informações que o sócio anteriormente teve acesso, já no seio societário e na sequência de uma anterior solicitação sua. O caso, contudo, requer as devidas cautelas. Pode acontecer que uma informação – prestada verbalmente ao sócio numa assembleia e no contexto dela se revelar importante para a formação de uma opinião fundamentada em torno do assunto sujeito a deliberação – possa ser objecto de uma nova solicitação, posteriormente a

---

já nas sociedades anónimas esta exigência dificilmente terá procedência. Não podemos assim afirmar, especialmente tendo em conta o limite em análise, que uma solicitação isoladamente vista implica necessariamente uma violação ou respeito pelos bons costumes, que têm que se revelar sensíveis também ao tipo societário em que se insere a solicitação.

[323] É o que resulta, no fundo, do escrupuloso cumprimento dos pressupostos previstos no art.º 573.º do C.C., inicialmente abordado neste trabalho: a existência de uma dúvida *fundada* e a solicitação a quem se encontre nas condições de fornecer as informações *necessárias* para o esclarecimento dessa dúvida (*supra*, capítulo introdutório, 3, II, pág. 32 e seg.).

essa assembleia, por parte desse sócio desta feita por escrito por uma questão de controlo e de fiscalização de determinado aspecto que lhe suscitou anteriormente a atenção. Neste caso, não observamos qualquer exercício ilegítimo ou abusivo do poder de informação, tendo em conta as carências e propósitos que motivam o sócio nos diferentes casos[324].

Diferente já será permitir que o sócio persistentemente solicite a mesma informação sem qualquer propósito que o motive para tal, no fundo em resultado de um aproveitamento da sua posição na sociedade para ou boicotar o funcionamento societário ou verdadeiramente devassar a vida privada da sociedade. Aqui persiste a falta de carência ou propósito informativo, verificando-se no fundo o aproveitamento de um direito para fins ou objectivos situados fora dos parâmetros ou objectivos para que foi inicialmente criado. Uma situação, uma vez mais, averiguável unicamente no caso concreto, muitas das vezes atendendo não unicamente à solicitação do sócio em determinada altura – que, só por si, poderia em teoria revelar-se idónea – mas também às circunstâncias em torno desse caso, nomeadamente de anteriores e persistentes solicitações do sócio[325].

---

[324] O mesmo será naturalmente extensível para o caso do sócio que pretende uma consulta aos documentos que foram objecto de divulgação numa anterior assembleia. De incontornável referência é o Ac. do RP, de 17/12/01, in www.dgsi.pt, relator Caimoto Jácome, última consulta feita em 12/02/06, sob o termo "Sociedade Comercial", no qual o tribunal, sensível ao facto do accionista ser titular de acções representativas de mais de vinte por cento do capital social – por outras palavras, atento ao índice de envolvimento e compromisso desse accionista com a sociedade e aos interesses desta – entendeu que ele não estaria actuando abusivamente ao solicitar novamente uma mesma informação, anteriormente prestada em assembleia. Tudo dependerá, no fundo, da carência informativa que não deixará de ser sensível ao compromisso pelo sócio assumido no seio societário e simultaneamente do que resulta ou não como perturbador ou até favorável para o interesse social. O envolvimento do sócio no seio societário que o direito social pretende preservar terá como referência o índice de compromisso assumido precisamente para com a sociedade.

[325] Com efeito, nem sempre na prática será acessível a prova dos elementos referidos. Em abono da verdade, essa dificuldade é no entanto extensível a qualquer uma das circunstâncias em que a um sócio falte o propósito ou carência informativa devidamente contextualizada no direito social de que é titular. É certo que a qualidade de sócio dispensa-o da necessidade de demonstração da dúvida ou carência informativa pontual (art.º 573.º do C.C). Mas também é certo que essa qualidade não pode significar um poder

V. O abuso no comportamento do sócio que solicita ou requer determinado esclarecimento, consulta ou inspecção conduz então a um exercício ilegítimo do direito social de que é titular. Perante a solicitação que não é legítima a sociedade não se encontra obrigada a atender ou responder. Para todos os efeitos, nunca se chegaram a verificar os pressupostos necessários para uma obrigação de informação exigível à sociedade.

As persistentes ou nocivas interpelações do sócio podem ainda conduzir a outras consequências. Pensamos aqui na responsabilidade civil por factos ilícitos, que pode determinar uma responsabilização do sócio por prejuízos causados à sociedade ou mesmo na exclusão societária, quando viável[326].

---

de "tudo fazer", sendo possível a demonstração na prática que determinada solicitação se revela abusiva e que, como tal, a sociedade não se encontra obrigada a atendê-la. Por outro lado, o nosso regime jurídico já acautela, de certa forma, mecanismos que permitem – especialmente nas sociedades anónimas, onde a ingerência do sócio pode mais provavelmente ser vista como nociva – a verificação ou impedimento de situações ou comportamentos abusivos. O facto do accionista com 1% de representação no capital social ter que alegar motivo justificado para poder consultar os elementos previstos no art.º 288.º do C.S.C. permite uma averiguação em torno de uma circunstância que entendemos ter que ser concretamente precisada no requerimento em apreço, não bastando para o efeito mencionar que pretende, por exemplo, "fiscalizar" a sociedade (*supra*, 2.2., IV, pág. 158-161). Por outro lado, o facto do accionista que reúne 10% de acções sob sua titularidade ter que solicitar informações por escrito, nos termos previstos pelo art.º 291.º, permite ao conselho de administração – ou conselho de administração executivo – a averiguação concreta dos propósitos que motivam o requerente, mormente se ele pretende realmente, quando for esse o caso, apurar responsabilidades de algum elemento dos membros dos órgãos sociais (n.º 2 do preceito invocado). Por seu turno, as informações nesta sede prestadas ficam seguidamente à disposição dos restantes accionistas (n.º 7) – em prol um tratamento igualitário entre os sócios – impedindo assim novas e reiteradas solicitações sobre a mesma matéria. O nosso problema fica assim por resguardar no que respeita aos restantes tipos societários, como seria de esperar, o que se revela sintomático, na sequência do que temos visto sempre que percorremos os vários tipos de sociedades comerciais, que – tal como os casos de recusa – o abuso tende a esbater-se nas sociedades em nome colectivo, tendo em conta o envolvimento de um sócio de responsabilidade ilimitada no seio societário e revela-se problemático nas sociedades por quotas. É portanto relativamente a este último tipo de sociedade que centramos mais as nossas atenções no que respeita a comportamentos abusivos.

[326] Perante a transparência informativa que impera nas sociedades em nome colectivo, muito dificilmente serão detectáveis casos de comportamentos abusivos do sócio. Todavia e à cautela, cremos que a exclusão só deverá ter lugar mediante expressa previsão no

2.5. A utilização ilícita de informações pelo sócio

I. As preocupações inerentes ao poder de informação não se cingem unicamente ao momento em que o sócio pretende obter da sociedade aquilo que solicita. Após o conhecimento da informação, as preocupações estendem-se ainda com aquilo que o sócio pode fazer na posse dessa informação. Uma situação que, ainda que não lhe tenha antecedido qualquer comportamento abusivo na obtenção da informação, não impede que a dada altura o sócio entenda usar a informação para prejudicar a sociedade ou um outro sócio.

Encontramo-nos, portanto, no domínio respeitante a situações em que se procura penalizar a *utilização ilícita de informações*. Paralelamente a esta figura, encontramos o *abuso de informação* que ocorre sempre que alguém abusa, como o próprio nome indica, de informação que se encontra em seu poder (art.º 449.º do C.S.C.). No primeiro caso, temos um dever, uma responsabilidade do sócio exclusivamente nessa sua qualidade e em virtude de informação que ele obteve através do poder que lhe assiste enquanto sócio. No segundo caso, o mesmo já não ocorre, ao menos necessariamente. Não é em virtude dessa sua qualidade que ele tem acesso à informação, muito menos a obteve através daquele poder informativo que lhe assiste. Embora igualmente pressupondo o efectivo conhecimento da informação, este segundo caso pode ocorrer relativamente a qualquer pessoa que, em virtude das funções que exerce na sociedade, tem acesso à informação e actua abusivamente relativamente a ela. Entre essas pessoas pode até se encontrar um sócio. Mas, como referimos, essa sua qualidade é irrelevante para o acesso e responsabilidade inerentes à detenção da informação. Como tal, de modo a preservarmos as nossas atenções no que de típico e exclusivo o poder de informação revela, cuidaremos aqui unicamente de tratar do primeiro caso.

---

contrato de sociedade (n.º 1 do art.º 186.º do C.S.C.). Nas sociedades por quotas, onde a questão se revela problemática, para além de verificarmos a possibilidade de recurso à mesma solução, a exclusão ainda poderá ser judicialmente decretada perante o sócio que revele um comportamento gravemente perturbador do funcionamento da sociedade (artigos 241.º e 242.º). Não observamos a possibilidade e mesmo a oportunidade de exclusão do accionista nas sociedades anónimas.

II. Relativamente então à utilização ilícita pelo sócio de informações que, em virtude da sua qualidade, se encontram em seu poder, não registamos muitas diferenças entre os regimes previstos para os vários tipos societários. Em todos eles procura-se sancionar o comportamento através do qual o sócio utiliza as informações que obteve de modo a prejudicar injustamente a sociedade ou outro sócio (n.º 5 do art.º 181.º; n.º 6 do art.º 214.º e n.º 6 do art.º 291.º do C.S.C.). Em todas as situações deparamo-nos com informação obtida a partir de um anterior exercício do poder de informação do sócio. Embora seja corrente associar este concreto comportamento à real intenção com que o sócio pretendia obter a informação, certo é que nada no regime em apreço nos força ou condiciona a essa associação. Com efeito, o sócio até pode ter obtido legitimamente a informação, dado-lhe, numa primeira fase, o uso que pretendia dar e posteriormente utilizar a informação de forma a causar o prejuízo na lei previsto. A relação deste comportamento com o poder de informação do sócio não emerge desta forma e necessariamente de uma anterior actuação do sócio desprovida de legitimidade quanto à sua finalidade.

De resto, o regime em análise procura a censura sobre a utilização, pelo sócio, da informação de modo a causar a lesão descrita naqueles preceitos normativos. Relativamente às sociedades em nome colectivo e por quotas a utilização deve acabar por *prejudicar injustamente a sociedade ou outros sócios*, enquanto que nas sociedades anónimas procura-se o *dano injusto* também sobre qualquer um deles. Não encontramos motivos que possam explicar as diferentes redacções aqui adoptadas, pelo que dano injusto ou prejuízo injusto parecem ir no mesmo sentido.

Importa sim esclarecer a injustiça desse prejuízo ou dano, ou seja clarificar que o sócio será responsabilizado unicamente se esse prejuízo resultou de uma postura sua censurável: ou porque actuou em violação de um direito, porque actuou de má-fé ou ofendendo os bons costumes, entre situações deste género. Já não constituirá um dano ou prejuízo injusto aquele que resultar de um comportamento em conformidade com o Direito e a lei[327]. O que importa aqui reter

---

[327] Carlos Pinheiro Torres exemplifica o caso do sócio que procede a uma rectificação de um dividendo ou mesmo uma responsabilização de outros sócios (obra citada, pág. 242).

é que tem que se aceitar e depreender que, após a obtenção da informação, o sócio à partida levará a cabo um determinado comportamento na sequência da informação que recolheu, nomeadamente para satisfazer propósitos que fundamentaram o pedido de informação. Daí a razão de ser da limitação. A injustiça do dano procura precisamente a exclusão daqueles prejuízos que são naturalmente esperados, justificados a partir de uma utilização da informação de acordo com a lei e o Direito e que não podem ser contornados.

Não nos parece por outro lado que a lei, a respeito deste tipo de situações, exija a intencionalidade do agente. Parece sim que será suficiente que a utilização provoque, por si mesma, um involuntário dano ou prejuízo.

III. A constatação da utilização indevida, nos termos acima expostos, conduz a duas consequências sobre o sócio infractor: por um lado, uma responsabilidade nos termos gerais, nomeadamente uma responsabilidade por factos ilícitos (artigos 483.º e seg. do C.C.). Por outro lado, nas sociedades em nome colectivo e por quotas a exclusão do sócio[328]. Não se prevê, todavia, esta penalização para o accionista. De facto, o afastamento deste relativamente ao ambiente e vida sociais não parece justificar a adopção de medidas deste género, certamente mais compreensíveis relativamente a quem se encontra envolto no meio social. Este facto permite-nos ainda a ousadia de reconhecer naqueles outros dois casos um autêntico dever de lealdade para com a sociedade. O contexto tanto da conduta, como do tipo societário em causa levam-nos a crer que, para além do prejuízo provocado e relativamente ao qual é responsabilizado nos termos gerais, o sócio ainda quebra uma lealdade que mais se faz sentir nos casos em apreço, estando então sujeito ao julgamento dos sócios em torno da sua permanência na sociedade[329].

---

[328] Uma exclusão que, todavia, não é automática, mas sim dependente de deliberação dos sócios. A este respeito, Carlos Pinheiro Torres, obra citada, nota 374.

[329] A este respeito, ver nossa nota n.º 89.

3. Informação organizada e divulgada por iniciativa da sociedade

I. Pelas linhas que atrás foram sendo preenchidas, fomos atravessando as certamente já inúmeras circunstâncias determinadoras de informação aos sócios de uma sociedade. Circunstâncias, na maior parte, em que essa informação carece previamente de um comportamento solicitador do sócio. Casos em que o conhecimento sobre a vida da sociedade, para ser obtido, necessita que o sócio assim o requeira: ora pedindo a prestação de determinados esclarecimentos, ora solicitando a consulta ou inspecção de certos documentos ou bens da sociedade. Situações em que a concretização do poder informativo do sócio carece de um comportamento activo do seu respectivo titular para com a sociedade, no intuito de direccionar e delimitar o conhecimento que se pretende, em determinada altura, obter. Simultaneamente, tratam-se de casos em que a informação é previamente determinada pelo sócio e não pela sociedade. Não compete ao sujeito obrigado à prestação da informação a determinação daquilo que tem que divulgar. Trata-se assim de informação *heterodeterminada* por quem, ao fim de contas, é o seu respectivo beneficiário.

No vértice oposto, se assim o podemos entender, encontramos informação que é prestada ou disponibilizada pela sociedade sem, para tal, necessitar previamente daquele comportamento solicitador do sócio. Informação, logo por si, levada ao conhecimento dos sócios. Ao contrário do caso anterior, aqui a informação é *autodeterminada* pelo sujeito passivo da obrigação.

As diferenças entre os dois casos que agora confrontamos não se limitam assim unicamente ao facto da informação depender ou não da prévia existência de um comportamento solicitador por parte do respectivo beneficiário. Elas se situam acima de tudo no sujeito determinador da informação a ser prestada ou divulgada. Num caso, ela pertencerá ao destinatário, enquanto que no outro à sociedade, sujeito passivo da obrigação de informação[330].

---

[330] A este respeito, Raúl Ventura *"Sociedades por quotas, Vol. I..."*, pág. 280 e seg.

II. Dentro da esfera de informações que são prestadas e disponibilizadas sem necessitar de uma prévia solicitação dos sócios, podemos enquadrar aquelas que resultam directa e expressamente de um dever legal imposto à sociedade[331]. Deveres que se prendem com momentos determinantes da vida da sociedade e que se encontram sempre relacionados com a necessária intervenção – ou possibilidade de intervenção – dos sócios no seio do projecto societário.

Recordamo-nos aqui dos casos relativos à necessidade de comunicação de perda de metade do capital da sociedade (art.º 35.º do C.S.C.), o dever de relatar a gestão e contas sociais (artigos 65.º e 66.º); as informações que têm que constar da convocatória para a assembleia de redução do capital (art.º 94.º), a necessidade de elaboração e apresentação de um projecto de fusão ou de cisão e bem assim as informações que têm que constar das convocatórias para cada uma dessas assembleias e dos documentos que previamente têm que se encontrar disponíveis para consulta (artigos 98.º a 101.º, 119.º e 120.º), o relatório e convocação para a assembleia de transformação (art.º 132.º), o relatório e apresentação de contas dos liquidatários (artigos 149.º, 155.º e 157.º) e as informações necessariamente constantes da convocatória para as assembleias gerais dos sócios (art.º 377.º, n.ºs 5 e 8, aplicáveis por remissão do n.º 1 do art.º 189.º, n.º 1 do art.º 248.º, art.º 474.º e art.º 478.º).

Todos casos acima enumerados revelam um aspecto em comum: procuram informação antecipada e preparatória de assembleias de sócios, com um especial e particular ênfase para aqueles assuntos que – atendendo à importância, especial complexidade ou significado que revelam para a estrutura empresarial ou societária – suscitam, logo à partida, uma informação detalhada aos sócios.

Se observarmos caso a caso, logo reparamos que nos encontramos perante circunstâncias justificativas da necessidade de informação aos sócios: ou porque se trata de informação que tem que constar da convocatória para uma assembleia de sócios ou porque o assunto para o qual os sócios foram chamados a pronunciar suscita uma especial preparação para a assembleia em apreço. Circunstân-

---

[331] A respeito destes deveres informativos: Carlos Pinheiro Torres, obra citada, pág. 125-129 e João Labareda, *"Direito à informação"*, pág. 124-125.

cias em que está em causa a possibilidade de participação na vida e decisões sociais e em que a informação assume um protagonismo longe de secundário para assegurar o exercício desta prorrogativa que assiste os sócios. O legislador antecipa-se assim na satisfação de uma carência informativa essencial e determinante para a participação dos sócios na vida societária, simultaneamente deixando transparecer a importância que tem para o interesse social a preparação informativa em causa, uma vez que sempre nos encontramos perante circunstâncias em que os sócios – muitas das vezes afastados dos assuntos diários da sociedade – são chamados para a formação da vontade social.

Dos casos enumerados destaca-se a informação relativa à perda de metade do capital da sociedade (art.º 35.º do C.S.C.). Com efeito, a redacção do preceito foi objecto de inúmeras alterações, reflectindo as diferentes filosofias que nele se pretendiam ver reflectidas[332].

---

[332] A razão de existência do preceito em referência teve as suas origens na 2.ª Directiva Comunitária do Conselho, n.º 77/91/CEE, de 13 de Dezembro de 1976, que procurou assegurar o estabelecimento de garantias, a nível de toda a Comunidade, relativas à constituição de sociedades anónimas e bem assim à conservação e modificação do capital social respectivo, de forma a melhor acautelar os interesses de sócios e credores sociais. No seu art.º 17.º, este diploma comunitário veio precisamente consagrar a necessidade de informação em assembleia, perante uma perca *grave* do capital subscrito – entendendo-se, para esse efeito, que o Estado membro não poderia fixar em mais de metade do capital subscrito o valor dessa perda – de forma a evitar a dissolução da sociedade. Esta Directiva, por sua vez, foi fortemente influenciada pela experiência germânica relativamente à constituição e funcionamento deste tipo de sociedades, experiência essa que resultou na adopção de todo um conjunto de medidas necessárias para assegurar uma moralização, dignificação e controlo interno da própria gestão societária, nas quais se incluía esta autêntica necessidade de conservação do capital social. A este respeito: Menezes Cordeiro, *"Da perda de metade do capital social nas sociedades comerciais"*, in ROA, ano 56, I, Janeiro de 1996, pág. 157-177. A versão originária do nosso preceito no texto invocado considerava essencialmente a obrigação de informação de forma a que os sócios adoptassem as medidas que entendessem convenientes. Todavia, sancionava a inércia desses sócios unicamente com a possibilidade de dissolução requerida judicialmente por algum sócio ou credor. O preceito em apreço entra em vigor unicamente em 2001, através do Decreto-lei n.º 237/2001 de 30 de Agosto, um diploma que tratava de matérias relacionadas com a simplificação da vida empresarial e que inexplicavelmente e sem razão aparente aproveita para colocar em vigor o art.º 35.º do C.S.C. A entrada em vigor daquele preceito não veio, no entanto, permitir uma existência prolongada à redacção originária do art.º 35.º, muito porque logo cedo ela foi objecto de uma profunda reformulação

A redacção actual – introduzida pelo Decreto-lei n.º 111/2005 de 8 de Julho – procurando regressar um pouco à versão originária do preceito, determina unicamente a preocupação de informação aos sócios da situação de perda de metade do capital, deixando a estes adopção das medidas que entendam convenientes[333]. Um reflexo notório da necessidade de preservação e envolvimento dos sócios no projecto societário que a participação social reflecte e que conduz a esta carência informativa[334].

III. Por outro lado, encontramos ainda informações obrigatoriamente prestáveis especialmente no seio de determinado tipo societário, como o caso do relatório de gestão e contas nas sociedades por quotas (art.º 263.º, n.ᵒˢ 1, 5 e 6), as informações preparatórias da assembleia geral de accionistas nas sociedades anónimas (art.º 289.º),

---

ditada pelo Decreto-lei n.º 162/2002, de 11 de Julho. Aqui as alterações foram muito claras e não desprovidas de propósito: a requalificação e modernização do tecido empresarial Português, com vista a um aumento da competitividade da economia e promoção da produtividade. Na sequência dessa sua pretensão – e do combate a autenticas empresas *fantasma* – introduz uma redacção demasiadamente grave para aquele tecido empresarial nacional: considerava a dissolução automática da sociedade se, até ao final do exercício seguinte àquele em que se constatou a perda, a situação se mantivesse.

[333] O diploma que introduziu a redacção actual reflectiu assim uma preocupação de informação aos sócios e ainda a terceiros (designadamente através da necessidade de menção nos actos externos da situação relativamente ao capital em que a sociedade se encontra). De resto, os sócios e terceiros é que conscientemente deveriam ponderar que actuação ter para com a sociedade: se procurar a sua dissolução, contratar com a sociedade ou simplesmente nada fazer para procurar corrigir a situação.

[334] Um caso, de facto, assinalável, pois a assembleia dos sócios até pode decidir nada fazer, como pertinentemente apontava Raúl Ventura, *"Dissolução e Liquidação de Sociedades – Comentário ao Código das Sociedades Comerciais"*, 3.ª reimpressão, Livraria Almedina, Coimbra, 2003, pág. 137-138. Ao que parece, nem sempre a informação aos sócios pretende unicamente o exercício de poderes como o de voto, mas antes o conhecimento dos eventos mais significativos para a vida social. A respeito da perda de metade do capital, antes do Código das Sociedades Comerciais: Abílio Neto/Carlos Moreno, *"Código Comercial Anotado"*, 5.ª edição, Livraria Petrony, 1980, nota 3 do comentário ao art.º 120.º, pág. 162 e Adriano Anthero, *"Comentario ao Codigo Commercial Portuguez – Vol. I"*, 2.ª edição, Companhia Portuguesa Editora, Ld.ª, Porto, pág. 276. Quanto ao carácter *imediato* da convocação dos sócios: Pinto Furtado, *"Código Comercial Anotado – Vol. I: Artigos 1.º a 150.º"*, Livraria Almedina, 1975, nota 6.2.6. do comentário ao art.º 120.º, pág. 337-339.

o relatório anual sobre a actuação fiscalizadora do conselho fiscal, fiscal único, comissão de auditoria e conselho geral e de supervisão nas sociedades anónimas (art.º 420.º, n.º 1, alínea g), art.º 423.º-F, alínea g), art.º 441.º, alínea q)), a publicidade de participações de membros de órgãos de administração e de fiscalização nas sociedades anónimas (art.º 447.º) e a comunicação da preferência em aumentos de capital por entradas em dinheiro, nas sociedades por quotas e anónimas (art.º 266.º, n.º 5 e art.º 459.º).

A informação organizada pela sociedade reflecte-se assim de acordo com o tipo de sociedade e com as vicissitudes suscitadas a partir de determinada forma de funcionamento societário. Como vemos a partir do último caso, a informação não se destina unicamente ao exercício do poder de voto ou de participação nas decisões sociais. Também serve para habilitar o exercício de outros poderes como o de participação preferencial em aumentos de capital.

IV. Dos casos que sumariamente referimos, concluímos que a sociedade encontra-se obrigada legalmente a ter que prestar um determinado conjunto de informações aos seus sócios, sem depender de prévia solicitação para esse efeito. Tratam-se de informações que resultam do envolvimento dos sócios na vida societária, que revelam que a participação social não pode ser observada unicamente como um elemento pertencente à esfera patrimonial do sócio, mas acima de tudo a quota parte de participação num determinado projecto e que, em determinadas alturas do seu desenvolvimento, carece do necessário esclarecimento da comunidade dos sócios, de forma a garantir o respectivo envolvimento da parte destes na sociedade. Um envolvimento que pressupõe, logo como necessária, a informação aos sócios, não carecendo por isso de qualquer prévia solicitação para esse propósito. Mais do que isso, a importância de tal informação justifica a cautela do legislador ao expressamente prever os deveres informativos em apreço.

Capítulo III

Destinatários da informação

1. O compromisso do sócio para com o projecto societário

1.1. A posição do sócio nas sociedades de responsabilidade ilimitada
   a) *A transparência informativa nas sociedades em nome colectivo*
   b) *A dualidade existente nas sociedades em comandita*

1.2. A posição do sócio nas sociedades de responsabilidade limitada
   a) *O sócio da sociedade por quotas*
   b) *A representação do accionista no capital da sociedade*

1.3. A posição do sócio relativamente a informações prestadas em assembleia

1.4. A possibilidade de reconhecimento de um poder especial de informação

1.5. A posição do sócio titular de funções de gestão ou administração na sociedade

2. Outros beneficiários da informação

2.1. A disponibilização aos restantes sócios de informações solicitadas

2.2. O representante do sócio

2.3. O cônjuge do sócio

2.4. Os sucessores do sócio falecido

2.5. O obrigacionista

2.6. O usufrutuário e o credor pignoratício

1. O compromisso do sócio para com o projecto societário

I. Analisados os principais vectores que configuram o âmbito informativo do sócio, cumpre seguidamente observar este poder de informação na perspectiva do seu respectivo beneficiário. Este último reflecte-se naturalmente na pessoa do sócio, não fosse o poder de informação reconhecido em razão da posição que ele revela na sociedade, como assim confessa a nossa já conhecida alínea *c)* do n.º 1 do art.º 21.º do C.S.C.

A relação que se acha estabelecida entre o poder em apreço e a qualidade de sócio não pode, no entanto, permitir a leitura errónea de que este último goza de um acesso incondicional aos assuntos sociais. Isto porque, para além da qualidade, esta prorrogativa de conhecimento sobre os assuntos da sociedade encontra-se acima de tudo relacionada com a posição particularmente assumida pelo sócio no contexto social. Com efeito, diferentes formas de funcionamento e de manifestação da *affectio societatis* – que se vão verificando consoante o tipo societário – determinam uma valorização distinta da posição assumida particularmente pelo sócio em determinado tipo de sociedade, impedindo, ao fim de contas, que a todo e qualquer sócio seja reconhecido um idêntico acesso aos assuntos sociais e à gestão da sociedade[335].

---

[335] E que tem, no fundo, constituído fundamento basilar para a técnica legislativa adoptada no Código das Sociedades Comerciais, no que respeita à tutela do poder de informação dos sócios. Uma técnica assente numa regulamentação desfragmentada, sensível tanto aos temas, como aos tipos de sociedade e ao tipo de compromisso assumido pelo sócio, relativamente ao projecto social. Discordamos assim, reconhecendo no entanto as nossas óbvias limitações, da crítica apontada a este respeito por João Labareda, que apela a um regime mais unitário e não tão disperso por aquele Código (*"Direito à informação"*, pág. 142 e seg. Embora já concordemos com o apontamento critico às sempre desnecessárias

II. A sensibilidade do regime informativo do sócio relativamente aos vectores que mesmo agora destacámos permite-nos, desde já, a exclusão de qualquer outro que com aqueles não se ache de alguma forma relacionado.

Não pode, por exemplo, o acesso do sócio ao conhecimento sobre a vida societária ser condicionado em função das suas características pessoais ou de factos relacionados exclusivamente com a pessoa do sócio. O próprio principio do tratamento igualitário entre e para com os sócios[336] inviabiliza, logo à partida, este tipo de suposições. A sociedade aceitou livremente a entrada daquele sócio para o seu seio, não podendo posteriormente vedar ou condicionar o acesso às prorrogativas que naquela sua qualidade lhe assistem, em virtude de elementos que acabaram por não impedir essa entrada. Se esta premissa parece reflectir-se mais naqueles tipos de sociedade onde o cunho pessoal ainda permite um controlo na entrada do sócio, também não é menos verdade que nas sociedade anónimas – notoriamente marcadas por uma livre circulação e transmissão das acções que constituem o capital social – a pessoa do accionista se revela absolutamente irrelevante para o projecto societário, valorizando-se sim a percentagem existente de representação no capital. De uma ou de outra forma, o afastamento do sócio do exercício de poderes ou mesmo do cumprimento de deveres por razões alheias a tipicidades próprias do funcionamento da sociedade ou do seu índice de compromisso social, acaba por reflectir uma grave violação de um tratamento igualitário entre os sócios que a este nível se impõe.

Não obstante a existência de um tal princípio, circunstâncias existem em que se aceita o seu respectivo afastamento. Circunstâncias que justificam a protecção de valores ou imperativos que mais

---

e algo obscuras remissões que o legislador efectua entre os regimes existentes para os vários tipos de sociedade, que depois contrastam com um surpreendente silêncio sobre determinados aspectos, ficando o intérprete com a difícil e perigosa tarefa de calcular a possibilidade daquelas remissões se estenderem identicamente para os casos omissos. Não se trata, todavia, de um problema que se reporta unicamente ao nosso poder de informação, mas a toda e qualquer circunstância em que a existência de diferentes tipos de sociedade previstos naquele Código conduz a um tratamento diferenciado ou especial de um determinado poder ou dever do sócio).

[336] *Supra*, capítulo I, 1.2., alínea *b*), IV, pág. 95-96.

alto se levantam, como a cautela pelo interesse social ou dos sócios em geral. Tivemos já a oportunidade de verificar que a sociedade tem pontualmente a possibilidade de recusar informação ao seu sócio se existir um receio objectivo de uma utilização estranha à sociedade e prejudicial para esta ou algum sócio[337]. Referimos então circunstâncias relacionadas com a situação do sócio, exteriores à sociedade, que poderiam justificar o receio que *determinada* informação, no poder daquele, pudesse ser utilizada nos termos descritos[338]. O afastamento de um tratamento igualitário relativamente aos demais sócios que não se fica a dever, contudo, exclusivamente a determinadas características ou a um certo contexto exterior à sociedade em que o sócio se encontra. Fica-se antes a dever a uma privação pontual de uma certa informação àquele sócio. Este não fica inibido de solicitar outras informações, no uso de um poder que persiste sob sua titularidade. É-lhe pontualmente vedado o conhecimento sobre certos factos, por precisamente susceptibilizar o risco para os interesses que se pretendem acautelar no caso de recusa em apreço. Em bom rigor, não está propriamente em causa uma descriminação do sócio em função de elementos exteriores à sociedade com ele relacionados, mas antes uma protecção de interesses superiores perante o risco de utilização de uma determinada informação.

III. Face aos elementos que, logo ao iniciar o presente capítulo, considerámos determinantes para uma aferição da legitimidade do sócio no acesso a informações sobre a vida da sociedade, devemos obrigatoriamente ser sensíveis uma vez mais à forma de funcionamento do tipo de sociedade e ainda assim ao índice de compromisso que o sócio assume relativamente ao projecto societário, tendo em conta precisamente a sensibilidade que o nosso legislador identicamente revelou face a estes parâmetros, no que concerne à individualização do sócio, enquanto beneficiário da informação. Uma vez

---

[337] Para as sociedades por quotas, n.º 1 do art.º 215.º e para as sociedades anónimas, n.º 4 do art.º 291.º do C.S.C. (a respeito destes casos, respectivamente: *supra*, capítulo anterior, 2.4., alínea *a)*, III, pág. 196 e seg. e IV, pág. 205-206).

[338] O caso, na altura referido, do sócio concorrente da sociedade ou que participa numa sociedade concorrente (nossa nota n.º 283).

mais, deparamos com uma vulnerabilidade do poder de informação para com elementos relacionados com o contexto social em que ele se insere. É este o exercício que propomos então efectuar em seguida.

1.1. A posição do sócio nas sociedades de responsabilidade ilimitada

a) A transparência informativa nas sociedades em nome colectivo

Qualquer abordagem em torno dos diversos índices de compromisso que um sócio pode assumir relativamente ao projecto societário em que pretende participar não pode deixar de ter, logo à partida como primordial ponto de referência, a responsabilidade ilimitada que aquele pode assumir. Uma responsabilidade ilimitada, no fundo, relativamente ao risco inerente à actividade e objecto que a sociedade pretende prosseguir. Uma "aposta" do sócio através da qual ele compromete o seu património pessoal aos desígnios que possam resultar do desenvolvimento da sociedade.

Naturalmente que um envolvimento nos moldes traçados não pode deixar de ter os seus reflexos e impacto no seio societário. É tipicamente nas sociedades em nome colectivo, previstas no Código das Sociedades Comerciais, que vamos encontrar o paradigma da responsabilização ilimitada do sócio. Um tipo de envolvimento societário que implica, entre outros aspectos, uma responsabilidade não unicamente pelas entradas que cada sócio realiza, mas ainda pelas obrigações socialmente emergentes (n.º 1 do art.º 175.º), ainda que prévias à data do respectivo ingresso na sociedade (n.º 2).

Procurando ir um pouco mais longe, a responsabilidade ilimitada do sócio não constitui a nosso ver uma causa, mas antes uma consequência do tipo de sociedade que concretamente se pretende instituir. Ao observar liminarmente o regime previsto para a sociedade em nome colectivo, logo nos deparamos com a veracidade desta nossa afirmação: um regime simples, objectivo – longe, portanto, da complexidade patente noutros tipos de sociedades – onde a preocupação do legislador tanto por uma estratificação orgânica, como por uma regulamentação dos poderes e deveres dos sócios é praticamente inexistente. A gerência pertencerá a todos, se nada resultar em contrário (n.º 1 do art.º 191.º). Na assembleias-gerais são poucos aqueles que podem representar em substituição o sócio (n.º 4 do art.º 189.º). A transmissão entre vivos da parte social e bem assim a constituição de direitos reais de gozo sobre esta carecem do acordo dos restantes sócios (n.ºs 1 e 3 do art.º 182.º). O falecimento de um sócio não implica automaticamente a transmissão da parte aos seus respectivos sucessores, mas antes do valor correspondente aos direitos do falecido, caso não se opte pela dissolução da sociedade (n.º 1 do art.º 184.º).

Em suma, através destes e de outros aspectos dispersos por aquele regime, constatamos um modelo de sociedade instituído para aqueles sócios e não outros, por assim dizer. A confiança nas pessoas em causa é factor determinante para a constituição, existência e funcionamento do projecto. Consequentemente, um modelo de convivência social tendencialmente dedicado a albergar poucos sócios profundamente envolvidos na sociedade, praticamente confundindo-se com esta, não fosse a autonomia jurídica que ainda assim persiste por opção do nosso legislador[339].

Todos estes traços não poderiam deixar de se fazer sentir no que respeita à configuração dos poderes e deveres dos sócios. Para o que nos importa, embora configurável – ao abrigo daquela alínea *c)* do n.º 1 do art.º 21.º do C.S.C. – nos termos da lei e do contrato, o poder de informação destes sócios não conhece praticamente limites no que concerne ao seu objecto. Como anteriormente referido no presente trabalho, a transparência informativa impera aqui, não podendo ser vedado ao sócio o conhecimento de qualquer facto respeitante à sua sociedade que o gerente conheça, isto quando aquele não seja também um gerente[340]. Consequentemente, como de

---

[339] A este respeito, nossa nota n.º 263. Salientado a personalidade jurídica como elemento determinante para a distinção entre as sociedades em nome colectivo e as sociedades previstas no Código Civil, Pinto Furtado, *"Curso..."*, pág. 265. Relativamente às sociedades em nome colectivo, indica-se ainda: José Tavares, *"Sociedades..."*, pág. 273 e seg.; Menezes Cordeiro, *"Manual de Direito das Sociedades – Vol. II..."*, pág. 151 e seg.; Pedro Pais de Vasconcelos, *"A Participação..."*, pág. 30-33; Raúl Ventura, *"Novos estudos..."*, pág. 209 e seg. e Brunetti, obra citada, pág. 395 e seg.

[340] Remetemos então para o que, a este respeito, houve já oportunidade de referir e que deixamos aqui naturalmente reproduzido: *supra*, capítulo II, 2.3., II, pág. 176-178 e 2.4., alínea *a)*, II, pág. 181-191.

igual modo já tivemos a possibilidade de referir, a restrição no acesso a essa informação é sinónimo de um condicionamento intolerável das faculdades informativas que assistem o sócio, susceptível de uma censura muito próxima à do abuso de informação (n.º 6 do art.º 181.º)[341].

b) A dualidade existente nas sociedades em comandita

I. Se o acima exposto não nos parece oferecer grande contestação, o caso parece assumir uma relativa subjectividade se visitarmos, ainda que brevemente, as ainda não referidas sociedades em comandita (artigos 465.º e seg. do C.S.C.)[342]. Este tipo de sociedades surge historicamente associado a uma primeira manifestação da limitação da responsabilidade dos sócios[343], procurando diferenciar quem contribuía directamente para o exercício e exploração da actividade de quem se limitaria a contribuir financeiramente para a realização da mesma[344].

Emerge assim um tipo de sociedade que acaba actualmente por distinguir sócios que persistem em responder ilimitadamente pelo risco assumido na actividade – sócios *comanditados* – de sócios que

---

[341] Nossa segunda remissão indicada na nota anterior.

[342] De facto, o número raríssimo de sociedades deste género existentes actualmente em Portugal, conjugado com a estrutura muito própria que as caracteriza convenceu-nos a explicar aqui e não noutro ponto deste nosso trabalho as tipicidades que relativamente a elas se encontram associadas. Com efeito, a dualidade – entre a responsabilidade dos sócios comanditados e a dos sócios comanditários – que coabita neste tipo de sociedades sugere-nos que seja este o momento ideal para uma breve referência a seu respeito.

[343] Procurando contornar assim a ideia, até então instituída, de que quem pretendesse exercer o comércio, teria que suportar ilimitadamente os riscos inerentes à actividade em causa. A este respeito, António Pereira de Almeida, *"Sociedades..."*, pág. 30.

[344] Mais concretamente ao contrato de comenda medieval, que distinguia o *tractator* que agia no comércio em nome próprio e financiado pelo *comendador*, que permanecia, muitas das vezes, oculto, permitindo-se assim que classes, à partida proibidas de promoverem o exercício do comércio – como o Clero e a Nobreza – pudessem tirar os seus proveitos a partir de tal realidade. Para uma noção completa em torno desta origem: Fernando Olavo/Gil Miranda, *"Sociedade em Comandita"*, Separata do BMJ n.º 221, 223 e 224, Lisboa, 1973, pág. 9 e seg. e Pedro Pais de Vasconcelos, *"A Participação..."*, pág. 36-37.

respondem unicamente pela entrada que realizaram para a sociedade – sócios *comanditários* (art.º 465.º). Esta dualidade relativamente ao risco assumido pelo sócio acaba, uma vez mais, por resultar do índice de compromisso que ele pretende subscrever. Por esse motivo, os sócios acabam por se sujeitar a tratamentos e regimes distintos, de acordo com o contexto em que se insere a forma de participação na sociedade[345]. No fundo, regimes diferentes de forma a proteger, por um lado, quem não pretende assumir um compromisso maior que aquele reflectido na entrada que realizou para a sociedade e privilegiar, por outro lado, quem assume um risco ilimitado pela actividade social.

A sociedade em comandita reflecte, deste modo, um afastamento dos cânones tradicionais que sustentam uma sociedade absolutamente pessoal, que observa nos seus sócios os próprios "executantes" da actividade e do escopo social. Resulta já de uma necessidade de procurar um maior financiamento para a sua sustentabilidade, sem que isso implique a tomada de controlo dos destinos societários, da parte de estranhos. A sociedade continua a reflectir um maior interesse da parte dos sócios comanditados, carecendo contudo de outros que vêm naquela uma oportunidade de lucro. A nossa lei foi, no entanto, mais longe ao ponto de considerar uma graduação deste tipo de sociedades, consoante a maior ou menor necessidade social de capital. Daí que encontremos, no nosso Código, sociedades em comandita simples – onde a representação no capital ainda adquire, em qualquer circunstância, a forma de parte social – e sociedades onde, relativamente aos sócios comanditários, essa representação converge na titularidade de acções (n.º 3 do art.º 465.º). Duas formas de manifestação de uma sociedade em comandita que reflectem simultaneamente um menor ou maior afastamento daqueles cânones que tipificam uma sociedade de pessoas. Formas distintas de manifestação daquele tipo de sociedade, pelos vistos, determinantes para o nosso legislador, ao ponto de consagrar a aplicação de

---

[345] Nomeadamente, só assistindo aos sócios comanditados a prorrogativa de fazerem constar os seus nomes na firma da sociedade (art.º 467.º) e de só a eles pertencer a gerência, salvo se o contrato de sociedade possibilitar que um sócio comanditário possa também fazer parte dela (n.º 1 do art.º 470.º).

regimes subsidiários distintos: para as sociedades em comandita simples, o regime relativo às sociedades em nome colectivo e para as sociedades em comandita por acções, o regime respeitante às sociedades anónimas (respectivamente, art.º 474.º e art.º 478.º).

II. Para as sociedades em comandita simples aplica-se subsidiariamente o regime relativo às sociedades em nome colectivo, contudo na medida em que seja compatível com as disposições existentes tanto relativamente às sociedades em comandita em geral, como às especialmente dedicadas a esta forma de sociedade em comandita.

A questão coloca-se naturalmente em saber se a diferença existente entre as duas formas de responsabilidade que os sócios podem assumir sugere identicamente uma discrepância no tratamento legalmente previsto ao nível do nosso poder de informação. Cremos que não. Com efeito, embora assumindo uma responsabilidade limitada para com o risco inerente à actividade social, a filosofia em que assenta esta forma simples de sociedade em comandita não permite um distanciamento dos sócios comanditários tão significativo que pudesse justificar um reconhecimento, logo à partida, de um poder de informação mais limitado que aquele reconhecido aos sócios comanditados[346]. O carácter pessoal, mesmo ao nível do sócio comanditário, ainda prevalece. Embora a sociedade possa procurar este tipo de sócio para cativar dessa forma um meio de financiamento, ela tem por base aquela pessoa em concreto, estabelecendo com ela uma relação *intuitus personae*, uma imputação de confiança que não permite que se reconheçam fundamentos para lhe condicionar, à partida, o acesso ao conhecimento sobre a gestão social. Neste caso, contrariamente a qualquer outro, a responsabilidade limitada do sócio comanditário não constitui vector determinante, a

---

[346] Cumpre, de facto, recordar que temos visto ao longo do presente trabalho que a limitação imposta legalmente ao poder de informação dos sócios justifica-se numa cautela reconhecida à partida por ingerências potencialmente nocivas que os sócios poderão, no uso desse seu poder, provocar nos assuntos e destinos da sociedade. Ingerências essas que pressupõem um já considerável afastamento da pessoa do sócio relativamente ao projecto societário, em contraste com uma maior dinâmica e autonomia reconhecida à sociedade propriamente dita.

nosso ver, para um tratamento diferente, no que respeita à informação que ele pode aceder[347].

III. Já nas sociedades em comandita por acções ocorre a situação oposta. Aqui é subsidiariamente aplicável o regime previsto para as sociedades anónimas (art.º 478.º). Um regime que parte, como pressuposto, da cautela por eventuais ingerências informativas dos sócios que possam se revelar nocivas para um funcionamento dinâmico e autónomo que se pretende implementar no seio societário. Um regime, por isso, que condiciona logo à partida o âmbito informativo de acordo com a percentagem de representação do accionista no capital da sociedade[348] e que fixa casos consideráveis de recusa mesmo para aqueles mais privilegiados no acesso à informação sobre os assuntos sociais[349].

Naturalmente, a nossa preocupação – face a este tipo de sociedades em comandita – transfere-se para o sócio comanditado e o índice de compromisso que este assume ao entrar no projecto societário que se revela, pelos vistos, incompatível com o regime que mesmo agora sumariamente caracterizámos. Por esse mesmo motivo, a cautela que aquele art.º 478.º também revela para com as disposições gerais e especiais relativas ao tipo de sociedade em causa

---

[347] Tanto que nem o legislador cuida de efectuar qualquer salvaguarda a esse respeito, quando o poderia perfeitamente ter feito, se entendesse que razões de fundo – relacionadas com o tipo de sociedade em causa – conduzissem a esse cuidado. Compete aqui ter em conta que iniciámos o nosso percurso a partir da sociedade em nome colectivo que assenta o seu substrato acima de tudo nas pessoas dos sócios, para passar por esta sociedade em comandita simples que continua a assumir o mesmo tipo de substrato, embora, no que respeita aos sócios comanditários, deles pretenda menos do que relativamente aos outros sócios. De resto e em nosso humilde entendimento, deve ser este o raciocínio a ser feito no que respeita ao reconhecimento de limitações do poder de informação dos sócios. Ele é consagrado como regra, unicamente vendo-se limitado quando, para isso, razões ponderosas o justifiquem. Consequentemente, mesmo através de uma interpretação sistemática ao enquadramento da remissão efectuada pelo legislador a este respeito, somos conduzidos ao mesmo resultado, pois a limitação legal do poder de informação não pode, em nosso entendimento, ser presumida ou subentendida, mas antes se encontrar expressamente consagrada. Para uma posição diferente, no entanto, nossa nota n.º 356.

[348] Como teremos a oportunidade de observar ainda neste capítulo (*infra*, 1.2., alínea *b)*, pág. 248 e seg.)

[349] *Supra*, capítulo II, 2.4., alínea *a)*, IV, pág. 202 e seg.

encontra no art.º 480.º a protecção da posição do sócio comanditado, ao impôr um "direito de fiscalização" por parte deste tipo de sócios nos precisos termos que é reconhecido aos sócios das sociedades em nome colectivo. O preceito é claro e não permite enganadoras interpretações. Com efeito, a já reconhecida cautela que a sociedade poderá ter que vir a registar para com sócios que denotam um certo tipo de afastamento do centro decisório não pode implicar um prejuízo de quem ainda permanece absolutamente envolvido e comprometido com o projecto em apreço. A esse sócio não pode ser negada ou limitada uma faculdade de fiscalização, que grandemente nos importa pois será através do nosso poder de informação que ele poderá garantir esse cimeiro e basilar propósito.

Para o poder de informação garantir esse objectivo, cremos que ele acabará por desafiar três ou quatro aspectos instituídos no regime informativo consagrado para os accionistas que importam aqui meramente assinalar: ao sócio comanditado não pode ser limitado o âmbito das informações que ele pode aceder, nem em função da sua forma de participação no capital da sociedade, nem relativamente a outros interesses que possam aqui surgir. Consequentemente, o acesso ao conhecimento sobre os assuntos sociais deve assentar num princípio de transparência informativa, nos termos em que o reconhecemos outrora para as sociedades em nome colectivo[350]. Como tal, ao sócio comanditado não pode ser recusada qualquer informação[351]. Por outro lado, ao sócio comanditado assiste uma faculdade de inspecção sobre os bens sociais, nos precisos termos que é reconhecida aos sócios de uma sociedade em nome colectivo[352].

---

[350] *Supra*, capítulo II, 2.4., alínea *a)*, II, pág. 181 e seg.

[351] Com efeito, a partir do momento em que balizamos o âmbito informativo do sócio, nomeadamente através da imposição de casos de recusa – por mais pontuais que eles sejam – a capacidade de fiscalização nunca mais é a mesma. Claro que aceitamos a existência de diferentes formas de graduação dessa fiscalização. Todavia, a associação efectuada à capacidade de fiscalização do sócio de uma sociedade em nome colectivo não nos permite margem para qualquer outro tipo de entendimento. A preservação de alguma tipicidade do regime a este respeito previsto para as sociedades anónimas significaria a imediata descaracterização dessa capacidade reconhecida ao sócio comanditado. De notar, todavia, a salvaguarda que efectuamos mais adiante relativamente a informações já em sede de assemblia geral.

[352] Faculdade essa que anteriormente defendemos não se revelar viável numa sociedade anónima (*supra*, capítulo II, 2.2., VI, pág. 168-171).

O reconhecimento de um poder de informação tão amplo gera, contudo, alguns problemas de compatibilização com o tratamento informativo consagrado para os demais sócios. Exemplo disso é o preceituado no n.º 7 do art.º 291.º do C.S.C. que determina a disponibilização para os restantes accionistas de informação prestada a um deles voluntariamente ou por decisão judicial. Não nos parece que a sociedade em comandita por acções se encontre adstrita a esta obrigação perante a solicitação de informações pelo sócio comanditado, especialmente se ela prever que tal informação já seria recusada a um sócio comanditário.

Por outro lado, coloca-se ainda a questão relativa à presença e solicitação de informações em assembleia geral (art.º 290.º). É que, com efeito, o envolvimento e forma de participação do sócio comanditado impedem que a ele possa ser vedada a presença e participação nessas assembleias[353]. Neste caso, convém reter que, logo à partida, o sócio comanditado só pode solicitar informações relacionadas com o assunto sujeito a deliberação. Os propósitos em que assenta a possibilidade de solicitação de informações em assembleia assim o justificam[354]. Uma vez relacionada com o assunto sujeito à apreciação deliberativa dos sócios, o reconhecimento, contudo, de um poder de informação sem limitações – nomeadamente ao nível de casos de recusa – acabaria por provocar, em nosso entendimento, resultados absurdos e que colocariam em causa a própria eficácia daqueles casos para os demais sócios presentes na assembleia[355].

A razão para esta situação só encontra, na nossa humilde perspectiva, uma explicação: o tratamento da informação em sede da

---

[353] O n.º 2 do art.º 472.º, relativamente às disposições gerais das sociedades em comandita, salvaguarda o poder de voto aos sócios comanditados, dessa forma facilitando o enquadramento e aplicação do disposto no n.º 1 do art.º 379.º, relativamente à participação nas assembleias gerais dos *accionistas* que tenham, nos termos da lei e do contrato, pelo menos um voto.

[354] De modo a que o sócio possa formar uma opinião fundamentada sobre o assunto em apreço (*supra*, capítulo II, 2.1., alínea b), pág. 138 e seg). Uma informação, recorde-se, devidamente contextualizada e condicionada a determinados parâmetros, fora dos quais não assiste legitimidade para a requerer.

[355] Com efeito, de que valeria a possibilidade de recusa em divulgar certa informação a um sócio comanditário, se ela já teria que ser prestada, logo em seguida, a um sócio comanditado que a requeresse?

assembleia não contempla as preocupações que, fora dela, surgem perante as solicitações de sócios em resultado de um afastamento do centro e vida sociais. Em bom rigor, a prestação de informações em assembleia já não reflecte este tipo de preocupações, que acabaram por ficar resolvidas logo ao nível da possibilidade ou não de participação na assembleia. Uma vez presentes, a preocupação é a mesma: habilitar os sócios da informação necessária para que possam então ter uma opinião fundamentada sobre o assunto sujeito à apreciação. Consequentemente, o tratamento informativo – mesmo ao nível das limitações por salvaguarda de outros interesses – deve ser uniforme. Aqui, mesmo ao nível do sócio comanditado, as preocupações que justificam a possibilidade de recusa da informação para uns, certamente que se verificam também para outros[356].

IV. Uma última palavra para a possibilidade de intervenção contratual que cremos dever ser equacionada tanto nas sociedades em comandita que adoptem uma forma simples, como naquelas que sejam por acções.

Do que vimos anteriormente a este respeito, conseguimos apreender que o contexto em que assenta a possibilidade de intervenção do contrato de sociedade é díspar daquele em que se reflecte a intervenção do legislador[357]. A nossa preocupação, sobre esta temática, deve então se centrar na eventualidade de uma certa sociedade poder registar vicissitudes que, em concreto, suscitem a intervenção regulamentadora do contrato de sociedade, no propósito de as suprimir ou acautelar.

---

[356] Claro que será sempre discutível saber se o sócio que solicita informações em assembleia procura unicamente exercer um poder de participação nas decisões sociais ou simultaneamente fiscalizar o comportamento social, ou mesmo estas duas hipóteses em simultâneo (pense-se no caso da prestação de contas). De qualquer modo, para o que ora nos importa, a preocupação na divulgação da informação para uns é precisamente a mesma para os demais: pelo menos numa perspectiva muito superficial, habilitar a possibilidade de participação nas decisões sociais. Consequentemente, o motivo que subjaz à possibilidade de recusa de certa informação deve poder prevalecer, independentemente de a quem é que ela é imposta.

[357] *Supra*, capítulo II, 2.3., pág. 171 e seg. Uma preocupação, no fundo, para com vicissitudes que determinada realidade societária em concreto possa justificar e já não ao nível de caracteres que tipificam a forma de funcionamento e existência de um certo tipo de sociedades.

Cremos que a possibilidade agora descrita é susceptível de se verificar tanto num caso, como no outro. Com efeito, o afastamento que deliberadamente se procura provocar daqueles cânones que caracterizam uma sociedade absolutamente pessoal sugere-nos precisamente esse facto. Seria portanto incongruente, logo em seguida, não aceitar a possibilidade de intervenção do contrato, precisamente para resguardar as tipicidades que certamente se pretendem prever.

A presença e envolvimento do sócio comanditado no projecto societário – quer numa sociedade em comandita simples, quer por acções – não podem no entanto ser prejudicadas, no seu substrato, perante essa intervenção. Cremos que não pode o contrato de sociedade procurar limitar o poder de informação que lhe assiste, sob pena de colocar em causa a transparência informativa que tem que existir para com aquele sócio[358-359].

---

[358] Mas já pode, pelos motivos que expusemos recentemente a esse respeito, fixar por exemplo limitações no que respeita a informações a serem prestadas em assembleia (desde que nunca resulte, neste caso, de uma descriminação no tratamento dos sócios. Uma limitação para todos em geral, por assim dizer). De qualquer modo, tal como acontece para as sociedades por quotas, cumpre recordar que o contrato de sociedade nunca pode provocar um impedimento do exercício efectivo do poder de informação por parte de qualquer sócio (para o efeito, renovamos a remissão prevista na nossa nota n.º 357).

[359] Não é sem motivo algum que Carlos Pinheiro Torres defende que, no que respeita aos sócios comanditários das sociedades em comandita simples – e desviando-se, nesse sentido, da posição por nós expressa no texto – seja aplicável por analogia o regime previsto para os sócios das sociedades por quotas (obra citada, pág. 196-198). Uma analogia por ele reconhecida em preceitos como o art.º 475.º do C.S.C., que determina a aplicação das regras de transmissão das quotas às partes sociais dos sócios comanditários, naquele tipo de sociedade em comandita em questão. Uma analogia que, todavia, não encontra confirmação no comportamento do legislador que sempre poderia ter tido a oportunidade de identicamente remeter para as sociedades por quotas o regime relativo ao poder de informação dos sócios em análise, aliás como o próprio autor acaba também por admitir. O que nos parece pertinente, todavia, é que o ilustre autor também se revelou sensível a uma maior flexibilidade existente nas entradas e saídas destes sócios, quando comparadas com os sócios comanditados e que pode suscitar, quanto àqueles, uma maior cautela da sociedade para com sócios novos que entretanto surjam no contexto social. Crê-se ter ficado a dever a essa sensibilidade que o autor acaba por defender a posição agora descrita. Se observarmos, contudo, a possibilidade de intervenção contratual por nós defendida, mesmo no que se reporta às sociedades em comandita simples, possivelmente encontramos a resposta para essas cautelas. De resto, cumpre reter que aplicando-se aos sócios comanditários de uma comandita por acções o regime informativo dos accionistas, a intervenção contratual não poderá colocar em causa o carácter imperativo desse regime, nomeadamente criando adicionais casos de recusa de informação, proibidos à luz do n.º 4 do art.º 291.º do C.S.C. (a este respeito, nossa nota n.º 252).

1.2. A posição do sócio nas sociedades de responsabilidade limitada

a) O sócio da sociedade por quotas

Observámos no ponto anterior que ao índice de compromisso e envolvimento que um sócio de responsabilidade ilimitada assume relativamente ao projecto societário se encontram necessariamente associados os instrumentos, ao dispor desse sócio, que lhe garantem a cautela de interesses inerentes a esse compromisso e envolvimento. Constatámos então que não pode ser vedada a esse sócio uma faculdade de fiscalização absoluta e transparente sobre a evolução da sociedade. Entre os instrumentos que referimos, encontra-se incontornavelmente o poder de informação do sócio que, nessa medida, tem que garantir aquela prorrogativa de fiscalização.

Como é sabido, o sócio também pode, em alternativa, assumir um índice de compromisso menor, limitado na prática à entrada que realizou para a sociedade. No ponto anterior, tivemos identicamente a oportunidade de verificar o caso relativo ao sócio comanditário. Relativamente a este, constatámos então que o envolvimento que ainda regista no seio societário, no que respeita às sociedades em comandita simples, não justificaria qualquer descriminação legal relativamente ao amplo poder de informação reconhecido ao sócio comanditado. Uma vez em sede de sociedades em comandita por acções, o seu já considerável afastamento teria conduzido ao reconhecimento de um poder de informação em tudo idêntico aos accionistas de uma sociedade anónima. Em qualquer um desses casos, o contrato de sociedade poderia sempre intervir regulamentando a informação que esse sócio poderia aceder[360].

Ao passarmos para o sócio de uma sociedade por quotas constatamos que o nosso legislador cuidou de expressamente assinalar aspectos que sustentam e transmitem a eventualidade e receio da sociedade poder vir a ter de acautelar-se de comportamentos nocivos

---

[360] Para uma melhor compreensão em torno dos motivos que sustentaram estas nossas conclusões, *supra*, ponto 1.1., alínea *b)*, pág. 238 e seg. Deixamos, portanto, reproduzido o que então expusemos a esse respeito.

do próprio sócio. Comportamentos susceptíveis de prejudicar uma relativa dinâmica societária que aqui já se pretende ver implementada. De uma forma sumária e comparativamente ao sócio de responsabilidade ilimitada, encontramos duas grandes novidades que condicionam a informação do sócio de uma sociedade por quotas: A possibilidade de intervenção contratual e de recusa de informações.

Relativamente à possibilidade de intervenção contratual, como oportunamente referimos, esta denota uma sensibilidade por vicissitudes que determinada sociedade em concreto poderá vir a sentir face a eventuais ingerências informativas do sócio que possam se revelar nocivas para a existência e funcionamento societários. Não unicamente para o propósito de cautela que mesmo agora referimos, mas também para efeitos de regulamentação de uma realidade que pode carecer desse tipo de intervenção, tanto em detrimento, como em privilégio dessa prorrogativa de conhecimento sobre os assuntos sociais[361].

Por outro lado, assiste a esta sociedade a faculdade de recusa de prestação de informações, nomeadamente quando for de recear que o sócio as utilize para fins estranhos à sociedade e com prejuízo para esta; quando a divulgação implique a violação de segredo imposto por lei, no interesse de terceiros ou nas circunstâncias que o contrato assim o determinar[362]. Aceita-se, através da instituição de casos de recusa, a possibilidade de conflito entre os interesses do sócio – que exerce a sua prorrogativa informativa – e interesses da sociedade e de terceiros, que não se subentende perante o sócio de responsabilidade ilimitada.

A possibilidade tanto de intervenção do contrato de sociedade, como de recusa na prestação de informações não podem no entanto

---

[361] *Supra*, capítulo II, 2.3., I, pág. 171-176. Não é, com efeito, de espantar a solução encontrada pelo legislador, que não se limita ao nosso poder de informação mas se estende ao longo de todo o regime consagrado para este tipo de sociedade. Uma opção que institui autenticamente uma sociedade *contratualista*, no sentido de reconhecer no contrato de sociedade o instrumento preponderante para a regulamentação da vida social. A intervenção do contrato de sociedade no que respeita ao poder de informação, resulta assim de mais um reflexo da natureza reconhecida a esta sociedade e da forma como o legislador entendeu que devem ser reguladas as relações entre sócios e sociedade.

[362] *Supra*, capítulo II, 2.4., alínea *a)*, III, pág. 191 e seg.

ocorrer arbitrariamente, tendo em conta nos encontrarmos perante limitações a um poder reconhecido, como regra, ao sócio. Um poder fundamental para a preservação e aproveitamento da sua participação na vida societária. Um facto que implica uma leitura excepcional e pontual dos casos de recusa de informações. Implica simultaneamente que a intervenção contratual não possa determinar que o sócio fique impedido de efectivamente exercer esse seu poder, nem pode este ser injustificadamente limitado, no que respeita ao seu âmbito. Desta forma, a existência de casos de recusa contratualmente fixados requer que os mesmos sejam fundamentados naturalmente em interesses sociais que se pretendam acautelar[363]. De qualquer modo, também vimos que esses casos de recusa não podem prevalecer sempre que o sócio invoque suspeita de práticas susceptíveis de fazerem incorrer o seu autor em responsabilidade nos termos da lei, quando a consulta tiver por fim a análise de documentos de prestação de contas ou a votar em assembleia geral (n.º 2 do art.º 214.º do C.S.C.). Revelam-se assim os propósitos mais essenciais que serão de preservar, sempre que o sócio pretenda exercer o seu poder de informação: uma preocupação de controlo e fiscalização relativamente a actos susceptíveis de responsabilidade nos termos da lei, como ainda relativamente à situação financeira da sociedade e uma outra de preservação da possibilidade de participação nas decisões sociais.

b) A representação do accionista no capital da sociedade

I. Ao passarmos para as sociedades anónimas constatamos – no regime previsto nos artigos 288.º a 293.º do C.S.C. – que o poder de informação já se revela vulnerável às acções que o sócio seja titular. Uma vulnerabilidade que decorre, desde logo, da forma típica como se encontra estruturada a representação no capital social: por acções que, no fundo, representam fracções do capital da sociedade

---

[363] Como anteriormente verificámos: *supra*, capítulo II, 2.3., I, pág. 174, parágrafo único e 2.4., alínea *a)*, III, pág. 191-195. Na altura, cremos ter deixado claro a função essencial que o contrato de sociedade aqui revela, no que respeita à defesa e resguardo do interesse social, o que não exclui – na sequência desse seu protagonismo – que interesses dos demais sócios ou de terceiros não acabem por ser indirectamente protegidos.

e que, dessa forma, permitem uma apreciação do índice de compromisso que o accionista assume na sociedade e bem assim uma graduação dos poderes e deveres que lhe assistem. Com efeito, concebida para uma grande susceptibilidade de cativação e circulação do capital, a sociedade anónima concentra-se nas acções em detrimento da pessoa do accionista, revelando-se como uma sociedade absolutamente impessoal, não estabelecendo qualquer relação *intuitus personae* com algum accionista.

Atenta à susceptibilidade de dispersão desse capital, a nossa lei revelou-se assim sensível à possibilidade de ingerências informativas da parte de accionistas que pouco envolvimento ou compromisso possam registar relativamente ao projecto societário e dessa forma entendeu graduar o poder de informação de acordo precisamente com a percentagem de representação no capital social que os accionistas dispõem[364]. Teremos então que estar atentos a essa percentagem de representação, mas não só. Com efeito, tratando-se de uma sociedade verdadeiramente de capital, concentrando a sua atenção nas acções e não propriamente na pessoa do sócio, sugere-se identicamente uma preocupação pelo tipo ou espécie de acções de que o accionista seja titular, de forma a podermos verificar se o nosso poder de informação não se revela paralelamente sensível a essas

---

[364] Raúl Ventura, *"Novos estudos..."*, pág. 133. Tem-se questionado se, não obstante a graduação prevista no regime dos artigos 288.º e 291.º do C.S.C., não poderia assistir ao accionista um "direito à informação" fora daqueles casos ali previstos. Raúl Ventura é peremptório ao defender a taxatividade dos casos legalmente consagrados (obra citada na presente nota, pág. 134). Compete todavia chamar a atenção para a possibilidade do accionista – que não se circunscreva nos parâmetros exigidos por esse regime – fazer uso do regime geral previsto para a obrigação de informação, nos termos dos artigos 573.º e seg. do C.C., como oportunamente salientámos (nossa nota n.º 216). Trata-se de um regime que não assenta em pressupostos relacionados com a posição privilegiada que determinado sócio assume na sua sociedade, pelo que não se trata de um regime de alguma forma incompatível com o previsto, quanto ao accionista, nos artigos 288.º e 291.º do C.S.C., nem procura um "esvaziamento" da protecção da sociedade patente nestes artigos. Trata-se antes de um regime a que o sócio poderá recorrer, contudo desprotegido da qualidade societária que paralelamente assume, não podendo se servir dela para a justificação da dúvida pontual prevista no art.º 573.º ou do interesse juridicamente atendível no exame de documentos previsto no art.º 575.º do C.C. Para além desta faculdade, sugerimos uma análise ao que mais adiante expomos a respeito da possibilidade de reconhecimento de um poder especial de informação (*infra*, 1.4., pág. 259 e seg.).

diferenças. Preocupemo-nos, por ora, com aquele primeiro factor, deixando a questão relativa a uma influência sobre o nosso poder de informação por parte do tipo ou espécie de acções para um tratamento em sede própria[365].

II. A informação societária encontra-se, desta forma, disponível para o accionista – ou conjunto deles – que reúna(m) acções correspondentes a, pelo menos, 1% do capital social (n.º 1 do art.º 288.º do C.S.C.)[366]. Uma percentagem a partir da qual a sociedade considera pertinente o interesse na consulta a determinados documentos sociais, previstos no preceito agora invocado. Não basta, portanto, a mera qualidade de accionista. Será necessária ainda a reunião daquela percentagem de representação no capital da sociedade. Só assim é que a nossa ordem jurídica considera ser do interesse social a possibilidade de consulta aos elementos naquele preceito mencionados.

Acresce ao exposto, ao accionista ou accionistas requerentes ser ainda necessária a invocação de um motivo justificado para a consulta dos elementos em apreço. A invocação de um motivo necessária para uma análise em torno da seriedade dos propósitos que movem a vontade de consulta do accionista, consequentemente uma invocação que confere à sociedade um juízo em torno da disponibilização ou não dos elementos solicitados[367].

---

[365] Nomeadamente, no que respeita a acções preferenciais sem voto (*infra*, 1.3., pág. 252 e seg) e ainda a uma possível categoria especial de acções que confira um poder especial de informação (*infra*, 1.4., pág. 259 e seg.).

[366] Não temos assim qualquer dúvida em aceitar que este poder de consulta se estende também ao agrupamento de accionistas que consiga reunir a percentagem de representação no capital exigida por lei (identicamente: João Labareda, *"Das acções..."*, pág. 180 e seg., entre muitos outros autores). Em sentido contrário pensa Carlos Pinheiro Torres, que apela acima de tudo ao elemento literal presente na parte inicial do n.º 1 do art.º 288.º, que se refere a *qualquer accionista*, em contraste com a referência aos *accionistas* já patente no n.º 1 do art.º 291.º, relativamente ao "direito colectivo à informação" (obra citada, pág. 190-191). Com o devido respeito que esta posição nos merece, ela peca por uma falta de contextualização deste nosso poder de informação, que atende e gradua-se em função da percentagem de representação no capital – na quantidade de acções reunidas – e não na pluralidade ou singularidade de quem solicita a informação, algo que se revela absolutamente irrelevante para a sociedade.

[367] A respeito desta faculdade de consulta e em particular da invocação do motivo justificado: *supra*, capítulo II, 2.2., IV, pág. 158-161.

Do que temos visto ao longo do presente capítulo, chegados às sociedades anónimas invertem-se, de certa forma, as regras relativas ao conhecimento de aspectos societários: De um acesso do sócio que tinha, até aqui, que ser permitido como regra, salvo se interesses mais alto se levantassem de forma a constituir motivos de recusa legitima, agora o sócio tem que invocar um motivo justificado para a sua consulta, para que a sociedade se encontre obrigada à disponibilização dos elementos solicitados[368].

III. Só mesmo perante o accionista – ou conjunto deles – que reúna(m), pelo menos, 10% do capital da sociedade é que se considera legitima a solicitação de informações sobre os assuntos sociais em geral (art.º 291.º do C.S.C.). Só perante aquela expressão no capital social é que se considera ser do interesse social a prestação deste tipo de informações aos accionistas requerentes[369]. É relativamente a esta percentagem de representação no capital da sociedade que se considera pertinente a prestação de informações sobre os assuntos sociais. Uma possibilidade de solicitação, todavia, que encontra as suas limitações no preceito acima invocado. Limitações essas que resultam uma vez mais da protecção da própria sociedade. Entre essas limitações encontramos a necessidade de respeito por requisitos de índole formal[370], como por outro lado a possibilidade de recusa através do recurso a um dos fundamentos previstos no n.º 4 do preceito em análise[371].

---

[368] Sobre a utilidade e relevo do teor da informação disponibilizada, sugerimos que se recorde o que expusemos na nossa nota n.º 214. Já relativamente ao eventual carácter taxativo dos elementos enumerados pela lei no art.º 288.º do C.S.C.: nossa nota n.º 226.

[369] No mesmo sentido, Raúl Ventura, *"Novos estudos..."*, pág. 147. Trata-se de uma faculdade que pode identicamente assistir a um único accionista e não necessariamente a um conjunto deles, bastando para o efeito a reunião daquela percentagem de representação referida no texto. Torna-se desta forma vazia de conteúdo aquela classificação doutrinariamente feita sentir entre "direitos colectivos" e "direitos singulares" a que já nos referimos anteriormente (*supra*, capítulo I, 1.2., alínea *a)*, III, pág. 80-81), especialmente nas sociedades anónimas onde, como reiteradamente cremos ter esclarecido, a pessoa ou pessoas dos accionistas não constituem vectores determinantes ou socialmente relevantes.

[370] Que trataremos mais adiante, em sede própria (*infra*, capítulo IV, 2.1., alínea *a)*, II pág. 305 e seg.)

[371] Que já tivemos a oportunidade de analisar (*supra*, capítulo II, 2.4., alínea *a)*, IV, pág. 202-208).

A possibilidade de recusa deste tipo de solicitação só poderá ser afastada se o requerente invocar que pretende apurar responsabilidades de algum membro dos órgãos sociais previstos no n.º 2 do art.º 291.º. Trata-se, pelos vistos, do último reduto do nosso poder de informação reconhecido aos accionistas. A estes não pode ser vedada a informação se, através dela, se pretender uma actuação fiscalizadora sobre o comportamento de membros de órgãos que se encontram grandemente distanciados da comunidade dos accionistas, que se encontram munidos de consideráveis esferas de competências, necessárias para uma sociedade dinâmica e autónoma[372]. O risco, contudo, que o requerente faça uso desse propósito para autenticamente *devassar* a vida privada da sociedade encontra-se igualmente acautelado. Com efeito, ao ter que solicitar as informações por escrito, torna-se possível analisar os termos em que o requerente assenta as suas pretensões e consequentemente compará-las tanto ao conteúdo desse requerimento, como a circunstâncias circundantes, de modo a poder eventualmente desmascarar a real pretensão do accionista[373].

1.3. *A posição do sócio relativamente a informações prestadas em assembleia*

I. Paralelamente às informações que um sócio pode solicitar, aos documentos e bens que ele pode examinar, o regime relativo ao poder de informação dos sócios dedica, em alguns dos tipos socie-

---

[372] Efectivamente, é nas sociedades anónimas que encontramos órgãos de administração e fiscalização que acabam por descentralizar da assembleia dos sócios o centro da vida quotidiana da sociedade. Basta, para esse efeito, verificar a competência residual que é reconhecida à assembleia dos accionistas, face à lei, ao contrato e às competências dos restantes órgãos sociais (n.ºs 2 e 3 do art.º 373.º do C.S.C.). Surge assim como inevitável uma necessidade de controlo e fiscalização sobre o comportamento dos membros desses órgãos que não pode, de modo algum, ser afastada ou privada ao accionista que goza, nos termos referidos no texto, da possibilidade de solicitar informações sobre os assuntos da sociedade.

[373] Perante a fraude na pretensão do requerente, a sociedade não se encontra obrigada a atender à sua solicitação, como cremos anteriormente ter deixado claro (para o efeito, fazemos a remissão para o mesmo ponto sugerido pela nossa nota n.º 371).

tários previstos no Código, uma especial atenção às informações prestadas em assembleia. Uma particular atenção naturalmente enraizada na importância que essas informações revelam para a possibilidade de participação do sócio nas decisões sociais, igualmente importante para a sociedade que tanto carece da intervenção deliberativa de quem nela participa, para a formação de uma vontade social consciente e esclarecida[374].

A cautela do legislador por essa especial atenção – que não se verifica unicamente nos preceitos inseridos no regime informativo dedicado particularmente a cada tipo societário, mas sempre que esteja em causa uma preparação do sócio relativamente a essa intervenção deliberativa[375] – parece então circunscrita a propósitos e motivações muito próprias. Não podemos, em bom rigor, afirmar que a regulamentação existente relativamente a este tipo de informações reflecte uma preocupação com a protecção da sociedade para com ingerências arbitrárias de um sócio susceptíveis de paralisar o funcionamento societário, como recentemente vimos a respeito das sociedades anónimas. Muito pelo contrário, procura-se no presente caso a informação ao sócio de forma a habilitá-lo das condições necessárias para poder participar nas decisões sociais a que ele é chamado a contribuir para a respectiva formação[376].

---

[374] Aliás, como tivemos a oportunidade de referir no presente trabalho: *supra*, capítulo II, 2.1., alínea *b)*, pág. 138 e seg.

[375] E que justifica a existência de outros preceitos que já tivemos oportunidade de apreciar (*supra*, capítulo II, 3., II, pág. 226 e seg.)

[376] O que não constitui caso único na nossa lei societária comercial. Com efeito, a informação – determinante para que o sócio possa usufruir da sua participação no projecto societário – revela-se indispensável sempre que esteja em causa o exercício de um poder, prorrogativa, faculdade ou mesmo dever que lhe assista nessa sua precisa qualidade. Observe-se, a título de exemplo, a informação necessária para o exercício do poder de participação preferencial em aumentos de capital, nas sociedades por quotas e anónimas (n.º 5 do art.º 266.º e art.º 459.º, respectivamente) ou a obrigatoriedade de fixação, por parte do contrato de sociedade, dos elementos essenciais relativamente à realização de prestações acessórias e suplementares (artigos 209.º e 210.º, relativamente às sociedades por quotas e art.º 287.º para as prestações acessórias nas sociedades anónimas), a necessidade de comunicação aos sócios para a realização da prestação suplementar e de aviso para cumprimento ao sócio remisso (n.º 1 do art.º 211.º e n.º 1 do art.º 212.º), entre outros casos.

II. O contexto muito próprio em que se insere a informação prestada em sede da assembleia acaba por ter os seus reflexos no regime posteriormente patente na nossa lei, no que respeita concretamente aos sócios beneficiários dessa informação. Nele não observamos qualquer descriminação do sócio em virtude de um maior ou menor índice de compromisso assumido relativamente ao projecto societário. Os preceitos que directamente prevêem a informação a prestar já em assembleia não parecem se revelar sensíveis a essa realidade. A razão para este facto revela-se surpreendentemente simples: A questão relativa ao maior ou menor índice de compromisso do sócio encontra-se, ao tempo da assembleia, previamente resolvida através de preceitos que procuram precisamente determinar quem é que pode estar presente e participar numa assembleia da sociedade.

Assim, se observarmos tanto as sociedades em nome colectivo como as sociedades por quotas, constatamos que aos respectivos sócios não pode ser impossibilitada – nem sequer por força de disposição do contrato de sociedade – a presença nas assembleias gerais, ainda que o sócio se encontre impossibilitado de votar (n.º 1 do art.º 189.º e n.º 5 do art.º 248.º do C.S.C.). Já nas sociedades anónimas, a presença é legitimamente reconhecida ao accionista que possua, nos termos dos estatutos sociais, pelo menos direito a um voto, sendo possível a presença de accionistas sem direito de voto, se o contrato não determinar o contrário (n.ºs 1 e 2 do art.º 379.º)[377]. Regimes distintos, enquanto reflexo de uma filosofia inerente a um funcionamento societário muito próprio que se pretende implementar[378].

---

[377] Às sociedades em comandita simples aplica-se o regime relativo às sociedades em nome colectivo (art.º 474.º). Já nas sociedades em comandita por acções, os sócios comanditários podem participar nas assembleias nos precisos termos que podem os accionistas das sociedades anónimas (art.º 478.º). Quanto aos sócios comanditados, como a estes são sempre reconhecidos votos que não podem ser menos de metade dos votos reconhecidos aos sócios comanditários, eles terão sempre a oportunidade de estar presentes na assembleia, por força do disposto no n.º 1 do art.º 379.º, relativo às sociedades anónimas, como tivemos a oportunidade de anteriormente analisar (*supra*, 1.1., alínea *b)*, III, pág. 243-244).

[378] Com efeito, nas sociedades anónimas a possibilidade do respectivo capital se encontrar representado por um grande e indeterminado número de accionistas suscita

III. Atentos aos regimes que mesmo agora referimos, concluímos que é possível a um sócio de uma dada sociedade estar presente na assembleia sem se lhe encontrar necessariamente associada uma possibilidade de votar nas propostas sujeitas à apreciação[379].

Alguns dos nossos autores têm demarcado o tipo de informação em apreço como pressuposto necessário do voto em assembleia-geral[380]. Não ousamos ir tão longe, preferindo aceitar que essa informação se revela indispensável para a formação da vontade social e consequentemente para a possibilidade de participação do sócio nas decisões da sociedade. Isto porque cumpre recordar que esse poder de participação é composto, por seu turno, por uma faculdade de presença nas assembleias, de participação e de discussão em torno dos assuntos sujeitos à apreciação e ainda de voto sobre os mesmos[381]. Faculdades hierarquizadas entre si, em que a última abrange necessariamente a anterior.

Face ao exposto, podemos afirmar não oferecer qualquer tipo de contestação que ao sócio que nem sequer pode comparecer nas assembleias se encontra vedada a possibilidade de solicitar as informações agora em análise. Num outro extremo, ao sócio que possa votar é reconhecida a capacidade de solicitar as informações perti-

---

compreensivelmente a necessidade de delimitação à presença unicamente dos accionistas que possuam votos, nos termos do contrato, podendo este último conferir votos perante um número mínimo de acções (n.ºs 1 e 5 do art.º 379.º). Tudo de modo a evitar uma paralisação da vida societária que certamente se concretizaria perante a impossibilidade de realização da assembleia, por motivos logísticos ou operacionais relacionados com o excessivo número de accionistas presentes.

[379] Basta, para tal, que se encontre impedido de votar ou não lhe chegue sequer a ser reconhecida uma possibilidade de voto, como ocorre nas sociedades anónimas ao accionista que não reúna o número de acções suficientes, nos termos do contrato, para esse propósito – embora lhe assista, já neste caso, a possibilidade de agrupar-se por forma a reunir esse número (n.º 5 do art.º 379.º) – ou então que seja titular de acções preferenciais sem voto, nomeadamente através do seu representante comum se o contrato de sociedade não permitir a presença de accionistas sem direito de voto (art.º 343.º e n.º 3 do art.º 379.º).

[380] Carlos Pinheiro Torres, obra citada, pág. 187-188 e Menezes Cordeiro, *"Manual de Direito das Sociedades – Vol. I..."*, pág. 605-606.

[381] A respeito dessas várias facetas em que assenta o poder de participação nas decisões sociais: Henrique Sousa Antunes, obra citada, pág. 276 e Vasco Lobo Xavier, *"Anulação..."*, nota 85, pág. 187-188.

nentes para a formação de uma opinião fundamentada sobre o assunto sujeito a deliberação. A possibilidade de participação na discussão dos assuntos sociais não nos parece, todavia, absolutamente concretizada se vedarmos ao sócio que não possa unicamente votar a faculdade de identicamente solicitar informações na assembleia geral. Diferente já nos parece a mera assistência na assembleia, que não se fundamenta no propósito de contribuir para a formação da vontade social, mas antes de testemunhar o que na assembleia se discute e decide[382].

Definida a nossa posição, cumpre analisarmos os cimeiros casos em que um sócio se pode ver privado da possibilidade de voto. Relativamente ao sócio impedido de votar, não observamos qualquer obstáculo que inviabilize, à partida, a possibilidade daquele prestar um contributo enriquecedor para os demais sócios em torno de uma discussão sobre um assunto em que ele é parte envolvida. Se atendermos ao regime previsto nas sociedades por quotas, depreendemos que o impedimento em causa restringe-se unicamente ao voto (n.º 1 do art.º 251.º do C.S.C.), sendo certo que ao sócio – ainda que circunscrito a este caso – não lhe pode ser vedada, ainda que por força de disposição contratual, a possibilidade de *participar* nas assembleias (n.º 5 do art.º 248.º)[383].

---

[382] Faculdade de assistência esta, aliás, que pode ser reconhecida a outros sujeitos que não sejam sócios, como os membros de órgãos de administração e fiscalização ou obrigacionistas, no caso das sociedades anónimas. No sentido defendido no texto, Henrique Sousa Antunes (obra citada e página citadas na nota anterior) que, desenvolvendo esta matéria, reconhece no poder de discussão dos assuntos sociais a possibilidade de apresentar propostas. A nosso ver e como referido no texto, reconhecida essa possibilidade de participação na discussão, é legítimo ao sócio poder solicitar informações destinadas à formação de uma opinião fundamentada precisamente sobre o assunto sujeito a deliberação, como parece ser esse o objectivo patente no n.º 1 do art.º 290.º do C.S.C. Não podemos assim aceitar que a informação destinada ao sócio que não possa votar, mas possa participar na discussão, se resuma a um acto puramente interior e intelectivo, como assim suscita Carlos Pinheiro Torres para defender uma irrelevância da informação prestada a esse sócio (obra citada, nota n.º 245), especialmente quando ela se destina ao reforço de um poder de participação na discussão e dessa forma ao contributo para uma reflexão mais enriquecedora por parte dos sócios, sobre o assunto sujeito à apreciação.

[383] Embora se possa entender que a solicitação de informações por esse sócio ou se revela absolutamente dispensável – em circunstâncias em que o sócio já se encontra a par de todos os aspectos em torno da questão sujeita à apreciação, caso em que ele não

No que respeita às sociedades anónimas, embora o impedimento permaneça unicamente no que respeita ao voto e a mais nenhuma faculdade inerente à participação nas decisões sociais (n.º 6 do art.º 384.º do C.S.C), os accionistas impedidos de votar poderão assistir e participar nas assembleias, se o contrato de sociedade não determinar o contrário (n.º 2 do art.º 379.º). Uma possibilidade de intervenção contratual que parece permitir tanto uma absoluta exclusão de participação nas assembleias, como uma limitação parcial dessa participação de forma a restringi-la meramente à faculdade de assistência[384]. Dessa forma, se o contrato de sociedade intervir no intuito de restringir, total ou parcialmente, essa possibilidade de participação, o accionista impedido de votar estará igualmente impedido de solicitar informações em assembleia geral[385].

IV. Relativamente à temática que presentemente temos vindo a tratar, será possível ainda colocar, em teoria, uma questão em torno da concreta delimitação do beneficiário deste tipo de informação: se ele se identifica no sócio requerente ou já propriamente na sociedade. Embora colocada em teoria, a questão revela contornos bastante práticos. De facto, a defesa da segunda opção permite que o sócio requerente possa solicitar informação que já seja do seu prévio conhecimento, na medida em que ela se revele pertinente para o conhecimento dos demais sócios presentes. Por outras palavras, importa apurar se esta informação é prestada ao sócio requerente ou à assembleia, independentemente do sócio que a solicita.

A respeito da questão agora suscitada, RAÚL VENTURA retira, a partir de uma interpretação literal ao preceituado no n.º 1 do art.º 290.º do C.S.C. – e de expressões nessa redacção patentes que se

---

carece de informação que já tem conhecimento – ou, pelo contrário, ele possa aproveitar para solicitar os mais diversos esclarecimentos a respeito do assunto em apreço – como poderá acontecer em situações de litigio entre ele e a sociedade – circunstâncias em que a sociedade só poderá recusar a informação dentro dos casos previstos na lei para esse efeito (n.º 7 do art.º 214.º e n.º 2 do art.º 290.º).

[384] No mesmo sentido, Henrique Sousa Antunes, obra citada, pág. 278-279.

[385] Relativamente ao representante comum dos titulares de acções preferenciais sem voto (n.º 3 do art.º 379.º) tratamos mais adiante: *infra*, 2.2., pág. 280-282.

referem directamente à pessoa do sócio requerente, como a expressão "lhe" ali referida – a conclusão que a informação é prestada unicamente a esse sócio e não aos demais presentes na assembleia, pelo que, ao solicitar informação que fosse previamente do seu conhecimento, ela deveria ser recusada[386]. Diferentemente pensa CARLOS PINHEIRO TORRES, que admite a pertinência da informação que é solicitada para o conhecimento dos restantes sócios, tratando--se de informação que não pode ser recusada[387].

Em nosso entendimento e antes de tudo importaria realçar que a informação jamais poderia ser recusada, por inexistência de motivos expressamente previstos na lei para esse efeito[388]. Quanto muito, ainda que aceitando a posição defendida por RAÚL VENTURA, a sociedade não estaria simplesmente obrigada a prestar informação que fosse previamente do conhecimento de quem a requeresse[389].

Em segundo lugar, cremos que esta questão, de qualquer das formas, acabará sempre por ter uma resolução prática bastante mais simples que a complexidade que ela suscita em teoria. Com efeito, ainda que aceitando a não obrigação de prestação de informação nos termos até aqui colocados, se esta se revela pertinente para a opinião fundamentada dos demais sócios em torno do assunto sujeito a deliberação, bastará que um deles a solicite, de modo a que inquestionavelmente o órgão se encontre obrigado a prestá-la.

Cremos, por último, que – não obstante não podermos negar que a informação é prestada ao sócio que a requer e não à colectividade dos sócios presentes – nada impossibilita, antes pelo contrário, o órgão habilitado a prestá-la aos demais se entretanto se aperceber que ela se revela determinante para a opinião fundamentada dos restantes sócios. Não pretendendo desenvolver muito mais este aspecto, podemos no entanto afirmar que é seu dever divulgar essa informação, não obstante não ter sido interpelado ainda para esse efeito, se ele se aperceber ou tiver a consciência que a informação

---

[386] "Sociedades por quotas, Vol. I...", pág. 302.
[387] Obra citada, pág. 188-189.
[388] Atendendo à excepcionalidade que temos vindo a defender no presente trabalho, no que concerne aos casos de recusa (supra, capítulo II, 2.4., alínea a), I, pág. 179-180).
[389] No fundo, por dela não carecer. Recorde-se o que expusemos, no passado, relativamente a este aspecto: supra, capítulo II, 2.4., alínea b), IV, pág. 219-220.

é determinante para a opinião fundamentada da colectividade dos sócios presentes[390].

1.4. A possibilidade de reconhecimento de um poder especial de informação

I. Uma matéria que não tem sido praticamente abordada encontra-se relacionada com o eventual reconhecimento de um poder especial de informação, nos termos previstos pelo art.º 24.º do C.S.C.[391]. Como é sabido, o preceito invocado possibilita o reconhecimento contratual de poderes especiais que procuram, no fundo, acautelar a posição de determinado sócio na sociedade. Poderes que não podem ser suprimidos ou coarctados sem o devido consentimento do seu respectivo titular, salvo regra legal ou disposição contratual expressa em sentido contrário (n.ºs 1 e 5 do preceito invocado)[392].

O nosso problema relativamente à informação societária circunscreve-se naturalmente na necessidade de encontrarmos, para o que nos importa, a cautela de interesses de um sócio susceptíveis de legitimar a existência de um poder especial nos termos agora descritos. Este facto subentende necessariamente uma limitação em regra imputável a esse sócio, no que respeita à informação sobre a gestão ou assuntos sociais, por forma a poder ser contornada através do recurso a esse poder especial. Uma limitação, no fundo, de molde a permitir a satisfação de carências do sócio que possam, por esta via, ser acauteladas.

II. Atendendo ao contexto que consideramos mais adequado para o enquadramento da questão em apreço, somos levados à

---

[390] Tendo em conta o interesse social que aí parece prevalecer. Trata-se, contudo, de uma questão que pretendemos abordar mais adiante (*infra*, capítulo IV, alínea *b*), 2.1., III, pág. 315-316).

[391] Encontramos, com efeito, esta preocupação em Carlos Pinheiro Torres, que se pronuncia por essa admissibilidade (obra citada, pág. 118-120).

[392] A respeito dos poderes especialmente reconhecidos ao abrigo do preceito em apreço: *supra*, capítulo I, 1.2., alínea *a*), I, pág. 79 (e para a bibliografia aí indicada).

conclusão de que esse poder especial de informação acaba por não ter um lugar próprio nas sociedades em nome colectivo. Com efeito, a transparência informativa que aí impera impõe que a todo e qualquer sócio não possa ser vedado o conhecimento sobre a gestão da sociedade, não podendo o gerente abster-se de divulgar informação que seja do seu conhecimento. Consequentemente, não podem se verificar limitações ou restrições relativamente a esse conhecimento de molde a justificar interesses de determinado sócio relacionados com a superação desses supostos limites. Aquilo que os gerentes sabem, os sócios têm obrigatoriamente a possibilidade de conhecer[393].

III. Já relativamente às sociedades por quotas o caso suscita adicionais cautelas, mormente no que respeita à possibilidade de intervenção do contrato de sociedade (n.º 2 do art.º 214.º do C.S.C.). Oportunamente, observámos que esse contrato poderia tanto procurar uma regulamentação do exercício do poder de informação – por exemplo, determinando prazos para uma determinada solicitação ou mesmo a invocação de um determinado motivo para uma certa consulta ou inspecção – como a restrição justificada ao nível do âmbito desse poder informativo, que nunca poderia prevalecer perante o sócio que invocasse suspeita de práticas susceptíveis de fazer incorrer o autor em responsabilidade nos termos da lei, quando a consulta procurasse a apreciação da exactidão dos documentos relativos à prestação de contas ou habilitar o sócio a votar em assembleia geral[394].

Face a esta margem de actuação do contrato de sociedade, não nos parece que o poder especial de informação tenha um enquadramento lógico no intuito de suplantar as restrições ou condições que no que respeita ao exercício do poder de informação possam ser então determinadas. Embora possível na prática, em bom rigor a fixação de formalidades adicionalmente a observar no campo em análise parece se justificar a todo e qualquer sócio, por preocupação precisamente com uma regulamentação e determinação de um

---

[393] *Supra*, capítulo II, 2.3., II, pág. 176-178 e 2.4., alínea *a)*, II, pág. 181-191.
[394] *Supra*, capítulo II, 2.3., I, pág. 171-176.

modus operandi do poder de informação dos sócios, em geral, no seio societário[395].

No que respeita, no entanto, à fixação contratual de casos de recusa, como àqueles previstos na lei – portando, já relativamente ao âmbito do poder de informação – a questão pode assumir contornos diferentes. Aqui torna-se ainda mais séria a dúvida sobre a possível criação de poderes especiais de informação. A nosso ver dependerá do real propósito que possamos identificar no substrato que justifica o reconhecimento de um poder especial a determinado sócio. De uma forma resumida: para quem perspectiva esse poder como um instrumento fundamentado na protecção de posições minoritárias numa sociedade, então será de rejeitar esse poder especial, uma vez que essa minoria não se reflecte – ou pelo menos não se deve reflectir – nas informações que um sócio de uma sociedade por quotas deve poder conhecer. A lei não descrimina – e ao que parece nem permite descriminar – o acesso informativo de acordo com a participação do sócio na sociedade. Para quem possa entender outros fundamentos para aquele poder especial, certamente observará menos obstáculos para o reconhecimento de uma prorrogativa em particular que suplante, como regra, os casos de recusa que em outras circunstâncias poderiam constituir um condicionamento ao sócio[396].

---

[395] Por outras palavras, não nos parece justificável um poder especial de informação destinado a permitir ao sócio a suplantação das formalidades a observar relativamente ao exercício do seu poder de informação. Naturalmente que aceitamos, como referimos no texto, que esta possibilidade seja viável na prática, embora não nos pareça fazer muito sentido que a sociedade recorra ao seu contrato para procurar regulamentar o exercício de um poder, assegurando assim um funcionamento societário mais eficaz e paralelamente admita que um sócio possa contornar essas formalidades. Esta nossa preocupação destaca--se ainda mais se admitirmos a possibilidade de reconhecimento de um poder especial a todos os sócios da sociedade (a este respeito, nossa nota n.º 91). Parece-nos sim que esse poder, ao fim de contas, seja especialmente reconhecido na cautela por interesses que se reflectem relativamente ao âmbito e ao não exercício do poder de informação sobre a gestão da sociedade.

[396] Tem-se, com efeito, defendido que o reconhecimento de poderes especiais a determinado sócio se fundamenta na necessária cautela por uma posição minoritária na sociedade (a este respeito, recomendamos a bibliografia indicada na nossa nota n.º 91). Cremos que essa realidade nem sempre se verifica na prática, especialmente a partir do momento em que, em sociedades por quotas, aceitamos a possibilidade de poderes especiais de um foro corporativo e não tanto patrimonial. Efectivamente, nada resulta da

IV. Chegados às sociedades anónimas, a criação de poderes especiais já é feita, como seria naturalmente de esperar, em função de uma determinada categoria especial de acções, criada propositadamente para esse efeito (n.º 4 do art.º 24.º do C.S.C.). Neste tipo de sociedades encontramos uma dificuldade que adicionalmente se impõe ao accionista, relacionada com a percentagem de representação no capital da sociedade que ele tem que reunir para aceder a informações sobre a vida da sociedade. Parece-nos que essa dificuldade pode ser perfeitamente suplantada, mediante o recurso à criação daquela categoria especial de acções, permitindo assim – conforme o que vier a ser fixado no contrato de sociedade – uma legitimidade ao accionista titular de acções dessa categoria no acesso às informações previstas no art.º 288.º ou no art.º 291.º sem, para isso, ter que reunir um determinado número mínimo de acções para esse efeito[397].

---

lei que impeça o reconhecimento de um poder especial de informação, por exemplo, a um sócio maioritário. O que para aqui importa reter é que esse poder especial procure a suplantação, para com aquele sócio, de limitações existentes em regra para a comunidade dos sócios, como a fixação de casos de recusa. Nem por isso o principio do tratamento igualitário dos sócios acaba por ser mais desrespeitado do que em outras circunstâncias em que se verifica o reconhecimento de poderes especiais de outra espécie. O reconhecimento contratual de um poder especial a um determinado sócio acaba por ser uma confissão de que relativamente a ele se justifica um tratamento diferente para com os restantes. Imagine-se o caso do sócio que, por motivos relacionados com a sua antiguidade ou por se tratar de um sócio fundador, é objecto de um tratamento especial relativamente aos casos de recusa de informação instituídos, pretendendo-se no fundo que ele tenha acesso à informação societária nos mesmos termos que teria um sócio de uma sociedade em nome colectivo. De resto, o contrato pode ludibriar a rigidez jurídica e fixar obrigações de informação periódicas a determinado sócio ou conceder-lhe determinadas prorrogativas que, embora no fundo correspondam a faculdades informativas já previstas na lei, lhe permitam contornar as limitações generalizadamente impostas ao seu poder de informação.

[397] De igual modo, parece-nos plausível a imunidade do accionista para com a recusa na prestação de informações, se bem que, atendendo ao tipo de sociedade em causa, duvidamos que a prática possa oferecer diversos casos em que uma sociedade anónima dispense o recurso a essa possibilidade de recusa para com uma determinada categoria de acções, relativamente às quais não tem que conhecer necessariamente os seus respectivos titulares. Mas já será plenamente viável, na prática, a previsão de uma imunidade para com esses casos, perante a invocação de propósitos adicionais para a solicitação da informação para além daquele previsto no n.º 2 do art.º 291.º, por parte do accionista titular dessas acções especiais. De resto, cumpre recordar que a sociedade pode sempre acautelar-se e fixar, desde logo no seu contrato de sociedade, a possibilidade de supressão do poder especial, sem prévio consentimento da assembleia especial desses accionistas.

V. Nas sociedades em comandita simples, aceitando-se a intervenção contratual como anteriormente tivemos a oportunidade de referir, é possível que dela resulte uma restrição justificada do âmbito informativo reconhecido à partida para o sócio comanditário[398]. Consequentemente, pode se revelar útil o reconhecimento de um poder especial de informação a determinado sócio comanditário, de forma a contornar as limitações reconhecidas contratualmente a este tipo de sócios em geral.

Já relativamente às sociedades em comandita por acções – mormente aos sócios comanditários – parece-nos prevalecer o que acima referimos relativamente aos accionistas.

1.5. A posição do sócio titular de funções de gestão ou administração na sociedade

Não poderíamos analisar o poder de informação na perspectiva da posição assumida pelo seu principal e cimeiro beneficiário sem, no entanto, nos referirmos à particular situação em que o sócio assume simultaneamente funções de gestão ou administração na sociedade. Com efeito, os nossos tribunais registam um já considerável historial de decisões que reflectem posições divergentes em torno da possibilidade do sócio, que se encontre em algumas dessas situações, gozar do poder que temos vindo, no presente trabalho, a analisar.

Efectivamente, embora a alínea *c)* do n.º 1 do art.º 21.º do C.S.C. reconheça o poder de informação como uma prorrogativa a que todo o sócio tem direito, certo é que preceitos como o disposto no n.º 1 do art.º 214.º, relativamente às sociedades por quotas, constituíram argumento para que RAÚL VENTURA defendesse um entendimento

---

[398] *Supra*, 1.1., alínea *b)*, IV, pág. 244-245. Recorde-se que então defendemos que nas sociedades em comandita simples seria reconhecido um poder de informação idêntico aos sócios de uma sociedade em nome colectivo, tanto aos sócios comanditados como aos sócios comanditários, embora já admitíssemos a possibilidade de intervenção do contrato de sociedade que não pode, no entanto, coarctar a transparência informativa que tem que existir quanto aos comanditados.

diverso, no sentido de negar esse poder ao sócio que fosse gerente[399]. Ao abrigo deste entendimento, a referência, em preceitos como o agora invocado, ao facto dos gerentes prestarem informação aos restantes sócios transmitiria simultaneamente a constatação de que àqueles primeiros não assistiria a prorrogativa informativa ali reconhecida, por precisamente disporem de um acesso directo ao conhecimento dos factos, tendo em conta as funções que exercem no seio da sociedade[400]. No fundo, ao sócio gerente ou administrador não seria reconhecido o poder de informação conferido aos demais sócios, por assistir àquele uma tutela mais ampla conferida pelo acesso directo que ele goza a essa informação, em virtude das funções que exerce na sociedade. Acesso esse que chega a revelar-se mais abrangente e privilegiado na maior parte dos tipos societários, tendo em conta que ao gerente ou administrador é reconhecido um conhecimento sobre informação privilegiada, secreta ou sigilosa que pode perfeitamente se encontrar vedada aos restantes sócios[401].

A posição mesmo agora referida não ficou, contudo, isenta de apontamentos críticos. Com efeito, se ela apelava ao que o senso comum parece nos conduzir, à primeira vista, de mais lógico – ou seja, ao facto dos sócios gerentes não necessitarem de informação a que já têm acesso – certo é que ficam por resolver as situações em que esse sócio gerente se vê afastado de facto das funções em causa, caso em que ele não goza na prática do acesso à informação que, em normais circunstâncias, deveria poder conhecer[402].

---

[399] *"Sociedades por quotas, Vol. I..."*, pág. 290.

[400] Identicamente parecia ser essa a posição defendida no Anteprojecto de Coimbra que encontrava no seu art.º 119.º a mesma fonte de inspiração, ao adoptar formulações semelhantes (Ferrer Correia/Vasco Xavier/António Caeiro/Maria Ângela Coelho, *"Sociedade por Quotas de Responsabilidade Limitada – Anteprojecto de Lei (2.ª redacção)"*, Revista de Direito e Economia, ano 3, 1977, n.º 2, pág. 420 e seg.)

[401] Esta posição ditou inúmeras decisões jurisprudenciais no referido sentido. A título exemplificativo: Ac. do S.T.J., de 25/10/90, relator Brochado Brandão, in www.dgsi.pt (última consulta feita a 12/02/06, sob o termo de pesquisa "Sociedade Comercial"); Ac do S.T.J. de 23.05.1996, in CJ – Supremo Tribunal de Justiça, 1996, II, pág. 86; Ac da RP, (Lemos Jorge), de 1999.04.13, BMJ, 486, pág. 369; Ac da RP, de 07.11.1989, in BMJ, 391, pág. 704; Ac da RL, (Salazar Casanova), 2002.02.07, in CJ, 2002, 1.º, página 103.

[402] Abílio Neto, obra citada, pág. 416. O ilustre autor destaca as situações em que o sócio gerente se vê impedido de aceder às informações, livros e documentos da

Não se revelando suficiente esta divergência, CARLOS PINHEIRO TORRES reage criticamente a esta última posição, em defesa do entendimento de RAÚL VENTURA, alertando para o facto da própria tutela conferida ao sócio gerente fornecer, desde logo, as soluções para os problemas suscitados, mormente através do recurso a mecanismos como o da investidura do cargo social[403]. Escusado será dizer que o desenvolvimento desta questão conduziu ainda os nossos tribunais a decisões que acabam por aceitar ambos os entendimentos, acatando por um lado que ao sócio gerente não seja reconhecido o poder de informação previsto nos artigos 214.º e seg. do C.S.C., embora já o aceitando se o sócio estivesse impedido, na prática, de aceder à informação que teria direito, na qualidade de gerente[404].

A situação acabou, em nosso modesto entendimento, por assumir contornos inesperados e de certa forma inacreditáveis, tendo em conta que eles resultam, da parte dos nossos tribunais, de nada mais que uma reacção àquilo que outrora se afirmou ou escreveu. Convém, portanto, clarificar determinados aspectos a este respeito.

Em primeiro lugar, a colocar-se o problema, certamente que ele não se limitaria ao sócio gerente de uma sociedade por quotas. Com efeito, não vislumbramos qualquer argumento que justificasse um tratamento diferente para todas as circunstâncias que legitimassem ao sócio um acesso directo à gestão ou assuntos sociais em virtude

---

sociedade por parte de outros gerentes e o caso em que a informação não se encontra propriamente circunscrita no âmbito de conhecimento do órgão em apreço. Esta posição, por seu turno, revelou-se suficiente para outras tantas decisões já num sentido diverso do entendimento a que a nossa nota anterior se refere: Ac da RP, de 2004.10.19, in www.dgsi.pt, relator Mário Cruz, última consulta feita a 12/02/06, sob o termo "Inquérito judicial"; Ac. da RP, de 02/12/02, in www.dgsi.pt, relator Pinto Ferreira, última consulta feita em 12/02/06, sob o termo "Inquérito judicial"; Ac. da RP de 21.01.1988 (R. 21 461), CJ, 1988, 1, 194; Ac. RL de 02.12.1992 (R. 6263), CJ, 1992, 5, 129.

[403] Obra citada, pág. 175-180.

[404] Neste sentido: Ac da RP de 27/09/05, in www.dgsi.pt, relator Alberto Sobrinho, última consulta feita em 14/02/06, sob o termo "Sociedade Comercial"; Ac da RP, de 06/12/99, in www.dgsi.pt, relator Fonseca Ramos, in www.dgsi.pt, última consulta feita em 12/02/06, sob o termo "Sociedade comercial"; Ac da RP, de 27/01/98, in www.dgsi.pt, relator Soares de Almeida, última consulta feita em 12/02/06, sob o termo "Sociedade comercial".

de funções ou serviços prestados no seio societário[405]. Em todos esses casos seríamos então forçados a privar o sócio de um poder que lhe é reconhecido por lei ou condicioná-lo a optar ou pelo exercício das funções em apreço ou pela prorrogativa reconhecida pela alínea c) do n.º 1 do art.º 21.º do C.S.C. Um resultado, diga-se de passagem, absurdo.

Por outro lado, é certo que haverá que ter em conta que situações como a suscitada, se prestarmos unicamente atenção ao facto de todos serem sócios da mesma sociedade, determinam uma clara desigualdade no conhecimento e tratamento de informação secreta ou sigilosa, mormente pelo facto dessa informação poder nem sequer chegar ao conhecimento dos restantes sócios, especialmente se tivermos em conta que pertencerá aos sócios gerentes ou administradores a possibilidade de recusarem a prestação da informação e consequentemente ajuizarem, no caso concreto, se essa informação deve ou não ser prestada[406]. Uma situação derivada no entanto não da qualidade de sócio, mas antes do facto de alguém ter que exercer as funções inerentes à gestão ou administração da sociedade – absolutamente estranhas àquela primeira – unicamente tocando-se no facto de se confiar em sócios – portanto pessoas já interessadas no sucesso societário – o exercício de funções dessa natureza, o que contribui para atenuar uma situação que certamente seria mais preocupante se o conhecimento da informação sigilosa ou secreta fosse deixado a terceiros que não fossem sócios da sociedade.

De resto, não temos qualquer dúvida que o poder de informação reconhece no sócio o seu pressuposto essencial. Nem precisávamos recorrer ao previsto na referida alínea c) do n.º 1 do art.º 21.º do C.S.C. para justificar esta nossa afirmação. Basta-nos recordar que o interesse de fiscalização dos sócios – que justifica a carência mais basilar de conhecimento – surge logo a partir da mera celebração de

---

[405] Com efeito, o único caso que nos recordamos não se encontrar aqui circunscrito é o dos sócios gerentes de uma sociedade em nome colectivo, pela transparência informativa que aí tem que imperar relativamente aos demais sócios e que determina que aquilo que os primeiros sabem os segundos têm necessariamente que saber.

[406] João Labareda levanta pertinentemente este problema, não encontrando, contudo, respostas que naturalmente não podem surgir (*"Direito à Informação"*, ponto 20, pág. 145-147).

um contrato de sociedade (art.º 988.º do C.C.)[407]. Essa qualidade de sócio assumida perante o contrato celebrado justifica, por si, uma amplitude de conhecimento sobre essa realidade suficiente para garantir o propósito fiscalizador referido. Um poder de informação posteriormente moldado pelas diferentes formas de funcionamento que os diversos tipos de sociedades comerciais podem oferecer e que conduzem à justificação de interesses e carências informativas distintas e gradualmente mais mitigadas, consoante o sócio se vai distanciando do centro da vida social.

Nada mais influi nos contornos desse poder. Muito menos o facto de, a dada altura, esse sócio poder assumir cumulativamente funções de gestão ou administração da sociedade. O sócio não perde esta sua qualidade por esse facto. Por isso, o poder de informação não lhe pode ser retirado ou concedido conforme as funções ou cargos que ele exerça na sociedade. Aceitar o contrário, seria negar o pressuposto determinante e justificativo do poder de informação. Não podemos por isso, muito honestamente, aceitar conclusões retiradas exclusivamente de interpretações literais de preceitos vigentes ou historicamente consagrados, especialmente quando elas podem conduzir ao absurdo jurídico[408].

O facto do sócio gerente gozar de um acesso directo à informação da sociedade não determina então a privação da titularidade de um poder que unicamente depende da primeira qualidade e não da segunda. O facto de ser gerente conferir-lhe, como será regularmente de esperar, um acesso directo a todo um conjunto de informações inerente à esfera de competências do órgão onde se encontra inserido, simples e unicamente conduz a que ele não careça de recorrer aos mecanismos que dispõe enquanto sócio para obter o conhecimento sobre esses mesmos aspectos. Dessa forma de conhecimento ele, por enquanto, não carece. Consequentemente, caso ele tenha regularmente conhecimento directo, ou obrigatoriedade do mesmo,

---

[407] A este respeito, recorde-se o que anteriormente vimos: *supra*, capítulo II, 1.1., pág. 108 e seg.

[408] Defendendo também a participação social como o elemento determinante para o reconhecimento deste nosso poder, Brito Correia, *"Direito Comercial – 2.º Vol..."*, pág. 317.

sobre determinados factos, o recurso à solicitação de informações – nos termos previstos em preceitos como o citado art.º 214.º do C.S.C. – junto aos outros elementos da gerência carece de legitimidade, por falta de uma necessidade justificativa para essa solicitação. Por outras palavras, ele não carece daquilo que solicita, pois já tem conhecimento directo sobre esse facto. Mas não deixa de ser titular de um poder que ali permanece, adormecido na sua esfera jurídica, hibernando sob um *status* que subsiste incólume e imune a toda esta realidade.

Ao gerente afastado de facto das funções em questão, assistem--lhe tanto os mecanismos que assistiriam um qualquer gerente de uma sociedade, como a possibilidade de recurso a informações nos termos previstos em preceitos como o art.º 214.º do C.S.C., por delas provavelmente carecer. Duas realidades distintas, por emergirem de fundamentos distintos, não se devendo confundir pelo facto de existirem simultaneamente verificadas numa mesma pessoa. Devem portanto ser isoladamente observadas para que, assim, os seus verdadeiros pressupostos possam ser examinados sem o risco de ingerência de elementos absolutamente estranhos a eles.

2. Outros beneficiários da informação

Analisada a posição do sócio, enquanto destinatário da informação solicitada ao abrigo da prorrogativa reconhecida na alínea *c)* do n.º 1 do art.º 21.º do C.S.C, cumpre verificar seguidamente a existência de outros potenciais beneficiários do poder informativo reconhecido àquele primeiro. Com efeito, embora este poder se encontre umbilicalmente ligado à qualidade e posição privilegiada que o sócio assume na sociedade, sempre cumpre observar se existirão outros que, por circunstâncias especialmente justificativas e exteriores à relação entre aquele sócio e a sociedade, poderão aproveitar a informação que surge como reflexo do exercício desse poder ou mesmo a posição especial desse sócio no contexto social.

2.1. A disponibilização aos restantes sócios de informações solicitadas

I. O primeiro caso que podemos fazer referência encontra-se plasmado em preceitos como o disposto no n.º 7 do art.º 291.º do C.S.C., a respeito do designado "direito colectivo à informação", que determina que a informação voluntária ou judicialmente prestada nos termos daquele preceito fica disponível aos restantes accionistas na sede da sociedade. Ao que parece, ao fim de contas, não obstante o condicionamento verificado inicialmente em torno da legitimidade para a solicitação da informação, a verdade é que esta fica, uma vez prestada, logo em seguida disponível para os restantes accionistas independentemente da percentagem de representação que estes reúnam no capital social. Procurando ser um pouco mais ousados, poderíamos afirmar que afinal o caso patente no preceito em análise não reflecte a existência de informação privilegiada de uns accionistas relativamente aos restantes, mas antes de acesso privilegiado a essa informação. Um acesso privilegiado, este sim, que se justifica numa cautela relativamente a riscos de paralisação societária, perante a vulnerabilidade na solicitação por parte de todo e qualquer accionista, ainda que titular de uma insignificante expressão no capital da sociedade.

Convém, com efeito, aqui reter que a informação prevista no preceito em apreço tem que ser prestada por escrito (n.º 1 do art.º 291.º do C.S.C.). Ao ter que ser prestada dessa forma, facilita-se formalmente a sua posterior disponibilização, sem risco de uma eventual adulteração ou deturpação que certamente seriam de levar em conta perante informação divulgada verbalmente[409].

A disponibilização de informação prestada por escrito facilita assim o funcionamento societário, tendo em conta que a sociedade fica, na prática, dispensada de ter que atender a uma posterior solicitação da mesma informação, uma vez que ela já se encontra ao tempo acessível a qualquer accionista que a pretenda consultar[410].

---

[409] Destacando também a forma escrita como determinante para a solução vazada no n.º 7 do art.º 291.º: Carlos Pinheiro Torres, obra citada, pág. 192.

[410] De notar que o dever da sociedade estende-se unicamente à disponibilização referida na letra da lei. Como Raúl Ventura pertinentemente salienta, a sociedade não tem

II. Se a forma escrita e a necessidade de evitar comportamentos paralisantes da vida social parecem constituir a motivação para aquela disponibilização, será inevitável questionar se não poderíamos estender aquela realidade para outros casos societários, mormente para o das sociedades por quotas[411]. Com efeito, poderíamos colocar esta questão acima de tudo nas circunstâncias em que o requerente solicitasse que a informação lhe fosse prestada por escrito.

Em bom rigor, não podemos honestamente contrariar os limites da letra da lei presente no n.º 1 do art.º 214.º do C.S.C. e introduzir elementos que o nosso legislador não inseriu. Não podemos assim ficcionar uma obrigação de disponibilização a partir de uma proximidade de formalismos com o caso verificado relativamente às sociedades anónimas.

Podemos, no entanto, aceitar que o contrato de sociedade possa perfeitamente fixar que sempre que seja solicitado que a informação seja prestada por escrito, ela fique posteriormente disponibilizada na sede da sociedade, para consulta dos demais sócios (n.º 2 do art.º 214.º)[412].

---

o dever de comunicar aos restantes accionistas a informação prestada, nem sequer a possibilidade de realização da consulta à informação disponibilizada, salvaguardando, em nosso entendimento, o caso de uma nova solicitação sobre a mesma informação, que nos parece justificar unicamente esta obrigação de comunicação que a informação se encontra disponível na sede da sociedade, como justificativa para a inexistência de um dever da sociedade de directamente prestar a informação em apreço. De igual modo, não tem que colocar à disposição dos demais accionistas os pedidos de informação recusados (*"Novos estudos..."*, pág. 154).

[411] Já nas sociedades em nome colectivo a transparência informativa que todo o sócio tem direito, conjugada com a simplicidade que reveste o funcionamento societário em regra para estes casos, não parecem justificar a colocação da questão tratada no texto. Relativamente às sociedades em comandita, designadamente por acções, tivemos oportunidade de nos referirmos sobre esta situação (*supra*, 1.1., alínea *b)*, III, pág. 241--244).

[412] Parece-nos muito mais adequado pertencer à sociedade em concreto a adopção desta solução, pois ela é que poderá sentir particularmente essa necessidade de evitar novas e reiteradas solicitações em torno de uma mesma informação.

2.2. O representante do sócio

I. O caso seguidamente em análise relaciona-se com circunstâncias em que não é o sócio, mas antes um seu representante que em substituição exerce as prorrogativas que assistem a participação do primeiro na sociedade. O próprio Código das Sociedades Comerciais revela-se rico nos diversos casos de representação que prevê ou institui. Além desses casos, haverá necessária e inevitavelmente que ter em conta a representação voluntariamente conferida pelo próprio sócio.

Independentemente desta diversidade susceptível de se enquadrar no tema que agora pretendemos abordar, certo é que em toda a sua extensão nunca nos poderemos esquecer que nos encontramos perante uma representação para o exercício de prorrogativas ou faculdades para e no âmbito de uma pessoa juridicamente distinta do representado. Um aspecto que não pode ser minimamente ignorado ou desprezado, pois é precisamente a partir dele que resultarão as principais tipicidades no que respeita ao regime relativo às informações que um representante do sócio pode obter da sociedade, do conhecimento sobre a vida social que ele pode vir a ter.

II. Observando a sociedade em nome colectivo, cedo reparamos na escassez de preceitos que reconhecem ou permitem o recurso ao instituto da representação. Basicamente só encontramos a possibilidade de representação do sócio a respeito de assembleias e no que concerne ao cônjuge, ascendente, descendente ou outro sócio (n.º 4 do art.º 189.º do C.S.C).

Com efeito, o âmbito fechado e restrito – que tipifica uma sociedade que poderemos praticamente adjectivar de familiar – sugere que unicamente com a necessária chamada dos sócios a pronunciarem-se sobre os assuntos fundamentais da sociedade é que nos deparemos com o recurso justificado a um instrumento substitutivo da pessoa do sócio, de forma a garantir o sucesso da convocação e da participação dos protagonistas da sociedade. Não obstante a dignidade deste propósito, o carácter pessoal desta sociedade restringe a possibilidade de representação a pessoas muito próximas do representado e que, à partida, poderão assegurar – pelos laços que com ele têm estabelecidos – uma defesa correcta e fiel dos seus interesses na assembleia. Por esse motivo, a representação em assembleia, neste tipo de sociedades, só pode ser realizada naqueles termos e não noutros, podendo o representante solicitar as informações que entender pertinentes para a formação de uma convicção esclarecedora sobre o assunto sujeito à apreciação.

Já no que respeita a informações fora da assembleia, encontramos mais um sintoma do âmbito restritivo da sociedade em apreço. Basta observarmos o disposto no art.º 181.º, a respeito das possibilidades de consulta de documentos e de inspecção dos bens sociais, para percebermos que estas têm que ser realizadas pessoalmente pelo sócio. De igual modo, embora nada daquele preceito resulte expressamente nesse sentido, deve ser essa a conclusão no que se reporta às demais informações pedidas. A própria relação *intuitus personae* que se acha estabelecida entre a sociedade e o seu sócio determina que seja à pessoa deste último, e não a outra, que o conhecimento sobre a gestão social possa ser facultado.

III. Nas sociedades por quotas podemos encontrar duas grandes situações, no nosso código societário, em que se prevê a representação. Na primeira delas, perante uma contitularidade da quota; caso em que haverá lugar à designação de um representante comum que acabará por exercer os poderes e deveres inerentes a essa participação social (art.º 222.º do C.S.C). Em tais circunstâncias, a representação caberá ainda assim ou a um dos contitulares ou então ao cônjuge de um deles, podendo unicamente se estender a um estranho se o contrato expressamente o autorizar (n.º 2 do art.º 223.º). De qualquer modo, tanto a nomeação como a destituição – e bem assim uma redução dos poderes, à partida, reconhecidos – dependem, para efeitos de oponibilidade, de comunicação por escrito à sociedade.

Para efeitos de deliberações sociais, o sócio pode, por outro lado, ser representado pelo seu cônjuge, ascendente, descendente ou outro sócio, podendo ainda se fazer representar por uma outra pessoa se o contrato de sociedade expressamente permitir outros representantes (n.º 5 do art.º 249.º). A representação, neste caso, depende unicamente de carta dirigida ao presidente da assembleia, sendo que a omissão de referência no instrumento de representação voluntária, relativamente à forma de deliberação e à duração dos poderes conferidos, determina que aquele se estende unicamente às deliberações a serem adoptadas em assembleias regularmente convocadas e pelo ano civil respectivo (n.ºs 2 e 3 do preceito em referência).

Constatamos assim um regime já mais flexível que o visto no ponto anterior, no que respeita à possibilidade de recurso ao instituto da representação. Com efeito, de um regime absolutamente fechado que só permitia a representação para efeitos de assembleia e unicamente a outros sócios ou determinados familiares do representado, passamos para um regime em que se admite a possibilidade de representação a estranhos da sociedade, na medida em que o contrato respectivo expressamente o permita. Pertencerá ainda assim à sociedade a verificação em concreto das condições que entenda necessárias para viabilizar, permitir que terceiros possam ingerir-se nos seus assuntos *pessoais*.

Observando o regime previsto no art.º 214.º do C.S.C, constatamos que ele se preserva idêntico ao preceituado no art.º 181.º, para as sociedades em nome colectivo, em quase todos os aspectos que tutela. De facto, da letra da redacção patente naquele primeiro preceito não parece resultar outra conclusão senão a de entender que as prorrogativas ali previstas – salvaguardando os casos que inicialmente referimos – só podem ser exercidas pessoalmente pelo sócio requerente[413]. Referimos que ele se preserva idêntico em *quase* tudo o que se encontra previsto no art.º 181.º, não fosse a possibilidade de intervenção do contrato de sociedade que se revela determinante neste tipo de sociedades (n.º 2)[414].

Essa possibilidade de intervenção contratual leva-nos a crer que nada obsta a que se permita no contrato de sociedade a possibilidade do sócio se fazer representar mesmo por um terceiro, estranho à sociedade, para solicitar informações, consultar documentos ou inspeccionar bens sociais. Se assim ficou contratualmente fixado, é

---

[413] Neste sentido, Raúl Ventura, *"Sociedades por quotas, Vol. I..."*, pág. 295.

[414] Efectivamente, já não é a primeira vez que nos referimos ao carácter *contratualista* das sociedades por quotas previstas na nossa lei, pensadas propositadamente para deixar aos sócios a capacidade de moldarem a sua sociedade de acordo com os parâmetros que melhor entenderem, ora aproximando-a de uma sociedade mais personalista – como as sociedades em nome colectivo – ora mais capitalista, como as sociedades anónimas (ver, no entanto, a nossa nota n.º 361 para uma referência a esse carácter contratual).

porque aquela sociedade em não observa obstáculos relativamente à possibilidade de conhecimento de aspectos da sua vida privada por parte de um terceiro. Será de esperar, no entanto, a fixação de formalismos adicionais, como apanágio de um controlo societário que aqui se pode justificar, relembrando outros casos de representação de natureza semelhante: a fixação de cláusulas destinadas a garantir o prévio conhecimento da sociedade sobre o representante; o esclarecimento em torno da extensão e duração dos poderes informativos conferidos, podendo chegar ao pormenor de regulamentar como deve ser dado este conhecimento[415]. De igual modo, parece-nos plausível que o contrato de sociedade trate de uma forma discriminatória a representação para a obtenção de informações em geral, daquela que é conferida para a obtenção de um determinado esclarecimento em concreto ou para o exercício de uma prorrogativa informativa em particular, como a consulta a certos documentos da sociedade ou a inspecção a determinados bens sociais[416].

O problema que pode ser colocado em seguida passa por saber se, uma vez admitida contratualmente a possibilidade de representação a terceiros estranhos à sociedade, não pode esta última gozar de uma faculdade de oposição relativamente à pessoa do representante[417].

---

[415] Como, por exemplo, determinando a necessidade de envio prévio de comunicação escrita do representado à sociedade, os elementos que têm que constar dessa comunicação, os efeitos a esperar da inobservância de alguma dessas formalidades, entre outros casos. Naturalmente que, na prática, o sócio terá a tentação de recorrer à representação que lhe seja permitida pelo contrato em circunstâncias em que lhe interessa o exercício, pelo representante, dos poderes genericamente reconhecidos na sua participação social e não unicamente a solicitação de uma determinada informação (nomeadamente, porque se encontra, de alguma forma, impossibilitado de assumir tais faculdades junto da sociedade ou mesmo porque lhe interessa conferir tal capacidade a um terceiro, por força de relações estabelecidas com ele). De todo o modo, esta situação não parece inviabilizar estas preocupações que naturalmente a sociedade terá a necessidade de fixar no contrato.

[416] Aceitando todas essas formas de representação, algumas ou sujeitando a requisitos próprios uma ou algumas delas.

[417] Ou de necessidade do seu consentimento. De facto, a sociedade pode ter o interesse em permitir, regra geral, a representação por terceiros, mas que esta possibilidade não se estenda a determinados representantes a quem ela não queira divulgar informações a seu respeito. Basta pensarmos na possibilidade da representação ser conferida muito mais no interesse do representante do que do representado, por força de relações que se acham estabelecidas entre eles (como referimos na nossa nota n.º 415).

Parece-nos, a este respeito, ser possível que a sociedade coloque, para efeitos de possibilidade de recusa da informação, o representante no lugar do sócio representado e consequentemente – se for esse o caso – recuse a prestação da informação perante o receio de que esse representante possa utilizar a informação para fins estranhos à sociedade e com prejuízo para esta (n.º 1 do art.º 215.º)[418].

Não nos parece, contudo, que este facto resolva o nosso problema. Ele não se encontra enraizado na possibilidade de recusa de *certa* informação a *certa* pessoa, em virtude de circunstancialismos do caso concreto susceptíveis de levar a crer ou recear que a informação pudesse nociva e prejudicialmente ser usada contra a sociedade. Centra-se sim, logo à partida, na possibilidade ou não da sociedade ter uma palavra a dizer sobre a representação de determinado sócio. No fundo, se ela pode, no seu contrato, fixar uma faculdade de não aceitar a representação concretamente pretendida pelo sócio. Cremos que esta última possibilidade se encontra societariamente vedada. Com efeito, a representação emerge unicamente das relações estabelecidas entre o representado e o seu representante. Facultar à sociedade uma possibilidade de recusa *daquele* representante em concreto, ainda que para efeitos de oponibilidade, susceptibilizaria o tratamento desigual entre os sócios, em virtude de características em torno da pessoa desse representante[419].

IV. A figura do representante surge mais frequentemente nas sociedades anónimas, como reflexo da forma de organização que se impõe num tipo de sociedade com um capital susceptível de grande

---

[418] Com efeito, todas as razões de cautela que assistem este caso de recusa nos indicam no sentido referido no texto. No fundo, o caso de recusa legalmente previsto pretende acautelar acima de tudo a sociedade de uma utilização estranha e prejudicial da informação, independentemente de quem é em concreto a solicita.

[419] Aliás, se observarmos os casos expressamente previstos para as sociedades por quotas onde se admite a representação, observamos como condição de oponibilidade a comunicação do representante, não o consentimento da sociedade. Nada obriga, de resto, a que a sociedade, no seu contrato, aceite que toda e qualquer pessoa possa representar o sócio, podendo discriminar, à cautela, o tipo de pessoas (como a lei já efectua em outras circunstâncias) a quem a representação pode ser conferida. O que não pode é gozar de uma faculdade susceptível de conduzir à discriminação da pessoa do representante, portanto de um substituto de um sócio.

dispersão. Assim, para além do caso da contitularidade de acções – que determina a mesma solução prevista para o caso da contitularidade da quota que referimos no ponto anterior (art.º 303.º do C.S.C.) – teremos ainda que ter em conta a possibilidade de representação dos titulares de acções preferenciais sem voto (art.º 343.º), a existência do representante comum de uma mesma categoria de obrigações (artigos 357.º e seg.) e ainda naturalmente a possibilidade de representação do accionista titular de acções ordinárias tanto relativamente a informações fora como dentro das assembleias. Para o que mais nos importa, iniciamos a nossa análise pelo caso referido em último lugar.

Observando o preceituado no art.º 288.º do C.S.C., relativamente ao poder de consulta mínimo conferido aos accionistas, constatamos de imediato uma diferença substancial comparativamente à possibilidade de consulta prevista para outros tipos societários: no caso em apreço, o sócio não tem que proceder pessoalmente a essa consulta, podendo fazer-se substituir por pessoa que o possa representar em assembleia geral (n.º 3). Uma vez chegados às sociedades anónimas, constatamos um comportamento oposto àquele verificado nas sociedades em nome colectivo e que, nas sociedades por quotas, compete ao contrato de sociedade a sua respectiva configuração[420].

A possibilidade de representação estende-se, todavia e unicamente, a quem tenha a capacidade de representar o accionista em assembleia geral (art.º 380.º)[421]. Actualmente, após as alterações

---

[420] De facto, o desinteresse que a sociedade anónima tipicamente revela para com a pessoa do accionista já conduz à possibilidade legalmente prevista, certamente desejada até por parte de uma sociedade que se pretende mais dinâmica e independente dos seus accionistas.

[421] A quem o *possa* representar e não a quem *efectivamente* o represente, tal como destaca Raúl Ventura (*"Novos estudos..."*, pág. 136). O autor salienta ainda que essa representação não obedece naturalmente aos formalismos previstos no art.º 380.º, dedicados e contextualizados para uma representação em assembleia. A representação prevista no n.º 3 do art.º 288.º tem assim que obedecer às regras gerais relativas à representação. Sem prejuízo do exposto, cremos que será adicionalmente compreensível e provável a necessidade de demonstração da qualidade de representante do accionista, nomeadamente através do envio de cópia do instrumento de representação voluntária ou, ao menos, exibição do mesmo ao órgão de administração. Cremos que a forma concreta dessa demonstração será sensível ao modo como se processará essa consulta, nomeadamente se esta depende ou não previamente de um requerimento por escrito. De qualquer das

introduzidas pelo Decreto-lei n.º 76-A/2006 de 29 de Março, a remissão ali efectuada para quem poderia ser representante de um accionista em assembleia geral perdeu grande parte do sentido e carácter restritivo que à partida pretendia implementar. É que a anterior redacção prevista no art.º 380.º permitia que o contrato de sociedade pudesse proibir a representação do accionista em assembleia, exceptuando quando ela recaísse sobre um membro do órgão de administração, direcção ou então o cônjuge, descendente, ascendente ou ainda um outro accionista[422]. Hoje em dia, a representação voluntária em assembleia não observa restrições, nem mesmo por parte do contrato de sociedade, bastando para a mesma ser possível o envio de um documento escrito[423], assinado, dirigido ao presidente da mesa. Prevalecendo todavia a remissão, é naturalmente de entender então que o accionista poderá se fazer representar por qualquer pessoa, não podendo o contrato de sociedade restringir ou proibir esta sua faculdade.

Por outro lado, aludimos ainda agora à possibilidade de representação do accionista já propriamente em assembleia geral, nos termos prescritos pelo nosso conhecido art.º 380.º do C.S.C. Sem prejuízo de darmos por reproduzido o que recentemente referimos a respeito desse preceito, importará certamente reter um ou outro aspecto digno de destaque.

---

formas, aceitamos como espectável a entrega de cópia do instrumento ou ao menos exibição do mesmo, ao tempo em que a consulta é requerida (a este respeito, nossa nota n.º 490).

[422] Recordando a redacção revogada do n.º 1 daquele preceito: *"1. O contrato de sociedade não pode proibir que um accionista se faça representar na assembelia geral, contanto que o representante seja um membro do conselho de administração ou da direcção da sociedade, o cônjuge, ascendente ou descendente do accionista ou outro accionista."* (Itálico nosso).

[423] N.º 2 do preceito em referência. De notar que o Decreto-lei referido no texto ainda veio alargar os casos que podem sustentar o instrumento de representação voluntária, substituindo a prévia obrigatoriedade de envio de uma carta, pela referência ao envio de um *documento escrito*, dessa forma permitindo o recurso ao envio de fax ou mesmo mensagens de correio electrónico (a respeito dos documentos electrónicos como documentos escritos: Pupo Correia, *"Os contratos e o comércio electrónico"*, Maio, 1999. Recomendamos ainda Giannantonio, *"Manuale di diritto dell'Informatica"*, 2.ª edição, CEDAM, Padova, 1997, pág. 379).

O primeiro desses aspectos relaciona-se com o âmbito da informação preparatória prevista no art.º 289.º do C.S.C, relativamente ao qual sempre poderemos perguntar se um instrumento de representação voluntária dirigido ao presidente da mesa – nos termos daquele art.º 380.º – subentenderá ou não, perante o seu silêncio, poderes de representação relativamente à possibilidade de consulta prevista no art.º 289.º.

A questão agora suscitada revela alguma subjectividade: Por um lado, podemos argumentar que, tratando-se de uma representação conferida para a possibilidade de participação na assembleia, ela jamais poderá estar assegurada se não for identicamente reconhecido ao representante do accionista a capacidade de consulta aos elementos preparatórios dessa assembleia. Seguindo este ponto de vista, deveríamos então extrair do silêncio do instrumento de representação a existência de poderes inerentes ao propósito da representação propriamente dita. Numa perspectiva já oposta, sempre é possível invocar a própria segurança da sociedade – designadamente, na comunicação de factos que pretendem legitimar a intervenção de terceiros no foro social – que observa na presunção ou ilação de poderes subentendidos no silêncio do instrumento de representação um notório atentado a essa segurança, mais concretamente e para o que nos importa no que respeita à ingerência de desconhecidos também no seio da sua sede social. Um aspecto que condicionaria esse instrumento de representação a prever expressamente a concessão de poderes de consulta a elementos preparatórios da assembleia.

Em nosso humilde entendimento, nenhum dos argumentos agora apresentados deve proceder para a nossa questão. De facto e em primeiro lugar, convém recordar que a existência de uma relação instrumental ao nível dos poderes em questão não implica necessariamente a presunção de um possa subentender o outro no que concerne à concessão de poderes representativos, muito pelo contrário. A própria cautela por uma interpretação do instrumento de representação na protecção do representado – de quem confere poderes, portanto – conduz a que, na prática, os poderes conferidos devam ser os que literalmente resultem desse instrumento. Se a representação foi conferida para a participação na assembleia, então ela restringe-se a esta, nada mais, necessitando o representado de especificar a possibilidade de consulta aos documentos previamente disponíveis à assembleia. Por outro lado, podemos igualmente afirmar que a segurança da vida interna de uma sociedade anónima não estará certamente em causa perante quem pretende assumir-se como substituto do accionista, nessa medida, justificando-se para ele as mesmas razões que conduzem à disponibilização preparatória de informação que as que se verificam para os accionistas em geral.

Cremos, de todo o modo, que estas dúvidas podem e devem ser previamente esclarecidas pelo contrato de sociedade que pode aqui perfeitamente intervir. Com efeito, o mesmo poderá determinar os formalismos a que deverá obedecer o instrumento de representação em causa, nomeadamente a brevidade ou antecedência com que o mesmo deve ser enviado, os poderes que ele tem necessariamente que especificar e as presunções passíveis de se extraírem perante o silêncio desse instrumento. Cremos, no entanto, por todas as razões que se prendem com a interpretação dos negócios jurídicos (artigos 236.º e seg. do C.C.) que o silêncio daquele instrumento subentende que a representação se restringe unicamente à participação na assembleia propriamente dita, competindo ao representado o cuidado e interesse por uma expressa concessão do poder de consulta de informação preparatória a essa assembleia.

Convém, por outro lado, reter os formalismos a que deve obedecer um pedido de representação de mais de cinco accionistas[424] (art.º 381.º) e que acabam por reforçar a cautela na interpretação do instrumento de representação voluntária que referimos no parágrafo anterior. Para o que nos importa, cuida-se aqui de determinar regras relativas à extensão e duração dos poderes conferidos, atendendo ao tipo de representação aqui solicitada. Regras que não dependem do silêncio do pedido de representação, resultando antes de um carácter

---

[424] De notar, como aspecto curioso, o facto do legislador se referir aqui ao número de accionistas e já não, como tem sido seu apanágio, à percentagem de representação no capital da sociedade. Com efeito, as razões para a adopção de tal critério cremos prenderem-se com as preocupações que na assembleia são de reter e que constituem um desvio relativamente ao índice de compromisso dos accionistas que, nos restantes casos, tem sido a preocupação cimeira desse legislador. No caso em apreço, subentendendo-se a capacidade de participação na assembleia por forma a tornar pertinente a possibilidade de representação na mesma, as atenções desviam-se agora para o número de accionistas que determinada pessoa irá representar e consequentemente as formalidades e limitações que a este respeito deverão ser levadas em conta.

restritivo que aqui se pretende impor, no resguardo da posição do representado face ao seu representante.

Se no caso mesmo agora ilustrado deparamo-nos com regras impostas, a analogia na cautela da posição do representado recomenda a valorização destas regras perante o silêncio do instrumento de representação já naquele outro caso anteriormente referido[425].

Assim, será legitimo presumir que, salvo indicação diversa em sentido contrário, a representação prevista no art.º 380.º legitima o exercício de um poder informativo unicamente para o decurso da assembleia especificada, podendo ser revogada perante a comparência do accionista, competindo ao representado a especificação dos poderes de consulta prévios que pretende conferir, entre outros que não nos importarão tanto para o nosso objecto de estudo.

Entre aqueles que podem estar presentes na assembleia geral dos accionistas, encontramos ainda o representante comum dos titulares de acções preferenciais sem voto e bem assim o representante dos obrigacionistas (n.º 3 do art.º 379.º do C.S.C.)[426]. A lei recorre à obscura expressão *presentes*, deixando assim reticências em torno do âmbito dessa intervenção na assembleia: se uma mera assistência, uma participação na discussão dos assuntos ou mesmo um poder de voto sobre eles[427]. A questão tem naturalmente que encontrar a sua resposta no âmbito da possibilidade de intervenção dos respectivos

---

[425] Obviamente, subentendo-se de igual modo o silêncio do contrato de sociedade cuja intervenção havíamos sugerido, antes do mais, para resolver este problema. A única diferença entre os casos em confronto acabaria, no fundo, por residir na *imposição* das regras em apreço no caso da representação de mais de cinco accionistas. Uma particularidade naturalmente compreensível, atendendo ao distanciamento que aqui frequentemente se verifica entre representante e representados.

[426] Relativamente aos obrigacionistas, por não se tratarem de sócios da sociedade, entendemos que a matéria respeitante ao seu representante não deve aqui ser tratada, remetendo para mais adiante uma especial atenção para as informações que eles podem obter da sociedade, designadamente através então desse seu representante: *infra*, 2.5., pág. 286 e seg.

[427] Como anteriormente vimos, a possibilidade de participação nas decisões sociais pode revestir qualquer uma dessas facetas ou todas elas, sendo no entanto pertinente a definição concreta do âmbito da presença na assembleia, uma vez que – como então constatámos – a mera assistência não justifica qualquer capacidade de interpelação informativa (*supra*, 1.3., III, pág. 255 e seg.).

representados, sob pena de haver, noutra hipótese, o reconhecimento de outros poderes para além dos resultantes da relação de representação, o que não faria de todo sentido.

Desta forma, observando o caso relativo aos titulares de acções preferenciais sem voto, constatamos que haverá lugar à designação, a partir de um deles, de um representante comum, sempre que o contrato de sociedade vede àqueles a possibilidade de participação na assembleia geral (n.º 1 do art.º 343.º). Com efeito, observando o disposto no n.º 2 do art.º 379.º, constatamos que o contrato de sociedade pode vedar aos accionistas sem direito de voto tanto a participação na discussão dos assuntos, como mesmo a assistência nas assembleias. Se bem que o contrato de sociedade possa unicamente restringir a possibilidade de participação na discussão dos assuntos, preservando todavia a assistência nas assembleias a esses accionistas sem direito de voto, não nos parece viável que essa restrição pudesse conduzir à designação e presença de um representante comum desses accionistas.

A nossa opinião encontra os seus motivos nos propósitos que determinam, por um lado, a impossibilidade de participação na discussão dos assuntos e naqueles que determinam, por outro, a impossibilidade de assistência nas assembleias. Como anteriormente cremos ter clarificado, a mera possibilidade de assistência, vista isoladamente, justifica-se acima de tudo pela legitimidade reconhecida em poder testemunhar o que ocorre na assembleia. Por outro lado, a possibilidade de participação na discussão dos assuntos sujeitos à apreciação surge já com um propósito contributivo para a reflexão conjunta sobre os temas na "mesa" e dessa forma reflecte uma modalidade de participação na formação das decisões sociais[428].

Os propósitos que conduzem consequentemente à restrição, pelo contrato de sociedade, de uma ou de outra faculdade são dessa forma distintos: num caso, eventualmente por questões relacionadas com o próprio funcionamento societário, com a dinâmica e concretização de condições operacionais e logísticas; já no outro, por razões que se identificam com uma delimitação de quem pode contribuir para a formação da vontade social. Ora, se o contrato de

---

[428] Para este efeito, reiteramos a remissão efectuada na nossa nota anterior.

sociedade inviabiliza que os titulares de acções preferenciais sem voto possam contribuir para a discussão dos assuntos sujeitos à apreciação, não faria sentido que eles pudessem contornar essa restrição – que se preserva acima de tudo no campo valorativo e não funcional – designando um representante comum para poder precisamente fazer aquilo que o contrato pretende vedar. Por outro lado, a restrição ao número de presentes na assembleia, que sempre se poderá ficar a dever a razões logísticas ou operacionais, essa sim pode ser contornada através do recurso ao representante que esteja presente na assembleia no lugar dos seus representados. Consequentemente, a intervenção desse representante comum limita-se à mera assistência nas assembleias – no intuito de suprimir uma restrição que se ficou a dever a razões operacionais – não lhe competindo, por isso, qualquer possibilidade de solicitar informações ao abrigo do preceituado no art.º 290.º do C.S.C[429].

2.3. O cônjuge do sócio

Tem-se questionado se, em circunstâncias em que a participação do sócio constitui um bem comum do casal, não assistirá ao cônjuge desse sócio o conjunto de poderes e deveres inerentes a essa participação, inclusivamente o poder de informação nos termos em que é precisamente reconhecido ao primeiro.

Esta questão já mereceu um entendimento no sentido afirmativo, nomeadamente em situações relativas à votação favorável de determinadas deliberações sociais, em que o exercício dos poderes do sócio pode constituir um acto de administração extraordinária da

---

[429] Aliás, em bom rigor, se prestarmos atenção aos propósitos que determinam a possibilidade de designação do representante comum previstos no n.º 1 do art.º 343.º, apercebemo-nos que os titulares das acções preferenciais sem voto têm que se encontrar impedidos da possibilidade de participação nas assembleias, facto esse que não acontece perante a mera restrição da participação na discussão dos assuntos, pois sempre resta àqueles a faculdade de assistirem à assembleia. No sentido defendido no texto: Eduardo Vera-Cruz Pinto, *"A Representação do Accionista para Exercício do Direito do Voto (nas Assembleias Gerais das Sociedades Anónimas)"*, AAFDL, 1988, pág. 59, nota 113; Henrique Sousa Antunes, obra citada, pág. 280 e seg. No sentido contrário, Raúl Ventura, *"Novos estudos..."*, pág. 436.

participação. Em tais circunstâncias, tornar-se-ia necessário o consentimento do cônjuge do sócio (n.º 3 do art.º 1678.º do C.C.). Para que esse consentimento pudesse ser prestado de uma forma esclarecida, no entanto, teria que ser reconhecido a esse cônjuge uma possibilidade de acesso à informação necessária para tomar essa decisão[430].

Com o devido respeito que nos merece esta visão, não nos parece possível contornar a incomunicabilidade da posição do sócio para o seu cônjuge que se encontra patente no n.º 2 do art.º 8.º do C.S.C, mesmo tratando-se de actos de administração extraordinária sobre um bem comum do casal. Temos que partir do pressuposto que o legislador, ao prever a incomunicabilidade em apreço *mesmo quando a participação fosse bem comum do casal* – por força do regime matrimonial de bens – tinha plenamente a consciência da amplitude daquele regime, que ele abarcaria tanto actos de administração ordinária como extraordinária. Da leitura do disposto naquele n.º 2 do art.º 8.º resulta a nosso ver uma clara mensagem que o exercício dos poderes e deveres do sócio inerentes à sua participação na sociedade só a este dizem respeito[431].

Os factos acima relatados têm conduzido a que os nossos tribunais entendam correctamente que unicamente o valor patrimonial da participação social é que se transmite para a comunhão de bens, nada mais[432]. A projecção associativa dessa participação preserva-se, todavia, no cônjuge que celebrou o contrato de sociedade ou trouxe à constância do matrimónio a participação na sociedade. Somente a este é que são reconhecidos e imputados os poderes e

---

[430] Neste sentido, Carlos Pinheiro Torres, obra citada, pág. 182-183 e Rita Xavier, *"Reflexões sobre a posição do cônjuge meeiro em sociedades por quotas"*, separata do volume XXXVIII, do suplemento do BFDC, Coimbra, 1993, pág. 116 e seg.

[431] Tem sido este o entendimento, de resto, generalizadamente defendido entre nós: o legislador claramente fixou naquele n.º 2 a regra da incomunicabilidade do *valor associativo* da participação social, não obstante a comunicabilidade do *valor patrimonial* já conferida pela lei civil (veja-se, a título exemplificativo, Pinto Furtado, *"Curso..."*, pág. 239-241).

[432] Ac. do STJ, de 28/11/2000, relator Lopes Pinto, in CJ-Supremo Tribunal de Justiça, 2000, 3.º, pág. 142; Ac. do STJ, de 31/03/98, in www.dgsi.pt, relator Garcia Marques, última consulta feita em 12/02/06, sob o termo "Sociedade Comercial"; Ac. da RL, de 20/03/97, relator Luís Fonseca, in CJ, 2.º, pág. 86.

deveres de e para com a sociedade em que ele participa. De resto, naturalmente que permanecem intactos os poderes de administração que, de acordo com a lei civil, possam assistir ao outro cônjuge.

A necessidade de recurso ao consentimento do cônjuge não sócio – ainda que a respeito de matérias que afectam o valor patrimonial da participação – não pode significar a possibilidade de exercício de poderes sociais ou a ingerência no seio societário que só àquele outro é permitido. As prorrogativas que, por força da lei civil, possam assistir ao cônjuge do sócio são absolutamente irrelevantes para a sociedade e não oponíveis a esta. No fundo, a responsabilidade pela prestação do consentimento pertence exclusivamente ao cônjuge meeiro. Só a este é que caberá a decisão de prestar ou não um consentimento devidamente esclarecido e de o não prestar até se encontrar devidamente informado por parte do sócio. Mas será a este que poderá exigir a prestação de informações, não à sociedade[433].

2.4. Os sucessores do sócio falecido

O falecimento do sócio acaba por permitir, nos diversos tipos societários, a possibilidade de transmissão da participação social aos seus respectivos sucessores. Forma essa de transmissão que todavia não nos importa aqui aferir. Naturalmente que, adquirindo a qualidade de sócios na sociedade, esses sucessores gozam das prorrogativas que tal posição na sociedade lhes confere.

Importará sim – atendendo ao tema do nosso trabalho – analisar situações intermédias previstas no nosso Código das Sociedades Comerciais em que essa sucessão ainda não ocorreu e que consequentemente tenham os seus reflexos ao nível de informações que podem ser exigidas pelos sucessores, ainda nessa qualidade, à sociedade.

---

[433] Esta necessidade, aliás, de reconhecimento de um dever informativo entre cônjuges, como forma de não deixar esta questão sem resposta, tem conduzido os nossos tribunais ao reconhecimento no fundo de um autentico regime de associação à quota, em que a posição do cônjuge meeiro se revelaria absolutamente ineficaz para a sociedade, embora da relação entre os cônjuges resultem obrigações, dentro das quais podemos encontrar de carácter informativo, de um para com o outro (ver acórdãos referidos na nota anterior).

Cremos que a situação que mais se destaca reside nas sociedades por quotas. Aqui, o contrato de sociedade pode proibir a transmissão por morte ou sujeita-la a determinados requisitos (n.º 1 do art.º 225.º do C.S.C.). Essa transmissão ainda se opera se a sociedade, ainda que tenha contratualmente vedado esta realidade, não amortize a quota ou não a adquira, transmita a outro sócio ou a terceiro, no prazo de noventa dias a contar do conhecimento da morte do sócio (n.º 2), ou ainda, optando-se por transmitir a quota a sócio ou terceiro, não tenha ocorrido o pagamento tempestivo da contrapartida e se tenha optado pela ineficácia da alienação (n.º 5).

Acabando por ocorrer a transmissão aos sucessores do falecido, instala-se muito possivelmente um regime de contitularidade entre os vários sucessores, que implicará necessariamente que os poderes e deveres inerentes à quota tenham que ser exercidos por parte de um representante comum designado nos termos do art.º 223.º do C.S.C.[434].

Todavia, optando-se pela amortização ou aquisição da quota, os poderes e obrigações a ela inerentes ficam suspensos até à efectiva concretização da operação em apreço (n.º 2 do art.º 227.º). Durante esse período – que poderá mesmo não concluir no sucesso da operação, como acima observámos – aos sucessores do falecido assiste-lhes a possibilidade de exercício dos direitos necessários para a preservação da participação social, nomeadamente votando em alterações do contrato ou dissolução da sociedade (n.º 3). Trata-se de uma enumeração exemplificativa que certamente se compreende. Pretende-se, neste caso, que enquanto durar aquele regime de suspensão, os sucessores não vejam a participação social, sobre a qual têm ainda interesse jurídico, afecta ou de alguma forma alterada, no decurso de decisões sociais que à sua revelia produzam esse preciso efeito. Razão pela qual eles podem intervir em circunstâncias que colocam em causa a preservação da participação social, consequentemente podendo solicitar e ter acesso a todas as informações preparatórias ou já no decurso das assembleias que visem a obtenção daquele tipo de decisões.

---

[434] Até ao momento em que se proceda à divisão da quota transmitida (art.º 221.º do C.S.C.).

Sendo uma enumeração exemplificativa, uma interpretação mais ampla poderia aqui abranger a possibilidade de informação, não unicamente circunscrita a determinada assembleia, mas mesmo fora desta. Com efeito, atendendo ao critério em causa, logo é possível especular que todo e qualquer negócio um pouco mais relevante para a sociedade seria susceptível de afectar esta última e por consequência as participações dos respectivos sócios. Naturalmente que aqui deve ponderar o bom senso que nos conduz forçosamente a uma interpretação restritiva. De facto, embora reconheçamos, ao abrigo do preceito invocado, uma possibilidade dos sucessores do falecido poderem solicitar informações mesmo fora de assembleias, elas devem-se reportar a aspectos que directamente possam afectar a participação social, a sua respectiva tipologia ou o seu valor patrimonial, não se encontrando a sociedade obrigada a prestar informação sobre todo e qualquer aspecto que tenha a susceptibilidade, em teoria, de afectar a vida da sociedade ou informação relacionada com toda e qualquer alteração do contrato de sociedade[435].

2.5. O obrigacionista

I. Um outro potencial beneficiário de informações a respeito da vida societária identifica-se na pessoa do obrigacionista nas sociedades anónimas. O obrigacionista em bom rigor não é um sócio deste tipo de sociedade, mas tão-somente um financiador desta, que *empresta* capital e assume expectativas dignas de relevo jurídico relativamente ao empréstimo que realizou. Trata-se verdadeiramente de um credor da sociedade[436].

---

[435] Somos reconduzidos assim à possibilidade de solicitação de informações sobre um aumento de capital que esteja ainda em projecto, uma fusão, entre outros exemplos. Não toda e qualquer alteração ao contrato de sociedade, cremos, mas aquelas que se revelam estruturais para a sociedade e que consequentemente podem colocar em causa a preservação da participação social (são assim de excluir informações sobre alterações do contrato que não representem simultaneamente uma alteração estrutural da sociedade, como a alteração da sede ou da firma da sociedade, pois pouco se relacionam com a participação em causa).

[436] É esse, com efeito, o tratamento legal reconhecido aos obrigacionistas, abordando--os persistentemente como *credores* e reconhecendo que das obrigações emergem direitos de crédito (n.º 1 do art.º 348.º e n.º 1 do art.º 355.º).

A defesa dos interesses dos titulares de obrigações pertencentes a uma mesma emissão deve ser realizada na sociedade através de um representante comum (artigos 357.º e 358.º do C.S.C.). A essa pessoa caberá a representação desses obrigacionistas na sociedade, praticando os actos de gestão relacionados com a defesa de tais interesses. Aos obrigacionistas é reconhecida a possibilidade de se reunirem em assembleia e aí solicitarem a esse representante as informações e esclarecimentos que entendam necessários (art.º 355.º e n.º 2 do art.º 359.º)[437].

II. Será no representante comum, portanto, que importa concentrar as nossas atenções no que respeita à solicitação de informações sobre a sociedade. A este respeito, o disposto no art.º 293.º do C.S.C. reconhece ao representante comum dos obrigacionistas as faculdades informativas previstas nos artigos 288.º a 292.º que são conferidas aos accionistas da sociedade. Os termos no entanto em que o faz resultam precisamente das responsabilidades e funções que estão a cargo desse representante e que nos obrigam a conjugar aquele art.º 293.º com o que se encontra previsto, a este respeito, no art.º 359.º.

Assim, entre as atribuições reconhecidas a esse representante, consta a possibilidade dele assistir à assembleias-gerais dos accionistas (alínea c) do n.º 1 do art.º 359.º do C.S.C.). O preceito em referência não permite enganadoras interpretações em torno do propósito da presença do representante comum nessas assembleias, aliás igualmente permitida ao abrigo do previsto no n.º 3 do art.º 379.º: uma mera assistência, com o propósito de testemunhar o que decorre e resulta da reunião dos sócios, não lhe facultando qualquer possibilidade de participar na discussão dos assuntos sujeitos à apreciação e consequentemente solicitar, nessa sede, a informação necessária para esse debate[438].

---

[437] A respeito dessas assembleias, Carlos Osório de Castro, *"Valores Mobiliários..."*, pág. 139 e seg.

[438] Como tivemos anteriormente a oportunidade de realçar, relativamente à possibilidade de assistência às assembleias-gerais dos accionistas (*supra*, 1.3., III, pág. 255 e seg.). Aliás, não poderia ser outra a solução relativamente a quem, no fundo, se encontra unicamente em representação de credores da sociedade, não procurando

III. A alínea *d)* do n.º 1 do art.º 359.º do C.S.C. confere, por seu turno, ao representante comum a possibilidade de aceder a toda a documentação da sociedade enviada ou tornada patente aos accionistas, nas mesmas condições estabelecidas para eles.

CARLOS PINHEIRO TORRES chama a atenção para o facto da alínea *d)* do n.º 1 do art.º 359.º – ao referir-se unicamente à documentação da sociedade – impedir o representante comum de aceder a informações prestadas ao abrigo do previsto no art.º 291.º, tendo em conta este último caso não se reportar propriamente a um poder de consulta a documentos sociais, mas antes a uma solicitação de esclarecimentos em sentido estrito[439].

Não partilhamos do entendimento agora exposto. A nosso ver, o previsto naquele art.º 359.º não se revela em ponto algum incompatível com a informação permitida pelo art.º 291.º. Efectivamente, uma vez prestada a informação, ela tem que ficar disponível na sede da sociedade para eventual consulta pelos restantes accionistas (n.º 7 do preceito em apreço), da mesma forma e nos precisos termos que fica acessível para o representante comum dos obrigacionistas.

2.6. *O usufrutuário e o credor pignoratício*

Compete, por último, uma breve referência à possibilidade conferida tanto ao usufrutuário como ao credor pignoratício da participação social de solicitarem informações, nos termos que são conferidos aos respectivos sócios.

Com efeito, tanto nas sociedades por quotas, como nas anónimas é reconhecido o poder de informação ao usufrutuário quando, por

---

minimamente qualquer contribuição para a formação da vontade social, mas antes testemunhar qual o sentido que esta vai assumir, para posteriormente actuar em conformidade e prestar contas aos seus representados. Naturalmente que, todavia, é-lhe permitido o esclarecimento pontual sobre o que se discute ou sobre o que se deliberou, uma vez que ele sempre tem que prestar informação completa, verdadeira e elucidativa aos obrigacionistas que representa. Uma situação diferente da solicitação de esclarecimentos referida no texto. Distinta da informação necessária para um contributo para a discussão que é vedada a este representante.

[439] Obra citada, pág. 193-194.

força da lei ou convenção das partes, lhe seja reconhecido o exercício do poder de voto (n.º 8 do art.º 214.º e art.º 293.º do C.S.C.). Por seu turno, assistimos a uma extensão deste reconhecimento nas sociedades anónimas para o credor pignoratício.

Se relativamente ao credor pignoratício, os "direitos" inerentes às acções só podem ser exercidos por ele se assim for convencionado pelas partes (n.º 4 do art.º 23.º do C.S.C.), o caso parece se revelar um pouco mais complexo no que respeita ao usufrutuário. É que se de uma interpretação literalmente efectuada a partir do preceituado tanto no n.º 8 do art.º 214.º, como do art.º 293.º ficamos com a impressão que o poder de informação é unicamente reconhecido quando e para os propósitos de exercício de um poder de voto reconhecido ao usufrutuário[440], já observando o disposto no art.º 23.º reconhecemos que este goza dos direitos que lhe são conferidos nos artigos 1466.º e 1467.º do C.C.: entre eles, o de comungar nos lucros distribuídos ao tempo do usufruto, de votar nas assembleias--gerais e ainda de comungar da liquidação da sociedade ou da participação social[441]. Não obstante estas prorrogativas previstas pela lei civil, a redacção presente nos preceitos do Código das Sociedades Comerciais indicados não permite dúvidas que o usufrutuário só pode aceder a informações sociais quando lhe caiba a possibilidade de exercício do poder de voto e em mais nenhuma outra circunstância[442].

As situações acima expostas, tanto relativamente ao usufrutuário como ao credor pignoratício, parecem se enraizar assim em circunstâncias em que ao sócio é vedado o exercício do seu poder de

---

[440] Como parece ser essa a leitura efectuada por Raúl Ventura (*"Sociedades por quotas, Vol. I..."*, pág. 290).

[441] E que tem constituído base de argumentação para o entendimento, sustentado por Carlos Pinheiro Torres, de que ao usufrutuário seria identicamente reconhecido um poder de informação para a preservação dessas suas outras prorrogativas (obra citada, pág. 180-182).

[442] Tal não é impeditivo de recurso, por parte desse usufrutuário, ao regime previsto para a obrigação de informação nos artigos 573.º e seg. do C.C. (*supra*, capítulo introdutório, 3., II, pág. 32 e seg.). Em abono da verdade, o problema retratado no texto também parece se estender a outros poderes, como o da comunhão nos lucros, que possam ser conferidos ao credor pignoratício por convenção das partes. Nem por isso, ele passa a dispor de uma faculdade de solicitar informações à sociedade, para preservação dos interesses reflectidos naquela sua possibilidade de comunhão.

voto[443]. Consequentemente, tratam-se de situações em que ao sócio não será legitimo o exercício das faculdades informativas relacionadas com a preparação ou já com o decurso das assembleias, uma vez ele não carece de informações para a participação numa assembleia em que não vai estar presente e para a formação de uma opinião fundamentada sobre um assunto sujeito a deliberação sobre a qual ele não vai ter oportunidade de participar na respectiva formação[444].

---

[443] Salvaguardando, relativamente ao usufruto, quando se trate de deliberação de alteração dos estatutos ou dissolução da sociedade, casos em que o voto deve ser exercido conjuntamente com o titular de raiz (n.º 2 do art.º 1467.º do C.C.).

[444] Concordando aqui com Carlos Pinheiro Torres (obra citada, pág. 194). Em sentido contrário: João Labareda, *"Das acções..."*, pág. 112-113.

Capítulo IV

A forma de conhecimento da vida societária

1. Informação organizada e divulgada pela sociedade
2. A informação solicitada pelo sócio
2.1. O pedido de esclarecimentos
   a) *Fora das assembleias*
   b) *A solicitação de informações em assembleias*
2.2. A consulta de documentos e a inspecção de bens da sociedade

1. Informação organizada e divulgada por iniciativa da sociedade

I. Nos últimos dois capítulos lançámos uma análise em torno do âmbito da informação a que um sócio pode aceder relativamente à sua sociedade e ainda assim dos beneficiários que em geral poderão aproveitar precisamente esse tipo de informação. Procurámos, no fundo, a resposta a duas das três questões que teoricamente têm que ser colocadas na perspectiva da sociedade que presta a informação: o quê? E a quem? Por outras palavras, que tipo de informação e a quem ela deve ser prestada. Duas questões relacionadas intrinsecamente entre si, em que a resposta a uma fundamenta necessariamente a solução para a outra[445].

Referimo-nos a três questões, tendo em conta que as duas primeiras não completam o quadro informativo em que se encontra adstrita a sociedade sem que esta se pergunte de que forma é que deverá prestar a informação aos seus sócios. Tal como as questões anteriores, a forma como a informação deve ser prestada encontra-se igualmente relacionada com os aspectos anteriormente suscitados. Deles depende para encontrar a sua resposta. O modo como a informação deve ser divulgada reflecte assim o facto desta se reportar a *certos* aspectos dirigidos a *determinados* destinatários. É desta

---

[445] Vimos, com efeito, que as diferenças que a este respeito se vão sentindo ao longo dos vários tipos societários previstos na lei reflectem exactamente essa relação. A sociedade que presta ou disponibiliza a informação fá-lo em função do destinatário e do tipo de informação em causa. A determinação desses elementos não se revela despropositada. Como então vimos, nem todos os sócios, só pelo facto de o serem, têm acesso ao mesmo tipo de conhecimento sobre a vida da sociedade. Ousando ir um pouco mais longe, constatamos que a própria posição privilegiada que esse sócio assume na sociedade reflecte identicamente o acesso a todo um panorama informativo distinto daquele a que generalizadamente terceiros têm a possibilidade de se inserir.

forma que concluímos o conjunto de perguntas que consideramos essenciais e que delas depende a actuação da sociedade no intuito de permitir o acesso à sua vida privada: ao *o quê? E a quem?* Associamos agora o *como?* Procuremos então a resposta a esta questão.

II. Se observarmos liminarmente muitos dos casos em que a sociedade organiza e divulga informação aos sócios por sua própria iniciativa e em cumprimento de obrigações legalmente impostas[446] constatamos uma preocupação cimeira com a oportunidade com que essa informação chega ao conhecimento daqueles destinatários. O caso mais paradigmático é precisamente o da convocatória para as assembleias.

A necessária existência de uma convocatória para uma qualquer assembleia constitui, logo por si, uma formalidade essencial a ser observada, de forma a assegurar o conhecimento atempado de uma convocação dos sócios para, em conjunto, apreciarem e deliberarem sobre determinados assuntos. A forma como essa convocatória chega ao conhecimento dos seus respectivos destinatários reflecte naturalmente o tipo de sociedade em que nos encontramos e o maior ou menor afastamento que os sócios registam da vida e dos assuntos sociais.

Assim, observando o previsto a este respeito para as sociedades por quotas – aplicável por via do n.º 1 do art.º 189.º do C.S.C. às sociedades em nome colectivo – a convocação dos sócios deve ser realizada mediante carta registada, expedida com uma antecedência mínima de quinze dias, a não ser que a lei ou o contrato determinem formalidades adicionais ou estabeleçam prazos mais longos (n.º 3 do art.º 248.º). Parece-nos assim que, no caso em apreço, existe uma preocupação no conhecimento de todo e qualquer sócio da convocatória, sem prejuízo da lei ou do contrato de sociedade poderem estabelecer outras formalidades ou mesmo prazos de antecedência mais longos[447].

---

[446] *Supra*, capítulo II, 3., pág. 225 e seg.

[447] Não podendo assim intervir num sentido diverso. Colocamos, no entanto, algumas reservas relativamente à restrição em apreço quanto ao contrato de uma sociedade em nome colectivo, isto tendo em conta que o n.º 1 do art.º 189.º determina a remissão para

Já nas sociedades anónimas, a regra é a da publicação da convocatória (n.º 2 do art.º 377.º do C.S.C.). O contrato de sociedade pode, todavia, exigir outras formas de comunicação aos accionistas[448]. Se todas as acções forem nominativas, então o contrato pode mesmo substituir a publicação pelo envio de cartas registadas ou, em relação àqueles accionistas que tenham previamente dado o seu consentimento, de comunicações para os respectivos correios electrónicos, com recibo de leitura (n.º 3). Entre a publicação e a assembleia deve mediar pelo menos um mês, enquanto que entre a expedição das cartas registadas ou o envio das mensagens por correio electrónico pelo menos 21 dias (n.º 4). No caso em apreço, o número potencialmente elevado e mesmo desconhecido ou indeterminado de accionistas susceptibiliza este recurso a formas de convocação mais generalizadas e com prazos de antecedência mais amplos que o verificado no caso anterior.

Para as sociedades com valores admitidos à negociação em mercado regulamentado de um Estado Membro da União Europeia a forma de conhecimento da convocatória revela-se cada vez mais generalista. Não obstante o previsto no Código das Sociedades Comerciais e da prática cada vez mais frequente de publicação das convocatórias em *sites* criados na Internet, convém reter que, de acordo com a proposta final da Comissão Europeia de Directiva Comunitária do Parlamento e do Conselho (COM 2005) 685 final, de 5 de Janeiro de 2006, as sociedades com valores admitidos à negociação em mercado regulamentado passam *obrigatoriamente* a fazer constar num sitio apropriado na Internet a convocatória para a assembleia e bem assim o número total de acções e direitos de voto, o texto completo das deliberações e dos documentos a serem sub-

---

a convocação das assembleias prevista para as sociedades por quotas em tudo o que a lei ou o contrato de sociedade não dispuserem *diferentemente*. Parece que, já neste caso, o contrato de sociedade não se encontra limitado nem a unicamente exigir formalidades adicionais, nem a estabelecer prazos de antecedência necessariamente mais longos.

[448] Cremos aqui adicionalmente à publicação (tendo em conta a possibilidade de substituição dessa publicação que unicamente se encontra prevista para os casos seguintes referidos no preceito em análise), designadamente determinando a obrigatoriedade de fixação da convocatória no *site* da empresa na Internet ou mesmo de envio de cartas aos accionistas portadores de acções nominativas.

metidos à apreciação nessa assembleia e ainda os formulários destinados para o exercício do voto por correspondência ou procuração (n.º 3 do art.º 5.º)[449].

Do sumariamente exposto, podemos aferir uma preocupação com o tipo de destinatários em causa. Conforme vamos percorrendo os vários casos societários, constatamos uma sensibilidade para com um afastamento dos sócios do centro e vida sociais. Uma sensibilidade que se regista tanto na antecedência, como relativamente ao veículo através do qual é dada a conhecer a convocatória.

III. A disponibilização de documentos previamente às assembleias tem-se regido, de uma forma global, pela necessidade de referência, logo na convocatória, do local e prazo que os sócios dispõem para efectuar a consulta, com a indicação dos documentos que se encontram disponíveis para esse propósito. Elementos natural e obrigatoriamente a serem transmitidos, de molde a permitir o conhecimento dos respectivos destinatários sobre os elementos que têm previamente à sua disposição para se prepararem para a assembleia convocada e para os temas que aí vão se discutir.

A consulta desses documentos é vulgarmente efectuada na sede da sociedade. Pode no entanto, particularmente em circunstâncias em que essa sede não reúna as condições essenciais para a consulta pretendida pelos demais sócios, ser realizada num outro local, na medida em que da convocatória conste precisamente o endereço ao qual os sócios se deverão dirigir para proceder a essa consulta.

Nas sociedades anónimas, os documentos que têm necessariamente que ficar disponíveis previamente às assembleias podem ser

---

[449] Em alternativa, poderá ser indicado nesse sítio na Internet o local e a forma apropriada de obter esses formulários. O Banco Santander Central Hispano, S.A., na convocatória para uma assembleia geral de accionistas, faz referência, no que respeita a informação sobre o voto e a delegação electrónica, à possibilidade do accionista obter informação adicional na sua página *web* ou solicitar informação através de correio electrónico – indicando os respectivos endereços electrónicos – ou ainda através de uma linha telefónica de atendimento aos accionistas, fazendo constar o respectivo contacto telefónico, indicando ainda o endereço postal para o qual se poderão endereçar as questões a serem colocadas (in www.gruposantander.com, onde se encontra disponibilizada, em documento de formato *Adobe Reader*, a convocatória para a assembleia geral de accionistas de 19/06/04).

enviados por carta registada àqueles accionistas que, com pelos menos um por cento de representação no capital social, o requeiram (alínea *a)* do n.º 3 do art.º 289.º do C.S.C.). A sociedade poderá identicamente encaminhar esses documentos por correio electrónico para aqueles accionistas que assim igualmente requeiram – isto independentemente da percentagem que reúnam no capital social – excepto se a sociedade previamente disponibilizou os documentos no seu sítio na Internet (alínea *b))*[450]. Se a sociedade já dispuser de um sitio na Internet então ela deverá *cumulativamente* disponibilizar neste local esses documentos, que ficarão à disposição para conhecimento dos demais accionistas durante um ano nos casos relativos aos documentos previstos nas alíneas *c), d)* e *e)* do n.º 1 e n.º 2^{451} e a título permanente nos demais casos, salvo se tal for proibido pelos estatutos.

A questão que pode ser colocada seguidamente relaciona-se com a possibilidade de outros tipos societários preverem situações idênticas às que agora verificámos para as sociedades anónimas. Cremos que o envio directamente para os sócios dos documentos preparatórios das assembleias, nomeadamente por cartas registadas ou correio electrónico, nem deve carecer de prévia autorização do contrato de sociedade nesses casos. A prévia disponibilização de documentos na sede social obriga, no fundo, a sociedade a uma solução que o legislador entende minimamente satisfatória no que concerne à preparação dos sócios para determinada assembleia. Se a sociedade consegue garantir, em concreto, o conhecimento directo e pessoal de

---

[450] Constatamos assim que, enquanto para o primeiro caso, o envio da documentação reflecte uma sensibilidade para com aqueles accionistas que já transparecem uma significativa expressão no capital da sociedade, já no segundo caso, razões de ordem prática e técnica permitem o recurso a uma forma de conhecimento mais cómoda e pragmática. O sócio requer por correio electrónico o envio de tal documentação, que lhe será disponibilizada pela mesma forma, excepto se essa documentação já se encontrar disponível no sítio da Internet a que aquele certamente também terá acesso. Aqui pouco importará a expressão no capital da sociedade, atendendo – como ainda agora referimos – que outras razões de uma ordem mais técnica e pragmática se impõem para justificar esta solução.

[451] Documentos, portanto, referentes a propostas de deliberação da administração e bem assim relatórios ou justificação que as devam acompanhar; dados relativos à eleição dos membros dos órgãos sociais; documentos relativos à prestação anual de contas da sociedade e os requerimentos de inclusão de assuntos na ordem do dia.

todo e qualquer sócio, nomeadamente através do recurso a formas de comunicação mais eficazes, essa solução será certa e unicamente merecedora do nosso aplauso, não carecendo, como referimos, de uma qualquer especial autorização do contrato social para esse efeito[452].

IV. A sensibilidade que temos procurado realçar regista-se identicamente em outros casos em que a sociedade toma a iniciativa de prestar informações aos seus sócios, como acontece com a comunicação de uma possibilidade de participação preferencial em aumentos de capital, mediante a realização de entradas em dinheiro, que se encontra prevista tanto para as sociedades por quotas, como anónimas.

Relativamente às sociedades por quotas, antes da entrada em vigor do Decreto-lei n.º 76-A/2006 de 29 de Março, o inicio do prazo – de dez dias – para o exercício dessa possibilidade de participação preferencial dependeria do sócio ter estado ou não presente na assembleia que deliberou o aumento de capital. No fundo, a comunicação para esse exercício só ocorreria se o sócio não tivesse estado presente, caso em que aquele prazo iniciaria a sua contagem desde esse momento. Se ele tivesse estado presente, então esse prazo observaria o seu termo inicial na data daquela deliberação (n.º 5 do art.º 266.º do C.S.C.).

Não haveria pois necessidade de informação àquele que, no fundo, acabaria por ter um conhecimento directo do facto que justificou a possibilidade de participação preferencial: a deliberação de aumento do capital, pela realização de entradas em dinheiro[453].

A actual redacção daquele n.º 5 do art.º 266.º, introduzida pelo Decreto de 29 de Março, veio determinar que mesmo antes da deliberação de aumento de capital os sócios devam ser informados

---

[452] Relativamente aos efeitos a esperar de uma deliberação proferida na assembleia relativamente à qual os documentos foram desta forma disponibilizados aos sócios: *infra*, capítulo V, 1.3., III, pág. 340-342.

[453] Como pertinentemente aponta Raúl Ventura, o conhecimento directo de um facto não se enquadra dentro de um conceito de informação (*"Sociedades por quotas, Vol. I..."*, pág. 280-281).

dos termos para o exercício da preferência[454]. Ora, perguntamos como será possível comunicar a esses sócios os termos e condições de realização de uma determinada operação sem que esta tenha sequer sido aprovada pelos mesmos. Em tais circunstâncias, o sócio é unicamente informado de uma *proposta* de deliberação, que poderá não vir a ser aprovada posteriormente pela colectividade dos participantes no capital da sociedade. Confronta-se assim com uma comunicação para exercer dentro de um determinado prazo uma preferência sobre uma eventualidade. Uma preferência, pelos vistos, em torno de algo que ainda se resume a uma mera proposta e não a uma realidade concreta[455]. Não encontramos, de resto, argumentos suficientes para que a comunicação anteriormente prevista constituísse um problema assim tão grave para a dinâmica e simplificação da vida societária que justificasse uma alteração nos parâmetros efectuada[456].

No que respeita às sociedades anónimas, curiosamente a reforma do Decreto-lei 76-A/2006 conservou intacto o regime respeitante à comunicação em apreço. Aqui, tal como vimos para a convocatória

---

[454] Ou directamente com a convocatória da assembleia ou então com a antecedência mínima de dez dias relativamente a essa assembleia.

[455] A questão revela-se mais profunda do que, à partida, parece. A solução consagrada pelo diploma de 29 de Março – que a nosso ver não encontra razão alguma para a sua existência, nem por um propósito de simplificação da vida empresarial, através da antecipação de um prazo de dez dias – suscita-nos a curiosidade em saber como irá responder aquela doutrina que sempre defendeu que o "direito" de participação preferencial em aumentos de capital nasce directamente na esfera jurídica do sócio a partir da deliberação de aumento do capital, sendo independente e autónomo da própria participação social, motivo pelo qual poderia ser alienado sem depender desta (nomeadamente, entre nós, Pedro de Albuquerque, obra citada, pág. 132-147, que observa na deliberação de aumento um acto não negocial de participação dos elementos essenciais para o exercício da preferência. Em sentido diverso, embora criticado por aquele primeiro, Ascarelli, *"Diritto di Opzione e Usufruto di Azioni"*, in *"Studi in Tema di Società"*, Milão, 1952, pág. 262. Destacando a qualidade de sócio como determinante para aquela preferência: Menezes Cordeiro, *"Da preferência..."*, pág. 350).

[456] De notar que a anterior redacção fazia unicamente referência a *comunicação*, não a restringindo portanto a uma determinada forma de divulgação dos termos essenciais da operação, permitindo assim o recurso a uma adequada e célere forma de conhecimento desses elementos.

de assembleias, a comunicação do prazo e termos para a preferência deve ser objecto de anúncio (n.º 1 do art.º 459.º do C.S.C.). O contrato de sociedade pode prever comunicações adicionais a todos os accionistas, sendo certo que, sendo todas as acções nominativas, pode substituir aquele anúncio pelo envio de cartas registadas (n.º 2).

Constatamos, uma vez mais, a opção pelo recurso a um meio generalista de comunicação, atendendo à diversidade e desconhecimento que potencialmente se podem verificar ao nível dos portadores do capital da sociedade. Sendo possível, no entanto, a individualização e determinação dos accionistas, o contrato de sociedade poderá então recorrer a meios de comunicação mais pessoais e destinados a garantir o conhecimento pessoal *daquele* accionista[457]. De resto, o prazo para a preferência não deve ser inferior a quinze dias a contar do anúncio ou de vinte e um dias a contar da expedição da carta dirigida ao titular de acções nominativas (n.º 3).

V. O crescimento societário, designadamente no que respeita aos participantes no capital social, tem efectivamente determinado o recurso a novas tecnologias que entretanto têm surgido. O caso actualmente mais assinalável reporta-se precisamente à Internet, que não tem servido unicamente de palco para a publicação de convocatórias para assembleias.

Com efeito, como recentemente observámos, a criação e existência de uma página da empresa na Internet tem revelado utilidade para o conhecimento de elementos importantes e decisivos para o accionista em torno da realização de uma assembleia, como a disponibilização de formulários necessários para uma determinada forma de representação, um determinado exercício do poder de voto e

---

[457] A possibilidade de recurso a um meio de comunicação mais pessoal, como a carta registada, a partir do momento em que se torna possível a individualização e determinação da pessoa do accionista resulta, em grande parte, da protecção conferida a este pela 2.ª Directiva Comunitária 77/91/CEE do Conselho, de 13 de Dezembro de 1976, relativa à coordenação de garantias de protecção dos interesses de sócios e terceiros, no que respeita à constituição de sociedades anónimas, conservação e modificações do capital dessas sociedades (n.º 3 do art.º 29.º) e que se reflecte em situações como a analisada no texto referente à comunicação de preferências na subscrição de novas acções, em resultado de aumentos de capital.

ainda assim para a colocação de perguntas mais frequentes sobre essa assembleia[458].

O recurso a essa página virtual tem identicamente servido para o conhecimento de uma realidade muito mais vasta. Tem permitido o acesso a toda uma dimensão empresarial em que a sociedade se insere[459]. Uma informação útil não unicamente para os accionistas, mas também para o investidor. Uma informação devidamente organizada, vulgarmente distinguindo a informação de interesse ou relevo financeiro[460] das informações a respeito do governo das sociedades[461]. O accionista, para o que mais nos importa, afastado que se encontra dos meandros sociais, tem assim uma cómoda possibilidade de conhecer a sociedade em que participa e que tanto desconhece[462].

A questão que tem que ser inevitavelmente colocada no que respeita à utilização do *site* da empresa na Internet reporta-se à eventual exclusividade que este meio poderá registar como local apropriado para a obtenção de informação por parte dos accionistas

---

[458] As abreviadamente conhecidas *FAQ's* (Frequently Asked Questions). É o que ocorre, por exemplo, com o *site* do Banco Português de Investimento (in www.bancobpi.pt) que dedica um espaço reservado para "perguntas e respostas", onde, entre outras, encontramos questões acerca da forma como os accionistas poderão incluir assuntos na ordem do dia, sobre o que é a assembleia geral de accionistas ou como é que um accionista poderá participar na assembleia.

[459] Não unicamente à sociedade propriamente dita, portanto, mas ainda assim a outras entidades com esta relacionadas. De facto, já são actualmente inúmeros os *sites* de grupos de empresas.

[460] Com dados relativos às cotações dos valores mobiliários, às mais importantes operações financeiras, à comunicação de factos relevantes para o mercado, entre outros exemplos.

[461] A orgânica interna da empresa, os membros titulares dos órgãos sociais, as principais assembleias e deliberações e outras informações igualmente relevantes a este respeito. Veja-se o que referimos a respeito dos documentos preparatórios das assembleias disponíveis na Internet: *supra*, III, pág. 296, último parágrafo,.

[462] Questão que nos parece pertinente relaciona-se com a sociedade se encontrar ou não obrigada a prestar informação ao accionista que, ao abrigo de preceitos como o art.º 288.º ou 291.º do C.S.C., mesmo assim a solicita, não obstante ela já se encontrar previamente disponibilizada no sitio na Internet da empresa. Parece-nos que, enquanto não se encontrar legal e exclusivamente adstrita a esta forma de comunicação, ela não poderá justificar a existência de canais e meios próprios para o conhecimento dos factos, inibindo dessa forma uma prorrogativa que sempre assiste o accionista, na qualidade de sócio da sociedade.

em geral. Por outras palavras, se este veículo poderá constituir o meio de eleição para a divulgação de informação para esses accionistas. Cremos que tal não será ainda possível. Com efeito, não obstante a tendência do legislador, que desde já se aplaude, em aproveitar autenticamente esta revolução telemática, não poderá um meio de informação a que eventualmente nem todos poderão aceder constituir presentemente o veiculo através do qual os accionistas terão exclusivamente que recorrer para obter determinado tipo de informações. A tendência que normativamente se regista – relativamente a um aproveitamento de novas tecnologias para dessa forma alcançar mais e melhor os respectivos destinatários de uma informação – demonstra-nos, desde logo, que o recurso a este tipo de meios constituirá, por enquanto, uma fonte de informação adicional, paralelamente com as que tradicionalmente se reservam à disposição de um sócio deste tipo de sociedade.

É certo que a sociedade pode, no seio da organização da informação que ela própria implementa, determinar e previamente comunicar que certa informação poderá e deverá ser obtida de uma determinada forma, num certo local, durante um relativo período de tempo[463]. Convirá aqui reter que, embora seja plausível que a convocatória indique, por exemplo, que os textos dos documentos preparatórios à assembleia ou os formulários relativos a uma certa forma de representação ou exercício do voto se encontram, num ficheiro informático de formato apropriado, disponíveis no sitio na Internet da empresa, a sociedade tem de garantir a mesma possibilidade de acesso a essa informação a todos os accionistas que possam ter assento na assembleia. Consequentemente, esta possibilidade terá sempre que decorrer paralelamente a uma disponibilização desses mesmos elementos ou na sede social ou mediante circunstâncias em que todos poderão aceder a essa informação[464].

---

[463] Como acontece com o caso mais tradicional da convocatória que tem que divulgar que os documentos preparatórios da assembleia se encontram à disposição dos sócios, na sede social, durante o período até à realização da assembleia. Em tais circunstâncias, não custará compreender que os sócios unicamente poderão exercer esse seu poder de consulta naqueles termos e não noutros.

[464] Por exemplo, possibilitando que o accionista requeira uma versão dos documentos ou formulários com uma razoável antecedência que lhe permita a concretização dos propósitos que aquele pretende alcançar com essa informação.

2. A informação solicitada pelo sócio

Sem prejuízo da informação organizada e disponibilizada pela sociedade, o sócio pode igualmente tomar a iniciativa de requerer ou solicitar informações, como tivemos identicamente a possibilidade de verificar ao longo do presente trabalho. Tal como no outro caso, a forma como o sócio pode ou deve actuar já neste contexto é sensível uma vez mais ao enquadramento societário em que ele se encontra. Atestemos então o rigor desta nossa afirmação.

2.1. O pedido de esclarecimentos

a) Fora das assembleias

I. Como vimos até aqui, tanto o sócio de uma sociedade em nome colectivo como de uma sociedade por quotas pode requerer ao órgão da gerência informações em torno da gestão social. Uma informação que poderá ser prestada por escrito se assim for solicitado (n.º 1 do art.º 181.º e n.º 1 do art.º 214.º do C.S.C.).

Nas sociedades por quotas, no entanto, o contrato de sociedade pode determinar formalidades adicionais relativamente a essa solicitação, na medida em que o seu propósito seja regulamentador e desses condicionalismos não resulte uma impossibilidade de exercício efectivo da prorrogativa informativa que assiste o sócio[465]. Pode assim determinar que o requerimento do sócio seja efectuado exclusivamente por escrito, com uma certa antecedência relativamente a determinado evento, como ainda alguns elementos que possam ter que constar desse requerimento. Pode ir ainda mais longe e exigir, por seu turno, que o órgão interpelado se encontre adstrito a responder dentro de um determinado prazo, findo o qual e em caso de silêncio, o sócio poderá extrair as devidas ilações relativamente a uma informação pedida que não foi prestada. Pode, no fundo, regulamentar toda uma realidade face às vicissitudes que a sociedade, no caso concreto, pode sentir.

---

[465] *Supra*, capítulo II, 2. 3., I, pág. 171 e seg.

Questiona-se, todavia, se pode o contrato de sociedade determinar que o sócio tenha adicionalmente que alegar motivo justificado para as informações que solicite, muito semelhantemente ao que ocorre, em determinadas circunstâncias, nas sociedades anónimas[466], ou se pode mesmo exigir elementos probatórios em torno da veracidade do motivo então invocado. Relativamente à primeira questão, não vemos qualquer obstáculo susceptível de justificar, por si, uma impossibilidade do contrato de sociedade aproximar a sociedade em causa de um modelo inspirado nas sociedades anónimas previstas no Código das Sociedades Comerciais. Cumpre recordar – o que por diversas vezes já salientámos neste trabalho – que nos encontramos perante uma sociedade *contratualista*, que incentiva os sócios a recorrer ao contrato de sociedade, enquanto instrumento de eleição para a configuração do modelo societário que concretamente pretendem ver implementado. Por vezes, aproximam esse modelo daquele em que assenta a sociedade em nome colectivo. Por outras, a complexidade que o substrato pessoal da sociedade já apresenta apela a um maior proteccionismo desta última, face a inúmeras e potenciais ingerências nocivas da parte de todo e qualquer sócio. Em tais circunstâncias, será compreensível que os sócios sintam a necessidade de retirar elementos típicos e caracterizadores das sociedades anónimas e fixá-los relativamente à sua sociedade, aproximando-a assim de um modelo societário mais capitalista.

Vemos, no entanto, com maiores dificuldades a possibilidade de exigência dos elementos probatórios atrás referidos, por diversas ordens de razões[467]. Antes de tudo, porque tal muito provavelmente constituiria um aspecto potencialmente inibidor do efectivo exercício do poder de informação, algo proibido à luz do n.º 2 do art.º 214.º do C.S.C. Basta pensarmos no conjunto de casos em que ao sócio é impossível a prova então exigida, pela própria natureza dos propósitos que o motivam. Por outro lado, a exigência de elementos probatórios constitui, logo por si, um atentado aos pressupostos em que assenta o reconhecimento desse poder de informação. Este é

---

[466] Relativamente ao poder de consulta previsto no art.º 288.º do C.S.C.

[467] Que, no fundo, cremos se estenderem identicamente para o caso das sociedades anónimas.

conferido ao sócio em virtude da qualidade societária que assume na sociedade. A necessidade adicional daquela prova subentenderia outros pressupostos relativamente aos quais esse poder passaria a ficar igualmente dependente. Por último, como anteriormente tivemos a oportunidade de referir[468], a invocação do motivo prende-se acima de tudo com a necessidade de materialização e clarificação sobre aquilo que concretamente o sócio procura apurar ou esclarecer, auxiliando simultaneamente a sociedade na organização e disponibilização da informação que ele pretende conhecer. Não se trata da invocação de motivos adicionais e não contextualizados com a participação na sociedade. Não se trata de averiguar pressupostos adicionais de que passaria também a depender o poder de informação do sócio. Trata-se sim de especificar o que se procura conhecer, permitindo melhores condições para uma organização e disponibilização da informação, impedindo que a solicitação do sócio seja sinónimo de uma possibilidade de, a todo o momento, devassar a vida privada da sociedade. Não se deve estabelecer assim qualquer relação instrumental ou funcional entre a invocação do motivo justificado e a possibilidade de demonstração da sua respectiva autenticidade. A primeira situa-se num contexto de organização da informação, como aqui referimos, enquanto que a segunda num patamar que subentende a exigência de pressupostos adicionais que certamente poderão, por essa razão, colocar em causa o exercício efectivo do poder de informação que a lei não tolera.

II. Nas sociedades anónimas, a solicitação de informações tem forçosamente que ser por escrito (n.º 1 do art.º 291.º do C.S.C.), fruto da maior formalização que já assistimos neste tipo societário. A protecção da sociedade associa-se assim à obrigatoriedade de forma escrita, permitindo ao órgão interpelado uma percepção mais objectiva daquilo que os accionistas pretendem concretamente obter.

A formalidade de um pedido por escrito permite ainda que, se neste se indicar que se pretende apurar a responsabilidade de algum membro de um órgão social, a informação nunca possa ser recusada ao requerente, a não ser que do requerimento ou outras circunstân-

---

[468] *Supra*, capítulo II, 2.2., IV, pág. 158-161.

cias resulte não ser esse o fim visado com a solicitação em causa (n.º 2). Ao órgão de administração é possível ainda assim, a partir desse requerimento por escrito, apurar os propósitos que a este respeito que motivam o requerente, não obstante lhe facilitar igualmente a tarefa relativa à organização e fornecimento da informação concretamente pretendida. Simultaneamente, consegue apurar a autenticidade desses propósitos, podendo recorrer, se assim o entender, a circunstâncias relativas ao caso concreto para o auxiliar nessa sua aferição.

Por uma questão de funcionalidade, a informação considera-se recusada se, no prazo de quinze dias, não tiver sido prestada (n.º 5). Por seu turno, uma vez prestada voluntária ou judicialmente, a informação fica disponível para os restantes accionistas na sede da sociedade (n.º 7)[469].

III. Se o sócio solicita certa informação é porque se depreende que dela carece. Contudo, em determinadas circunstâncias, ele precisa dessa informação dentro de um contexto temporal muito próprio, que lhe suscita a necessidade de determinada informação dentro de um determinado espaço de tempo[470].

Surge assim como natural que o sócio possa, em nosso entendimento, solicitar que a informação lhe seja prestada dentro de um determinado espaço de tempo, circunstâncias em que será até do seu próprio interesse justificar as limitações temporais a que ele se encontra sujeito. A sociedade terá dessa forma que se revelar sensível às necessidades daquele que solicita a informação, pois são elas que determinam o interesse do sujeito activo na informação e con-

---

[469] Tivemos já oportunidade de analisar esta posterior disponibilização da informação societária para os restantes accionistas, designadamente quando vimos os beneficiários da informação requerida ao abrigo deste poder reconhecido unicamente aos accionistas com 10% de representação no capital da sociedade. Consequentemente, remetemos para o que então expusemos e que damos aqui por reproduzido (*supra*, capítulo III, 2.1., I, pág. 269).

[470] A informação, com efeito, torna-se preciosa atendendo ao contexto que em concreto aquele que dela carece se situa. É, de facto, fácil concebermos diversas situações em que o sócio necessita de certa informação para tomar uma determinada decisão dentro de um contexto temporal muito específico, fora do qual a solicitação perde a sua razão de ser.

sequentemente a obrigação de informar. Ela não poderá ser "cega" a tais propósitos, actuando ao "sabor" das suas conveniências ou daquilo que lhe possa eventualmente se revelar mais cómodo. O poder de informação reflecte a relação de subserviência e funcionalidade que a sociedade tem que registar para com os interesses daqueles que participam e motivam o projecto societário.

Naturalmente que poderão ocorrer situações em que o próprio prazo em que a informação tem que ser prestada não pode ser cumprido ou observado pela sociedade. Situações em que, por diversas ordens de razões – especialmente de praticabilidade – a sociedade não pode efectivamente satisfazer as pretensões do seu sócio. Tratam-se de circunstâncias em que não pode ser imputável à sociedade o incumprimento culposo da sua obrigação de informação[471].

O facto do sócio eventualmente não fixar de uma forma expressa ou comunicar directamente à sociedade a existência de um prazo durante o qual a informação tenha que ser prestada não implica necessariamente que a sociedade possa ignorar que a informação tenha que ser divulgada ou disponibilizada dentro de um curto espaço de tempo. Se o caso concreto permitir que se avalie de uma forma objectiva uma obrigação de conhecimento da particular e efémera situação em que o sócio se encontra, cremos que a sociedade não pode identicamente ignorar as vicissitudes que aquele regista e os particulares circunstancialismos em que a informação tem que ser prestada[472].

---

[471] Não se tratam assim de situações reconduzíveis aos casos de recusa tratados pelo Código das Sociedades Comerciais, onde nos deparamos perante uma regulação e harmonização de interesses que se encontram em conflito. Tratam-se de situações de incumprimento da obrigação, mas que poderão não ser devidas a um comportamento culposo ou negligente do sujeito obrigado à informação. Por outras palavras, situações tratadas pelo nosso Direito das Obrigações.

[472] Aliás, a lei já consagra antecipadamente todo um conjunto de casos em que a informação tem que ser prestada num determinado contexto temporal, como acontece com a disponibilização de documentos preparatoriamente às assembleias ou mesmo a prestação de esclarecimentos nesta sede. Pensemos seguidamente no conjunto de accionistas que, após o conhecimento do teor de uma dada convocatória, solicitam determinados esclarecimentos adicionais, necessários para determinar se vão requerer um aditamento à

b) A solicitação de informações em assembleias

I. A solicitação de informações em sede de assembleias encontra-se, como vimos, particularmente tratada no art.º 290.º do C.S.C. quanto às sociedades anónimas, estendendo-se ainda às sociedades por quotas[473].

A informação em assembleia acaba muitas das vezes por carecer da prévia solicitação do sócio. A forma como essa informação deverá ser requerida não deixará de se revelar sensível à representação do capital presente na assembleia. Com efeito, quanto mais representativa essa assembleia se revelar, mais ela terá a tendência de se submeter a um regime próprio relativo à condução da ordem de trabalhos e ao pedido de informações. A complexidade no funcionamento da assembleia que regularmente acompanha uma representatividade cada vez maior presente nessa assembleia, suscita esta necessidade de regulamentação em torno da própria forma como ela deverá ser conduzida.

Assim, nas sociedades onde se regista um menor número de sócios presentes na assembleia não será espectável a existência de uma prévia regulamentação em torno do seu funcionamento. A discussão e reflexão que os presentes pretendem efectuar regem-se dentro de parâmetros praticamente familiares, mais dinâmicos, onde qualquer sócio pode usar da palavra, sem necessidade de uma autorização para esse efeito. Uma conversa por assim dizer, de onde resultam determinadas conclusões a que os sócios atribuem o carácter de uma deliberação.

Conforme avançamos para uma sociedade menos familiar, regista-se a tendência de recurso a determinadas formalidades destinadas a garantir uma realização ordeira da assembleia. É tradicionalmente

---

ordem de trabalhos, nos termos permitidos pelo n.º 2 do art.º 378.º do C.S.C. Em tais circunstâncias, se resultar claro do requerimento o propósito com que se pretende obter a informação, não terão os requerentes que especificar que pretendem a informação dentro de determinado prazo. Do propósito referido nesse requerimento resulta uma obrigação de conhecimento da sociedade que esses sócios carecem da informação solicitada de modo a que possam requerer uma inclusão nos assuntos sujeitos a deliberação dentro do prazo de cinco dias a contar da publicação da convocatória.

[473] *Supra*, capítulo II, ponto 2.1., alínea *b)*, pág. 138 e seg.

nas sociedades por quotas de média ou grande dimensão que encontramos frequentemente este comportamento, por vezes já como reflexo de uma intervenção do contrato de sociedade neste campo.

Nas sociedades anónimas, especialmente naquelas com o capital aberto do investimento público, as assembleias são, logo à partida, um resultado da aplicação e cumprimento de um regulamento criado e adoptado para o funcionamento daquele órgão. Nele se tratam das mais diversas matérias a este respeito, como os requisitos necessários para o exercício do voto por correspondência, a entrega dos instrumentos de representação, a prova da titularidade das acções que conferem a presença nas assembleias e ainda assim a forma como a mesa, a assembleia ou o órgão para tal habilitado devem ser interpelados para a prestação de determinados esclarecimentos[474]. As assembleias, neste contexto societário de grande dimensão accionista, regem-se desta forma por um regime muito próprio e formalista, de onde resulta frequentemente a necessidade de solicitação e bem assim de prestação de esclarecimentos de uma forma ordenada e de acordo com aquilo que do requerimento apresentado pelo accionista tenha sido formalmente solicitado.

II. Através da reforma implementada pelo Decreto-lei n.º 76-A/2006 de 29 de Março, a assembleia dos accionistas pode decorrer mediante o recurso a meios telemáticos, devendo a sociedade assegurar a autenticidade das declarações e a segurança das comunicações, procedendo ao registo do seu conteúdo e dos respectivos

---

[474] Veja-se, para este efeito, o regulamento da assembelia geral de accionistas do Banco Santander Central Hispano, S.A., o qual – para além de algumas das cautelas agora referidas – chega mesmo a prever matérias respeitantes a condições de conforto e logística da assembleia, possibilitando a eventualidade dela decorrer em salas separadas, neste último caso admitindo a possibilidade de utilização de meios audiovisuais que permitam interactividade e intercomunicação em tempo real (n.º 2 do art.º 12.º desse regulamento. In www.gruposantander.com/ficheros/fenix/pdf/Portugues ReglamentoJuntaAccionistas_aprobado190604portugues.pdf). Aliás, muitas das vezes, essas condições são também asseguradas através de uma prévia informação relativa a procedimentos a adoptar em campo, como acontece no caso em apreço onde o referido regulamento refere a necessidade de indicação expressa no *web site* da empresa de alguns aspectos complementares mas relativos à operacionalidade do local escolhido, como por exemplo a indicação das condições de acesso à sala onde decorrerá essa reunião (n.º 2 do art.º 6.º).

intervenientes (alínea *b)* do n.º 6 do art.º 377.º do C.S.C.). Uma notória inovação, certamente sensível a todo um conjunto de sociedades transfronteiriças que carecem cada vez mais da possibilidade de recurso a meios que permitam aos seus accionistas não se limitarem a recorrer a outros institutos como o do voto por correspondência ou da representação voluntária na assembleia, para agora poderem efectivamente *participar* na discussão e reflexão sobre os assuntos que constituem a ordem de trabalhos.

A possibilidade de recurso a tais meios pode, no entanto, ser contrariada pelo contrato de sociedade. É o que resulta, de facto, do preceito do Código das Sociedades Comerciais invocado. A este respeito não podemos ignorar a sensibilidade que o legislador comunitário vai revelando sobre estas matérias, especialmente quando nos encontramos, na prática, muito provavelmente perante sociedades com o capital disperso por outros países. Somos então forçosamente reconduzidos ao que resulta da proposta final da Comissão de Directiva do Conselho e do Parlamento (COM 2005) 685 final, de 5 de Janeiro de 2006 – relativamente a emitentes de valores mobiliários admitidos à negociação em mercado regulamentado de um Estado Membro – nomeadamente do seu respectivo art.º 8.º que estipula que os Estados Membros não poderão proibir a participação dos accionistas em assembleia geral através do recurso a meios electrónicos[475]. Parece assim, à primeira vista, que ao mesmo tempo que o nosso legislador interno reserva-se proteccionista da própria sociedade, permitindo que o respectivo contrato possa vedar esta possibilidade de participação, o legislador comunitário, atento aos interesses dos accionistas, expande os meios através dos quais essa possibilidade de participação pode ocorrer, determinando que a possibilidade de participação electrónica não possa ser vedada pelo Estado Membro.

---

[475] Como podemos observar da redacção desse preceito que aqui se transcreve: *"Os Estados-Membros não proibirão a participação de accionistas em assembleias-gerais por meios electrónicos.*

São proibidos os requisitos e condicionalismos que criem ou possam criar obstáculos à participação de accionistas em assembleias-gerais por meios electrónicos, excepto na medida em que sejam necessários para assegurar a identificação dos accionistas e a segurança das comunicações electrónicas e sejam proporcionais relativamente a essa finalidade." (Itálico nosso).

Não nos parece, todavia, que nos encontremos necessariamente perante um confronto entre politicas normativas. Em primeiro lugar, o legislador interno não se reserva assim tão conservador, na medida em que a sua pena vai mais longe que a escrita do legislador comunitário ao ponto de admitir que a assembleia, no seu global, possa decorrer unicamente através desses meios telemáticos[476].

Por outro lado, cumpre observar o ponto 3.1.2. da exposição dos motivos da proposta de Directiva em apreço – "Remover obstáculos jurídicos à participação electrónica nas assembleias" – onde se reconhece que a tecnologia não se encontra suficientemente avançada para garantir que, em todos os casos, a participação electrónica se encontre em condições de se realizar de uma forma segura, para além da introdução forçada de tais mecanismos se revelar excessivamente onerosa para o emitente, acabando por se constatar não deverem os emitentes ser obrigados a oferecer esta possibilidade de participação aos seus accionistas.

Do exposto, podemos concluir que afinal não nos encontramos perante uma contradição ao nível das políticas normativas plasmadas tanto no Código das Sociedades Comerciais como naquela proposta de Directiva. Com efeito, esta última procura acima de tudo impedir que os Estados Membros – ao nível, portanto, da intervenção do legislador interno – possam proibir o recurso a meios telemáticos para garantir a participação do accionista na assembleia. Revela-se, contudo, sensível à excessiva onerosidade que poderia resultar de uma politica inversa: ou seja, através da qual se impusesse, a um nível geral, a todos os emitentes a disponibilização de meios destinados a garantir a operacionalidade desses recursos telemáticos,

---

[476] Ao contrário do legislador comunitário que sempre se refere somente à participação do accionista, o que poderia levar a crer, especialmente se tivermos em conta que ainda nos encontramos perante uma proposta de uma directiva, que a legislação interna dos Estados Membros não tivesse – perante a transposição da futura directiva – que determinar que a assembleia decorra nesses termos, na medida em que contudo possibilitasse que o accionista pudesse recorrer a tais meios, mediante a verificação de determinadas formalidades prévias (nunca esquecendo que o Estado Membro unicamente se vincula aos propósitos da Directiva, sendo, no entanto, livre para regulamentar os aspectos procedimentais relativamente a esses propósitos: Mota Campos, *"Direito Comunitário – Vol. II: O Ordenamento Jurídico Comunitário"*, 5.ª edição, Fundação Calouste Gulbenkian, Lisboa, 1995, pág. 127 e seg.).

especialmente tendo em conta que a adaptação às novas tecnologias não se encontra ao mesmo nível e ritmo com que estas vão surgindo. A solução consagrada particularmente pelo nosso legislador interno vai precisamente ao encontro dessa sensibilidade, ao permitir o recurso a meios telemáticos, até mesmo para o funcionamento da assembleia no seu todo, embora concentre no contrato de sociedade a faculdade do emitente se acautelar do facto de não dispor de mecanismos que concretizem, sem um excessivo ónus, tal realidade.

A proposta de Directiva vai, no entanto, mais longe ao ponto de tratar de uma matéria vulgarmente esquecida pelo legislador interno, relativa à interpelação antes mesmo da assembleia, tratando uniformemente esse tipo de intervenção e a colocação de questões já no decurso dessa assembleia. Em qualquer um dos casos, reconhece o direito dos accionistas poderem colocar questões oralmente, por escrito ou electronicamente (n.º 1 do art.º 9.º)[477]. Relativamente às questões a serem colocadas, o legislador comunitário preocupa-se em reter determinados aspectos considerados por ele essenciais, nomeadamente a obrigação de resposta por parte do emitente (n.º 2). Parece-nos assim que o accionista não possa ficar sem resposta à questão que ele colocou[478].

A necessidade de garantir a operacionalidade das assembleias e bem assim a protecção e confidencialidade dos interesses comerciais dos emitentes podem, contudo, permitir à sociedade contornar uma obrigação que, à partida, a levaria a responder expressamente a toda

---

[477] A redacção não é, com efeito, a melhor, pois nos leva a crer que a possibilidade de colocação de questões por escrito ou electronicamente só seria possível antes da realização da assembleia. Uma interpretação literal que certamente não corresponde à real intenção do legislador comunitário que no preceito anterior, como mesmo agora vimos, reconhece que o Estado Membro não pode proibir a participação electrónica nas assembleias. Efectivamente, observando o ponto 2.2.5. dos comentários aos artigos da proposta, constatamos pacificamente que a possibilidade de interpelação por escrito e electrónica estendem-se identicamente para o decurso da assembleia. A proposta de Directiva determina ainda que as respostas às questões colocadas deverão ser disponibilizadas aos restantes accionistas no sítio da Internet da empresa (n.º 3 do art.º 9.º).

[478] Como expressamente se reconhece como determinante para a razão de ser e propósito da faculdade de interpelação em apreço (uma vez mais, 2.2.5. dos comentários aos artigos da proposta). O silêncio da sociedade não parece merecer a tolerância do legislador comunitário, excepto nos termos que seguidamente referimos.

e qualquer questão que lhe fosse colocada, antes ou já no decurso da assembleia. Duas preocupações distintas que consequentemente podem conduzir, salvo melhor entendimento, a soluções diferentes. A primeira, relativa à operacionalidade das assembleias, susceptibiliza a possibilidade de recurso a vias como a prevista na parte final do n.º 2 do art.º 9.º em referência e que, na prática, já tem sido levada a cabo por muitas das nossas sociedades com o capital aberto ao investimento público: a criação, no *site* da empresa na Internet, de uma secção dedicada a "Perguntas e Respostas mais Frequentes"[479]. No fundo, se a informação solicitada já se encontra disponibilizada nesta secção, então a questão considera-se automaticamente respondida.

Por seu turno, a preocupação com a protecção e confidencialidade dos interesses comerciais do emitente assume naturalmente contornos especiais perante a prestação de esclarecimentos através do recurso aos novos meios telemáticos. O que importará aqui saber é se essa necessidade de garantir a protecção e confidencialidade de tais interesses poderá constituir motivo de recusa para a prestação da informação, pelo facto desses meios porventura não assegurarem concretamente os propósitos em causa. Somos levados a responder negativamente. Não pela existência de argumentos que se alimentam do carácter pontual e taxativo dos casos de recusa previstos na nossa lei[480], algo sempre contornável perante, por exemplo, a criação de um caso adicional de recusa, nos termos acima aludidos, na sequência e aproveitando o processo de transposição daquela Directiva. Inclinamo-nos a responder negativamente a esta questão acima de tudo por duas ordens de razões que seguidamente se explicam.

Em primeiro lugar, seria notoriamente desproporcional – perante o conflito de interesses que aqui se instalaria entre a pretensão informativa do accionista e a protecção dos interesses comerciais do emitente – permitir à sociedade a recusa da informação, pelo simples facto de determinado meio de divulgação não preservar a confidencialidade e protecção dos seus interesses comerciais, quando certamente estarão à sua disposição outros veículos a que poderá recorrer

---

[479] Como anteriormente fizemos referência: ver nossa nota n.º 458.
[480] *Supra*, capítulo II, 2.4., alínea *a)*, I, pág. 179-180.

para responder ao accionista[481]. Com efeito, nada obriga a sociedade a prestar a informação ao accionista da mesma forma que ele a solicitou. É óbvio que se trata de um princípio a seguir, mas que poderá e deverá ser contornado a partir do momento em que os interesses do sujeito activo ou do sujeito passivo desta obrigação são gravosamente postos em causa. Em tais circunstâncias, deverá a sociedade recorrer a outros meios de prestação da informação que acautelem aquela protecção e confidencialidade, na medida em que identicamente os interesses do accionista na obtenção da informação não sejam, por seu turno, também postos em causa[482].

Em segundo lugar, como seguidamente teremos a possibilidade de constatar, tanto a proposta de Directiva, no seu art.º 8.º, como a alínea b) do n.º 6 do art.º 377.º do C.S.C. possibilitam o recurso a meios telemáticos, na medida em que se encontrem assegurados determinados pressupostos: entre eles, a segurança das comunicações a realizar através desses meios. A utilização de uma via telemática pressupõe assim a prévia e necessária segurança para a realização das comunicações, tendo em conta que estas vão se incidir sobre assuntos respeitantes à vida da sociedade e mais concretamente sobre os temas sujeitos à apreciação da assembleia dos sócios.

Temos abordado presentemente a possibilidade de recurso a meios telemáticos para a realização da assembleia, sem no entanto termos obtido uma resposta concreta em torno dos mecanismos viáveis para tornar possível essa realidade. Em bom rigor, nem devemos encontrar essa resposta na lei. Caberá, com efeito, aos estatutos da sociedade a determinação concreta desses mecanismos[483]. As únicas preocupa-

---

[481] De notar que não está em causa, no caso tratado no texto, a possibilidade de recusa de prestação de informação, por sim mesma, sigilosa ou confidencial, que já se encontra resguardada pela nossa lei (a este respeito, *supra*, capítulo II, 2.4. alínea *a)*, V, pág. 210-211). Tratamos aqui da possibilidade de recusa pelo facto de determinado meio de divulgação, designadamente a inovadora prestação electrónica de esclarecimentos, constituir um risco para a protecção dos interesses comerciais do emitente.

[482] Como, por exemplo, interesses relativos a uma informação completa, verdadeira e elucidativa sobre os aspectos por ele abordados e ainda assim com a oportunidade da informação.

[483] Um comportamento, de resto, que nos parece correcto da parte do legislador que se limita a determinar os parâmetros necessários dentro dos quais a sociedade terá que se reger.

ções que encontramos da parte da nossa lei relacionam-se naturalmente com a autenticidade das declarações[484] e a segurança das comunicações que têm necessariamente que se encontrar garantidas face a estes novos meios que revolucionariamente são colocados à disposição da sociedade e sócios. Cremos que o modo como a sociedade poderá acautelar estes dois vectores encontra-se intrinsecamente relacionado e identificado com o veiculo que em concreto ela utilize para a participação dos seus accionistas. Em nosso entendimento, o recurso unicamente a meios de comunicação escrita não parece se revelar suficientemente idóneo para garantir o acompanhamento em tempo real do decurso dos trabalhos[485]. Esse acompanhamento real só parece se encontrar suficientemente assegurado através do recurso também a meios de comunicação audiovisuais, como são os casos das teleconferências, a que o accionista poderá ter acesso mediante uma ligação segura a um determinado endereço electrónico, relacionado com o *site* da sociedade[486], que exija um *login* através da inserção de uma *password* do conhecimento do sócio[487].

III. Temo-nos referido à interpelação do sócio em assembleia, no sentido de inquirir determinado órgão para a prestação de escla-

---

[484] O art.º 8.º da proposta de Directiva faz aqui referência à identificação dos accionistas que cremos se reconduzir precisamente à preocupação com a autenticidade das declarações prevista na alínea *b)* do n.º 6.º do art.º 377.º do C.S.C.

[485] Pensamos aqui nos sistemas existentes de comunicação *on-line*, como o sistema correntemente conhecido por *Messenger*, entre outros do género.

[486] Um *link*, por assim dizer.

[487] No mesmo sentido: Menezes Cordeiro, *"Manual de Direito das Sociedades – Vol. I...",* pág. 622 (embora admitindo a teleconferência, para além do video e da Internet, através do recurso à via telefónica, destacando pertinentemente que, em todas estas formas, não existe qualquer lapso de tempo juridicamente relevante entre as diversas manifestações de vontade). No mesmo sentido parece caminhar Menezes Leitão, que expressou, salvo melhor entendimento, opinião semelhante na sua ilustre intervenção sobre este tema nas "Jornadas sobre A Reforma do Código das Sociedades Comerciais – Em Homenagem ao Professor Doutor Raúl Ventura" ministradas pela Comissão do Mercado de Valores Mobiliários e Faculdade de Direito da Universidade de Lisboa, realizadas a 23 e 24 de Junho de 2006 na ilustre Faculdade em apreço, sob a coordenação dos Exmos Srs. Professor Doutor António Menezes Cordeiro e Mestre Paulo Câmara.

recimentos sobre assuntos sujeitos a deliberação, sem contudo questionarmos se esse órgão e consequentemente a assembleia carecem dessa interpelação para a disponibilização de certa informação à colectividade dos sócios presentes.

Estamos convencidos que esse órgão, mais do que não carecer, tem efectivamente a obrigação de tomar a iniciativa em assembleia de disponibilizar ou divulgar informação que, de acordo com o seu juízo, considera pertinente ou determinante para a formação colectiva de uma opinião em torno do assunto sujeito à apreciação. Não obstante a lei reconhecer essa interpelação do sócio como uma faculdade que lhe permite o esclarecimento pontual desta ou daquela dúvida que ainda resida esse seu espírito em torno do assunto em análise, é dever da sociedade não permitir que os sócios permaneçam no desconhecimento de determinado aspecto decisivo para a formação da convicção dos presentes.

A sociedade não tem assim que aguardar que algum sócio se recorde de colocar certa questão. A omissão de um dever de esclarecimento sobre determinado aspecto que entretanto se tornou relevante ou pertinente para a tal opinião fundamentada sobre o assunto sujeito a deliberação revela-se tão grave de molde a que dela se devem extrair as mesmas consequências a partir de uma informação solicitada e não prestada nessa assembleia. Se os sócios entretanto se apercebem que tal informação, embora do conhecimento do órgão habilitado a prestá-la, não foi atempadamente comunicada aos presentes, eles poderão e deverão recorrer aos mecanismos que legalmente lhes assistem para repor a regularidade de um poder informativo que, entretanto, não foi observado. A argumentação da sociedade em não ter prestado a informação porque nenhum dos sócios simplesmente se recordou de a solicitar deve ser reconduzida nada mais que a um comportamento notoriamente de má-fé, senão mesmo de abuso de informação[488].

---

[488] Bastará, para esse efeito, o desconhecimento dos sócios da existência do facto a divulgar. Os sócios não podem, com efeito, equacionar todo e qualquer facto, relevante para o contexto da assembleia ou da sociedade, que possa um dia acontecer. É à sociedade que compete uma informação completa, verdadeira e elucidativa que permita a formação de uma opinião fundamentada sobre o assunto sujeito a deliberação (n.º 1 do art.º 290.º do C.S.C.).

2.2. A consulta de documentos e a inspecção de bens da sociedade

Tanto a consulta de documentos como a inspecção de bens da sociedade encontram um tratamento uniforme ao longo dos mais diversos tipos societários em que estas facetas informativas se revelam possíveis[489]. Sobretudo nas sociedades em nome colectivo e por quotas ao sócio assiste a possibilidade de consulta, que deve ser realizada pessoalmente, embora assistindo-lhe sucedaneamente duas outras faculdades: por um lado, de se fazer acompanhar de um revisor oficial de contas ou de um outro perito; por outro, de requerer a reprodução de coisas e documentos nos termos previstos pelo art.º 576.º do C.C.[490].

Relativamente à reprodução de coisas ou documentos já tivemos oportunidade de anteriormente efectuar uma análise em torno desta faculdade, do contexto e parâmetros em que ela é admitida e a sua importância para o propósito informativo do sócio. Por uma questão de economia, remetemos para o que então expusemos, deixando por reproduzidas as nossas conclusões então retiradas[491].

A consulta de documentos e a inspecção de bens sociais permitem ainda ao sócio o acompanhamento por um revisor oficial de contas ou de um outro perito. Destaca-se aqui a figura desse revisor oficial de contas atendendo ao teor dos documentos ou da consulta aos bens da sociedade que carecem frequentemente do recurso aos

---

[489] Com efeito, como verificámos em sede própria, a possibilidade de inspecção de bens sociais não nos parece possível nas sociedades anónimas (a este respeito, *supra*, capítulo II, 2.2., VI, pág. 168-171).

[490] Nas sociedades anónimas, como vimos, a consulta de documentos sociais pode ser realizada mediante pessoa capaz de representar o sócio nos mesmos termos em que o pode efectuar para a representação em assembleias (n.º 3 do art.º 288.º do C.S.C. A este respeito, *supra*, capítulo III, 2.2., IV, pág. 276-277). Cremos que, em tais circunstâncias, o requerimento escrito destinado a solicitar a consulta mínima ao abrigo de tal preceito deve-se fazer acompanhar do instrumento de representação voluntária necessário para atestar a legitimidade daquele que concretamente solicita a informação. Solução esta, aliás, em harmonia com a possibilidade da sociedade, à luz do disposto no art.º 260.º do C.C., exigir ao representante a prova dos seus poderes.

[491] *Supra*, capítulo II, 2.4., alínea *a)*, II, pág. 188-191.

conhecimentos deste perito[492]. De qualquer das formas, ao sócio é legítimo o auxílio de um outro *perito*. Um termo deliberadamente vago o suficiente, de modo a permitir uma margem de discricionariedade na escolha da pessoa que acompanha o sócio na diligência em apreço[493].

A questão que mais nos importa para este tema em particular, foca-se acima de tudo no eventual reconhecimento na sociedade de uma capacidade de avaliação em torno da idoneidade e conhecimento técnico desse "perito", por forma a determinar se lhe pode facultar ou não o acesso a documentação ou a bens que, para todos os efeitos, é unicamente reconhecido ao sócio, de acordo com a qualidade que este assume na sociedade. Em bom rigor, não nos podemos esquecer que estamos perante circunstâncias em que a sociedade disponibiliza o conhecimento de documentação ou de bens a outras entidades que não necessariamente o sócio. Muito por essa razão, os nossos tribunais têm reconhecido uma legitimidade societária na identificação e autenticidade desse perito. Perante o perito que, ao fim de contas, se recuse a comprovar esta sua qualidade, a sociedade acaba por não se considerar obrigada a prestar a informação. Não obstante o exposto, à sociedade costuma ser ainda reconhecida a possibilidade de recusar a prestação de informação se, entretanto, se verificarem relativamente a esse perito os mesmos pressupostos de recusa da informação que se poderiam verificar para o sócio[494].

A posição expressa pelos nossos tribunais carece, no entanto, de uma devida clarificação: Não nos parece legítimo, senão mesmo abusivo, que se reconheça à sociedade a capacidade de ajuizar o

---

[492] Documentos relativos à prestação de contas, a determinadas operações estruturais, entre outros casos.

[493] Podendo, assim, fazer-se recorrer de outros "peritos" como juristas, economistas ou quaisquer outros cuja área de especialização e conhecimento técnico justifique uma relação com o teor dos documentos a consultar ou com a inspecção aos bens a realizar.

[494] Utilizando fundamentos como o do receio de utilização da informação para fins estranhos à sociedade e com prejuízo para esta (n.º 1 do art.º 215.º do C.S.C.), como já aconteceu em determinadas decisões dos nossos tribunais: Ac. do STJ, de 25/11/99, relator Sousa Inês in www.dgsi.pt, última consulta feita em 06/03/06, sob o termo "Direito à informação".

mérito ou capacidade técnica desse perito. À sociedade, no fundo, não compete essa capacidade. A escolha do perito que acompanha o sócio deve pertencer exclusivamente a este último e a mais ninguém. O que a sociedade pode, quanto muito, fazer – em protecção daquilo que mais lhe importa, que é a salvaguarda da sua vida privada – é se certificar das credenciais que atestam o conhecimento e formação técnica do perito. Por outras palavras: se aquele que o sócio alega ser um revisor oficial de contas é efectivamente um técnico da área e não se ele é ou não um profissional de qualidade. Esta última escolha pertence exclusivamente ao sócio e relativamente à qual a sociedade não pode interferir. Se o sócio escolheu determinado técnico para o acompanhar é porque nele confia para o apoio e auxílio necessários na árdua tarefa de análise e interpretação de consulta a documentos e inspecção a bens sociais, muitas das vezes, com um índice de conhecimento e rigor técnico afastado do conhecimento comum.

Distinta será a situação em que esse perito se recusa a prestar a devida identificação ou credenciação profissionais, caso em que a sociedade fica por saber se aquele que acompanha o sócio procura efectivamente o auxiliar nos termos então expostos ou simplesmente aproveitar esta oportunidade para uma ingerência dentro de assuntos que, no fundo, não lhe dizem respeito. Perante aquele "perito" que se recuse a prestar a devida identificação ou credenciação profissional, a sociedade pode justa e objectivamente recear a disponibilização de informação a quem desconhece em absoluto os propósitos que, no fundo, o conduzem ao conhecimento da mesma.

Divergimos assim, muito humildemente, do entendimento perfilhado por esses tribunais. Não no reconhecimento da possibilidade da sociedade solicitar a identificação ou credenciação do perito que acompanha o sócio, que nos parece justo por protecção da sua vida privada face a terceiros que não se apresentam como sócios da sociedade. A partir do momento em que essa identificação ocorre é que não subscrevemos mais a posição jurisprudencial aqui traçada. A partir daqui e ao contrário daquilo que o Supremo Tribunal de Justiça tem defendido, perante a identificação correcta do perito a sociedade não pode recusar a prestação de informação com base em argumentos, embora legalmente previstos, unicamente verificáveis para o sócio e não para aquele perito que a lei, logo à partida, reconhece como um auxilio do sócio na consulta ou inspecção em apreço. Situação distinta – aqui, uma vez mais, discordando dos doutos acórdãos em apreço – será aquela em que o perito se recusa a prestar a sua identificação, direito este que naturalmente lhe assiste e que não está de forma alguma obrigado a assumir comportamento diverso. Todavia, perante o desconhecimento da pessoa que acompanha o sócio, será possível e justo que a sociedade receie a divulgação de informação a seu respeito a terceiros que, ao fim de contas, desconhece quem são e o que poderão fazer da informação societária, uma vez na sua posse. Sem a possibilidade, uma vez mais, de atestar a legitimidade de quem procura a informação, não é possível exigir à sociedade a obrigação de a ceder ou disponibilizar.

Capítulo V

A falta ou prestação de informação presumivelmente falsa, incompleta ou não elucidativa

1. Mecanismos de apoio ao sócio na reposição da regularidade
1.1. Inquérito judicial
   a) *A recusa de informação pedida ou informação presumivelmente falsa, incompleta ou não elucidativa*
   b) *O abuso de informação*
1.2. A intervenção do colectivo dos sócios
1.3. A invalidade da deliberação social

2. A responsabilização do sujeito passivo da obrigação de informação
2.1. Responsabilidade societária
2.2. Responsabilidade civil
2.3. Responsabilidade criminal

1. Mecanismos de apoio ao sócio na reposição da regularidade

I. Vericámos até aqui aqueles que consideramos os principais pilares em que se sustenta a informação societária aos sócios. Após analisarmos o tipo de informação, a quem ela se destina e a forma como ela pode ou deve ser prestada, este poder que assiste os sócios não se encontra completo, no entanto, sem a verificação de mecanismos legalmente orientados para situações em que ele não é observado ou chega mesmo a ser desrespeitado.

Cumpre, com efeito, não esquecer que nos encontramos perante uma prorrogativa inerente à participação do sócio, essencial para o conhecimento em torno da sociedade em que aquele pretende se envolver. Falar em participação social significa dessa forma reconhecer como intrínseco a essa realidade um acesso ao projecto societário, em moldes que, na medida em que legitimamente sindicado, só pode ser pontual e excepcionalmente limitado, nomeadamente em sede de um conflito com outros interesses que poderão aqui se sobrepor. De todo o modo, a não prestação de uma informação coerente com a realidade societária significa privar o sócio do conhecimento sobre o projecto em que participa. Significa amputar a capacidade de presença e actuação do sócio nesse contexto. Negar-lhe um dos mecanismos essenciais para a satisfação dos interesses que se encontram enraizados e explicados nessa participação social.

O agora exposto conduz a que a nossa Ordem Jurídica se revele sensível para com aquelas circunstâncias em que o sócio vê negado o acesso ao conhecimento sobre aquilo que se passa na sua sociedade. Os termos, no entanto, em que esse fenómeno ocorre suscitam-nos um esperado interesse na respectiva análise. É precisamente esta a nossa proposta para o presente capítulo.

II. Procurando sistematizar os aspectos que pretendemos observar nas páginas que se seguem, podemos certamente destacar tratamentos diferentes para com o beneficiário da informação e para com aquele que se encontra obrigado a esta. No primeiro caso, deparamo-nos com uma preocupação normativa na reposição da informação àquele que acabou por não ter o respectivo acesso. Já no segundo, encontramo-nos num campo mais relacionado com a responsabilização daquele que acabou por não prestar a informação ao sócio que dela carece. Tratemos, por ora, daquele primeiro caso, remetendo o segundo para um outro momento neste capítulo.

Como teremos certamente oportunidade constatar já em seguida, o condicionamento no conhecimento da situação social habilita o sócio de mecanismos, se assim podemos considerar, de reposição da regularidade. Alguns desses mecanismos concentram-se exclusivamente no foro societário, enquanto que outros – embora pretendam projectar-se na sociedade – resultam do recurso a meios exteriores a ela.

Para além da análise a esses diferentes recursos que se encontram então à disposição do sócio, importa-nos igualmente precisar as circunstâncias em que ele pode fazer uso deles. Por outras palavras, em que situações é que o sócio pode recorrer a tais meios de reposição do seu "direito" ao conhecimento da vida social.

1.1. Inquérito judicial

Um dos mecanismos que a lei efectua mais referências relaciona-se com a possibilidade do sócio requerer um inquérito judicial sobre a sociedade. Um mecanismo situado exteriormente a esta, que no fundo permite ao sócio o recurso ao auxílio dos tribunais perante circunstâncias em que lhe é vedado o conhecimento de determinada informação.

A primeira indicação que encontramos no nosso Código das Sociedades Comerciais a respeito desse inquérito encontra-se sediada no regime respeitante às sociedades em nome colectivo. Assim esclarece o n.º 6 do art.º 181.º, ao determinar que se ao sócio for recusado o exercício de alguma das suas faculdades informativas previstas por aquele preceito ele pode requerer inquérito judicial nos parâmetros definidos pelo art.º 450.º. Este último reflecte, por sua vez, uma faculdade, nas sociedades anónimas, de recurso aos tribunais perante circunstâncias que configurem um abuso de informação, previstas nos termos do art.º 449.º.

Encontramos, por outro lado, uma referência a um inquérito distinto quando chegamos às sociedades por quotas. Já neste caso, o sócio a quem tenha sido recusada informação ou tenha sido prestada informação presumivelmente falsa, incompleta ou não elucidativa pode requerer um inquérito judicial, que será regulado nos termos previstos pelos números dois e seguintes do art.º 292.º (art.º 216.º). Esse art.º 292.º prevê, por seu turno, um inquérito judicial nas sociedades anónimas para o accionista a quem tenha sido recusada ou prestada informação precisamente nos mesmos termos observados para o caso das sociedades por quotas agora citado.

Somos assim, de uma forma ou de outra, reconduzidos às sociedades anónimas e a dois regimes processuais relativos ao inquérito judicial, pelos vistos, distintos um do outro. Parece assim que as diferentes formas de funcionamento societário determinaram, uma vez mais, a necessidade de institucionalização de duas soluções distintas: Uma prevista no art.º 292.º e outra no art.º 450.º. Dois expedientes processuais que merecem, portanto, uma atenção autónoma e diferenciada da nossa parte[495].

a) A recusa de informação pedida ou informação presumivelmente falsa, incompleta ou não elucidativa

I. Ao sócio assiste a possibilidade de recurso a um inquérito judicial se a ele for recusada informação pedida ou então se a informação prestada for presumivelmente falsa, incompleta ou não elucidativa. É o que resulta tanto do disposto no n.º 1 do art.º 216.º,

---

[495] Excluímos formalmente da nossa análise determinados casos pontualmente fixados na lei, de igual modo pertinentes para a informação dos sócios, como acontece com a possibilidade de recurso a inquérito judicial pela falta de prestação atempada das contas sociais (art.º 67.º do C.S.C.). Estamos crentes, no entanto, que a exposição que se segue se revela suficiente para uma compreensão genérica e global deste instrumento de cariz judicial que se encontra à disposição do sócio.

como do n.º 1 do art.º 292.º do C.S.C., respectivamente para o sócio de uma sociedade por quotas e para o accionista da sociedade anónima[496].

Os casos que legitimam a possibilidade de recurso ao inquérito previsto nos números seguintes do art.º 292.º do C.S.C. não se revelaram despropositados. Como seguidamente teremos oportunidade de verificar, o expediente processual em apreço subentende uma relação de afastamento entre o sócio e a sociedade, com base na qual se invoca um desconhecimento sobre determinado aspecto social, algo que se encontra, à partida, inerente aos tipos e casos societários mesmo agora referidos. Em tais circunstâncias torna-se possível a recusa de informação. Em tais circunstâncias é que se torna considerável o risco de uma informação presumivelmente falsa, incompleta ou não elucidativa.

O processo de inquérito significa assim uma possibilidade de ingerência do tribunal nos assuntos da sociedade. A amplitude dessa ingerência já dependerá dos parâmetros através dos quais se pretende que decorra esse inquérito. Esta possibilidade de intromissão é, todavia, suficiente para concluirmos que nos encontramos perante um processo *pesado*, senão mesmo *lesivo* para a dinâmica societária, motivo pelo qual ele deve unicamente ser objecto de recurso nas mais extremas circunstâncias[497].

---

[496] O inquérito judicial foi inicialmente previsto para as sociedades em que o capital fosse representado por acções (art.º 149.º do CCom), para aqueles accionistas que tivessem a quinta parte das acções, sendo posteriormente alterado, pelo Decreto-lei n.º 49 381, para os accionistas que tivessem a décima parte do capital social (art.º 29.º). Por força do n.º 3 do art.º 47.º deste último diploma, o inquérito passou a ser extensível ao sócio da sociedade por quotas (a este respeito, Carlos Pinheiro Torres, obra citada, pág. 233-234). Trata-se, portanto e em bom rigor, de um regime também aplicável ao sócio comanditário de uma sociedade em comandita por acções (art.º 478.º do C.S.C.), sendo que ao sócio comanditado – não se revelando possível qualquer restrição à possibilidade de fiscalização sobre a sociedade (art.º 480.º), como oportunamente vimos (*supra*, capítulo III, 1.1., alínea *b)*, III, pág. 241 e seg.) – qualquer condicionamento que lhe seja imposto determinará a possibilidade de recurso ao inquérito previsto nos termos do art.º 450.º do C.S.C (por aplicação do disposto no n.º 6 do art.º 181.º).

[497] Com a mesma leitura, Menezes Cordeiro, *"Manual de Direito das Sociedades – Vol. I..."*, pág. 611. Existe jurisprudência no sentido de nem sequer admitir este inquérito para a consulta da escrituração da sociedade (Ac. da RE, de 13/10/94, relator

A possibilidade de recurso ao inquérito previsto no preceito em análise não parece contemplar informações prestadas em assembleia. Com efeito, embora ainda pudessem existir dúvidas a partir da leitura feita ao regime da informação nas sociedades por quotas, uma vez chegados ao n.º 1 do art.º 292.º, parece claro que o expediente processual em questão se encontra pensado para informações não obtidas fora da assembleia, prevendo a nossa lei outras cominações ou soluções para aquele outro caso[498]. Compete, todavia, uma chamada de atenção: na medida em que os pressupostos processuais necessários, nomeadamente no que concerne à legitimidade, se encontrem preenchidos, pode ocorrer que no decurso de uma assembleia um sócio se aperceba que determinada informação não será prestada, uma vez solicitada fora dela. Em tais circunstâncias, poderá fazer uso do previsto no n.º 6 do art.º 292.º, reitere-se, na medida em que do caso seja legítimo presumir que a informação de qualquer das formas não seria prestada ao sócio se solicitada.

II. O inquérito previsto no art.º 292.º reserva-se acessível àquele que, nos termos da lei substantiva, seria o beneficiário da informação. Não pode ser outra, salvo o devido respeito, a conclusão. Assim, tem legitimidade para recorrer a esse inquérito o sócio da sociedade por quotas e o accionista – ou conjunto deles – que reúna(m), pelo menos, um ou dez por cento de representação no capital social[499]. De igual modo, têm identicamente legitimidade activa outros beneficiários da informação, que não os sócios, que –

Pita de Vasconcelos, in CJ, XIX, 1994, 4, pág. 276-277. Contra: Ac. da RP de 13/02/90, relator Lobo Mesquita, in BMJ n.º 394, 1990, pág. 538-539). Parece-nos um pouco excessiva a posição expressa naquele douto acórdão, na medida em que resulta, em nosso entendimento, que o cuidado na utilização deste instrumento processual não pode conduzir à descaracterização do seu aspecto mais essencial: que ele se revela como um recurso perante a oposição ou recusa de informação ao sócio.

[498] Excluindo-se assim quer a falta de informações nessas assembleias, como prévia e preparatoriamente a elas (como parecem se encontrar excluídos os preceitos a este respeito previstos relativamente às sociedades anónimas: art.º 289.º e art.º 290.º). Sem manifestar qualquer dúvida a este respeito: Raúl Ventura, *"Novos estudos..."*, pág. 157.

[499] Consoante, neste último caso, nos encontremos perante o poder de consulta previsto no art.º 288.º ou de informação nos termos do art.º 291.º (Ac. da RP., de 21.01.1988 (R. 21 461), CJ, 1988, 1, 194).

nos termos legais que anteriormente vimos – tenham a possibilidade de solicitar informações à sociedade[500]. Os pressupostos processuais que determinam o acesso ao inquérito não suscitam qualquer particular razão ou tipicidade que nos conduzisse a questionar uma descriminação a este respeito. Procura-se acautelar a oposição ou recusa da informação a quem a ela teria direito.

Embora os casos que permitem o acesso ao inquérito subentendam uma prévia solicitação da informação, certo é que haverá que ter em conta o preceituado no n.º 6 do art.º 292.º já aqui referido, que dispensa essa necessidade se for de presumir, a partir do caso concreto, que a informação não seria de qualquer das formas prestada nos termos da lei[501].

A definição da legitimidade processual passiva foi objecto de alguma controvérsia no passado, designadamente no que respeitava em saber se a acção deveria ser proposta contra a sociedade ou também directamente contra os titulares do órgão social a quem se

---

[500] *Supra,* capítulo III, 2., pág. 268 e seg. No mesmo sentido, Menezes Cordeiro, *"Manual de Direito das Sociedades – Vol. II..."*, pág. 577. Ver ainda: Ac. do STJ, de 19/10/04, relator Ferreira Girão, in www.dgsi.pt, última consulta feita em 12/02/05, sob o termo "Inquérito judicial". Aqui também se reflecte a polémica, anteriormente referida no nosso trabalho, relativa à legitimidade do sócio que é igualmente membro de um órgão gerente ou de administração da sociedade, discutindo-se nos nossos tribunais se a esse sócio assiste a possibilidade de recurso ao inquérito ou meramente à investidura do cargo social (no primeiro sentido, Ac. da RP de 02/12/02, relator Pinto Ferreira, in www.dgsi.pt, última consulta feita em 12/02/06, sob o termo "Inquérito judicial". No segundo sentido, Ac. do STJ, de 01/07/97, relator Cardona Ferreira, in www.dgsi.pt, última consulta feita em 04/05/05, sob o termo "Direito à informação"). Reiteramos o que anteriormente referimos a este respeito e nos conduz necessariamente a considerar a existência de qualquer um dos meios processuais em apreço à disposição daquele sócio, embora sob qualidades e propósitos distintos para cada um dos casos (*supra,* capítulo III, 1.5, pág. 263 e seg.).

[501] Ac. da RP, de 05/05/98, relator Pelayo Gonçalves, in www.dgsi.pt, última consulta feita a 04/05/05, sob o termo "Sociedade". Convém reter, de forma a evitar dúvidas na interpretação da redacção em causa, que a expressão ali utilizada *"nos termos da lei"* (Itálico nosso) se refere à forma de prestação da informação e não a um alargamento da legitimidade processual a quem não teria acesso a essa informação, nos termos legais. O sócio pode assim recorrer ao inquérito se for de presumir que a informação não seja prestada nos termos a que legalmente o órgão interpelado se encontra obrigado a divulgar ou disponibilizar.

ficou a dever a irregularidade verificada. A resposta a esta questão encontra-se actualmente plasmada no n.º 2 do art.º 1479.º do C.P.C. que expressamente prevê que essa acção tenha que ser proposta contra ambos[502].

III. O inquérito judicial revela-se como um processo de jurisdição voluntária previsto no art.º 292.º do C.S.C. e regulamentado pelos artigos 1479.º e seg. do C.P.C.

Um processo através do qual caberá ao requerente não somente a invocação da qualidade que lhe confere a sua legitimidade processual, mas também a invocação e prova da falta de informação ou da prestação de informação presumivelmente falsa, incompleta ou não elucidativa[503]. O requerente terá ainda que indicar os factos que

---

[502] Para uma noção mais completa a respeito da razão desta controvérsia: Carlos Pinheiro Torres, obra citada, nota 364. A solução vazada acabou por coroar a doutrina plasmada no art.º 26.º do C.P.C., que determina a que se atenda a quem tenha *interesse directo em contradizer* a pretensão pelo autor deduzida. Este entendimento conduziu a que se concluísse pela necessidade de igualmente serem demandandos os titulares do órgão a quem simultaneamente se imputassem eventuais irregularidades, tendo em conta as consequências que, a partir de um processo como este, poderão directamente decorrer para eles, como a própria destituição do cargo.

[503] Enquanto que ao requerido a invocação e prova, quanto muito, da licitude da recusa ou da prestação de informação verdadeira, completa e elucidativa (Ac. da RP, de 17/12/01, in www.dgsi.pt, relator Caimoto Jácome, última consulta feita em 12/02/06, sob o termo "Sociedade Comercial"). O cuidado patente na redacção prevista no n.º 1 do art.º 292.º é merecedor do nosso destaque, ao considerar suficiente a recusa – independentemente do carácter justificado ou não da mesma – ou a mera presunção de informação falsa, incompleta ou não elucidativa. Não concordamos assim com uma leitura no sentido de extrair da causa de pedir do requerente a necessidade de invocação da ilicitude da recusa, mas unicamente – para o caso – que a informação solicitada não lhe foi prestada. Ao requerido é que deverá ser exigida a alegação da existência de uma recusa justificada para a não prestação da informação (solução esta que se encontra mais de acordo com o contexto substantivo societário em que se insere o poder de informação em apreço). Por outro lado, não nos parece também lógico exigir ao requerente a prova da falsidade da informação ou do seu carácter incompleto ou não elucidativo. Como pode ele ter a certeza que a informação padece de algum desses defeitos se precisamente recorre a um expediente processual para lhe permitir o esclarecimento dessas suas dúvidas? Basta, em nosso modesto entendimento, a presunção de que a informação foi prestada deficitariamente. (Em sentido contrário ao entendimento aqui vazado: Menezes Cordeiro, *"Manual de Direito das Sociedades – Vol. II..."*, pág. 289. Leitura distinta também parece ter o Ac. da RP, de 07/04/05, relator José Ferraz, in www.dgsi.pt, última consulta feita em 12/02/06,

pretende tomar conhecimento, procurando delimitar o âmbito do inquérito solicitado[504].

Após o devido cumprimento do contraditório – mediante uma citação dos requeridos para contestarem a pretensão deduzida (n.º 2 do art.º 1479.º do C.P.C.) – haverá lugar a despacho que ordene ou não a realização do inquérito. Neste contexto, o juiz pode limitar-se a determinar que a informação seja prestada ou pode, nos termos previstos pelo Código de Processo Civil, determinar a destituição de pessoas cuja responsabilidade, por actos praticados no exercício de cargos sociais, tenha sido apurada; nomear um administrador ou determinar a dissolução da sociedade, se forem apurados factos que constituam uma causa de dissolução, nos termos da lei ou do contrato, e ela tenha sido requerida (n.º 2 do art.º 292.º do C.S.C.).

A prestação da informação requerida corresponde, em suma, ao efeito principal que se pretende obter com o recurso ao inquérito que temos observado. A este respeito, são especificados, logo naquele despacho, os pontos de facto que se pretendem ver abrangidos e conhecidos e bem assim nomeado(s) o(s) perito(s) que executará(ão) a diligência em apreço (n.º 2 do art.º 1480.º do C.P.C.)[505]. É possível, no entanto, ampliar o objecto do inquérito e ainda assim adoptar

---

sob o termo "Inquérito judicial", que acaba por confundir motivação do requerimento de inquérito judicial com a necessidade do requerente efectuar a correntemente designada *prova diabólica*, nomeadamente ao ter que provar a falsidade da informação prestada ou a sua insuficiência, quando ele à partida não dispõe de elementos que possam sustentar algo mais que uma *presunção* de que essa informação é deficitária. Por outro lado, se ele já possui algo mais que elementos indiciários por assim dizer, mas um concreto conhecimento dos factos, então não é este o caminho processual indicado, ainda que a informação tenha sido prestada naqueles termos, pois dela ele já não carece).

[504] O que implica igualmente uma concretização, logo no requerimento inicial, das medidas ou providências que se pretendem ver decretadas e realizadas para o propósito do requerente.

[505] Aplicando-se o previsto a respeito da prova pericial. No âmbito de tais funções, o perito deve inspeccionar os bens, livros e documentos da sociedade – ainda que na posse de terceiros – recolher por escrito as informações prestadas pelos titulares dos órgãos sociais e bem assim de quaisquer outras pessoas ao serviço da sociedade ou de outras pessoas ou entidades, como ainda solicitar ao juiz que seja prestado depoimento das pessoas que se recusem a fornecer os elementos solicitados ou que sejam requisitados documentos em poder de terceiros (n.º 3 do art.º 1480.º do C.P.C.).

as medidas cautelares convenientes destinadas a assegurar os interesses da sociedade, sócios ou credores sociais[506].

Para além da prestação da informação, o juiz poderá determinar qualquer das três medidas previstas nas alíneas *a)* a *c)* do n.º 2 do art.º 292.º do C.S.C. Com efeito, o desconhecimento do sócio sobre certo aspecto social esconde, correntemente, todo um processo de constantes irregularidades cometidas na sociedade e que podem suscitar – na protecção dos sócios, da própria sociedade ou dos credores sociais – a destituição de titulares dos órgãos sociais, a necessidade de nomeação de um administrador que reponha a regularidade ou mesmo determinar a dissolução da sociedade. Ao administrador nomeado competirá – conforme o que vier a ser especificado pelo tribunal – propor e fazer seguir acções de responsabilidade, em nome da sociedade, com base nos factos apurados no processo; assegurar a gestão da sociedade, em virtude de destituições anteriormente decretadas pelo tribunal e praticar os actos indispensáveis à reposição da legalidade (n.º 3). Para efeitos de reposição dessa legalidade, o tribunal pode suspender os administradores que permaneçam ainda em funções ou proibi-los de interferir na execução das tarefas confiadas ao administrador nomeado (n.º 4). As funções desse administrador cessam quando, ouvidos os interessados, o tribunal considere desnecessária a sua continuação ou – se o administrador ficou incumbido de assegurar a gestão da sociedade, em virtude de destituições anteriormente decretadas pelo tribunal – quando forem eleitos os novos administradores (n.º 5).

b) O abuso de informação

I. Paralelamente ao inquérito que ainda agora observámos, o nosso Código acautela ainda uma outra possibilidade de requerer este tipo de intervenção judicial sobre a sociedade, destinada a assegurar o poder de informação que assiste o sócio. Essa possibilidade encontra-se vazada, mais concretamente, no regime previsto

---

[506] Entre outras, por exemplo, o arrolamento da escrituração comercial (Ac. do STJ, de 31/01/96, relator Lopes Pinto, in www.dgsi.pt, última consulta feita em 12/02/05, sob o termo "Escrita comercial").

no art.º 450.º do C.S.C. Em bom rigor, o preceito agora invocado é aplicável em duas circunstâncias distintas: Por um lado, nas sociedades por acções, sempre que se verifique abuso de informação nos termos explicados pelos números 1 e 2 do art.º 449.º[507]; por outro, relativamente ao sócio da sociedade em nome colectivo, da sociedade em comandita simples e ainda ao sócio comanditado da sociedade em comandita por acções sempre que qualquer um deles se veja impedido do exercício de alguma das suas faculdades informativas legalmente previstas (n.º 6 do art.º 181.º, art.º 474.º e art.º 480.º).

O primeiro caso encontra-se portanto intrinsecamente relacionado com os comportamentos previstos nos números 1 e 2 do art.º 449.º do C.S.C. Comportamentos a que o nosso legislador se habituou a designar de abusos de informação, sempre que alguém – em virtude da posição, qualidade ou função que assume no seio societário – obtém para si ou terceiro uma vantagem patrimonial a partir de informação não publicitada susceptível de influenciar o valor dos títulos da sociedade[508]. Comportamentos abusivos pois espelham um aproveitamento ilícito de informação que, de uma forma ou de outra, não seria do conhecimento público, privando assim os accionistas – para o que mais nos importa – de um conhecimento real da situação social e consequentemente da possibilidade de actuarem ou decidirem em igualdade de circunstâncias e de uma forma devidamente consciente e esclarecida. A institucionalização do regime relativo ao abuso de informação previsto no preceito em referência representa pois uma consequência do afastamento que a generalidade dos accionistas tem relativamente à sociedade em que participa e dos riscos inerentes a um desconhecimento que dali surge sobre a real e actual situação da sociedade, procurando responsabilizar, no fundo, quem se aproveite de informação a que aquela generalidade não tem acesso.

---

[507] Extensível às sociedades em comandita por acções, por via do disposto no art.º 478.º do C.S.C.

[508] Vantagem patrimonial essa relacionada, no fundo, com a obtenção de um lucro ou com a evitabilidade de uma perda a partir da aquisição ou alienação de acções ou obrigações da sociedade ou de outra que esteja com a primeira em relação de domínio ou de grupo, em regra, culminando num dever de indemnizar os prejudicados, sem prejuízo de outras cominações previstas na lei (nossa nota n.º 548).

Já o segundo caso referido encontra os seus parâmetros num contexto algo distinto. Um contexto em que ao sócio em questão é, de alguma forma, reconhecido um acesso incondicional e absoluto à vida e assuntos sociais. Entre esse sócio e a sociedade observamos uma autêntica transparência informativa, não podendo ser vedado ao primeiro o conhecimento sobre qualquer aspecto em torno da sociedade. A não prestação da informação pretendida significa, por esse motivo, um impedimento ao exercício de um poder de informação que a lei não tolera e que consequentemente faculta o recurso ao regime patente no art.º 450.º do C.S.C., no propósito de obter o conhecimento que ilicitamente foi negado ao sócio e ainda assim – se for caso disso – punir o infractor nos termos descritos nesse preceito[509].

II. Relativamente ao regime patente nos artigos 1479.º e seg. do C.P.C., o inquérito em apreço introduz a possibilidade de cumulativamente se requerer a destituição do infractor, que será decretada, se for esse o caso (n.º 1 do art.º 450.º do C.S.C.). Pensamos aqui ser de aplicar igualmente o previsto a este respeito pelo art.º 1484.º-B do C.P.C. relativamente à destituição judicial de titulares dos órgãos sociais ou representantes comuns de participações sociais, quando for esse o caso. Nessa medida, será necessário constar, logo no requerimento inicial, os factos que justificam o pedido de destituição, sendo possível pedir meramente a suspensão do cargo, nos termos permitidos por aquele preceito (n.º 2)[510].

---

[509] Poderíamos praticamente afirmar que o comportamento do infractor, neste caso, também se revela abusivo, embora de uma forma diferente que a verificada no caso anterior. De todo o modo, já tivemos no passado oportunidade de procurar apurar as razões da remissão prevista no n.º 6 do art.º 181.º para o inquérito previsto no art.º 450.º e não para aquele resguardado pelo art.º 292.º que ainda agora vimos (*supra*, capítulo II, 2.4., alínea *a)*, II, pág. 181 e seg.). Como seria possível, em bom rigor, recorrer a um expediente processual onde se permite o contraditório em torno da licitude da recusa de certa informação se esta nem sequer é equacionável no panorama, por exemplo, da sociedade em nome colectivo? Deixamos, de resto, por reproduzido o que em momento anterior expressámos a respeito deste assunto.

[510] O requerido é então citado para contestar, ouvindo-se, sempre que possível, os demais sócios e administradores (n.º 3 do preceito em apreço).

Prevê-se por outro lado a possibilidade de indemnização no mesmo processo, nos termos previstos pelo art.º 449.º (n.º 2 do art.º 450.º do C.S.C.). Embora sancionada num preceito que retrata uma situação particular das sociedades por acções, cremos que essa indemnização se revela extensível mesmo para o caso relativo ao impedimento ou restrição ao poder de informação de um sócio de uma sociedade em nome colectivo, em comandita simples ou comanditado de uma sociedade em comandita por acções. Por um lado e acima de tudo, porque do impedimento ou restrição podem resultar prejuízos para o sócio em questão. Por outro, porque a possibilidade de cumulação do pedido indemnizatório com o inquérito se encontra prevista no art.º 450.º, aplicável indiscriminadamente tanto a um caso como a outro, não se encontrando portanto razões para distinguirmos onde o legislador não distingue.

O inquérito deve, no entanto, ser instaurado no prazo de seis meses a contar da publicação do relatório anual da administração de cujo anexo conste a aquisição ou alienação (n.º 3 do art.º 450.º do C.S.C.). Contrariamente ao caso relativo à possibilidade de cumulação do pedido indemnizatório, esta limitação temporal parece se aplicar unicamente aos casos previstos no art.º 449.º. Com efeito, o requisito em causa relaciona-se com pressupostos que não podem substancialmente decorrer do previsto no n.º 6 do art.º 181.º. Deste último resulta unicamente um impedimento ao exercício de uma determinada faculdade informativa do sócio e não uma aquisição ou alienação de participações sociais em resultado de um aproveitamento ilícito de informação não publicitada. Um impedimento que persiste até que o órgão de gestão entenda assumir um comportamento diverso, facultando a informação anteriormente solicitada. Um comportamento ilícito levado a cabo pelos membros do órgão obrigado à informação que persiste até que cesse essa ilicitude, permitindo ao sócio o conhecimento dos aspectos que lhe foram desde cedo vedados. Não se trata pois de um comportamento consumado algures no passado – como a aquisição ou alienação de títulos da sociedade, em virtude de um aproveitamento de informação não publicitada – cujo conhecimento pudesse se revelar determinante para o exercício no tempo de um direito potestativo de propositura de uma determinada acção, mas antes de uma ilicitude que persiste e que tem que ser sanada mediante a prestação da informação ou o recurso às vias judiciais adequadas para obter esse preciso efeito.

Havendo lugar à destituição do infractor, este fica impedido de desempenhar cargos na mesma sociedade ou noutra que com ela se encontre em relação de domínio ou de grupo pelo período de cinco anos a contar da prática dos factos justificativos da destituição (n.º 4 do art.º 450.º do C.S.C.). No caso previsto no n.º 6 do art.º 181.º é nossa crença que, cessando o comportamento abusivo unicamente perante a destituição do infractor, esse prazo se inicia precisamente a partir desse momento[511].

1.2. A intervenção do colectivo dos sócios

I. Um outro mecanismo de reposição da regularidade perante o sócio que se vê limitado no âmbito do seu poder informativo encontra-se previsto no n.º 2 do art.º 215.º do C.S.C., relativamente às sociedades por quotas. De acordo com esse disposto normativo, o sócio a quem tenha sido recusada a informação ou que tenha sido prestada informação presumivelmente falsa, incompleta ou não elucidativa pode provocar a deliberação dos sócios para que a informação lhe seja prestada ou corrigida. Encontramo-nos assim perante um reflexo notável da soberania que a assembleia dos sócios ainda exerce neste tipo de sociedades sobre os demais órgãos[512]. A ela pode recorrer o sócio da sociedade por quotas para suplantar uma decisão do órgão gerente[513].

---

[511] Naturalmente que, no caso em apreço, haverá que equacionar a possibilidade de inutilidade superveniente do inquérito pelo simples facto, entretanto, da informação vir a ser prestada, circunstâncias em que não nos repugna que processualmente persista a reinvindicação tanto de uma indemnização por danos causados como pela destituição do infractor. Já neste caso, o comportamento abusivo cessou anteriormente com a prestação da informação. O prazo a que alude o n.º 4 do preceito em análise deve então iniciar a sua contagem desde esse momento.

[512] Relativamente ao poder soberano da assembleia de sócios, nossa nota n.º 188.

[513] Sem que isso ofenda qualquer susceptibilidade, tendo em conta a honestidade e frontalidade que o n.º 1 do art.º 246.º do C.S.C. nos presenteia ao determinar que a competência da assembleia dos sócios é delimitada e caracterizada nos termos da lei e do contrato, contrariamente ao que ocorre nos restantes tipos societários.

Encontramo-nos perante um regime que fica à disposição do sócio deste tipo de sociedade, paralelamente ao inquérito judicial que tivemos recentemente oportunidade de analisar. Ao sócio é confiado desta forma o juízo em torno do meio mais eficaz para a prestação da informação que lhe foi negada ou não foi correctamente transmitida: ou confiando no prudente arbítrio dos demais sócios que poderão decidir pela pertinência da informação àquele primeiro ou recorrendo a mecanismos que judicialmente lhe garantam o mesmo resultado[514].

Não obstante o raro privilégio de ter à disposição dois mecanismos orientados directamente para a reposição de um poder quase que "esquecido" pela nossa ordem jurídica, cremos que algo de particular, relativamente à intervenção do colectivo dos sócios, reside quando a comparamos com o inquérito judicialmente previsto: o apelo à colectividade dos sócios resguarda em si a possibilidade de livre, embora justo, arbítrio em torno de um conflito de interesses que se encontra instalado. Descendo ao realismo que nos presenteiam as sociedades que ocupam a grande quota-parte do mercado nacional, é impossível – senão mesmo arrogante – ignorar a possibilidade desse mesmo colectivo avocar um poder que *ab initio* lhe é reconhecidamente legitimo de harmonizar um conflito de interesses que se instalou, desde o momento em que foi recusada determinada informação, dessa forma projectando-se como um "segundo grau de jurisdição" deste tipo de sociedades. Em bom rigor, a nossa lei desafia-nos a essa interpretação. *Quid juris*, perante o colectivo que percebe que o órgão de gestão decidiu de acordo com a lei? Que recusou legitimamente a informação, ao abrigo de um dos casos legal ou contratualmente previstos? Caberá a esse colectivo a submissão incondicional à decisão do órgão gestor? Ou não acabarão os sócios por reapreciar a subjectividade do caso concreto, decidindo de acordo com aquilo que realmente mais importa para a sociedade? Escusamo-nos, com o devido respeito, a responder.

---

[514] Ac. da R.P., de 29/10/96, relator Durval Morais, in www.dgsi.pt, última consulta feita em 04/05/05, sob o termo "Sociedade por quotas".

II. A questão seguidamente a ser colocada situa-se incontornavelmente em torno da possibilidade de aplicação analógica deste regime aos demais casos societários[515]. Com efeito, a parecença societária conduz-nos à enganosa tentação de observarmos a proximidade entre sociedades, sem no entanto atendermos ao facto de nos encontrarmos perante um poder, não da sociedade, mas antes do sócio. Nesta perspectiva, somos forçosamente reconduzidos ao contexto societário em que concretamente o sócio se posiciona e não se a sociedade em nome colectivo, por exemplo, se assemelha tipologicamente a uma sociedade por quotas[516].

Ao observarmos a sociedade em nome colectivo, somos uma vez mais confrontados com a impossibilidade de recusa de informação[517]. A prestação de informação presumivelmente falsa, incompleta ou não elucidativa conduz a um inequívoco impedimento/restrição à transparência informativa demonstrada em preceitos como o n.º 6 do art.º 181.º do C.S.C. O recurso ao colectivo dos sócios é uma presunção esvaziada de conteúdo ou significado prático, especialmente tendo em conta que os sócios compõem, à partida, o órgão obrigado à informação (n.º 1 do art.º 191.º).

Chegados às sociedades anónimas, o legislador tem a ousadia de determinar que a assembleia de accionistas tem uma competência residual relativamente aos demais órgãos que se ocupam dos destinos societários[518]. Assume a irreverência de expressamente admitir

---

[515] Como pertinentemente questiona João Labareda, *"Direito à informação"*, pág. 145.

[516] Tipologia não pode ser sinónimo de rigidez ou irrealismo na interpretação jurídica. Não pode servir de sustento para uso infundamentado de instrumentos casuísticos e equitativos como a analogia. A apresentação de razões ou argumentos para o recurso a estes instrumentos impõe-se. A conclusão sem uma devida fundamentação é parente da decisão sem razão de ser. O nosso sábio Código de Processo Civil lembra-nos que decisões sem fundamentação são, por excelência, juridicamente nulas.

[517] Como insistentemente temos salientado neste trabalho (ver, a título exemplificativo, nossa nota n.º 509).

[518] Não deixa de ser notável a referência ao facto da competência da assembleia dos accionistas ser determinada pelos casos *especialmente* previstos na lei ou pelo contrato, cabendo-lhes de resto as matérias não compreendidas na esfera de competências de outros órgãos (n.º 2 do art.º 373.º do C.S.C), sendo certo que, sobre as matérias de gestão, a assembleia decide unicamente a pedido do órgão de administração (n.º 3). A intenção de confiar os destinos societários nos órgãos de administração e de fiscalização não poderia ser mais notória.

que ao órgão de administração competem os assuntos relativos à *administração* da sociedade (art.º 406.º e n.º 1 do art.º 431.º do C.S.C.). Não cremos que seja de considerar aqui qualquer analogia, especialmente se levarmos em conta a dinâmica societária que se pretende incutir neste particular caso societário.

1.3. A invalidade da deliberação social

I. O erro e a falta na prestação da informação também têm as suas consequências ao nível das deliberações dos sócios, mais concretamente quando nos reportamos às assembleias ou aos assuntos sujeitos à respectiva apreciação. A valoração que é reconhecida a esse erro ou a essa falta já será diferente consoante, no fundo, nos encontremos perante informação determinante para assegurar a presença do sócio na assembleia ou informação destinada a habilitar ou esclarece-lo sobre os assuntos que vão ser discutidos.

De acordo com a nossa lei, a falta de convocação da assembleia determina a nulidade da deliberação, excepto se todos os sócios estiverem presentes ou representados naquela[519] (alínea *a*) do n.º 1 do art.º 56.º do C.S.C.). Para esse efeito, não se consideram igualmente convocadas as assembleias cujo aviso convocatório tenha sido assinado por quem não tenha essa competência ou então aquelas de cujo aviso convocatório não conste o dia, hora e local da reunião ou aquelas que se reúnam em dia, hora e local diverso do constante do respectivo aviso (n.º 2 do art.º 56.º). Casos de nulidade

---

[519] Caso em que a falta de convocação não produziu qualquer efeito nocivo. A respeito deste tema: Ac. do STJ, de 12/07/94, in BMJ, 439, pág. 582; Ac. da RL, de 10/11/94, relator Ferreira Girão, in www.dgsi.pt, última consulta feita em 06/09/06, sob o termo "Sociedades comerciais". Determinados autores têm chamado pertinentemente a atenção para o facto de, embora a nulidade da deliberação pela falta de convocação ser suprível nos termos expostos, para que ela seja absolutamente válida ainda terá que obedecer aos parâmetros através dos quais uma assembleia universal pode deliberar, ou seja mediante a manifestação da vontade de que a assembleia se constitua e delibere sobre determinado assunto (art.º 54.º do C.S.C.). Sem esse factor, embora com a presença de todos os sócios, a deliberação proferida é anulável (Paulo Pereira de Almeida, obra citada, pág. 411, nota 39 e Henrique Sousa Antunes, obra citada, pág. 274, primeiro parágrafo).

das deliberações em virtude ou de uma falta de informação ou de informação enganosa em torno da realização da assembleia em apreço. O legislador não se revela dessa forma misericordioso perante circunstâncias em que a presença do sócio acaba por ficar comprometida[520].

II. Diferente valoração registamos numa deliberação proferida numa assembleia relativamente à qual não tenham sido fornecidos elementos mínimos de informação. Aqui, a deliberação é unicamente anulável (alínea c) do n.º 1 do art.º 58.º do C.S.C.). Entre esses elementos mínimos de informação, encontramos a necessidade de indicação clara na convocatória do assunto sujeito a deliberação[521] e a colocação de documentos para exame dos sócios no local e tempo prescritos pela lei ou pelo contrato (n.º 4).

Pensamos que estes casos são indicados a título meramente exemplificativo. Com efeito, o indesmentível propósito em considerar anulável qualquer deliberação que não tenha precedido do fornecimento de elementos informativos basilares para a participação do sócio na assembleia conduz-nos ao entendimento de que de igual vicio estará ferida qualquer deliberação resultante de uma deficiente informação aos sócios susceptível de comprometer os termos em que eles podem efectivamente participar na assembleia[522].

---

[520] A solução vazada veio assim pôr termo à dúvida que persistia até aqui sobre o vício que deveria ser reconhecido e imputado a uma deliberação proferida nas circunstâncias referidas no texto: se a nulidade ou a anulabilidade. A opção pela nulidade teve acima de tudo em conta a injustiça que se concretizaria a partir do momento em que se exigisse ao sócio lesado o recurso à acção anulatória, nomeadamente pela limitação temporal a que se encontraria adstrito para propor essa acção, que teria o seu inicio de contagem na data do encerramento de uma assembleia que, à partida, ele desconheceria (alínea a) do n.º 2 do art.º 59.º do C.S.C.). A este respeito, Vasco da Gama Lobo Xavier, "O regime das Deliberações Sociais...", pág. 12.

[521] Tratando-se de alteração do contrato, a indicação inclusivamente das cláusulas a modificar, suprimir e aditar e o texto integral das novas cláusulas ou a indicação de que o mesmo fica à disposição dos sócios na sede social, desde a expedição da convocatória (n.º 8 do art.º 377.º do C.S.C.).

[522] Como a falta de referência, na convocatória, dos requisitos a que se encontra sujeita a participação ou representação do sócio ou dos termos em que se processará o voto por correspondência, sempre que não proibido (alíneas d) e f) do n.º 5 do art.º 377.º

Contrariamente ao caso primeiramente referido, a presença aqui do sócio nunca esteve comprometida. Colocou-se, acima de tudo, em causa a sua efectiva participação na assembleia: na possibilidade de discussão, debate e decisão sobre os assuntos sujeitos à apreciação; motivo pelo qual é lhe deixada a possibilidade de determinar se, da situação em concreto, ficou prejudicado quanto a essa participação, invocando a anulabilidade da deliberação ou, não obstante as circunstâncias, sempre conseguiu inteirar-se dos assuntos postos à consideração, debateu esclarecedoramente sobre eles e sobre eles pode decidir em consciência.

III. Circunstâncias existem, no entanto, em que a forma como aquela informação mínima é disponibilizada ou divulgada aos sócios revela notoriamente um meio mais expedito de comunicação que aquele previsto na lei ou no contrato e consequentemente de salvaguarda para os interesses informativos dos sócios. Pensamos aqui naqueles casos em que, perante o silêncio do contrato, determinada convocatória em vez de publicada é endereçada via postal para os sócios ou então nos documentos preparatórios da assembleia cujas cópias são enviadas directamente para esses sócios, em vez de se encontrarem disponibilizados na sede social. Em tais circunstâncias, já temos encontrado decisões dos nossos tribunais no sentido de reconhecer a validade da deliberação, por precisamente se encontrarem acautelados os propósitos resguardados pela alínea c) do n.º 1 do art.º 58.º do C.S.C.[523].

Paralelamente ao douto entendimento agora explanado, temos encontrado decisões que apelam, no entanto, a outros interesses que seriam simultaneamente colocados em causa a partir da violação da

---

do C.S.C.) ou mesmo a expedição ou publicação da convocatória em violação do prazo de antecedência minimo. No sentido defendido no texto: Ac. do STJ, de 18/03/97, relator Silva Paixão, in www.dgsi.pt, última consulta feita em 06/09/06, sob o termo "Direito à informação". A respeito dos elementos mínimos de informação: Ac. do STJ, de 27/09/94, relator Costa Raposo, in www.dgsi.pt, última consulta feita em 06/09/06, sob o termo "Sociedade comercial"; Ac. do STJ, de 19/02/02, relator Diogo Fernandes, in www.dgsi.pt, última consulta feita em 06/09/06, sob o termo "Deliberação social".

[523] Neste sentido: Ac. do STJ, de 07/10/93, relator Sousa Macedo, in www.dgsi.pt, última consulta feita em 06/09/06, sob o termo "Prestação de Contas".

disposição legal ou estatutária em questão. Decisões que têm invocado o interesse de terceiros no conhecimento de aspectos significativos da vida social e que frequentemente se vê prejudicado sempre que a sociedade espontânea e casuisticamente opta por uma forma de informação aos sócios mais pessoal, considerando desse modo a deliberação anulável por via de aplicação da alínea *a)* daquele disposto normativo[524].

Esta última posição não parece, em nosso entendimento, atender muito aos propósitos que verdadeiramente se pretendem acautelar com as disposições legais ou estatutárias que acabaram, nos casos em análise, por não serem observadas. Relativamente à convocatória – e para o que aqui mais importa, no caso mais generalista das sociedades anónimas – o próprio n.º 3 do art.º 377.º do C.S.C. permite a intervenção do contrato de sociedade no sentido de substituir a sua publicação pela comunicação postal, sempre que todos os accionistas sejam portadores de acções nominativas. Parece-nos indesmentível que o preceito invocado resguarda unicamente os interesses dos destinatários da convocatória.

Já quanto aos documentos preparatórios de uma determinada assembleia, recordamo-nos efectivamente de casos em que se pretende realmente permitir a consulta por parte de terceiros, mormente de credores sociais. O caso mais paradigmático é certamente o da fusão ou da cisão (art.º 101.º e art.º 120.º). A possibilidade de consulta, no entanto, para além de se encontrar expressamente prevista – contrariamente ao que acontece, de resto, nos demais e regulares casos em que a documentação preparatória tem que se encontrar previamente disponível na sede social – encontra-se fundamentada na faculdade de oposição que esses credores sociais têm

---

[524] Ac. do STJ de 31/10/89, in BMJ, 390, pág. 418; Ac. da RL de 02/12/92, relator Joaquim Dias, in www.dgsi.pt, última consulta feita em 06/09/06, sob o termo "Sociedade comercial". Decisões que, no fundo, acompanham uma antiga corrente comercialista que defendia que as formalidades exigidas pela lei ou pelo contrato, designadamente para a convocação das assembleias, têm cumulativamente o propósito de publicitação a terceiros de actos sociais determinantes na vida social, permitindo-lhes o acompanhamento da sociedade e dos seus momentos mais significativos (a este respeito, Raúl Ventura, *"Sociedades por quotas, Vol. II – Comentário ao Código das Sociedades Comerciais"*, reimpressão da edição de 1989, Almedina, 2005, pág. 195).

sobre a operação em causa (artigos 101.º-A e seg.) e não numa mera necessidade de acompanhamento da vida social. Mesmo em tais circunstâncias, o Decreto-lei n.º 8/2007 de 17 de Janeiro veio clarificar, introduzindo um n.º 5 ao art.º 100.º, que esta faculdade de oposição não obsta à utilização de outras formas de comunicação da convocatória aos sócios, nos termos previstos para cada tipo de sociedade, na medida em que seja publicado um aviso aos credores comunicando-lhes a possibilidade de consulta dos documentos e a faculdade oposição à operação[525].

IV. Já em sede da assembleia, a recusa injustificada de informações conduz identicamente à anulabilidade da deliberação então proferida (n.º 3 do art.º 290.º, aplicável às sociedades por quotas por remissão do n.º 7 do art.º 214.º e às sociedades em comandita por acções por via do art.º 478.º do C.S.C.). Uma vez mais encontra-se comprometido o fornecimento de elementos determinantes para a participação em condições do sócio em assembleia, uma vez que o inibem injustificadamente de um conhecimento esclarecedor sobre o assunto sujeito à apreciação.

V. Perante a deliberação nula, deve o órgão de fiscalização – ou o gerente, caso aquele não exista – levar ao conhecimento dos sócios o vício que aquela enferma para que estes decidam ou renovar a deliberação ou então requerer judicialmente a declaração de nulidade (n.ºs 1 e 4 do art.º 57.º do C.S.C.). Se, no prazo de dois meses, os sócios não procederem à renovação da deliberação ou a sociedade não for citada para a acção de declaração de nulidade, deve o órgão de fiscalização ou gerente promover a declaração judicial em apreço (n.º 2). Todavia, a nulidade da deliberação não

---

[525] Possívelmente, antes da reforma recentemente introduzida no Código das Sociedades Comerciais, ainda seria equacionável defender o interesse no conhecimento de terceiros dos elementos em questão. A procura pela concretização de uma vida e funcionamento societários menos formais e mais *simplistas* tem conduzido, no entanto, a opções que acabam por revelar aquilo que mais importa na comunicação de uma convocatória para uma assembleia ou no conhecimento dos documentos preparatórios: os sócios.

pode ser invocada se todos os sócios que estiveram ausentes ou não representados tiverem posteriormente dado por escrito o seu assentimento à deliberação. Já a renovação da deliberação é realizada através de nova deliberação, à qual podem ser atribuídos efeitos retroactivos, salvaguardados os direitos de terceiros (n.º 1 do art.º 62.º).

A anulabilidade, por seu turno, pode ser arguida tanto pelo órgão de fiscalização como por qualquer sócio que não tenha votado no sentido que fez vencimento, nem posteriormente aprovado, expressa ou tacitamente, a deliberação (n.º 1 do art.º 59.º do C.S.C.). Tendo sido o voto secreto, considera-se que não votaram no sentido que fez vencimento apenas aqueles que, na própria assembleia ou perante um notário nos cinco dias posteriores a ela, tenham feito consignar que votaram contra o sentido que fez vencimento (n.º 6). A acção de anulação tem que ser proposta no prazo de trinta dias a contar ou da data em que foi encerrada a assembleia ou do conhecimento da deliberação, se esta se incidiu sobre assunto que não constava da convocatória (alíneas *a)* e *c)* do n.º 2)[526].

Tanto a acção de declaração de nulidade como a de anulação têm que ser propostas contra a sociedade (n.º 1 do art.º 60.º do C.S.C.). Havendo várias acções de invalidade, elas serão apensadas, observando-se o disposto no n.º 2 do art.º 275.º do C.P.C.

A sentença que declarar nula ou anular uma deliberação é eficaz contra e a favor de todos os sócios e órgãos da sociedade, ainda que não tenham sido parte ou intervindo na acção (n.º 1 do art.º 61.º). Ficam, no entanto, salvaguardados os direitos adquiridos por terceiros de boa-fé, na sequência da execução da deliberação, sendo um factor naturalmente delimitador dessa boa-fé o conhecimento da nulidade ou anulabilidade.

---

[526] Findo o prazo, ocorre a caducidade da acção (Ac. da RP de 26/06/2000, relator António Gonçalves, in www.dgsi.pt, última consulta feita em 14/02/06, sob o termo "Sociedade comercial"). Convém aqui não esquecer a possibilidade de aplicação do regime geral relativo à invalidade dos actos juridicos previsto no nosso Código Civil, que pode permitir a legitimidade de terceiros para efeitos de invocação do vício em apreço (a este respeito, Ac. da RP de 10/10/02, relator Viriato Bernardo, in www.dgsi.pt, última consulta feita a 14/02/06, sob o termo "Deliberação social").

Para além da possibilidade de renovação da deliberação nula, a lei também permite a renovação da deliberação anulável, mediante uma nova deliberação que não enferme do vício da anterior. O sócio, porém, pode obter a anulação da primeira deliberação relativamente ao período anterior à deliberação renovatória, se nisso tiver um interesse atendível (n.º 2 do art.º 62.º do C.S.C.). O tribunal em que tenha sido impugnada a deliberação pode conceder um prazo à sociedade para renovar a deliberação (n.º 3).

2. A responsabilização do sujeito passivo da obrigação de informação

Analisados que se encontram os diversos veículos que a lei faculta ao sócio de reposição da regularidade do seu poder de informação, conforme prometemos ao iniciar o presente capítulo, cumpre observar em seguida as várias consequências que poderão resultar para o titular do órgão obrigado à informação que não presta ou presta deficitariamente essa informação.

Compete-nos aqui a atenção para três domínios onde a responsabilidade do titular do órgão pode efectivamente emergir: Por um lado e acima de tudo no foro societário, como seria de esperar, tendo em conta o plano onde o comportamento ilícito primariamente se revela e projecta. Por outro lado, no campo da responsabilidade civil. Com efeito, haverá aqui que ter em conta a eventualidade de danos ou prejuízos capazes de determinar este tipo de responsabilidade ao titular do órgão prevaricador. Por último, uma responsabilidade criminal que pode também ser aferida a partir do comportamento em questão.

2.1. *Responsabilidade societária*

I. O primeiro contexto em que podemos e devemos concentrar--nos para efeitos de aferição de uma eventual responsabilidade do membro do órgão obrigado à informação – mormente de gerentes ou administradores – identifica-se no plano societário. Com efeito, o facto do comportamento prevaricador se situar precisamente no seio das relações estabelecidas entre sócio e sociedade leva-nos a equacionar que consequências poderão ser aferidas e imputadas ao titular desse órgão no domínio em questão.

II. Tivemos já a oportunidade, no presente capítulo, de testemunhar algumas consequências societárias para o titular do órgão social que restringe, recusa injustificadamente ou presta informações falsas, incompletas ou não elucidativas. Quando observámos o inquérito judicial[527], constatámos então que paralelamente à prestação da informação, o tribunal poderia determinar a destituição do membro do órgão social (alínea *a*) do n.º 2 do art.º 292.º e n.º 1 do art.º 450.º do C.S.C.). Uma destituição, num primeiro caso, perante a aferição de responsabilidades relativamente a actos cuja prática viesse a ser, no decurso desse inquérito, apurada. Um pressuposto já dispensável num segundo caso, pelo facto do inquérito em apreço emergir, logo à partida, de um comportamento abusivo do infractor relativamente a determinada informação que se encontrava em seu poder.

Da leitura desses pressupostos, somos forçados, por enquanto, a concluir que, relativamente ao primeiro caso referido, a recusa de informações ou a prestação de informação falsa, incompleta ou não elucidativa não susceptibiliza, *per si*, a possibilidade de destituição do membro do órgão social. Esta será unicamente possível perante responsabilidades que entretanto venham a ser aferidas relativamente a actos praticados. Já no segundo caso, o comportamento abusivo em que esse inquérito assenta determina, logo por si, a possibilidade de destituição. Só aqui é que podemos aceitar que a destituição se encontre directamente relacionada com um comportamento ilícito relativamente a informações vedadas ao conhecimento dos sócios[528].

---

[527] *Supra*, 1.1., pág. 324 e seg.

[528] O que significa um distanciamento ainda mais notório das consequências aplicáveis ao gerente que impeça o exercício do poder de informação do sócio da sociedade em nome colectivo (n.º 6 do art.º 181.º que remete para o regime do art.º 450.º) relativamente àquelas afereireis para o gerente que recuse injustificadamente uma informação ao sócio de uma sociedade por quotas (n.º 2 do art.º 216.º que remete para as soluções vazadas no n.º 2 do art.º 292.º).

A conclusão a que mesmo agora chegámos peca, todavia, por uma relatividade que tem, desde já, que ser clarificada: No que respeita ao caso patente no art.º 292.º do C.S.C., extraímos – sem margem para grande contestação – a possibilidade de igualmente se aferir a ocorrência de comportamentos previstos no art.º 449.º, susceptíveis portanto de conduzir à destituição do membro do órgão social. Em tais circunstâncias, deve o requerente poder ver, desde logo, procedente uma sua pretensão de destituição, se vier a apurar--se então a ocorrência de um aproveitamento ilícito de informação que não se encontrava ao dispor dos restantes sócios.

Vimos ainda, no que respeita àqueles inquéritos judiciais, que o tribunal poderia proceder à suspensão de gerentes ou administradores. Com efeito, a possibilidade reconhecida pelo disposto no art.º 1481.º do C.P.C., de recurso a medidas cautelares no decurso do inquérito – para salvaguarda dos sócios, da sociedade ou dos credores sociais – permite esta cominação. Esse tribunal pode limitar-se ainda a decretar uma proibição de interferência com o decurso do inquérito – ficando o visado impossibilitado de praticar actos susceptíveis de dificultar o desenvolvimento do mesmo – ou então, como acontece com o caso previsto no n.º 4 do art.º 292.º, determinar a suspensão ou proibição de interferência dos gerentes ou administradores na função de reposição da legalidade a que se encontra adstrito o administrador judicialmente nomeado[529].

III. A questão que deve seguidamente ser colocada situa-se na possibilidade de destituição de funções fora do contexto judicial em que se resume o inquérito. As nossas dúvidas não se colocam tanto ao nível da possibilidade dessa destituição ocorrer, algo que nos parece plenamente possível. Com efeito, os sócios estão habilitados a determinar esta cominação, nos termos legalmente permitidos. O problema coloca-se em apurar se o desrespeito pelo poder infor-

---

[529] Este último caso já um tanto afastado do panorama informativo que mais nos importa. Naturalmente que convirá também não esquecer todas as obrigações a que esses gerentes ou administradores se encontram adstritos directamente para com o tribunal, na sequência do inquérito, como a prestação de depoimentos, a facultação de documentação solicitada, entre outros de análoga natureza.

mativo do sócio poderá constituir justa causa para a destituição e consequentemente para a aplicação de um regime, muitas das vezes, distinto daquele que seria aplicável nos demais casos[530].

O conceito de justa causa é unicamente objecto de abordagem pelo legislador do Código das Sociedades Comerciais relativamente a alguns casos societários[531]. Uma abordagem realista e ciente de

---

[530] No caso das sociedades em nome colectivo, a destituição do gerente que não seja sócio pode ser deliberada pelos sócios e não carece de justa causa (n.º 6 do art.º 191.º do C.S.C.). Tratando-se de um sócio gerente, os demais só poderão deliberar a sua destituição com base em justa causa, salvo se o contrato dispuser diferentemente (n.º 5). O sócio que seja gerente por força de disposição especial do contrato já só pode ser destituído em acção intentada pela sociedade ou outro sócio, contra ele e a sociedade (n.º 4). De igual modo, carece de recurso à via judicial caso se pretenda a destituição do sócio gerente de uma sociedade que unicamente tenha dois sócios (n.º 7). Já para as sociedades por quotas, consigna-se a regra de que os sócios poderão a todo o tempo proceder à destituição dos seus gerentes (n.º 1 do art.º 257.º), bastando uma deliberação por maioria simples se essa destituição se fundar em justa causa (n.º 2). A cláusula que confira a um sócio o direito especial à gerência só pode ser alterada com o consentimento deste. Poderão os demais sócios, todavia, deliberar que a sociedade requeira a suspensão ou destituição judicial com justa causa (n.º 3). Existindo justa causa, qualquer sócio pode requerer a destituição ou suspensão em acção contra a sociedade (n.º 4). De igual modo, carece de ser intentada em acção própria a destituição de um gerente numa sociedade unicamente com dois sócios (n.º 5). O gerente destituído sem justa causa goza do direito a uma indemnização nos termos previstos pelo n.º 7 do art.º 257.º. O membro do conselho de administração da sociedade anónima pode ser destituído a todo o tempo por deliberação dos accionistas (n.º 1 do art.º 403.º). Não produz efeitos a deliberação de destituição sem justa causa desse membro, se este foi eleito ao abrigo das regras especiais previstas no art.º 392.º e tiverem votado contra a destituição accionistas que representem, pelo menos, vinte por cento do capital social (n.º 2). Os accionistas que perfaçam dez por cento do capital poderão, contudo, requerer a destituição judicial com base em justa causa (n.º 3). O membro do conselho de administração executivo pode ser destituído pela assembleia--geral, se os estatutos assim o permitirem (alínea b) do n.º 1 do art.º 430.º do C.S.C.). A qualquer um destes dois elementos assiste um direito a uma indemnização se destituídos sem justa causa (n.º 5 do art.º 403.º, aplicável ao último caso por força do n.º 2 do art.º 430.º). O sócio comanditado só pode ser destituído da gerência, sem haver justa causa, por deliberação tomada por maioria qualificada de dois terços dos votos que caibam aos comanditados e dois terços dos comanditários (n.º 1 do art.º 471.º). Havendo justa causa, então ele poderá ser destituído por deliberação tomada por maioria simples (n.º 2). O sócio comanditário pode ser destituído por deliberação que reúna maioria simples dos votos (n.º 3).

[531] Para as sociedades por quotas (n.º 6 do art.º 257.º do C.S.C.); para o membro do conselho de administração da sociedade anónima (n.º 4 do art.º 403.º, aplicável, por via do n.º 2 do art.º 430.º, ao membro do conselho de administração executivo).

que não são "terrenos seus", devida por força das circunstâncias que em concreto o conduzem a tal opção. Consequentemente, uma abordagem muito superficial e uniforme no tratamento da matéria em apreço. Indica a título exemplificativo os casos que cimeiramente considera fundamentadores de justa causa para uma destituição: a violação grave e reiterada das obrigações imputáveis ao titular do órgão social visado e a incapacidade em continuar no exercício das funções que outrora lhe foram confiadas[532].

Atendendo ao exposto e sem prejuízo de casos que adicionalmente possam ser fixados pelo contrato de sociedade, interessa-nos naturalmente aquele primeiro relativo à violação grave e reiterada das obrigações. É que, no silêncio do contrato de sociedade, somente o caso em apreço é que pode alimentar justa causa para a destituição, a partir de comportamentos enquadráveis no nosso objecto de estudo. A este respeito e para o que mais nos importa, a não prestação de uma informação a um sócio poderá não bastar, por si, para a referida justa causa. Mantendo-nos fieis ao que o legislador considerou como integrante do conceito em análise, cremos que a violação *reiterada* ou *grave* do dever de informar é que pode unicamente constituir fundamento para a quebra da relação de confiança estabelecida entre sócios e gerente ou administrador da sociedade.

Haverá assim justa causa se o titular do órgão recusa reiterada e injustificadamente a mesma informação, ainda que a sócios distintos. Por outro lado, a justa causa deve ser igualmente sensível ao teor da informação em apreço. Com efeito, se o administrador ou gerente oculta dos restantes sócios uma informação essencial para eles ou para a sociedade, será legítimo presumir que nos encontramos perante uma violação grave daquele dever de informação, susceptível por si de permitir a destituição por justa causa[533].

---

[532] Um entendimento que, de resto, tem sido aplicável aos mais diversos casos que podem conduzir à resolução de uma relação jurídica previamente estabelecida. Um entendimento, como tal, que não nos repugna em considerar extensível aos demais casos societários.

[533] No mesmo sentido já tem defendido a jurisprudência: Ac. da RP, de 22/05/01, relator Afonso Correia, in www.dsgi.pt, última consulta feita em 14/02/06, sob o termo "Sociedade comercial". Em nosso entendimento, a gravidade do incumprimento não

2.2. Responsabilidade civil

I. Da actuação ilícita do titular do órgão obrigado à informação poderão igualmente se fazer esperar prejuízos para a pessoa do sócio. Torna-se pois imperativa uma possibilidade de responsabilização também no campo civil, por factos ilícitos, pelos prejuízos que no contexto referido venham a ser gerados.

Ao observar o regime da responsabilidade dos gerentes e administradores, cedo reparamos que, entre outras entidades, eles podem ser responsabilizados para com a sociedade e para com os sócios em particular (respectivamente, artigos 72.º e 79.º do C.S.C.)[534]. No primeiro caso, eles respondem por danos causados relativamente a actos ou omissões em violação de deveres legal ou contratualmente exigíveis, salvo se provarem que actuaram sem culpa, sendo que a responsabilidade é excluída se eles demonstrarem que actuaram devidamente informados, livres de interesses pessoais e de acordo com critérios de razoabilidade empresarial (n.ºs 1 e 2 do art.º 72.º).

Relativamente ao nosso caso, cremos que qualquer responsabilidade só poderá ser exigida relativamente a prejuízos que a sociedade teve que acarretar em virtude de um comportamento ilícito do administrador ou gerente perante a solicitação do sócio. Esta nossa conclusão permite-nos percepcionar um campo mais vasto que aquele que se reportaria a prejuízos sofridos pelo sócio. É que, neste último caso, a prestação da informação exonera o administrador de qual-

---

necessita de se estender aos sócios em geral da sociedade. Basta que se restrinja ao titular do poder de informação que não foi observado, a quem ao fim de contas é o mais interessado na obtenção da informação. Não nos choca portanto que a não divulgação de determinados factos a um sócio – ou a prestação a este de uma forma deficitária – seja de tal forma grave para ele que os demais percam a relação de confiança no titular do órgão. A destituição resulta, como em qualquer outra circunstância, da perca de confiança da sociedade naquela pessoa, em virtude de uma actuação que, no entender dos sócios, foi contra o interesse da sociedade.

[534] O que tem levado alguns autores a suscitar, para o nosso caso relativo ao poder de informação, a possibilidade de responsabilidade para com a sociedade (Coutinho de Abreu, *"Curso...Vol. II"*, pág. 265). Relativamente à responsabilidade directamente para com os sócios: Pedro Caetano Nunes, *"Responsabilidade Civil dos Administradores perante os Accionistas"*, Almedina, Coimbra, 2001, pág. 97-101. À luz de Direito anterior: Raul Ventura/Brito Correia, obra citada, pág. 379-386.

quer responsabilidade pelas decisões que o sócio venha a tomar. Encontrando-se devidamente informado, esse administrador ou gerente cumpriu a sua obrigação, eximindo-se assim de qualquer responsabilidade por decisões que no futuro aquele venha a adoptar. Consequentemente, a responsabilização do administrador para com o sócio só poderá advir de um incumprimento injustificado – ou cumprimento deficiente – da obrigação de informação, de forma a que ele deva responder por factos ilícitos, relativamente a prejuízos gerados a partir desta(s) conduta(s).

Já para com a sociedade, o gerente ou administrador poderá, em última análise, ter que vir a responder por prejuízos causados, ainda que decorrentes de uma situação em que o sócio obteve a informação nos termos por este pretendidos. Pode, por um lado, ter que responder por prejuízos decorrentes de uma não prestação atempada e voluntária da informação e que, por exemplo, possa ter levado à abertura de um inquérito judicial sobre a sociedade extraordinariamente lesivo para os interesses e funcionamento societários. Por outro lado, poderá ter que vir a responder pelos prejuízos gerados para a sociedade pela divulgação de um facto a um sócio que poderia ter sido licitamente recusado[535].

Não podem, no entanto, ser responsabilizados gerentes ou administradores por danos resultantes de deliberações colegiais que não participaram ou que hajam votado vencidos. Neste último caso, poderão lavrar, no prazo de cinco dias, a declaração de voto no livro de actas ou através de escrito dirigido ao órgão de fiscalização, se o houver, ou a um notário ou conservador (n.º 3 do art.º 72.º). De igual modo, não são responsáveis por danos inerentes a actos ou omissões resultantes da execução de deliberações dos sócios ainda que anuláveis[536] (n.º 5). A responsabilidade dos gerentes ou admi-

---

[535] Nomeadamente por um justo e objectivo receio de utilização futura da informação para fins estranhos à sociedade e com prejuízo para esta ou pela divulgação de informação confidencial.

[536] Daqui podemos também extrair que a intervenção do colectivo dos sócios de uma sociedade por quotas, no sentido de determinar que o gerente preste a informação que anteriormente recusou ou que a corrija condignamente (*supra*, 1.2., pág. 335 e seg.), exonera-o de danos resultantes da divulgação da informação.

nistradores é solidária (n.º 1 do art.º 73.º). É, de resto, nula a cláusula no contrato de sociedade que procure limitar ou excluir a responsabilidade em apreço (n.º 1 do art.º 74.º). A aprovação das contas anuais não exonera os gerentes ou administradores da responsabilidade em causa, salvo se os factos constitutivos da responsabilidade tiverem sido previamente levados ao conhecimento dos sócios e a aprovação das contas tiver obedecido aos requisitos exigidos por lei para uma renuncia da sociedade ao direito a uma indemnização (n.º 3)[537].

II. O gerente ou administrador também poderá ter que responder perante o sócio, por danos directamente causados a este no exercício das suas funções (n.º 1 do art.º 79.º do C.S.C.). Terá então que responder por danos resultantes da não divulgação de uma informação ou do esclarecimento deficiente de aspectos solicitados pelo sócio. A esse sócio assiste o ressarcimento, nos termos gerais, dos danos que sofreu com tal conduta[538].

Aspecto que cumpre reter relaciona-se com o nexo de causalidade que tem que se achar estabelecido entre os danos sofridos e a conduta do gerente ou administrador. É que esta terá que se ter revelado determinante para o prejuízo do sócio. Desta forma, não pode o incumprimento da obrigação de informação servir de argumento para o sócio praticar actos inconsequentes ou adoptar as condutas irreflectidas que entender. Se o sócio se apercebe que a informação lhe foi deficientemente prestada, em nada se encontra adstrito a actuar com base na informação – ou falta dela – que possui[539]. Em tais situações, tal como quando a informação não lhe chega de todo a ser prestada, o sócio dispõe de mecanismos legais,

---

[537] Sem os votos contra de uma minoria que represente, pelo menos, 10% do capital social (n.º 2 do art.º 74.º).

[538] Ou seja, tanto por danos emergentes, como por lucros cessantes, por despesas suportadas ou mesmo por danos não patrimoniais (a este respeito, Menezes Cordeiro, "*Manual de Direito das Sociedades – Vol. II...*", pág. 289).

[539] Obviamente que haverá que ter em conta situações em que ao sócio não resta outra solução senão a de actuar com base no que lhe foi facultado. Fora dessas circunstâncias extremas e pontuais, cumpre reter o exposto no texto.

que temos tido a oportunidade de observar no presente capítulo, que lhe garantem a reposição da legalidade. A medida do seu interesse na informação determinará naturalmente se ele vai actuar ou não de acordo com aquilo que dispõe, é certo. Mas também determinará a necessidade de recurso a essas garantias que a lei lhe faculta. Se, no entanto, opta por não se socorrer delas, preferindo actuar na sequência do comportamento do administrador ou gerente, verifica-se um risco voluntariamente assumido que cremos não poder ser minimamente ignorado na análise do caso concreto[540].

À responsabilidade que assiste, nestes termos, ao gerente ou administrador são aplicáveis as disposições resultantes dos n.ºs 3 a 6 do art.º 72.º, art.º 73.º e n.º 1 do art.º 74.º, relativamente à responsabilidade para com a sociedade por actos ou omissões praticados que, em grande parte, ainda agora observámos (n.º 2 do art.º 79.º).

2.3. Responsabilidade criminal

I. A actuação daquele que se encontra adstrito a prestar a informação também pode ser objecto de uma responsabilização no campo criminal, em virtude de ter obstruído o conhecimento da vida e dos assuntos sociais por parte dos sócios. O legislador considera assim de tal forma grave o comportamento daquele que actua no propósito de desrespeitar o poder de informação dos sócios que o sanciona penalmente. O conhecimento da sociedade em que o sócio participa revela-se, desta forma, um bem jurídico susceptível de ser unicamente acautelado mediante o recurso à tutela penal.

Ao contrário do que, à partida, se poderia equacionar, são vários os tipos de crime que se encontram previstos para um comportamento violador daquele poder de informação. Enumeremos os casos em questão:

---

[540] Diferente será o desconhecimento do sócio da deficiência da informação. Todavia, mesmo neste caso, ele terá que demonstrar que todos os prejuízos que sindica resultaram da realidade tal como lhe foi transmitida.

– *Irregularidade na convocatória:* Aquele que, competindo-lhe a convocatória para a assembleia de sócios – ou mesmo de obrigacionistas – omitir, ou fizer omitir por outrem, os prazos na lei ou no contrato social, será punido com pena de prisão até 30 ou 90 dias, neste último caso se a convocação lhe tiver sido requerida (art.º 515.º do C.S.C)[541];
– *Perturbação de assembleia social:* Aquele que – sendo membro de um órgão de administração ou fiscalização – com violência ou ameaça de violência impedir algum sócio, ou pessoa legitimada, de exercer utilmente o seu poder de informação será punido com pena de prisão até dois anos e multa até 180 dias, agravadas cada uma em um terço (art.º 516.º);
– *Recusa ilícita de informações:* O gerente ou administrador da sociedade que recusar, ou fizer recusar por outrem, a consulta de documentos que a lei determinar que sejam postos à disposição dos interessados para preparação de assembleias sociais, ou recusar ou fizer recusar o envio para esse fim, quando devido por lei, ou enviar ou fizer enviar sem observar as condições e prazos estabelecidos na lei[542], é punido, se pena mais grave não couber por força de outra disposição legal, com prisão até 3 meses e multa até 60 dias (n.º 1 do art.º 518.º). O gerente ou administrador que recusar ou fizer recusar por

---

[541] Se for causado dano grave, material ou moral, que o autor pudesse prever, a algum sócio que não tivesse dado o seu consentimento para o facto, a pena é a do crime de infidelidade (n.º 3). Este último encontra-se, por seu turno, previsto no art.º 224.º do C.P. que responsabiliza criminalmente quem, tendo o encargo de dispor de interesses patrimoniais alheios ou de os administrar ou fiscalizar, causa intencionalmente e com grave violação dos deveres que lhe incumbem prejuízo patrimonial importante, sendo punido com pena de prisão até três anos ou pena de multa (n.º 1 do preceito invocado).

[542] A reiterada referência a obrigações e prazos estabelecidos pela *lei*, pode sugerir que quando fixados pelo contrato de sociedade o incumprimento de tais obrigações e prazos não comine numa responsabilidade criminal. Uma interpretação pertinente, se levarmos em conta o princípio da tipicidade legal que caracteriza o Direito Penal. Cremos, no entanto, que – sem efectuar qualquer interpretação extensiva ao teor da redacção do preceito em análise – a remissão para a mesma lei que confere a possibilidade de intervenção e consequentemente de vinculo ao contrato de sociedade permite nivelar tanto o índice de exigibilidade da obrigação, como as consequências do seu possível incumprimento.

outrem, em reunião de assembleia social, informações que por lei esteja obrigado a prestar ou, em outras circunstâncias, informações que a lei deva prestar e que lhe tenham sido pedidas por escrito, é punido com multa até 90 dias[543] (n.º 2). Se, no caso do n.º 2, o facto for cometido por motivo que não indice de falta de zelo na defesa dos direitos e dos interesses legítimos da sociedade e dos sócios, mas apenas compreensão errónea do objecto desses direitos e interesses, o autor será isento da pena (n.º 4)[544];

– *Informações falsas:* Aquele que, estando obrigado a prestar informações sobre a vida da sociedade, as der contrárias à verdade, será punido com pena de prisão até três meses e multa até 60 dias, se ao caso não couber pena mais grave (n.º 1 do art.º 519.º). Com a mesma pena será punido aquele que, nas circunstâncias descritas no número anterior, prestar maliciosamente informações incompletas e que possam induzir os destinatários a conclusões erróneas de efeito idêntico ou semelhante ao que teriam informações falsas sobre o mesmo objecto (n.º 2)[545].

---

[543] Se, no caso previsto no n.º 1, for causado dano, material ou moral, que o autor pudesse prever, é aplicável a mesma sanção prevista para o crime de infidelidade (nossa nota n.º 541).

[544] A redacção constante do n.º 4 do preceito em análise é, com efeito, desnecessariamente infeliz ao focalizar as suas atenções na falta de zelo do agente, permitindo assim ilações – certamente não calculadas, nem pretendidas pelo legislador – no sentido de admitir a punição do comportamento negligente, ainda que o legislador assim não o expressamente preveja, desta forma conflituando com o disposto no art.º 13.º do C.P.: *"Só é punível o facto praticado com dolo ou, nos casos especialmente previstos na lei, com negligência"* (Itálico nosso).

[545] *"3 – Se o facto for praticado com intenção de causar dano, material ou moral, a algum sócio que não tenha conscientemente concorrido para o mesmo facto, ou, a sociedade, a pena, será de prisão até seis meses e multa até 90 dias, se pena mais grave não couber por força de outra disposição legal.*

4 – Se for causado dano grave, material ou moral, e que o autor pudesse prever, a algum sócio que não tenha concorrido conscientemente para o facto, a sociedade, ou a terceiro, a pena será de prisão até um ano e multa ate 120 dias.

5 – Se, no caso do N.º 2, o facto for praticado por motivo ponderoso, e que não indicie falta de zelo na defesa dos direitos e dos interesses legítimos da sociedade e dos sócios, mas apenas compreensão errónea do objecto desses direitos e interesses, poderá

– *Convocatória enganosa:* Aquele que, competindo-lhe convocar assembleia geral de sócios, assembleia especial de accionistas ou assembleia de obrigacionistas, por mão própria ou a seu mandado fizer constar da convocatória informações contrárias à verdade será punido, se pena mais grave não couber por força de outra disposição legal, com pena de prisão até seis meses e multa até 150 dias (n.º 1 do art.º 520.º)[546].

Acresce aos comportamentos punidos criminalmente, aqueles penalizados como contra-ordenações[547-548].

II. Perante uma enumeração considerável de comportamentos puníveis criminalmente, somos levados a questionar pela necessidade de tanta cautela no campo penal, especialmente quando nos encontramos no domínio exclusivamente pertencente aos sócios e à socie-

---

o juíz atenuar especialmente a pena ou isentar dela" (Itálico nosso). Muito identicamente ao que perfilha o legislador deste Código em matéria penal, como temos visto nos casos anteriores.

[546] *"2 – Com a mesma pena será punido aquele que, nas circunstâncias descritas no número anterior, fizer maliciosamente constar da convocatória informações incompletas sobre matéria que por lei ou pelo contrato social ela deva conter e que possam induzir os destinatários a conclusões erróneas de efeito idêntico ou semelhante ao de informações falsas sobre o mesmo objecto.*

3 – Se o facto for praticado com intenção de causar dano, material ou moral, à sociedade ou a algum sócio, a pena será de prisão até um ano e multa até 180 dias" (Itálico nosso)

[547] *"O gerente ou administrador de sociedade que não submeter, ou por facto próprio impedir outrem de submeter, aos órgãos competentes da sociedade, até ao fim do prazo previsto no N.º 1 do artigo 376.º, o relatório da gestão, as contas do exercício e os demais documentos de prestação de contas previstos na lei, e cuja apresentação lhe esteja cometida por lei ou pelo contrato social, ou por outro título, bem como viole o disposto no artigo 65.º-A , é punido com coima de € 50 a € 1500."* (n.º 1 do art.º 528.º. Itálico nosso).

[548] Acresce ainda a eventualidade da prática de crimes que atentam directamente ao mercado e que já são punidos nos termos dos artigos 378.º (abuso de informação) e 379.º (manipulação de mercado) do C.V.M. Por serem precisamente comportamentos que o legislador unicamente sanciona, no campo criminal, quando coloquem em causa o funcionamento do mercado, revelam outro bem jurídico que não aquele que nos encontramos a analisar. Consequentemente, escusamo-nos de quaisquer comentários a seu respeito, com excepção do que expomos seguidamente no texto.

dade. Por muito abrupta que seja esta nossa questão, em abono da verdade não constatámos tanta preocupação designadamente no campo da responsabilidade civil, a quem certamente mais importará, na qualidade de lesados, a reposição da legalidade. O recurso à responsabilidade criminal, como é sabido, justifica-se sempre que a cautela do bem jurídico em apreço não possa ser suficientemente salvaguardada perante o recurso a outras tutelas, além da penal.

Não pretendemos negar o valor que o poder de informação do sócio tem no contexto societário. Tal assumir-se-ia contraditório com tudo o que temos vindo a expor até aqui. Mas tal como agora referido, encontramo-nos no domínio societário, privado por excelência, relativamente ao qual compete ao lesado a consciência e responsabilidade pela informação que obtém e pelos danos ou repercussões que sofre com a falta ou insuficiência da mesma. De nada lhe servirá o recurso à tutela penal. Se, no caso concreto, é possível que o gerente ou administrador divulgue a informação por receio de uma responsabilidade criminal que possa pender sobre ele, então será caso para perguntar que tutela realmente pertencerá a que domínio jurídico...Será a tutela civil assim tão insuficiente? Ou não resultará esta "coacção" de uma falta de hábito do sócio exigir a quem de direito as devidas responsabilidades por uma informação mal prestada ou de todo omitida? Qual, no fundo, o bem jurídico que carece, aqui, de ser tutelado unicamente perante o recurso ao regime penalista?

Acresce ao exposto que o legislador do Código das Sociedades Comerciais consagra uma tutela penal em termos que permitem perigosas conclusões em torno de uma punibilidade de comportamentos que se enquadram em parâmetros da negligência ou do erro. Ao longo dos vários casos criminalmente previstos constatamos, de facto, uma valorização, para efeitos de punibilidade, em torno da mera falta de zelo do gerente ou administrador na defesa dos interesses da sociedade e sócios. Simultaneamente, relevam-se comportamentos que, por excelência, deveriam se encontrar à partida excluídos da responsabilidade criminal, como a suposição errónea do objecto desses direitos e interesses que pode dar lugar a uma atenuação especial ou isenção de pena⁵⁴⁹. Em bom rigor, ao legislador penalista não seria necessário o recurso a essa exclusão, especialmente quando o próprio Código das Sociedades Comerciais logo nos recorda que estes crimes só são puníveis a título doloso e não negligente (n.º 1 do art.º 527.º do C.S.C.)⁵⁵⁰.

---

⁵⁴⁹ Não se reportando, assim, a casos ou comportamentos que excluem a responsabilidade criminal, mas tão-somente a respectiva punibilidade.

⁵⁵⁰ De notar que até a própria tentativa de obstrução ao poder de informação é criminalmente punível (n.º 2 do preceito invocado no texto). Esta contradição entre a punição a título doloso, como regra sem excepções, e aqueles comportamentos referidos de suposição errónea sobre o objecto de direitos e interesses envolvidos demonstra-se ainda mais assinalável quando nos recordamos que o gerente ou administrador que actue desta forma pode nem sequer vir a ser responsabilizado civilmente. Basta, para o efeito, que o seu comportamento se justifique dentro de parâmetros de razoabilidade empresarial (n.º 2 do art.º 72.º, por remissão do n.º 2 do art.º 79.º, do C.S.C *Supra*, 2 2., pág. 349 e seg.)

Capítulo VI

O substrato do poder de informativo do sócio

1. A instrumentalidade ou funcionalidade

2. Um poder corporativo

3. Um poder de informação sensível ao contexto societário do seu titular

1. Instrumentalidade ou funcionalidade

I. Como citámos, no início do presente trabalho, *saber é poder*. Não é sem propósito algum que recordamos desta forma uma já ancestral verdade. A informação é, por excelência, o instrumento que subrepticiamente transfere poder àquele que dele não dispunha. Premissa que, a nosso ver, não merece margem para qualquer contestação.

Diferente será apurar em que contexto ou propósito a lei reconhece, a dado momento, essa faculdade tão privilegiada de conhecimento de uma determinada realidade. Relativamente ao contexto societário, trata-se como referido de um privilégio, de uma faculdade resultante de um posicionamento jurídico especial relativamente ao *comum dos mortais*. É desta forma que entendemos que deve iniciar qualquer análise à posição do sócio. Ela é, por excelência, especial pois é privilegiada no que respeita ao relacionamento e ingerência nos assuntos societários quando comparada com a posição de terceiros, absolutamente estranhos à sociedade. A isto não é alheio o nosso poder de informação. Mais do que a possibilidade de participação nos lucros sociais ou a obrigação de realização de entradas, é através da prorrogativa que permite o conhecimento sobre a vida societária que se destaca a posição do sócio face aos demais.

II. Esta vantagem do sócio não é reconhecida, no entanto, sem motivo ou oportunismo algum. Encontramo-nos perante quem certamente se revela como o mais interessado no desenvolvimento e sucesso societários, consequentemente quem se apresenta como o titular do conjunto de interesses que mais carecem de tutela. O poder de informação surge então como um *meio* à disposição desse sócio para garantir essa vantagem, esse privilégio. Um meio reconhecidamente necessário para o sucesso na prossecução dos interesses que aquele pretende alcançar mediante a participação num determinado projecto societário.

O que referimos motiva-nos a não reconduzir o nosso poder de informação a um instrumento que se encontra unicamente ao serviço de determinados poderes ou obrigações do sócio. Ele não se destaca somente quando o sócio carece de debater e votar sobre determinado assunto, quando pretende decidir se vai ou não participar preferencialmente num determinado aumento de capital ou quando tem que realizar uma prestação suplementar. A ele também recorre o sócio quando necessita de analisar o valor que a sua participação tem na sociedade, se os destinos desta têm sido bem conduzidos ou se os titulares de determinado órgão social se encontram a ser remunerados ao abrigo ou à margem da lei. O poder de informação não se encontra ao serviço unicamente deste ou daquele poder, subserviente ao cumprimento de certa ou determinada obrigação[551]. Ele está ao serviço da participação social. É, paralelamente a outros poderes também reconhecidos neste contexto pela nossa ordem jurídica, uma garantia que pretende acima de tudo assegurar o envolvimento do sócio na sociedade, no projecto que esta representa e pretende levar a cabo.

III. O que mesmo agora referimos contraria de igual modo qualquer ideia que visione este poder de informação como algo puramente acidental e sem qualquer finalidade ou razão de ser[552]. Muitos

---

[551] Assim também o entende o nosso legislador: não unicamente quando o reconhece como um poder autónomo e distinto dos restantes (alínea c) do n.º 1 do art.º 21.º do C.S.C.), mas também quando, para os diversos casos societários, o institui como uma faculdade, desprendida de qualquer outro poder ou obrigação inerente à participação social. Quando expressamente reconhece que o sócio tem, pelo simples facto de o ser, um *direito* a solicitar informações sobre os assuntos sociais.

[552] Como assim parece, salvo melhor interpretação, entender Menezes Cordeiro, ao defender que esse poder é autónomo de quaisquer concretas finalidades, estas últimas que se revelariam pela negativa, nomeadamente quando se pretendesse utilizar a informação para fins estranhos à sociedade ou para prejudicar terceiros (*"Manual de Direito das Sociedades – Vol. I..."*, pág. 609).

são os autores que se referem persistentemente à utilização do poder informativo do sócio para a concretização de determinadas finalidades ou propósitos: para o exercício do voto ou garantia da participação nas decisões sociais; para controlo e tutela de minorias, para fiscalização e controlo sobre a actuação do órgão de gestão ou administração[553].

Este facto, não obstante já revelar o reconhecimento de alguma funcionalidade ao instrumento em apreço, não nos parece correctamente situado. Em nosso entendimento, os objectivos que motivam o sócio a recorrer a este poder instituído legalmente reflectem-se na própria participação social, nesta encontrando-se justificados e enraizados. São, por assim dizer, motivações da participação na sociedade. Ao nosso poder de informação resta assim servir e assegurar essa participação. A sua funcionalidade reserva-se na garantia de envolvimento na sociedade que ele presta ao sócio. Controlar a actuação da administração da sociedade reflecte uma natural preocupação do sócio. Assim também o podemos considerar relativamente a uma defesa de uma posição minoritária e ainda assim o cumprimento de deveres ou o exercício de outros poderes que legalmente assistem o sócio.

Funcionalidade mas para com a participação social e então sim consequentemente para com as vicissitudes que ela está orientada para atender.

2. Um poder corporativo

O poder de informação revela-se simultaneamente corporativo, sem projecção patrimonial, orientado para o projecto em que se encontra inserido o sócio. Um projecto que não se limita a uma dimensão societária, procurando alcançar a empresa social. Foram inúmeros os exemplos citados que reflectiam precisamente uma possibilidade de conhecimento de todo um conjunto de vectores

---

[553] A título exemplificativo, João Labareda, *"Direito à informação"*, pág. 129-131 e Menezes Cordeiro, obra citada na nossa anterior, pág. 605.

determinantes para a sustentabilidade do projecto societário, que compõem aquela organização destinada à prossecução das finalidades sociais. Com efeito, se o sócio pretende preservar a sua posição nesse projecto, certamente que a sua possibilidade de conhecimento sobre os aspectos sociais não se poderia meramente limitar a elementos relacionados com a orgânica interna da sociedade.

Por reflectir uma oportunidade privilegiada de conhecimento sobre o foro íntimo da sociedade e empresa social, o poder em apreço vive inerentemente à participação social, dela não podendo se separar ou autonomizar. Resulta claramente da nossa lei que esse poder é reconhecido ao sócio e a um número notoriamente reduzido e determinado de beneficiários. Um reconhecimento a outras pessoas para além do sócio por força de situações particularmente consideradas em função da participação social e de determinadas prorrogativas que, para serem exercidas, carecem inevitavelmente do recurso ao instrumento que temos apreciado. Mesmo a representação do sócio para efeitos de exercício do poder de informação encontra-se curiosamente "esquecida" pelo nosso legislador que procura, sempre que possível, condicionar esse exercício à pessoa do sócio.

3. Um poder de informação sensível ao contexto societário do seu titular

I. De tudo o que temos vindo a expor a respeito do instituto relativamente ao qual entendemos dedicar as páginas anteriormente preenchidas, conseguimos reter alguns aspectos basilares para uma correcta e transparente tradução prática desta faculdade para o caso concreto e para a resolução de algumas das múltiplas dificuldades que este já nos habituou a revelar.

Em primeiro lugar, por visar a efectivação da participação do sócio na sociedade, ele é reconhecido como regra. Por outras palavras, ao sócio têm que ser prestadas informações sobre a vida e funcionamento societários. Este deve ser o aspecto que nunca poderá ser esquecido ou ultrapassado sempre que enfrentamos uma determinada dificuldade presenteada pela prática, no que respeita ao tema em análise. Uma faculdade que lhe assiste – como reiteradamente salientámos ao longo do presente trabalho – pelo simples facto de ser sócio, não tendo assim que demonstrar qualquer carência justificativa para o exercício de um poder que já se encontra, logo por si, explicada na participação social.

II. Um poder reconhecido, no entanto, nos termos da lei e do contrato (alínea c) do n.º 1 do art.º 21.º do C.S.C). Um poder, portanto, sensível aos casos societários. Sensível mais concretamente ao contexto societário em que o sócio se situa. Este irá explicar as carências informativas que determinado tipo de sócio tem relativamente a um determinado tipo de dinâmica e funcionamento societários. A sociedade comercial revela-se, logo à partida, como um sujeito dotado de personalidade jurídica própria. Mais do que isso, de uma orgânica e forma de funcionamento muito seus, onde existe um lugar reservado à intervenção e envolvimento dos sócios no projecto em causa.

Dessa forma, permite-se a intervenção da lei e do contrato. Duas fontes distintas e consequentemente com propósitos e carências identicamente distintas. Como tivemos a possibilidade de verificar, o legislador intervém sensível à tipologia societária em causa. Atento à posição que o sócio revela face a um determinado tipo de sociedade, a uma forma de dinâmica societária em que o poder de informação não pode significar uma contradição com o quadro tipológico em causa. Por seu turno, o contrato interfere em prol do caso concreto. No fundo, para resolver as vicissitudes que determinada sociedade pode especificamente sentir, longe do alcance abstracto que tipifica a actuação do legislador.

Se esta foi a solução adoptada pelo nosso Código das Sociedades Comerciais, não faz qualquer sentido, em nosso entendimento, ignorá-la ou contraria-la. Independentemente do mérito de tal opção, não podemos simplesmente desvalorizar o tratamento normativo em causa e recorrer a institutos como a analogia para "remendar" a falta ou inexistência de um regime único e comum relativamente ao poder de informação do sócio. Se ele não existe é porque o legislador assim não o pretendeu. Muito pelo contrário, ele desde o início que indicia que o poder de informação – tal como muitos outros poderes – deva ser tratado de acordo com o tipo de sociedade em causa. Reconhece que os casos societários previstos no código em apreço são distintos e consequentemente não podem ser tratados igual ou uniformemente. O recurso à analogia, como nos habituámos neste trabalho por diversas vezes a constatar, deve aqui assumir uma cautela muito especial, unicamente em casos em que tenhamos a absoluta convicção que existe uma identidade entre o caso regulado e o caso omisso, uma vez que nos encontramos – como referimos – perante contextos que são legalmente distintos[554].

III. Assim, nas sociedades em nome colectivo encontramos uma absoluta transparência informativa que tem que imperar na relação entre a sociedade e os seus sócios. O carácter familiar da sociedade conduz a que quase sempre a gerência pertença a todos eles. Quando assim pontualmente não aconteça, não pode o afastamento de determinado sócio sobre os assuntos da gerência significar qualquer limitação ou condicionamento no conhecimento sobre os assuntos sociais. Aquele gerente que procure impor essa limitação actua abusivamente e como tal deve ser objecto das consequências legal e judicialmente previstas para comportamentos relacionados com abusos de informação.

Nas sociedades por quotas o afastamento dos sócios do centro decisório da sociedade já *pode* conduzir a uma relativa necessidade de protecção da dinâmica e funcionamento societários. Falamos aqui, pela primeira vez, de casos de legitima recusa na prestação da informação e ainda assim da possibilidade de intervenção regulamentadora do contrato de sociedade.

---

[554] Sob pena de fomentarmos as já inúmeras questões que não param de surgir em torno da aplicabilidade de determinado regime para um outro tipo societário. Em bom rigor, muitos desses problemas partem precisamente do recurso infundamentado à analogia e que nos leva, logo em seguida, a questionar se para outros casos a solução encontrada também não seria uma vez mais aplicável a este ou aquele outro caso ou circunstância. O recurso infundamentado àquele tipo de institutos, especialmente quando nos esquecemos que nos encontramos perante contextos muito próprios e distintos, só pode, a dada altura, conduzir a uma falta de reconhecimento dos limites e parâmetros dessa analogia. Afinal, acabaríamos por encontrar em cada tipo societário um regime precisamente idêntico, desvalorizando assim o esforço inicial do nosso legislador em garantir precisamente o efeito inverso.

A recusa, como vimos, reflecte um conflito de interesses que entretanto se instalou, competindo ao órgão interpelado a devida interpretação sobre o caso concreto. São casos que simultaneamente, por simbolizarem restrições a um poder em regra reconhecido ao sócio, devem ser interpretados pontual e excepcionalmente.

A intervenção do contrato de sociedade reflecte, por seu turno, o carácter *contratualista* da sociedade em apreço. No fundo, o voto de confiança nos sócios para, através desse contrato, definirem o tipo de sociedade que pretendem: se uma sociedade mais pessoal ou mais capitalista. De todo o modo, o contrato deve intervir – no que concerne ao poder de informação – com um propósito regulamentador. As restrições unicamente se aceitam quando justificadas na cautela daquilo que o contrato visa proteger: o interesse social. A sua intervenção nunca poderá significar uma efectiva inibição do exercício deste poder de informação.

As sociedades anónimas, por seu turno, observam o poder de informação como um instrumento que, se mal utilizado, pode implicar perigosas e nocivas ingerências no funcionamento e dinâmica societários que se pretendem implementar. A grande susceptibilidade de dispersão do capital da sociedade leva a que nem todo e qualquer accionista possa interpelar os órgãos próprios para solicitar informações sobre tudo e mais alguma coisa. Somente naqueles que consigam concentrar uma expressão algo mais significativa de representação no capital social é que o interesse social encontra razões para que a sociedade atenda à solicitação pretendida.

Neste contexto societário, a lei determina previamente aquilo que o accionista pode ter conhecimento, contrariamente aos demais casos e tipos societários. O poder de informação do accionista parte já de prévias limitações e condicionalismos: não unicamente no que respeita à percentagem de representação no capital da sociedade, mas ainda assim relativamente ao âmbito daquilo que o accionista pode aceder e ao conjunto de interesses mais amplo que a sociedade anónima pode acautelar recusando licitamente a informação solicitada.

A preocupação para que o poder de informação do accionista não se transforme num obstáculo à dinâmica societária vê-se inclusivamente reflectida no recurso a meios de divulgação e disponibilização da informação mais genéricos e abrangentes. Por outro lado, a informação que é colocada à disposição para consulta reflecte identicamente o afastamento que o accionista vulgarmente regista do centro decisório, englobando informações a respeito ou dos membros dos órgãos sociais ou do estado e evolução da empresa durante os últimos anos. Parte-se assim do pressuposto de desconhecimento destas realidades, tal o afastamento accionista que tipicamente se regista neste tipo de sociedades.

As sociedades em comandita reflectem, por último, um pouco do carácter familiar e pessoal das sociedades em nome colectivo e já mais capitalista das sociedades anónimas. Nas sociedades simples, contudo, a proximidade que estas ainda registam das primeiras não pareceu merecer um tratamento diferenciado entre os sócios no que toca à informação que eles poderão aceder. Já nas sociedades por acções – uma vez mais, atendendo à capacidade de dispersão do capital da sociedade – somos reconduzidos ao regime vazado para as sociedades anónimas, embora sem nunca prejudicar a fiscalização que o sócio comanditado ainda deve poder preservar, como se um sócio de uma sociedade em nome colectivo se tratasse.

Como ainda agora sumariamente descrevemos, temos praticamente poderes de informação distintos, consoante o tipo de sociedade em causa. O simples facto dessa tipologia se encontrar reunida sob um mesmo código não pode servir de incentivo para ignorarmos o facto desses casos partirem de filosofias de funcionamento e de posicionamento dos respectivos sócios distintas. Se o sócio assume, em cada um daqueles casos, posições e consequentemente interesses distintos, então não deve um dos poderes colocados à disposição para a satisfação desses interesses ser tratado uniformemente, alheio ao contexto societário em que se encontra inserido.

JURISPRUDÊNCIA

C

Comportamentos abusivos
– Acórdão do Tribunal da Relação do Porto, de 17/12/01, in www.dgsi.pt, relator Caimoto Jácome, última consulta feita em 12/02/06, sob o termo "Sociedade Comercial"

Cônjuge do sócio
– Acórdão do Supremo Tribunal de Justiça, de 31/03/98, in www.dgsi.pt, relator Garcia Marques, última consulta feita em 12/02/06, sob o termo "Sociedade Comercial"
– Acórdão do Supremo Tribunal de Justiça, de 28/11/2000, relator Lopes Pinto, in Colectânea de Jurisprudência – Supremo Tribunal de Justiça, 2000, 3.º, pág. 142
– Acórdão do Tribunal da Relação de Lisboa, de 20/03/97, relator Luís Fonseca, in Colectânea de Jurisprudência, 2.º, pág. 86

Consulta de documentos sociais
– Acórdão do Supremo Tribunal de Justiça, de 16/12/93, in www.dgsi.pt, relator Roger Lopes, última consulta feita em 06/03/06, sob o termo "Obrigação de informação"
– Acórdão do Supremo Tribunal de Justiça, de 25/11/99, in www.dgsi.pt, relator Sousa Inês, última consulta feita em 06/03/06, sob o termo "Direito à informação"
– Acórdão do Tribunal da Relação do Porto, de 17/01/2000, in Colectânea de Jurisprudência, 1.º, pág. 184

Conteúdo do poder de informação
– Acórdão do Tribunal da Relação do Porto, de 05/05/98, relator Pelayo Gonçalves, in www.dgsi.pt, última consulta feita em 02/08/06, sob o termo "Sociedade"
– Acórdão do Tribunal da Relação do Porto, de 27/09/05, in www.dgsi.pt, relator Mário Cruz, última consulta feita em 14/02/06, sob o termo "Sociedade Anónima".

Contrato de sociedade
– Acórdão do Supremo Tribunal de Justiça, de 13/04/94, relator Faria de Sousa, in Colectânea de Jurisprudência (Acórdãos do Supremo Tribunal de Justiça), II, pág. 28, 1994

D

Deliberações abusivas

– Acórdão do Supremo Tribunal de Justiça, de 25/10/90, in www.dgsi.pt, relator Brochado Brandão, última consulta feita a 12/06/06, sob o termo "Sociedade comercial"
– Acórdão do Supremo Tribunal de Justiça, de 07/01/93, in Colectânea de Jurisprudência, 1993, I, pág. 5
– Acórdão do Supremo Tribunal de Justiça, de 14/04/99, relator Sousa Dinis, in www.dgsi.pt, última consulta feita a 12/02/06, sob o termo "Sociedade comercial"
– Acórdão do Supremo Tribunal de Justiça, de 28/02/02, relator Neves Ribeiro, in www.dgsi.pt, última consulta feita a 12/02/06, sob o termo "Sociedade comercial"
– Acórdão do Tribunal da Relação de Évora, de 05/06/95, in Colectânea de Jurisprudência, 1995, n.º 3, pág. 286

Deliberações anuláveis por falta de elementos mínimos

– Acórdão do Supremo Tribunal de Justiça, de 31/10/89, in Boletim do Ministério da Justiça, 390, pág. 418
– Acórdão do Supremo Tribunal de Justiça, de 07/10/93, relator Sousa Macedo, in www.dgsi.pt, última consulta feita em 06/09/06, sob o termo "Prestação de Contas"
– Acórdão do Supremo Tribunal de Justiça, de 27/09/94, relator Costa Raposo, in www.dgsi.pt, última consulta feita em 06/09/06, sob o termo "Sociedade comercial"
– Acórdão do Supremo Tribunal de Justiça, de 18/03/97, relator Silva Paixão, in www.dgsi.pt, última consulta feita em 06/09/06, sob o termo "Direito à informação"
– Acórdão do Supremo Tribunal de Justiça, de 19/02/02, relator Diogo Fernandes, in www.dgsi.pt, última consulta feita em 06/09/06, sob o termo "Deliberação social"
– Acórdão do Tribunal da Relação de Lisboa de 02/12/92, relator Joaquim Dias, in www.dgsi.pt, última consulta feita em 06/09/06, sob o termo "Sociedade comercial"
– Acórdão do Tribunal da Relação do Porto de 26/06/2000, relator António Gonçalves, in www.dgsi.pt, última consulta feita em 14/02/06, sob o termo "Sociedade comercial"

Deliberações nulas por falta de convocação

– Acórdão do Supremo Tribunal de Justiça, de 12/07/94, in Boletim do Ministério da Justiça, 439, pág. 582
– Acórdão do Tribunal da Relação de Lisboa, de 10/11/94, relator Ferreira Girão, in www.dgsi.pt, última consulta feita em 06/09/06, sob o termo "Sociedades comerciais"
– Acórdão do Tribunal da Relação do Porto, de 10/10/02, relator Viriato Bernardo, in www.dgsi.pt, última consulta feita a 14/02/06, sob o termo "Deliberação social"

Destituição do gerente ou administrador

– Acórdão do Tribunal da Relação do Porto, de 22/05/01, relator Afonso Correia, in www.dsgi.pt, última consulta feita em 14/02/06, sob o termo "Sociedade comercial"

I

Informação preparatória das assembleias

- Acórdão do Supremo Tribunal de Justiça, de 09/07/98 in Boletim do Ministério da Justiça, 429.º, pág. 627
- Acórdão do Tribunal da Relação de Évora, de 04/06/92, in Boletim do Ministério da Justiça, 418.º, pág. 892
- Acórdão do Tribunal da Relação do Porto, de 26/10/99, in Colectânea de Jurisprudência, 4.º, pág. 227

Inquérito judicial

- Acórdão do Supremo Tribunal de Justiça, de 31/01/96, relator Lopes Pinto, in www.dgsi.pt, última consulta feita em 12/02/05, sob o termo "Escrita comercial"
- Acórdão do Supremo Tribunal de Justiça, de 01/07/97, relator Cardona Ferreira, in www.dgsi.pt, última consulta feita em 04/05/05, sob o termo "Direito à informação"
- Acórdão do Supremo Tribunal de Justiça, de 19/10/04, relator Ferreira Girão, in www.dgsi.pt, última consulta feita em 12/02/05, sob o termo "Inquérito judicial"
- Acórdão do Tribunal da Relação de Évora, de 13/10/94, relator Pita de Vasconcelos, in Colectânea de Jurisprudência, XIX, 1994, 4, pág. 276-277.
- Acórdão do Tribunal da Relação do Porto., de 21/01/88, in Colectânea de Jurisprudência, 1988, 1, 194
- Acórdão do Tribunal da Relação do Porto de 13/02/90, relator Lobo Mesquita, in Boletim do Ministério da Justiça, n.º 394, 1990, pág. 538-539
- Acórdão do Tribunal da Relação do Porto, de 05/05/98, relator Pelayo Gonçalves, in www.dgsi.pt, última consulta feita em 04/05/05, sob o termo "Sociedade"
- Acórdão do Tribunal da Relação do Porto, de 17/12/01, in www.dgsi.pt, relator Caimoto Jácome, última consulta feita em 12/02/06, sob o termo "Sociedade Comercial"
- Acórdão do Tribunal da Relação do Porto, de 02/12/02, relator Pinto Ferreira, in www.dgsi.pt, última consulta feita em 12/02/06, sob o termo "Inquérito judicial"
- Acórdão do Tribunal da Relação do Porto, de 07/04/05, relator José Ferraz, in www.dgsi.pt, última consulta feira em 12/02/06, sob o termo "Inquérito judicial"

Intervenção do colectivo dos sócios

- Acórdão do Tribunal da Relação do Porto, de 29/10/96, relator Durval Morais, in www.dgsi.pt, última consulta feita em 04/05/05, sob o termo "Sociedade por quotas"

O

Obrigação de informação

- Acórdão do Supremo Tribunal de Justiça, de 09/01/03, in www.dgsi.pt, relator Ferreira de Almeida, última consulta feita em 19/10/05, sob o termo "Obrigação de informação"

– Acórdão do Tribunal da Relação de Coimbra, de 17/11/87, in Colectânea de Jurisprudência, 1987, Tomo V, pág. 80-82

R

Recusa de informações

– Acórdão do Supremo Tribunal de Justiça, de 07/01/99, in www.dgsi.pt, relator Sousa Dinis, última consulta em 14/02/06, sob o termo "Sociedade comercial"

– Acórdão do Tribunal da Relação do Porto, de 05/01/99, in Colectânea de Jurisprudência, 1.º, pág. 177

S

Sócio gerente ou administrador

– Acórdão do Supremo do Tribunal de Justiça, de 25/10/90, relator Brochado Brandão, in www.dgsi.pt, última consulta feita a 12/02/06, sob o termo de pesquisa "Sociedade Comercial"

– Acórdão do Supremo Tribunal de Justiça, de 23/05/1996, in Colectânea de Jurisprudência – Supremo Tribunal de Justiça, 1996, II, pág. 86.

– Acórdão do Tribunal da Relação do Porto de 21/01/1988, Colectânea de Jurisprudência, 1988, 1, 194

– Acórdão do Tribunal da Relação do Porto, de 07/11/1989, in Boletim do Ministério da Justiça, 391, pág. 704

– Acórdão do Tribunal da Relação do Porto, de 27/01/98, in www.dgsi.pt, relator Soares de Almeida, última consulta feita em 12/02/06, sob o termo "Sociedade comercial"

– Acórdão do Tribunal da Relação do Porto, de 13/04/99, relator Lemos Jorge, Boletim do Ministério da Justiça, 486, pág. 369

– Acórdão do Tribunal da Relação do Porto, de 06/12/99, in www.dgsi.pt, relator Fonseca Ramos, última consulta feita em 12/02/06, sob o termo "Sociedade comercial"

– Acórdão do Tribunal da Relação do Porto, de 02/12/02, in www.dgsi.pt, relator Pinto Ferreira, in www.dgsi.pt, última consulta feita em 12/02/06, sob o termo "Inquérito judicial"

– Acórdão do Tribunal da Relação do Porto, de 19/10/04, in www.dgsi.pt, relator Mário Cruz, última consulta feita em 12/02/06., sob o termo "Inquérito judicial"

– Acórdão do Tribunal da Relação do Porto, de 27/09/05, in www.dgsi.pt, relator Alberto Sobrinho, última consulta feita em 14/02/06, sob o termo "Sociedade Comercial"

– Acórdão do Tribunal da Relação de Lisboa, de 02/12/1992, Colectânea de Jurisprudência, 1992, 5, 129

– Acórdão do Tribunal da Relação de Lisboa, 07/02/02, relator Salazar Cazanova, in Colectânea de Jurisprudência 2002, 1.º, página 103.

ÍNDICE IDEOGRÁFICO

Abuso
– De direito – 86-88, 195, 213-221
– De informação – 181-187, 222, 238, 331-333
– No exercício do poder de informação – 199-200, 212-221

Assembleia
– Especial de accionistas – 141-142
– Geral de sócios – 141-144
– Suspensão – 147-151
– Universal – 142

Beneficiários
– Cônjuge do sócio – 282-284
– Credor pignoratício – 288-290
– Disponibilização de informação anteriormente divulgada para os restantes sócios – 269-270
– Obrigacionista – 286-288
– Representante do sócio – 271-282 (ver ainda em *Representação*)
– Sócio – 233-268
– Sucessores do sócio falecido – 284-286
– Usufrutuário – 288-290

Consulta
– De documentação pelo sócio acompanhado de perito – 19, 317-320
– De documentos relativos às contas das sociedades por quotas – 155
– De documentos sociais – 151-168, 317-320
– De documentos sociais preparatórios de assembleias – 161-168, 296-298
– De documentos sociais preparatórios de assembleias de fusão, cisão e transformação – 154-155
– De documentos sociais preparatórios de assembleias de sociedades anónimas – 161-168
– De documentos sociais relativos a contratos de grupo – 154-155
– Mínima dos accionistas – 156-161, 250-251
– Obtenção de cópias – 19, 188-191, 317

Contrato de sociedade
– Casos de recusa de informação – (ver em *Recusa*)
– Fiscalização – 108-113
– Natureza – 51-53
– Regulamentação do poder de informação – 171-178
– Regulamentação do poder de informação nas sociedades em comandita – 244-245
– Regulamentação do poder de informação nas sociedades em nome colectivo e anónimas – 176-178
– Regulamentação do poder de informação nas sociedades por quotas – 171-176, 193-195, 247-248

Convocatória
- Propósito – 140
- Sociedades anónimas – 295
- Sociedades em nome colectivo e por quotas – 294
- Sociedades com valores admitidos em mercado regulamentado – 295-296

Deliberação social
- Abusiva – 86-88
- Anulável por falta de fornecimento de elementos mínimos de informação – 339-342
- Anulável por recusa injustificada de informação – 342
- Anulável por violação legal ou estatutária relativamente à forma de comunicação ou disponibilização da convocatória ou dos documentos preparatórios para uma assembleia – 340-342
- De prestação ou correcção de informação anteriormente não prestada ou de informação falsa, incompleta ou não elucidativa – 335-338
- Em assembleia – 141-144
- Inválida – 338-344
- Nula por falta de convocação – 338-339
- Por voto escrito dos sócios na sociedade por quotas – 142
- Unânime por escrito – 142

Dever
- De apresentação de coisas ou documentos escritos a exame – 32-36 (ver também em *Consulta*)
- De informação – 32-36 (ver também em *Informação*)
- De lealdade – 77, 224
- De reprodução de coisas ou documentos – 188-191

Direito (ver também em *Poderes*)
- Social – 56-58, 76-102, 215-221
- Subjectivo – 56-73, 76, 215

Empresa (ver também em *Interesse*)
- Conceito – 89-91
- Plurissocietária – 132-137
- Social – 91-94

Informação(ões)
- Características – 124-126
- Conceito – 28-32
- Confidencial, sigilosa ou privilegiada – 193-194, 201, 207-208, 210-211
- Da iniciativa da sociedade – 23, 225-229, 293-302
- E fiscalização – 108-111
- Em assembleias gerais de sócios – 138-151, 252-259, 308-316
- Publicitada – 22-23, 29
- Publicitada na Internet – 300-302
- Relativa à possibilidade de participação preferencial em aumentos de capital – 298-300
- Relativamente à convocação e preparação de assembleias – 226-227
- Relativamente a perda de metade do capital – 227-228
- Relativamente a sócios ou terceiros – 131-132
- Sob a forma de conselhos ou recomendações – 29-30
- Sobre a empresa social – 119-120
- Sobre a gestão ou assuntos da sociedade – 118-137
- Sobre actos cuja prática seja esperada – 126-131
- Sobre actos praticados – 126-129
- Sobre sociedades coligadas – 132-137
- Solicitada pelo sócio – 23, 118-151, 225, 303-316
- Solicitada pelo sócio nas sociedades anónimas – 120-123
- Solicitada pelo sócio nas sociedades em nome colectivo e por quotas – 118-120
- Susceptível de influenciar as decisões dos investidores – 24-27

– Utilizada ilicitamente pelo sócio – 222--224

Inquérito judicial
– Âmbito – 124, 324-335
– Legitimidade passiva – 119
– Para prestação de contas – 325
– Pela falta ou prestação de informação falsa, incompleta ou não elucidativa – 325-331
– Por abuso de informação – 331-335
– Nas sociedades em nome colectivo – 182-184, 186

Inspecção
– Dos bens sociais – 151-154, 168-171, 317-320

Interesse(es)
– Da maioria dos sócios – 85-86
– De terceiros – 174, 186-187, 194, 201, 215, 216
– Do accionista prejudicado com uma utilização estranha à sociedade de informação por outro accionista – 205-206
– Dos accionistas – 208
– Dos obrigacionistas – 286-287
– Individual do sócio – 83, 92-93, 96-102, 110-111, 151, 152, 172, 174, 175-176, 184-187, 195, 196, 197-200, 212-220
– Inerente à empresa – 85, 88, 91-94
– Juridicamente atendível no exame de documentos escritos – 152
– Social – 83-94, 150-151, 172, 174, 182, 184-185, 187, 193-194, 197-200, 206, 208, 215, 220, 227

Obrigação (ver em *Dever*)

Participação social
– Conceito – 45-47
– Conteúdo – 76-82, 99-100
– Natureza – 43-58, 74-76

Poder(es)
– Colectivos – 81
– De assistência nas assembleias – 255--256, 280-282
– De discussão sobre os assuntos sujeitos à apreciação nas assembleias – 255-256, 280-282
– De participação nas decisões sociais – 255-256
– Especiais dos sócios – 79

Poder de informação
– Âmbito – 107-229
– Beneficiários – 233-290 (ver ainda em *Beneficiários*)
– Especial – 259-263
– Exercício ilegítimo – 212-221
– Forma – 293-320
– Limites – 179-221
– Mecanismos de reposição da legalidade – 323-344
– Mecanismos de responsabilização do sujeito passivo – 344-357
– Modalidades – 114-117

Recusa
– Casos fixados pelo contrato de sociedade – 173-174, 193-195, 201, 247-248
– De informação – 18, 179-212
– De informação em assembleia por violação de segredo imposto por lei – 210--211
– De informação em assembleia susceptível de causar prejuízo grave à sociedade ou a outra com ela coligada – 151, 209--210
– De informação nas assembleias – 208--212
– De informação nas sociedades anónimas – 202-208
– De informação nas sociedades em nome colectivo – 181-191
– De informação nas sociedades por quotas – 191-201, 247-248

- De informação por receio de utilização futura para fins estranhos à sociedade e com prejuízo desta – 196-200
- De informação por receio de utilização futura para fins estranhos à sociedade e com prejuízo para algum accionista – 198-199, 205-206
- De informação por violação de segredo imposto por lei, no interesse de terceiro – 201
- De informação susceptível de prejudicar relevantemente a sociedade ou accionistas – 132, 198-199, 207-208
- Oposição à reprodução de coisas ou documentos – 188-191

Representação
- De acções preferenciais sem voto – 276, 280-282
- De uma mesma categoria de obrigações – 276, 280
- Do accionista relativamente ao poder de consulta mínimo – 276-277
- Dos contitulares da quota – 272
- Dos contitulares de acções – 276
- Nas assembleias das sociedades anónimas – 277-282
- Nas assembleias das sociedades em nome colectivo – 271-272
- Nas assembleias das sociedades por quotas – 272-273
- Permitida nos termos do contrato da sociedade por quotas – 273-275

Responsabilidade do sujeito passivo
- Civil – 349-352
- Criminal – 352-357
- Societária – 344-348

Sociedades
- Abertas – 24, 206
- Anónimas – 248-249, 252, 276
- Civis – 20-21
- Comerciais – 21
- De capitais – 131-132
- De pessoas – 131
- Em comandita – 238-245
- Em comandita por acções – 241-244
- Em comandita simples – 240-241
- Em nome colectivo – 185-187, 236-238
- Em relação de domínio – 133-134
- Em relação de grupo – 133-134
- Por quotas – 246-248, 273
- Unipessoais originárias – 53

Sócio
- Accionista – 248-252
- Accionista de sociedade aberta – 99, 122-123
- Características relacionadas com a pessoa do sócio – 234-235
- Comanditado – 238, 245
- Comanditário – 239, 246
- Comanditado de uma sociedade em comandita por acções – 114, 241-244
- Comanditado de uma sociedade em comandita simples – 240
- Comanditário de uma sociedade em comandita por acções – 241
- Comanditário de uma sociedade em comandita simples – 240-241
- *Corsário* – 122
- De responsabilidade ilimitada – 236-245
- De responsabilidade limitada – 246-252
- De sociedade em nome colectivo – 99, 186, 236-238, 242
- De sociedades dominadas ou subordinadas – 134
- De sociedade por quotas – 246-248
- Exclusão – 221-222, 224
- *Flibusteiro* – 122
- Gerente ou administrador – 18, 263-268, 328
- Impedido de votar – 256-257
- Representante – (ver em *Beneficiários*)

ÍNDICE ONOMÁSTICO

Abreu, Jorge Manuel Coutinho de – 45, 77, 79, 85, 88, 91, 93, 114, 144, 158, 159, 170, 178, 213, 349

Ackerloff, George – 25

Albuquerque, Pedro de – 57, 78, 93, 101, 299

Alexandre, Isabel – 26

Almeida, António Pereira de – 47, 51, 56, 77, 85, 95, 99, 114, 238

Almeida, Ferreira de – 29

Almeida, L. P. Moitinho de – 144

Almeida, Marta Cruz de – 25

Almeida, Paulo Pereira de – 143, 338

Alves, Aníbal – 31

Andrade, Manuel A. Domingues de – 62

Andrés, Aníbal Sánchez – 79

Antunes, Henrique Sousa – 143, 147, 148, 166, 255, 257, 282, 338

Antunes, José Augusto Quelhas Lima Engrácia – 133, 134, 154

Araújo, Fernando – 25

Ascarelli, Tullio – 55, 299

Ascensão, José de Oliveira – 21, 26, 29, 50, 57, 69, 85, 92, 144, 155

Azevedo, Amândio Anes de – 78

Bedogni, Carla Rabitti – 26

Bento, José – 133

Bewsey, Jane – 26

Bornet, Jean Pierre – 26

Brunetti, António – 51, 56, 91, 237

Caeiro, António Agostinho – 78, 264

Caetano, Marcello – 21

Câmara, Paulo – 25

Campos, João Mota – 311

Candian, Aurélio – 142

Cañizares, Felipe de Solá – 90, 91

Carlos, Palma – 154

Carnelutti, Francesco – 49

Carvalho, Martins de – 154

Carvalho, Orlando de – 88

Castro, Carlos Osório de – 24, 101, 121, 287

Coelho, Eduardo de Melo Lucas – 142, 144

Coelho, José Gabriel Pinto – 57, 78, 154

Coelho, Maria Ângela – 264

Corapi, Diego – 25

Cordeiro, António Manuel da Rocha e Menezes – 35, 44, 51, 54, 59, 61, 66, 67, 68, 69, 73, 78, 79, 85, 88, 91, 93, 98, 121, 131, 141, 142, 154, 158, 175, 181, 192, 208, 213, 216, 227, 237, 255, 299, 315, 326, 328, 329, 351, 362, 363

Correia, António Aruda Ferrer – 21, 47, 78, 127, 170, 172, 264

Correia, Luís Brito – 21, 45, 47, 48, 49, 51, 81, 82, 85, 86, 88, 101, 114, 141, 154, 169, 267, 349

Correia, Miguel Pupo – 45, 81, 88, 91, 96, 143, 277

Costa, Carlos Baptista da – 133

Costa, Mário Júlio de Almeida – 35, 213

Cottino, Gastone – 154

Cruz, Branca Martins da – 144

Cuesta Rute, José María de la – 29

Cunha, Paulo – 66, 68, 70, 72, 74

Cunha, Paulo Olavo – 79, 178

De Ferra, Giampaolo – 84

Deuss, Peter – 214

Duarte, Teófilo de Castro – 87, 144

Duguit, Léon – 59, 62

Estaca, José Nuno Marques – 91

Fernandes, Luís A. Carvalho – 21, 60, 62, 66, 72, 91

Ferreira, Cavaleiro de – 78

Ferreira, David – 133

Ferreira, Durval – 143, 144

Ferreira, Eduardo Paz – 25, 29

Ferri, Giuseppe – 51

Fisher, Jonathan – 26

Frada, Manuel A. Carneiro da – 144

França, Maria Augusta – 78, 134

Freire, Mário – 25

Furtado, Jorge Henrique da Cruz Pinto – 45, 52, 54, 79, 97, 114, 142, 144, 154, 237, 283

Galgano, Francesco – 87, 88, 154

Giannantonio – 277

Giusto, Nicoletta – 29

Gonçalves, Luiz da Cunha – 97

Gromann, Hans-Georg – 155

Habersack, Mathias – 57

Hopt, Klaus J. – 25

Jaeger, Pier Giusto – 84

Jellineck, Georg – 54

Jèze, Gaston – 62

Jhering, Rudolph Von – 59, 60, 61, 62, 65, 66, 86, 186

Keck, Kristina – 155

Kelsen, Hans – 62

Labareda, João – 23, 30, 46, 91, 109, 116, 134, 137, 169, 178, 210, 226, 233, 250, 266, 290, 337, 363

Laia, M. Roque – 144

Larenz, Karl – 63, 64

Leitão, Luís Menezes – 93, 315

Lima, Fernando Andrade Pires de – 21, 35, 79, 110

Loss, Louis – 25

Lutter, Marcus – 57

Machado, José Fernandes – 133

Maia, Pedro – 144

Manara, Ulisse – 47

Marques, Mafalda Gouveia – 25

Martins, Alexandre Soveral – 45, 170

Mateus, António Simões – 133, 134

Matos, Lino – 25

Mendes, João de Castro – 21, 62, 66, 67, 68, 70, 72, 92

Mesquita, Mário – 32

Miccio, Renato – 78

Michoud, Léon – 48, 65

Milde, Thomas – 155

Miranda, Gil – 238

Monteiro, Sinde – 29, 35

Moreira, Guilherme Alves – 65, 185

Mota, Guerra da – 78, 84, 87

Murano – 78

Nawiasky, Hans – 63

Índice Onomástico

Neto, Abílio – 101, 122, 264
Nobili, Raffaele – 78
Nunes, Pedro Caetano – 349
Olavo, Carlos – 144
Olavo, Fernando – 57, 78, 122, 238
Pastor, Garrido – 29
Pina, Carlos Costa – 25, 29
Pinheiro, Luís de Lima – 154
Pinto, Carlos Alberto da Mota – 21, 62
Pinto, Eduardo Vera-Cruz – 282
Pinto, Frederico de Lacerda da Costa – 25
Pires, J. J. Vieira – 25
Pita, Manuel António – 144
Pont, Manuel Broseta – 91
Postelwaite, A. – 25
Predieri, Alberto – 25
Puchta, Georg Friedrich – 59
Ramos, Maria Elisabete – 45, 170
Regelsberger, Elfriede – 65
Ripert, Georges – 48
Roblot, René – 48
Rocco, Alfredo – 47
Rodrigues, Sofia Nascimento – 26, 27, 29
Ruggiero, Roberto de – 65
Sá, Fernando Augusto Cunha de – 213
Santos, Filipe Cassiano dos – 86
Santos, Gonçalo Castilho dos – 25
Santos, Mário Leite – 46
Saraiva, Alberto da Cunha Rocha – 65
Savigny, Friedrich Karl Von – 58, 59
Schmidt, Karsten – 57
Seligman, Joel – 25
Serra, Adriano Paes da Silva Vaz – 35, 79, 127, 144
Silva, Castro – 154

Silva, Manuel Duarte Gomes da – 58, 67, 68, 69, 72
Soares, Maria Ângela – 78
Soares, Vasco – 25
Tavares, José Maria Joaquim – 60, 66, 71, 89, 154, 237
Thon, August – 63
Torres, Carlos Maria Pinheiro – 116, 129, 169, 182, 183, 184, 198, 200, 206, 207, 210, 223, 224, 226, 245, 250, 255, 256, 258, 259, 265, 269, 283, 288, 289, 290, 326, 329
Triola, Roberto – 110
Úria, Rodrigo – 91
Varela, João de Matos Antunes – 21, 35, 79, 110
Vasconcelos, Pedro Pais de – 21, 50, 54, 57, 59, 64, 66, 69, 70, 75, 76, 77, 79, 86, 98, 100, 101, 102, 122, 144, 155, 180, 181, 201, 210, 213, 237, 238
Vauplane, Hubert de – 26
Ventura, Raúl – 23, 31, 46, 51, 78, 79, 86, 97, 109, 114, 124, 125, 127, 128, 133, 145, 147, 148, 150, 154, 155, 158, 165, 166, 167, 172, 175, 176, 197, 198, 204, 211, 213, 225, 228, 237, 249, 251, 257, 258, 263, 265, 269, 273, 276, 282, 289, 298, 341, 349
Vilar, Maria João – 25
Vital, Fézàs – 62
Wiedemann, Herbert – 57
Wieland, Karl – 47
Windscheid, Bernardo – 58, 59, 65, 66
Wolf, Manfred – 63, 64
Xavier, Maria Rita Aranha da Gama Lobo – 283
Xavier, Vasco da Gama Lobo – 93, 144, 255, 264, 339

ÍNDICE BIBLIOGRÁFICO

Abreu, Jorge Manuel Coutinho de

"*Curso de Direito Comercial – Vol. I: Introdução, actos de comércio, empresas, sinais distintivos*" – 6.ª edição, Livraria Almedina, 2006

"*Curso de Direito Comercial – Vol. II: Das sociedades*" – Livraria Almedina, 2002

"*Da empresarialidade. As empresas no Direito.*" – Livraria Almedina, Coimbra 1996 (reimpressão 1999)

"*Do abuso do direito. Ensaio de um critério em direito civil e nas deliberações sociais*" – reimpressão da edição de 1999, Almedina, Coimbra, 2006

Ackerloff, George

"*The market of lemons: Quality, uncertainly and the market mechanism*" – in "*Quarterly Journal of Economics*", Vol. 84, 1970

Albuquerque, Pedro de

"*Direito de preferência dos sócios em aumentos de capital nas sociedades anónimas e por quotas*" – Almedina, Coimbra, 1993

Alexandre, Isabel

"*Investidor institucional, não institucional equiparado e investidor comum*" – in "*Direito dos Valores Mobiliários – Vol. V*", Instituto dos Valores Mobiliários, Coimbra Editora, 2004

Almeida, António Pereira de

"*Direito Comercial – Vol. I: Actos de comércio e comerciantes*" – Associação Académica da Faculdade de Direito de Lisboa, 1977

"*Sociedades Comerciais*" – 4.ª edição, Coimbra Editora, 2006

Almeida, Ferreira de

"*Conceito de publicidade*" – in Boletim do Ministério da Justiça, n.º 349, 1985

Almeida, L. P. Moitinho de

"*Anulação de deliberações sociais*" – Separata de "*Juridica*", Rio, GB, 1972

Almeida, Marta Cruz de

"*O dever de defesa do mercado*" – in "*Direito dos Valores Mobiliários – Vol. IV*", Instituto dos Valores Mobiliários, Coimbra Editora, 2003

Almeida, Paulo Duarte Pereira de

"*O direito do accionista à informação no código das sociedades comerciais*" – Tese de Mestrado em Ciências Jurídicas apresentada na Faculdade de Direito de Lisboa, 1993

Alves, Aníbal

"*Informação*" – in "*Enciclopédia Pólis*", 3.º Vol., Editora Verbo

Andrade, Manuel A. Domingues de

"*Teoria Geral da Relação Jurídica – Vol. I: Sujeito e objecto*" – Livraria Almedina, Coimbra, 1997

Andrés, Aníbal Sánchez

"*El Derecho de Suscripción Preferente del Accionista*" – Civitas, Madrid, 1990 (reimpressão da 1.ª edição de 1974)

Anthero, Adriano

"*Comentario ao Codigo Commercial Portuguez – Vol. I*" – 2.ª edição, Companhia Portuguesa Editora, Ld.ª, Porto

Antunes, Henrique Sousa

"*Algumas considerações sobre a informação nas sociedades anónimas (em especial, os artigos 288.º a 293.º do Código das Sociedades Comerciais)*" – in "*Direito e Justiça*", Vol. X, tomo I, 1996

Antunes, José Augusto Quelhas Lima Engrácia

"*O direito de oposição judicial dos sócios livres*" – in "*Estudos dedicados ao Prof. Doutor Mário Júlio de Almeida Costa*", UCP, 2002

"*Os grupos de sociedades – Estrutura e organização jurídica da empresa plurissocietária*" – 2.ª edição, Livraria Almedina, Coimbra, 2002

"*Os poderes nos grupos de sociedades*" – in "*Problemas do Direito das Sociedades*", Instituto do Direito das Empresas e do Trabalho, Almedina, 2003, reimpressão

Araújo, Fernando

"*Uma nota sobre carros usados*" – in "*Estudos jurídicos e económicos em homenagem do Professor João Humbrales*", Edição da Faculdade de Direito da Universidade de Lisboa, Coimbra Editora, 2000

Ascarelli, Tullio

"*Diritto di Opzione e Usufruto di Azioni*" – in "*Studi in Tema di Società*", Milão, 1952

"*Studi in tema di società*" – Giuffrè, Milano, 1952

Ascensão, José de Oliveira

"*A protecção do investidor*" – in "*Direito dos Valores Mobiliários – Vol. IV*", Instituto dos Valores Mobiliários, Coimbra Editora, 2003

"*Direito Civil – Teoria Geral – Vol. I: Introdução, as pessoas, os bens*" – 2.ª edição, Coimbra Editora, 2000

"*Direito Civil – Teoria Geral – Vol. III: Relações e situações jurídicas*" – Coimbra Editora, Coimbra, 2002

"*Direito Comercial – Vol. IV: Sociedades Comerciais – Parte Geral*" – Lisboa, 2000

"*Invalidades das deliberações dos sócios*" – in "*Problemas do Direito das Sociedades*", Instituto do Direito das Empresas e do Trabalho, Livraria Almedina, Coimbra, 2003, reimpressão

"*Publicidade enganosa e Comparativa e Produtos Financeiros*" – in "*Revista da Banca*", n.º 45 (Jan/Jun), 1998

Azevedo, Amândio Anes de

"*O direito de preferência dos accionistas na subscrição de novas acções emitidas pela sociedade*" – in "*Revista de Direitos e de Estudos Sociais*", ano 16, n.ºs 1/2

Bedogni, Carla Rabitti

"*Il diritto del Mercato Mobiliare. Soggetti, Attività, Strumenti, Controlli*" – Giuffrè, Milano, 1997

Bento, José
Machado, José Fernandes

"Plano Oficial de Contabilidade Explicado" – 27.ª edição, Porto Editora, Abril de 2005

Brunetti, Antonio

"Tratado Del Derecho de Las Sociedades – Vol I: Parte General – Las Sociedades Personales, La Sociedad de Armamento entre Coproprietarios de Naves" – Tradução Felipe Solá Cañizares, UTEHA, Buenos Aires, Argentina, 1960

Caetano, Marcello

"As pessoas colectivas no novo Código Civil Português" – in "O Direito", ano 99

Câmara, Paulo

"Os deveres de informação e a formação de preços no mercado de valores mobiliários" – in "Cadernos do Mercado de Valores Mobiliários", n.º 2, Comissão do Mercado de Valores Mobiliários, Lisboa, 1998

Campos, João Mota

"Direito Comunitário – Vol. II: O Ordenamento Jurídico Comunitário" – 5.ª edição, Fundação Calouste Gulbenkian, Lisboa, 1995

Candian, Aurelio

"Nullità e annulabilità di delibere di assemblea delle società per azioni" – Dott. A. Giuffrè, Milano, 1942

Cañizares, Felipe de Solá

"Tratado del Derecho Comercial Comparado" – Tomo II, Montaner y Simón, S.A., Barcelona, 1962

Carlos, Palma
"Transformação de sociedades" – in "Revista da Faculdade de Direito de Lisboa", XIV

Carnelutti, Francesco

"Teoria guiridica della circolazione" – CEDAM, Padova, 1933

Carvalho, Martins de

"Transformação de sociedades" – in revista "O Direito", n.º 68, 1936

Carvalho, Orlando de

"*Critério e estrutura do estabelecimento comercial, Vol. I: O problema da empresa como objecto de negócios*" – Coimbra, 1967

Castro, Carlos Osório de

"*A informação no direito do mercado de valores mobiliários*" – in "*Direito dos Valores Mobiliários*", Lex, Lisboa 1997

"*Valores Mobiliários: Conceito e espécies*" – 2.ª edição, Universidade Católica Portuguesa – Porto, 1998

Coelho, Eduardo de Melo Lucas

"*Direito de voto dos accionistas nas assembleias-gerais das sociedades anónimas: código das sociedades comerciais: direito comparado*" – Rei dos Livros, Lisboa, 1987

"*Formas de deliberação e de votação dos sócios*" – in "*Problemas do Direito das Sociedades*", Instituto do Direito das Empresas e do Trabalho, Almedina, 2003, reimpressão

Coelho, José Gabriel Pinto

"*A Representação do sócio menor no exercício de direitos sociais*" – in Revista de Legislação e Jurisprudência, 95.º, 1962

"*Lições de Direito Comercial feitas ao curso do 3.º ano Jurídico pelo Professor Doutor José Gabriel Pinto Coelho: Obrigações mercantis em geral, obrigações mercantis em especial (sociedades comerciais) – Fascículo I*" – Vol. III: Sociedades Comerciais, 2.ª edição do Autor, Lisboa, 1966

"*Lições de Direito Comercial feitas ao curso do 3.º ano Jurídico pelo Professor Doutor José Gabriel Pinto Coelho: Obrigações mercantis em geral, obrigações mercantis em especial (sociedades comerciais) – Fascículo II*" – Vol. III: Sociedades Comerciais, 2.ª edição do Autor, Lisboa, 1966

Corapi, Diego

"*L'Obbligo di Comunicazione alla Consob e di Pubblicazione del Prospetto nelle Operazioni Finanziarie di Sollecitazioni del Pubblico Risparmio*" – in "*Rivista del Diritto Comerciale e del Diritto Generale delle Obligazioni*", 1985

Cordeiro, António Manuel da Rocha e Menezes

"*A grande reforma das sociedades comerciais*" – in "O Direito", ano 138, III, 2006

"*Da boa-fé no Direito Civil*" – 2.ª reimpressão, Colecção Teses, Almedina, 2001

"Da perda de metade do capital social nas sociedades comerciais" – in Revista da Ordem dos Advogados, ano 56, I, Janeiro de 1996

"Da preferência dos accionistas na subscrição de novas acções; exclusão e violação" – in Revista da Ordem dos Advogados, ano 50, II, Lisboa, Julho 1990

"Direito Bancário: Relatório" – Livraria Almedina, Coimbra, 1997

"Manual de Direito Comercial – Vol. I" – 2.ª edição Almedina, Coimbra, 2007

"Manual de Direito das Sociedades – Volume I: Das sociedades em geral" – Livraria Almedina, 2004

"Manual de Direito das Sociedades – Volume II: Das sociedades em especial" – Almedina, 2006

"Tratado de Direito Civil Português – I: Parte Geral – Tomo I" – 3.ª edição, Livraria Almedina, 2005

Correia, António Aruda Ferrer

"Lições de Direito Comercial" – reimpressão, Lex, 1994

"Se o aumento de capital com admissão de novos sócios é acto de alienação, para os efeitos do art. 150.º do Código Civil" – in Revista de Legislação e Jurisprudência, 95.º

Correia, António Aruda Ferrer
Caeiro, António Agostinho

"Aumento de capital, preferência dos accionistas e sobrepreço das acções" – in *"Revista de Direitos e de Estudos Sociais"*, ano XV, n.º 1/2, Coimbra, 1968

Correia, António Aruda Ferrer
Xavier, Vasco da Gama Lobo
Caeiro, António Agostinho
Coelho, Maria Ângela

"Sociedade por Quotas de Responsabilidade Limitada – Anteprojecto de Lei (2.ª redacção) – Revista de Direito e Economia, ano 3, 1977, n.ºs 1 (Janeiro/Junho) e 2 (Julho/Dezembro), ano 5, 1979, n.º 1 (Janeiro/Junho), Universidade de Coimbra

Correia, Luís Brito

"Direito Comercial – 1.º Volume" – 2.ª tiragem, Associação Académica da Faculdade de Direito de Lisboa, 1987/88

"Direito Comercial – 2.º Volume: Sociedades Comerciais" – 4.ª tiragem da edição de 1989, Associação Académica da Faculdade de Direito de Lisboa, 2000

"Direito Comercial – 3.º Volume: Deliberações dos sócios" – 3.ª tiragem da edição de 1989, Associação Académica da Faculdade de Direito de Lisboa, 1997

"Grupos de sociedades" – in "Novas perspectivas do Direito Comercial", Centro de Estudos Judiciários, Faculdade de Direito da Universidade Clássica de Lisboa, Livraria Almedina, Coimbra, 1988

Correia, Miguel Pupo

"Direito Comercial – Direito da Empresa", 9.ª edição, Ediforum, 2005

"Os contratos e o comércio electrónico" – Maio, 1999

Costa, Carlos Baptista da

"A contabilidade e a auditoria dos grupos de empresas" – Rei dos Livros, Lisboa, 1990

Costa, Mário Júlio de Almeida

"Direito das Obrigações" – 10.ª edição reelaborada, Livraria Almedina, Coimbra, 2006

Cottino, Gastone

"Diritto commerciale: Vol. I, tomo II: "Le società" – 6.ª edição, Padova, CEDAM, 1999

Cruz, Branca Martins da

"Assembleias-gerais nas sociedades por quotas" – Livraria Almedina, Coimbra, 1988

Cuesta Rute, José Maria de la

"Comentario a la circular 13/81 del Banco de España sobre Entidades de Depósito. Publicidad de Tipos y Tarifas" – in "Revista de Derecho Bancario y Bursatil", n.º 2 (Abr-Jun), 1981

Cunha, Paulo

"Teoria Geral da Relação Jurídica – Vol. I" – Edição da Associação Académica da Faculdade de Direito, Lisboa, 1960

Cunha, Paulo Olavo

"Breve nota sobre os direitos dos sócios" – in "Novas perspectivas do direito comercial", Faculdade de Direito da Universidade Clássica de Lisboa, Centro de Estudos Judiciários, Livraria Almedina, Coimbra, 1988

"Direito das Sociedades Comerciais", 2.ª edição, Centro de Direito Comercial e Direito da Economia da Universidade Católica – Lisboa, Almedina, 2006

"Os direitos especiais nas sociedades anónimas: as acções privilegiadas" – Livraria Almedina, Coimbra, 1993

De Ferra, Giampaolo

"*L'Interesse dell'Impresa: Variazioni sul tema*" – in "*Impresa e Società: Scritti in memoria di Alessandro Graziani*", I, Morano Editore, 1968

Deuss, Peter

"*Das Auskunftrecht des Aktionärs*" – Munique e Berlim, 1962

Duarte, Teófilo de Castro

"*O abuso do direito e as deliberações sociais (ensaio jurídico)*" – com prefácio de José de Azevedo Perdigão, 2.ª edição, Coimbra Editora, Coimbra, 1955

Duguit, Léon

"*Traité de Droit Constitutionnel – Tome Premier: La règle de Droit – Le problème de L'Etat*" – 3.ª edição, Ancienne Librairie Fontemoing & Cie. Éditeurs, Paris, 1927

Estaca, José Nuno Marques

"*O interesse da sociedade nas deliberações sociais*" – Livraria Almedina, Coimbra, 2003

Fernandes, Luís A. Carvalho

"*Teoria Geral do Direito Civil – Vol. II. Parte II: Objecto. Facto. Garantia.*" – Associação Académica da Faculdade de Direito de Lisboa, Lisboa, 1983

"*Teoria Geral do Direito Civil – Vol. I: Introdução, pressupostos da relação jurídica*" – Universidade Católica Editora, Lisboa, 2001

"*Teoria Geral do Direito Civil – Vol. II: fontes, conteúdo e garantia da relação jurídica*" – 3.ª edição, Universidade Católica Editora, Lisboa, 2001

Fernandes, Luís A. Carvalho
Labareda, João

"*Código da Insolvência e da Recuperação de Empresas Anotado – Volume I (Art.º 1.º a 184.º)*" " – Quid Juris – Sociedade Editora, Lisboa 2005

"*Código dos Processos Especiais de Recuperação da Empresa e de Falência Anotado*" – 3.ª edição, Quid Juris – sociedade editora, ld.ª, Lisboa 1999

Ferreira, Cavaleiro de

"*Parecer*" – in "*Peças do processo Abel de Figueiredo (Pai demente e filho menor vitimas de uma espoliação de milhares de contos)*" – Famalicão, 1957

Ferreira, David

"*A consolidação das contas dos grupos de sociedades (alguns problemas)*" – in revista "*O Fisco*", n.º 5, 1993

Ferreira, Durval

"Da confirmação e renovação de deliberações sociais inválidas" – in *"Temas jurídicos no Direito Português e Comparado"*, Centro Gráfico D. J. Casimiro da Silva & CA, Ld.ª, Porto 1973

"Da participação do sócio nas assembleias gerais" – in *"Temas jurídicos no Direito Português e Comparado"*, Centro Gráfico D. J. Casimiro da Silva & CA, Ld.ª, Porto 1973

"Das assembleias ordinárias e extraordinárias das sociedades anónimas e por quotas" – in *"Temas jurídicos no Direito Português e Comparado"*, Centro Gráfico D. J. Casimiro da Silva & CA, Ld.ª, Porto 1973

Ferreira, Eduardo Paz

"A informação no mercado de valores mobiliários" – in *"Direito dos Valores Mobiliários – Vol. III"*, Instituto dos Valores Mobiliários, Coimbra Editora, 2001

Ferri, Giuseppe

"Le società" – 3.ª edição, in *"Tratatto di Diritto Civile Italiano"*, Vol. X, tomo 3, fondato da Filippo Vassalli, Unione Tipografico-Editrice Torinense, 1989

Fisher, Jonathan
Bewsey, Jane

"The Law of Investor Protection" – 2.ª edição, Sweet & Maxwell, London, 2003

Frada, Manuel A. Carneiro da

"Deliberações sociais inválidas no novo Código das Sociedades" – in *"Novas perspectivas do Direito Comercial"*, Faculdade de Direito da Universidade Clássica de Lisboa, Centro de Estudos Judiciários, Livraria Almedina, Coimbra, 1988

"Renovação das deliberações sociais" – Coimbra, 1987

França, Maria Augusta

"A estrutura das sociedades anónimas em relação de grupo" – Associação Académica da Faculdade de Direito de Lisboa, 1990

Furtado, Jorge Henrique da Cruz Pinto

"Código Comercial Anotado – Vol. I: Artigos 1.º a 150.º" – Livraria Almedina, 1975

"Curso de Direito das Sociedades" – 5.ª edição, Livraria Almedina, Coimbra, 2004

"Deliberações de sociedades comerciais" – Colecção Teses, Livraria Almedina, 2005

"Deliberações dos sócios – Comentário ao Código das Sociedades Comerciais" – reimpressão da edição de 1993, Livraria Almedina, Coimbra, 2003

Galgano, Francesco

"Diritto Civile e Commerciale – Vol. III: L'Imprensa e le società, II: Le Società di Capitali e le Cooperative" – 4.ª edição, Casa Editrice Dott. Antonio Milani, 2004

"História do Direito Comercial" – Tradução de João Espírito Santo, Lisboa Editores, 1990

Garrido Pastor, José G.

"La Publicidad Financiera y Bancaria como Publicidad Informativa" – in *"Revista de Derecho Bancario y Bursatil"*, n.º 56 (Oct-Dic), 1994

Giannantonio

"Manuale di diritto dell'Informatica" – 2.ª edição, CEDAM, Padova, 1997

Giusto, Nicoletta

"L'Autodisciplina Pubblicitaria dei Prodotti Finanziari" – in *"La Nuova Giurisprudenza Civile Commentata"*, libro 5 (Set/Out), III, Casa Editrice Dott. Antonio Milani, Padova, 1987

Gonçalves, Luiz da Cunha

"Comentário ao Código Comercial Português – Vol. I" – 1914

"Tratado de direito civil : em comentário ao Código Civil Português – Vol. VII" – Coimbra Editora, Coimbra, 1933

Gromann, Hans-Georg

"Die Gleichordnungskonzerne im Konzern- und Wettbe-werbsrecht" – Carl Heymanns, Köln, 1979

Habersack, Mathias

"Die Mitgliedschaft – subjektives und "sonstiges" Recht" – Mohr Siebeck, Tübingen, 1996

Hopt, Klaus J.

"Die Verantwortlichkeit der Banken bei Emissionen. Recht und Praxis in der EG, in Deutschland und in der Shweiz" – München, Beck, 1991

Jaeger, Pier Giusto

"L'interesse sociale" – Giuffrè, Milano, 1972

Jellineck, Georg

"Sistema dei diritti publici subbjettivi" – Società Editrice Libraria, Milano, 1912

Jèze, Gaston

"Les Principes Généraux de Droit Administratif: La Technique Juridique du Droit Public Français" – 3.ª edição, Paris, 1934

Jhering, Rudolph Von

"O espírito do Direito Romano: nas suas diversas fases de desenvolvimento" – Tradução Rafael Benaion, III, Alba, Rio de Janeiro, 1943

Keck, Kristina

"Nationale und internationale Gleichordnungskonzerne im deutschen Konzern- und Kollisionsrecht" – Peter Lang, Frankfurt am Main, 1998

Kelsen, Hans

"Teoria Pura do Direito" – 6.ª edição, Tradução João Baptista Machado, Arménio Amado Editora

Labareda, João

"Das acções das Sociedades Anónimas" – Associação Académica da Faculdade de Direito de Lisboa, 1988

"Direito à informação" – in *"Problemas do Direito das Sociedades"*, Instituto de Direito das Empresas e do Trabalho, Livraria Almedina, 2003, reimpressão

Laia, M. Roque

"Das sociedades, das associações e suas assembleias-gerais" – 4.ª edição do autor, Lisboa, 1973

Larenz, Karl
Wolf, Manfred

"Allgemeiner Teil des deutschen Bügerlichen Rechts" – 9.ª edição, Beck, München, 2004

Leitão, Luís Menezes

"Pressupostos da exclusão de sócio nas sociedades comerciais" – Associação Académica da Faculdade de Direito de Lisboa, 1989

Lima, Fernando Andrade Pires de
Varela, João de Matos Antunes

"Código Civil Anotado – Vol. I (Artigos 1.º a 761.º)" – 4.ª edição, c/colaboração de M. Henrique Mesquita, Coimbra Editora, 1987

"Código Civil – Anotado – Vol II (Artigos 762.º a 1250.º)." – 4.ª edição, c/ colaboração de M. Henrique Mesquita, Coimbra Editora, Coimbra, 1997

Loss, Louis
Seligman, Joel

"Fundamentals of Securities Regulations" – Aspen Publishers, 2004

Lutter, Marcus

"Theorie der Mitgliedschaft" – in Archiv für die civilistische Praxis, volume 180, 1980, n.º 1-2

Maia, Pedro

"Invalidade de deliberação social por vicio de consentimento" – in Revista da Ordem dos Advogados, ano 61, Abril, 2001

Manara, Ulisse

"Delle società e delle associazioni commerciali – Vol. I: Definizione e requisiti del contratto di società commerciale: diverse specie di società commerciali" – Unione Tipografico-Editrice Torinese, Torino, 1902

Marques, Mafalda Gouveia
Freire, Mário

"A informação no mercado de capitais" – in "Cadernos do Mercado de Valores Mobiliários", n.º 3, Comissão do Mercado de Valores Mobiliários, Lisboa, 1998

Martins, Alexandre Soveral
Ramos, Maria Elisabete

"As participações sociais" – in "Estudos de Direito das Sociedades" – sob a coordenação de Coutinho de Abreu, 7.ª edição, Livraria Almedina, 2005

Mateus, António Simões

"As contas de grupos de sociedades" – in revista "O Fisco", n.º 1, 1988

Mendes, João de Castro

"Teoria Geral do Direito Civil – Vol. I" – Associação Académica da Faculdade de Direito de Lisboa, 1995

Mesquita, Mário

"Comunicação e Informação no Jornalismo Escrito" – in "Os universos da comunicação", n.º 2 da "Revista de Humanidades e Tecnologia", Universidade Lusófona, 1999

Miccio, Renato

"Il Diritto di Opzione nell'Aumento di Capitale delle Società per Azioni" – Napoli, 1957

Michoud, Léon

"La théorie de la personnalité morale et son application au Droit Français – Vol. I" – 3.ª edição, Librarie Générale de Droit et de Jurisprudence, Paris, 1932

"La théorie de la personnalité morale et son application au Droit Francais – Vol. II" – 3.ª edição, Librarie Générale de Droit et de Jurisprudence, Paris, 1932

Milde, Thomas

"Der Gleichordnungskonzern im Gesellschaftsrecht" – Dunker & Humblot, Berlin, 1996

Monteiro, Sinde

"Responsabilidade por Conselhos, Recomendações ou Informações" – Livraria Almedina, Coimbra, 1989

Moreira, Guilherme Alves

"Instituições do Direito Civil Português – Vol. I" – Imprensa da Universidade, Coimbra, 1907

Mota, Guerra da

"Sociedades Comerciais – A tutela da Minoria e o Direito Unitário de Participação dos Sócios", Livraria Athena, Porto, 1971

Murano

"Natura Giuridica del Diritto D'Opzione Degli Azionisti" – in *"Studi in Onore di Alfredo di Gregório"*, Città di Castello, 1955, II

Nawiasky, Hans

"Teoria general del derecho" – Tradução Castelhana da 2.ª edição Alemã de José Zafra Valverde, apresentação de Juan Rivero Lamas, edição ao cuidado de José Luis Monereo Pérez, Madrid, Comares, 2002

Neto, Abílio

"Código das Sociedades Comerciais – Jurisprudência e doutrina" – 3.ª edição, Maio 2005

Nobili, Raffaele

"Contributo allo Studio del Diritto D'Opzione nelle Società per Azioni" – Giuffrè, Milão, 1959

Nunes, Pedro Caetano

"*Responsabilidade Civil dos Administradores perante os Accionistas*" – Almedina, Coimbra, 2001

Olavo, Carlos

"*Direitos e Deveres dos Sócios nas Sociedades por Quotas e Anónimas*" – in Colectânea de Jurisprudência, 1986, XI, 5.º

Olavo, Fernando

"*Aumento de capital social (um feixe de questões)*" – in revista "*O Direito*", 95.º

"*Manual de Direito Comercial – Vol. I*" – 2.ª edição, 2.ª reimpressão, Coimbra Editora, 1978

Olavo, Fernando
Miranda, Gil

"*Sociedade em Comandita*" – Separata do Boletim do Ministério da Justiça, n.º 221, 223 e 224, Lisboa, 1973

Pina, Carlos Costa

"*Dever de Informação e Responsabilidade pelo Prospecto no Mercado Primário de Valores Mobiliários*" – Coimbra Editora, 1999

"*Publicidade, promoção e prospecção nos serviços financeiros*" – in "*Direito dos Valores Mobiliários – Vol. IV*", Instituto dos Valores Mobiliários, Coimbra Editora, 2003

Pinheiro, Luís de Lima

"*Contrato de Empreendimento Comum (Joint Venture) em Direito Internacional Privado*" – Colecção Teses, Almedina, 2003

Pinto, Eduardo Vera-Cruz

"*A Representação do Accionista para Exercício do Direito do Voto (nas Assembleias Gerais das Sociedades Anónimas)*" – AAFDL, 1988

Pinto, Carlos Alberto da Mota

"*Teoria Geral do Direito Civil*" – 4.ª edição, por António Pinto Monteiro e Paulo Mota Pinto, Coimbra Editora, 2005

Pinto, Frederico de Lacerda da Costa

"*O direito de informar e os crimes de mercado*" – in "*Cadernos do Mercado de Valores Mobiliários*", n.º 2, Comissão do Mercado de Valores Mobiliários, Lisboa, 1998

"*O novo regime dos crimes e contra-ordenações no Código dos Valores Mobiliários*", in "*Estudos sobre o Mercado de Valores Mobiliários*" – Comissão do Mercado de Valores Mobiliários, Livraria Almedina, 2000

Pires, J. J. Vieira

"*O delito de "Insider Trading" e a obrigação de informação*" – in "*Problemas societários e fiscais do mercado de valores mobiliários*", Xavier de Basto e outros, Fisco, Lisboa, 1992

Pita, Manuel António

"*A protecção das minorias*" – in "*Novas perspectivas do Direito Comercial*", Faculdade de Direito da Universidade Clássica de Lisboa, Centro de Estudos Judiciários, Livraria Almedina, Coimbra, 1988

Pont, Manuel Broseta

"*Manual de Derecho Mercantil – Vol. I: Introducción y estatuto del empresario, derecho de la competencia y de la propiedad industrial, derecho de sociedades*" – 13.ª edição, Tecnos, Madrid, 2006

Postelwaite, A.

"*Asymmetric information*" – in "*The new palgrave – allocation, information and markets*", John Eatwell e outros, MacMillan Reference Books, 1990

Predieri, Alberto

"*Lo Stato come riduttore di asimetrie informative nella regulazione dei mercati finanziari*" – in "*Mercato finanziario e disciplina penale*", Giuffrè, Milano, 1993

Puchta, Georg Friedrich

"*Cursus der Institutionen*" – Vol. 1, 10.ª edição, Paul Krüger, Leipzig, Breitkopf und Hartel, 1893

Regelsberger, Elfriede

"*Pandekten*" – 1, Duncker & Humbolt, Leipzig, 1893

Ripert, Georges
Roblot, René

"*Droit Commercial*" – Librairie Générale de Droit et de Jurisprudence, I, 2001

Rocco, Alfredo

"*Le società commerciale in rapporto al guidizio civile*" – Giuffrè, Milano, 1962

Rodrigues, Sofia Nascimento

"*A protecção dos investidores em valores mobiliários*" – in "*Estudos sobre o Mercado de Valores Mobiliários*", Comissão do Mercado de Valores Mobiliários, Livraria Almedina, 2001

"*Publicidade relativa a Valores Mobiliários*" – in "*Cadernos do Mercado de Valores Mobiliários*", n.º 11, Comissão do Mercado de Valores Mobiliários

Ruggiero, Roberto de

"*Instituições do Direito Civil – Vol. I: Introdução e parte geral*" – Tradução Portuguesa de Ary dos Santos, Clássica Editora, Lisboa 1934

Sá, Fernando Augusto Cunha de

"*Abuso do Direito*" – reimpressão da edição de 1973, Almedina, 2005

Santos, Filipe Cassiano dos

"*Estrutura associativa e participação societária capitalistica: contrato de sociedade, estrutura societária e participação do sócio nas sociedades capitalisticas*" – Coimbra Editora, Coimbra, 2006

Santos, Gonçalo Castilho dos

"*O dever de informação sobre factos relevantes pela sociedade cotada*" – Associação Académica da Faculdade de Direito de Lisboa, Lisboa, 1998

"*O dever dos emitentes de valores mobiliários admitidos à negociação em bolsa de informar sobre factos relevantes*" – in "*Direito dos Valores Mobiliários – Vol. V*", Instituto dos Valores Mobiliários, Coimbra Editora, 2004

Santos, Mário Leite

"*Contratos parassociais e acordos de voto nas sociedades anónimas*" – Edições Cosmos, Lisboa, 1996

Saraiva, Alberto da Cunha Rocha

"*Construção jurídica do Estado – Vol. I: O Direito*" – Imprensa da Universidade, Coimbra, 1912

Savigny, Friedrich Karl Von

"*Traité de Droit Romain*" – Trad. Charles Guenoux, I, Firmin Didot, Paris, 1840

Schmidt, Karsten

"*Gesellschaftsrecht*" – 4. Auflage, Carl Heymanns, Köln, 2002

Serra, Adriano Paes da Silva Vaz

"Anotação ao Ac. do STJ de 23/4/74" – in Revista de Legislação e Jurisprudência, ano 108 (1975-76)

"Anotação ao Ac. do STJ de 14/12/78" – in Revista de Legislação e Jurisprudência, ano 112.º (1979-80)

"Assembelia geral" – in Boletim do Ministério da Justiça, n.º 197, Junho, 1970

"Exibição de coisas ou documentos" – in Boletim do Ministério da Justiça, n.º 77

"Obrigação de prestação de contas e outras obrigações de informação" – in Boletim do Ministério da Justiça, n.º 79

Silva, Castro

"Das relações inter-societárias (sociedades coligadas)" – in "Revista do Notariado", 1986, n.º 4

Silva, Manuel Duarte Gomes da

"Esboço de uma Concepção Personalista do Direito – Reflexões em torno de um cadáver Humano para fins terapêuticos e científicos" – Lisboa, 1965

"O dever de prestar e o dever de indemnizar" – Lisboa, 1944

Soares, Maria Ângela

"Aumento de capital", in "Problemas do Direito das Sociedades" – Instituto do Direito das Empresas e do Trabalho, Livraria Almedina, 2003, reimpressão

Tavares, José Maria Joaquim

"Os princípios fundamentais do Direito Civil – Vol. I" – 2.ª edição, Coimbra, 1929

"Sociedades e empresas comerciais" – 2.ª edição, Coimbra Editora, Ld.ª, 1924

Thon, August

"Rechtsnorm und subjektives Recht – Untersuchung zur allgemeinen Rechtslehre" – Scientia, Aelen, 1964

Torres, Carlos Maria Pinheiro

"O direito à informação nas sociedades comerciais" – Almedina, Coimbra, 1998

Triola, Roberto

"Codice civile annotato com la giurisprudenza" – 4.ª edição, Giuffrè, Milano 2004

Úria, Rodrigo

"*Derecho Mercantil*" – 28.ª edição, Marcial Pons, Madrid, 2002

Vasconcelos, Pedro Pais de

"*A Participação Social nas Sociedades Comerciais*" – 2.ª edição, Livraria Almedina, 2006

"*Contratos atípicos*" – Colecção Teses, Almedina, 2002

"*Direitos destacáveis – O problema da unidade e pluralidade do direito social como direito subjectivo*" – in "*Direito dos Valores Mobiliários – Vol. I*", Instituto dos Valores Mobiliários, Coimbra Editora, 1999

"*O problema da tipicidade dos valores mobiliários*" – in "*Direito dos Valores Mobiliários – Vol. III*", Instituto dos Valores Mobiliários, Coimbra Editora, 2001

"*Teoria Geral do Direito Civil*" – 3.ª edição, Livraria Almedina, 2005

Vauplane, Hubert de
Bornet, Jean Pierre

"*Droit des Marchés Financiers*" – 3.ª edição, Litec, Paris, 2001

Ventura, Raúl

"*Adaptação do Direito Português à terceira directiva do conselho da comunidade económica europeia relativa às fusões das sociedades por acções*" – Procuradoria-geral da República, Gabinete de Documentação e Direito Comparado, Lisboa

"*Adaptação do Direito Português à sexta directiva do conselho da comunidade económica europeia relativa às cisões das sociedades por acções*" – Separata do Boletim do Ministério da Justiça, n.º 10 de 1982 – Documentação e Direito Comparado

"*Alterações do contrato de sociedade – Comentário ao Código das Sociedades Comerciais*" – 2.ª edição, Livraria Almedina, Coimbra, 2003

"*Associação à quota*" – in Cadernos de Ciência e Técnica Fiscal, 1968

"*Associação em participação*" – in Boletim do Ministério da Justiça, n.ºs 189 e 190.º

"*Contrato de subordinação*" – in "*Revista da Banca*", n.º 25, 1993

"*Direitos especiais dos sócios*" – in "*O Direito*", n.º 121, 1989

"*Novos estudos sobre sociedades anónimas e sociedades em nome colectivo – Comentário ao Código das Sociedades Comerciais*" – reimpressão da edição de 1994, Almedina, Coimbra, 2003

"*Reflexões sobre direitos de sócios*" – in Colectânea de Jurisprudência, 1984, Tomo II.

"*Sociedades por quotas, Vol. I. Comentário ao Código das Sociedades Comerciais*" – 2.ª edição, Livraria Almedina, Coimbra, 2004

"Sociedades por quotas, Vol. II. Comentário ao Código das Sociedades Comerciais" – reimpressão da edição de 1989, Almedina, 2005

"Sociedades por quotas, Vol. III. Comentário ao Código das Sociedades Comerciais" – 3.ª reimpressão da 1.ª edição de 1991, Livraria Almedina, 2006

Ventura, Raúl
Correia, Luís Brito

"Responsabilidade civil dos administradores de sociedades anónimas e dos gerentes de sociedades por quotas" – Lisboa, 1970

Vilar, Maria João
Matos, Lino
Soares, Vasco

"A importância da informação no mercado de valores mobiliários" – Associação Portuguesa para o Desenvolvimento do Mercado de Capitais, 1996

Vital, Fézàs

"Do acto jurídico" – Coimbra, Imprensa da Universidade, 1914

Wiedemann, Herbert

"Die Übertragung und Vererbung von Mitgliedschaftsrechten bei Handelsgesellschaften" – Beck, 1965

Wieland, Karl

"Handelsrecht – Erster Band: Das Kauffmännische Unternehmen und die Handelsgesellschaften" – Verlag Von Dunker & Humblot, München und Leipzig, 1921

"Handelsrecht – Zweiter Band: Die Kapitalgesellschaften" – Verlag Von Dunker & Humblot, München und Leipzig, 1931

Windscheid, Bernardo

"Diritto delle Pandette – Vol. I" – Trad. Italiana de Carlo Fadda e Paolo Emílio Bensa, Turim, reimpressão, 1930

Xavier, Maria Rita Aranha da Gama Lobo

"Reflexões sobre a posição do cônjuge meeiro em sociedades por quotas" – separata do volume XXXVIII, do suplemento do Boletim da Faculdade de Direito da Universidade de Coimbra, Coimbra, 1993

Xavier, Vasco da Gama Lobo

"Anulação de deliberação social e deliberações conexas" – Colecção Teses, Almedina, 1999

"Invalidade e ineficácia das deliberações sociais no projecto do Código das Sociedades" – in Revista de Legislação e Jurisprudência, ano 118, n.º 3732, n.º 3734 e n.º 3736

"O regime das deliberações sociais no projecto de Código das Sociedades" – in *"Temas de Direito Comercial"*, Ciclo de Conferências no Conselho Distrital do Porto da Ordem dos Advogados, Livraria Almedina, Coimbra, 1986

ÍNDICE GERAL

Nota Prévia 7

Procedimentos relativamente a citações e outras indicações 11

Principais abreviaturas 13

CAPÍTULO INTRODUTÓRIO

A problematização relativa à prestação de informações por uma sociedade aos seus sócios 15

1. A necessidade de percepção sobre a "natureza das coisas" 17
2. Uma análise em torno da prestação privilegiada de informações de uma sociedade comercial aos seus sócios 20
3. Definição de uma metodologia a ser adoptada na abordagem aos problemas relativos à prestação de informações aos sócios 28

CAPÍTULO I

O poder informativo e a posição do sócio na sociedade 41

1. Sócio e participação social 43
   1.1. A natureza inerente à participação numa sociedade 47
      a) *Doutrina* 47
      b) *A participação enquanto direito subjectivo: o direito social* 56
      c) *Um status e um direito* 74
   1.2. Caracteres típicos do direito social 76
      a) *Um conjunto de meios à disposição do sócio* 76
      b) *A submissão da participação do sócio a princípios da vida societária* 82
      c) *A satisfação dos interesses do sócio* 96
2. A informação sobre a vida da sociedade enquanto poder do sócio 102

CAPÍTULO II
Âmbito das informações prestadas aos sócios 105

1. Enquadramento normativo 107
   1.1. Informação nos termos da lei e do contrato 108
   1.2. Um regime disperso pelo Código das Sociedades Comerciais 113
2. Uma informação sensível ao tipo de sociedade 118
   2.1. O pedido de esclarecimentos do sócio 118
      a) Aspectos relativos à gestão ou assuntos da sociedade 118
      b) As informações em assembleia geral 138
   2.2. A consulta de documentos e inspecção de bens da sociedade 151
   2.3. A intervenção regulamentadora do contrato de sociedade 171
   2.4. As limitações inerentes ao âmbito da informação 179
      a) A recusa justificada de prestação de informações 179
      b) O exercício ilegítimo do poder do sócio 212
   2.5. A utilização ilícita de informações pelo sócio 222

3. Informação organizada e divulgada por iniciativa da sociedade 225

CAPITULO III
Destinatários da informação 231

1. O compromisso do sócio para com o projecto societário 233
   1.1. A posição do sócio nas sociedades de responsabilidade ilimitada 236
      a) A transparência informativa nas sociedades em nome colectivo 236
      b) A dualidade existente nas sociedades em comandita 238
   1.2. A posição do sócio nas sociedades de responsabilidade limitada 246
      a) O sócio da sociedade por quotas 246
      b) A representação do accionista no capital da sociedade 248
   1.3. A posição do sócio relativamente a informações prestadas em assembleia 252
   1.4. A possibilidade de reconhecimento de um poder especial de informação 259
   1.5. A posição do sócio titular de funções de gestão ou administração na sociedade 263
2. Outros beneficiários da informação 268
   2.1. A disponibilização aos restantes sócios de informações solicitadas 269
   2.2. O representante do sócio 271
   2.3. O cônjuge do sócio 282
   2.4. Os sucessores do sócio falecido 284
   2.5. O obrigacionista 286
   2.6. O usufrutuário e o credor pignoratício 288

CAPÍTULO IV
A forma de conhecimento da vida societária 291

1. Informação organizada e divulgada por iniciativa da sociedade 293
2. A informação solicitada pelo sócio 303
   - 2.1. O pedido de esclarecimentos 303
     - a) *Fora das assembleias* 303
     - b) *A solicitação de informações em assembleias* 308
   - 2.2. A consulta de documentos e a inspecção de bens da sociedade 317

CAPÍTULO V
A falta ou prestação de informação presumivelmente falsa, incompleta ou não elucidativa 321

1. Mecanismos de apoio ao sócio na reposição da regularidade 323
   - 1.1. Inquérito judicial 324
     - a) *A recusa de informação pedida ou informação presumivelmente falsa, incompleta ou não elucidativa* 325
     - b) *O abuso de informação* 331
   - 1.2. A intervenção do colectivo dos sócios 335
   - 1.3. A invalidade da deliberação social 338
2. A responsabilização do sujeito passivo da obrigação de informação 344
   - 2.1. Responsabilidade societária 344
   - 2.2. Responsabilidade civil 349
   - 2.3. Responsabilidade criminal 352

CAPÍTULO VI
O substrato do poder informativo do sócio 359

1. Instrumentalidade ou funcionalidade 361
2. Um poder corporativo 363
3. Um poder de informação sensível ao contexto societário do seu titular 364

JURISPRUDÊNCIA 369
ÍNDICE IDEOGRÁFICO 373
ÍNDICE ONOMÁSTICO 377
ÍNDICE BIBLIOGRÁFICO 381
ÍNDICE GERAL 401